21世纪农业经济管理重点学科规划

农业经济学

主　编　陈池波

副主编　郑家喜　吴海涛　张开华　严立冬

WUHAN UNIVERSITY PRESS

武汉大学出版社

图书在版编目(CIP)数据

农业经济学/陈池波主编.—武汉:武汉大学出版社,2015.12(2025.2
重印)
21世纪农业经济管理重点学科规划教材
ISBN 978-7-307-17492-4

Ⅰ.农… Ⅱ.陈… Ⅲ.农业经济学—高等学校—教材 Ⅳ.F30

中国版本图书馆 CIP 数据核字(2016)第 006553 号

责任编辑:唐 伟 责任校对:汪欣怡 版式设计:韩闻锦

出版发行:**武汉大学出版社** (430072 武昌 珞珈山)
(电子邮箱:cbs22@ whu.edu.cn 网址:www.wdp.whu.edu.cn)
印刷:武汉邮科印务有限公司
开本:720×1000 1/16 印张:26.75 字数:480 千字 插页:1
版次:2015 年 12 月第 1 版 2025 年 2 月第 2 次印刷
ISBN 978-7-307-17492-4 定价:59.90 元

前　言

中南财经政法大学农业经济管理学科创建于 1953 年，是全国普通高等院校最早设立的农业经济学科点之一。1978 年首批获经济学学士学位授予权。1981 年获经济学硕士学位授予权。2003 年农业经济学专业（应用经济学一级学科自主设置专业）获准招收博士研究生。1998 年农业经济专业调整为农业经济管理专业，1998 年、2008 年、2013 年农业经济管理学科被评定为湖北省高等学校重点学科。2008 年，《农业经济学》课程被评为湖北省精品课程。2010 年，农林经济管理专业被评为湖北省品牌专业。2012 年，《农业支持政策体系评价与优化》团队被评为湖北省高等学校优秀中青年科技创新团队。

教材建设，始终是本学科点建设的重要内容，是人才培养的基础性工作。早在 20 世纪 90 年代，由欧阳旭初教授主编的《农业经济学》（中国财政经济出版社），被选定为高等财经院校通用教材。本《农业经济学》教材是在参考国内外出版的有关教材，吸收农业经济研究成果的基础上，由中南财经政法大学农业经济管理系老师们集体完成。

本教材以农业组织、农业要素、农业市场和农业发展为主线，从理论与实际、历史与现实、国内与国外的多维视角，对农业经济基本理论和重大现实问题进行了系统梳理和深入研究。本教材包括导论和组织编、要素编、市场编、发展编共四编十六章。第一编从农业生产组织入手，介绍农业经营制度、农业家庭经营、农业合作经济、农业产业化经营的内在机理和演变趋势；第二编着眼于农业生产基本要素，重点介绍与农业生产密切相关的土地、劳动力、资金、技术、信息等生产资源和要素在农业生产中的有效利用和整合规律；第三编以农产品市场建设为平台，探讨农产品供求规律、农产品价格形成机制、农产品电子商务和农产品国际贸易等问题；第四编基于宏观管理视角，研究农业支持与保护、农业现代化与现代农业、农业国际化与中国农业走出去、农业可持续发展与绿色农业等问题。本教材除了满足读者系统学习农业经济学知识外，将理论阐释与现实问题有机结合，在每章配有学习目标、本章小结、主要术语、复习思考题等内容，方便教师授课和学生阅读理解。

　　本教材由陈池波教授任主编，郑家喜教授、吴海涛教授、张开华教授、严立冬教授任副主编。本教材编写分工如下（按各章顺序）：导论陈池波，第一章郑家喜，第二章、第六章郎晓娟，第三章杨三思，第四章崔许锋，第五章宋敏，第七章谢建豪，第八章彭小贵，第九章、第十一章吴海涛，第十章张开华，第十二章、第十六章邓远建，第十三章严立冬，第十四章、第十五章田云。在本教材编写过程中，农业经济学博士点江帆、汪为、赵清强、张跃强、肖锐等博士生在资料搜集、文献整理、文字校对等方面做了大量工作，谨致谢意。

　　本教材的编写吸收和引用了有关部门的资料和他人的研究成果，在此一并表示感谢。由于编写者水平有限，本教材错误和不妥之处在所难免，欢迎读者批评指正。

陈池波

2015 年 11 月

目　　录

第一编　农业组织编

第二编　农业要素编

第三编　农业市场编

第四编　农业发展编

导　　论

☞【学习目标】

通过本章的学习，应达到以下目标：

（1）理解农业的内涵与基本特征，形成对农业及其产业特点的基础认知。

（2）深化对农业基础性地位的认识，了解其主要作用与基本功能构成。

（3）分别厘清西方和国内农业经济学思想的形成与发展脉络，明晰本教材的内容设计与具体章节组成。

第一节　农业的内涵与特征

一、农业的内涵

农业是人类充分利用土地、水分、光照、热量等自然资源和环境条件，依靠生物的生长发育机能并辅以人类劳动以获取物质产品的社会生产部门。农业生产的对象是生物体，人类则从中获取动植物产品。不过，受所处历史阶段不同和国家之间国民经济产业划分差异的影响，农业包括的内容、涉及的范围并非完全一致。在早些时候乃至今天那些社会分工相对滞后的国家，植物栽培业和动物饲养业构成了整个农业。其中，植物栽培业是指人类充分利用光、热、水、空气以及土壤中所富含的各种矿物质养分，借助绿色植物的加工合成功能获取植物性产品的生产部门，包括种植业、林果业以及园艺花卉业。动物饲养是指人类将植物产品作为基本饲料，利用动物的生长发育机能与消化合成功能获取各种动物性产品或役用牲畜的生产部门，由畜牧业和渔业（即水产养殖业）两部分构成。随着社会经济的发展以及人类认知水平的逐步提高，一些发生于农村的非农生产活动都被定位成农业的副业，也包含在农业概念之中。因此，也就出现了狭义农业与广义农业之分。其中，狭义农业主要指种植业，包括粮食作物、经济作物以及果林等的种植；广义农业除了涉及种植业（也称农业），还包括林业、牧业、副业和渔业。近年来，随着社会经济的进一步发展以及农业现代化步伐的加快，农业与工商业之间的联系也日趋紧密。为了便于农业经营管理，一些国家把为农业提供生产资料的上游部门以及从事农产品加工、储藏、运输、销售等活动的下游部门也划归农业部门，由此使得农业的概念更加宽泛。

二、农业的基本特征

基于农业内涵不难发现，农业生产不属于简单行为，而是一个由三类因素共同作用的过程：一是生物有机体，植物、动物以及微生物必须存在；二是自然环境，土地、水分、光照、热量等均需满足特定的条件；三是人类劳动，整个农业生产过程均需人类参与其中。这三类因素相互关联、共同作用，使农业生产具有了自然再生产与经济再生产相交织的根本特性。

一方面，农业生产是一种自然再生产过程。农业是利用生物有机体的生长发育过程所进行的生产，是生命物质的再延续，因而也是有机体的自然再生产过程。例如，种植业和林业的生产过程也是绿色植物的生长、繁殖过程。在该过程中，绿色植物通过吸收土壤中的水分、矿物质和空气中的二氧化碳，利用光合作用制造出富含碳水化合物、蛋白质和脂肪等多种营养元素的植物产品。又如，畜牧业和渔业的生产过程也是家畜和鱼类的生长、繁殖过程。在这一过程中，动物以植物或其他动物产品为食，通过新陈代谢功能将其转化为自身所需的营养物质以维持其正常的生命活动，植物性产品由此转化成动物性产品。与此同时，当动植物的残体和动物排泄物进入土壤或者渗入水体之后，经过微生物还原，会再次成为植物生长发育的重要养料来源，由此重新步入生物再生产的循环过程之中。总体而言，自然再生产一般通过生物自身的代谢活动而实现，可看作农业再生产的自然基础。

另一方面，农业生产也是一种经济再生产。所谓经济再生产，是指农业生产者在特定的环境下结成一定的生产关系，借助相应的生产工具对动植物进行具体的生产活动，以获取所需要的农产品。它是农业生产者遵循自然规律，以生物体自身的代谢活动为基础，为了满足人类的需要而通过劳动对自然再生产进行作用与指导的过程。在这个过程中，所获取的农产品除了可供生产者自身消费之外，也可作为生产资料进入下一个农业生产环节，还可通过物质交换获取生产者所需的其他消费品和生产资料。

综上所述，农业是自然再生产与经济再生产相交织的过程。单纯的自然再生产是生物有机体与自然环境之间的物质、能量交换过程，如果缺少人类劳动参与，它就是自然界的生态循环而非农业生产。而经济再生产过程则是农业生产者对自然再生产过程进行有意识的干预，通过劳动改变动植物的生长发育过程和条件，从中获取自身所需动植物产品的过程。因此，此类干预不仅要符合动植物生长发育的自然规律，还必须与社会经济再生产的客观规律保持一致。

由于农业生产中的自然再生产与经济再生产相互交织且密不可分，由此派生出了农业区别于工业和其他物质生产部门的若干具体特点，分别是：

（1）土地是农业生产最为基本且无法替代的生产资料。农业生产离不开土地资源，农业活动则是人类利用土地对动植物发生作用。农业用地通常又称为农用地，是指直接或间接为农业生产所利用的土地，一般包括耕地、园地、林地、牧草地、养捕水面、农田水利设施用地、其他农业基础设施建设占用地等。农用土地所具有的特殊自然属性和经济属性，如数量的有限性、位置的固定性、质量的差异性、肥力的可变性、效用的持续性、使用的选择性、收益的级差性等，要求农业生产者在今后的农用地利用过程中应更为注重集约经营、合理布局等。

（2）农产品是人类最为基本的物质生活资料。随着社会经济的不断发展以及收入水平的逐步提升，人们的消费水平也在不断提高，其衣、食、住、行等各个方面均发生了巨大变化，越来越多的加工制成品进入人们的日常消费领域。尽管如此，人们生活所需的粮、棉、油、肉、蛋、奶、果、茶、菜等基本农产品仍需农业来提供。它们是人们生活中不可或缺的物质生活资料，在未来的发展中除了需要追求数量的增加之外，还需注重产品结构的优化与产品质量的改进，否则便会制约人类的生存和发展。

（3）农业生产的主要对象是有生命的动植物，具有周期性和季节性特点。动物和植物是农业生产的主要对象，与工业品相比，具有生命是其最为显著的特点。人们的生产劳动需通过动植物自身的生长发育过程而起作用，而劳动成果则需通过动植物生命的终结来获取。与此同时，农业生产在其时间分配上还具有特殊性，大多数活动都需按季节顺序进行，并存在一定的变化周期，换言之，即农业生产具有周期性和季节性特点。究其原因，主要在于动植物的生长发育通常存在一定规律，并且受自然因素影响，而自然因素又随季节而变化且呈现出周期性特征。为此，生产者应认识和遵循动植物的生命活动规律，按其生命活动周期开展农业生产活动，比如因地制宜、不违农时、按季播种、按季收获。

（4）农业生产具有分散性和地域性。由于农业生产活动主要在土地上进行，而农用土地的位置较为固定且分布相对零散，从而使得农业生产在空间上呈现出分散性特点。与此同时，农业生产还具有明显的地域差异，不同地区的产业结构、所生产的品种和数量都会不同。主要原因在于，不同生物生长发育所要求的热量、光照、水分、土壤等自然条件通常存在差异，且世界各地自然条件、社会经济条件和国家政策也存在地域差别。目前，全球已形成了多种农业地域类型，如商品谷物农业、乳畜业、热带雨林迁徙农业等。农业生产的地域性特征要求农业生产者在实践中要因地制宜。

（5）农业生产时间与劳动时间存在非一致性。农业生产时间是指农业自然生产全过程所需要的时间，其长短通常由两方面因素决定，一是生物自身生命活动规律与周期的约束，二是自然资源环境条件的制约。农业劳动时间是指人类根据动植物生长发育的实际需要所投入的劳动时间，而农业自然再生产的特殊性，使得农业劳动投入通常具有间断性和季节性的特点，由此导致农业生产时间与劳动时间产生了非一致性，即动植物在生长发育过程中有时无需人类劳动其生命活动过程也照常进行。由于二者的不一致，还衍生出了其他一些显著特点，如农业生产资料使用的季节性、农产品获取的间断性以及农业资金收支的阶段性、非平衡性。

（6）农业生产通常面临自然和市场的双重风险。绝大多数农业生产活动都是在自然环境中进行，但自然环境通常面临诸多不可控因素，比如水旱灾害、病虫害、动物疫情、森林火灾、有害生物入侵等，由此导致农业生产活动经常面临极大的自然风险。同时，农业生产周期一般较长，在缺少外力的条件下其按季播种、按季收获的规律难以改变，这也使得农产品供给的弹性较小，通常很难依据市场的变化及时调整生产结构或者改变生产规模；农产品特殊的生物学特性，对加工、贮藏、运输以及销售等环节均有着较高的要求。这些不确定性使得农业生产经营不仅具有自然风险，还面临着较大的市场风险。

第二节　农业的地位与功能

一、农业的地位和作用

作为最为古老的物质生产部门，农业一直都是国民经济的基础，在国民经济中占有重要的地位，其基础性地位是历史发展的客观必然，不以人类意志为转移；同时，农业在推进国民经济发展上也具有独特作用。

（1）农业是国民经济的基础。其基础性地位主要表现在三个方面：第一，农业是为人类提供生存必需品的物质生产部门。食物是维持人类生存最为基本的生活资料，而它是由农业生产的动植物产品（准确地说，还包含微生物）

来提供。迄今为止，利用工业方法合成食物的前景依旧遥远，可能永远也不会成为食物供给最为主要的途径。为此，我们可以大胆揣测，不论是过去、现在还是将来，农业都是人类的衣食之源和生存之本。第二，农业是国民经济其他物质生产部门赖以独立和进一步发展的基础。通常情况下，只有当农业生产者所提供的剩余产品较多时，其他经济部门才能独立，并安心从事工业、商业等其他经济活动。在古代，农业是整个社会的决定性生产部门，为了生存，几乎所有劳动者都从事农业生产，基本不存在社会分工；后来，随着农业生产力的不断发展，农业生产效率得到了极大提升，农业剩余产品快速增加，社会将日益增加的劳动力从农业生产中逐步分离出来，由此形成了人类社会的第一次、第二次和第三次大分工，该过程不仅实现了农业产业内部种植、养殖业的分离，还有力地促进了工业、商业和其他产业的有效分离，进而相继成为独立的国民经济部门。第三，农业的基础性地位论断是普遍适用于各国且能长期发挥作用的规律。农业产值和劳动力占国民经济的比重逐年下降是世界各国在经济发展进程中所遇到的一个普遍规律。但是，无论是在农业所占比重较大的国家还是比重较小甚至农业相对缺失的国家，农业的基础性地位论断这一规律都将发挥作用。假如一个国家的农业生产无法满足本国经济发展需要，就必须依赖于其他国家，即以外国的农业为基础，从长期来看，显然不利于该国的安全与稳定。

（2）农业是国民经济发展的重要推动力。农业对国民经济发展具有重要的推动作用，根据西蒙·库兹涅茨的经典分析，其贡献可以通过四种形式体现，分别是产品贡献、要素贡献、市场贡献和外汇贡献。

①产品贡献。食品是人们生活最基本的必需品，而农业则为包括非农产业部门从业人员在内的全体民众提供了食品。一般而言，只有当农业从业者所生产的农产品满足自身需求且有剩余之时，其他国民经济生产部门才能得以顺利发展。虽然从理论上讲，可以通过进口缓解国内食品的供给不足，但在实际中大量进口食品会受到政治、社会和经济等多重因素的制约，甚至会让一个国家面临风险并陷入困境之中。因此，我国未来农业的发展之路必然是依靠本国农业满足广大消费者对食品日益增长的需求。除了食品贡献之外，农业还为工业尤其是轻工业提供了重要的原料来源，从而为推进我国工业化进程发挥了重要作用。作为第一发展中国家，大力发展以农业为原料的加工业可以充分发挥我国的比较优势，有助于工业化进程的加快和国民收入的增加。此外，农业的产品贡献还表现在对国民经济增长的促进上，由于农产品尤其是谷物产品的需求收入弹性要小于非农产品，民众收入的增加通常意味着其用于食品消费的支出比重会不断下降，进而导致国民经济中农业的产值份额随之下降。但同时，以

农产品为原料进行生产的工业品的需求弹性一般大于原料本身的收入弹性，这样使得农业的重要性相对提高，对国民经济发展的促进作用增大。

②要素贡献。其含义是指农业部门的生产要素转移到非农产业部门并推动其发展。主要表现在三个方面：

a. 土地要素贡献。国民经济其他产业部门的发展通常需要农业部门释放和转移更多的土地资源作为其生产和活动的场所，比如城区范围的扩大、道路交通的修建、工矿企业的建设等。一般而言，非农产业对土地的需求是社会经济发展的必然，其所需土地多位于城郊或者农业较为发达的地区。虽然从回报来看，农地非农化会使农民收益得到增加，对于他们而言无疑是理性选择。但从整个国家和社会层面来看，市场机制的过度自由发挥将不利于农业乃至整个国民经济的持续健康发展。因为农地资源属于稀缺性资源，供给相对有限且具有不可替代性，其规模的减少必然不利于农产品的有效供给和社会的长治久安。因此，在满足非农产业发展建设用地需求的同时，也要适当加以宏观调控。

b. 劳动力要素贡献。在人类社会发展的初期，农业是唯一的生产部门，几乎所有的劳动力都集中在农业生产领域。随着社会经济的不断发展，农业生产率得到了极大提高，其对劳动力的需求开始下降，由此出现了农业劳动力剩余，他们可以向其他非农产业部门转移，从而为非农产业的快速发展提供了必要的生产要素，并创造了最为基本的生产条件。由此可见，农业是非农产业部门重要的劳动力来源渠道，为它们的形成和发展作出了巨大贡献。但是，对于大多数国家尤其是发达国家而言，非农产业的快速发展以及机械化、信息化、自动化技术的不断普及与应用会导致其对农业劳动力的吸纳能力越来越低，并由此引发农业劳动力的结构性过剩，即低素质劳动力供给严重过剩，而符合要求的高素质劳动力却供给不足。大量剩余劳动力的出现已经成为制约我国社会经济发展的重大障碍。

c. 资本要素贡献。在经济发展的初级阶段，农业是最主要的物质生产部门，而工业等其他新生产业部门起点相对较低、基础薄弱，基本无资本积累能力。在这个阶段，农业不仅要为自身发展积累资金，还需为工业等其他产业部门积累资金。由此可见，国家早期的工业化以及新生产业的资本原始积累主要依赖于农业，农业为一个国家的工业化进程提供了重要的资本要素贡献。随着社会经济的进一步发展，非农产业部门凭借着较快的技术进步以及自然资源的使用不受约束等得天独厚的优势，使得其资本报酬要远高于农业部门，在该情形下要素的趋利流动规律又促使农业资本流向非农产业部门，再一次为非农产业的发展作出资本贡献。与此同时，鉴于非农产品的需求收入弹性要大于农产品的需求收入弹性，政府部门也倾向于将农业资本增量投向非农产业部门，通常政府会通过行政的手段实现资本的转移。

③市场贡献。农业对国民经济的市场贡献主要通过两个维度来体现：一方面，农民作为卖者，可以为市场提供各类农产品，以满足社会对粮食、肉类、蔬菜及其他一切农产品日益增长的需求。作为消费市场的重要组成部分，农产品市场的丰裕程度是衡量一个国家或地区市场经济是否繁荣的重要标志。农产品市场供给充足，流通量增加，不但可以促进相关运销业的发展，还有利于社会消费成本的降低，进而促进农产品市场体系的日趋完善以及农业要素市场体系的成熟发育。另一方面，农民作为买者，还是各类工业品的购买者，以满足自身生产与生活的需要。如以化肥、农药、农膜、机械、电力、能源等工业品为代表的农业投入品，和以服装、家具、家用电器、日常用品、耐用消费品等工业品为代表的农民生活用品。农村是工业品的基本市场，随着农业现代化步伐的加快以及农民生活水平的不断提高，农村对农用工业品以及相关的生产生活资料的需求将会日益增加，这就为未来工业提供了较为广阔的市场。

④外汇贡献。农业的外汇贡献一般通过两种方式实现：一是直接形式，通过出口农产品为国家赚取外汇；二是间接形式，通过生产进口农产品的替代产品，达到减少外汇支出的目的，从而为国家平衡国际收支作出贡献。在一个国家国民经济发展的初级阶段，农业外汇通常发挥着极为重要的作用。这是因为，此时由于工业基础薄弱、科学技术较为落后，厂家所生产出的工业品一般不具备出口创汇能力。但同时，为了加快推进国家工业化进程，又急需从发达国家购买先进的技术、机械设备和各类原材料，由此导致了外汇需求量的增加。为了缓解外汇不足的问题，在国际上具有一定比较优势的农业部门必然需要在出口创汇中发挥重要作用，通过农副产品及其加工品的出口直接为国家换取大量的外汇。可以想象，如果缺少农业的外汇支持，大多数发展中国家的工业化进程会因此滞缓。随着社会经济的不断发展，独立、完整的工业化体系会逐步形成，此时，农业外汇的贡献份额一般会下降。究其原因，主要是因为工业的壮大会导致其产品出口创汇能力的不断增强，并逐步成为国民经济出口创汇的主导力量。不过，农业外汇贡献份额的下降并不意味着其外汇贡献的消失，事实上，农业出口创汇的绝对量甚至还有可能增加。

二、农业的功能

农业在国民经济发展中除了能为人们提供生活所必需的食物和纤维等多种商品之外，同时还具有其他一些非商品产出功能，而这些功能所形成的有形或者无形价值一般不能通过市场交易和产品价格来体现。具体而言，农业所具有的非商品产出功能主要包括社会稳定功能、生态环境功能、粮食安全功能以及文化传承功能。

（1）社会稳定功能。农业问题与社会稳定之间存在着较为密切的关系，主要通过四个方面体现：其一，农业是社会稳定的基本前提。农业稳定发展一方面可以为社会提供充足的农产品，以满足人们最为基本的日常生活需求；另一方面还能使人们生活安定、安居乐业。其二，国家能否自立自强在很大程度上由其农业发展水平决定。如果一个国家无法保障其主要农产品（粮食）的基本自给，而主要依赖于进口，不仅会对全球农产品市场造成巨大压力，而且也难以立于世界强国之林；一旦国际局势发生变化就会受制于人，甚至国家安全也会遭受危害。其三，社会稳定在于农村，农村稳定在于农业。像我国这样农村人口比重偏高的国家，由于农业具有典型的地域分布特点，除了能为农民提供谋生手段和就业机会之外，还为他们提供了生活与社交的基本场所，从而确保了社会的稳定。其四，农业土地资源在发展中国家具有重要的社会福利保障功能。对于发展中国家而言，其社会福利保障体系尚不健全，贫困人口数量较多且绝大多数分布在农村；在这种情形下，拥有土地的农民通过农业生产活动，可以获得最为基本的生活保障，从而实现对社会保障的替代作用。

（2）生态环境功能。农业生产活动与自然生态环境密不可分，农业生产及其相关土地的利用会对生态环境产生有利或者不利的影响。良好的自然生态环境有利于动植物的生长发育，同时还可降低农业生产遭受自然灾害破坏的风险。人们如果能合理地利用自然资源进行农业生产，可以为农业自身和人类社会共同营造一个良好的生态环境。比如，通过农作物的光合作用吸碳增氧，利用植树造林防风固沙、防止水土流失和土地荒漠化、改善气候并减少温室气体排放，通过微生物的作用实现工业废弃物、畜禽粪便以及生活垃圾的能源化（沼气）利用，发展循环农业实现多种产品的资源化再利用和温室气体的减排，通过作物轮作和肥料施用实现生物量和养分固定量的增加等。有时，农业对自然生态环境也具有一定的负面影响，主要是由农用化学品、农田灌溉和机械耕作的过量投入所致，具体包括化学品污染、水土流失、种植系统多样性消失、土壤结构破坏、动物栖息地大量减少等。一般而言，农业对生态环境的影响呈现规模差异下的地域性特征，比如吸碳减排效应具有全球性影响，而河流污染却仅具有区域性影响，另外，以自然物种灭绝为代表的某些生态环境影响甚至还具有非可逆性。

（3）粮食安全功能。联合国粮农组织对粮食安全进行了概念界定，其含义是，所有人无论在何时均有足够的经济能力获取满足自身所需的安全卫生且富有营养的食品，从而达到健康生活对食品的需要及偏好。粮食安全通常由四个要素构成，分别是充足的供给、供给的稳定性、粮食的可获取性以及食物的卫生安全、质量和偏好。一般通过三种方式实现粮食安全：一是完全依靠自己生产，即自给自足；二是完全依赖于进口；三是自我供给与对外进口有机结合。通常而言，开放贸易有助于全球农产品市场的稳定，它所产生的贸易利益能极大地提高人们的收入水平和购买能力，从而确保国家的粮食安全。该结论满足的前提是，在开放贸易实施之后，所有国家都为稳定世界农产品市场作出了贡献。但同时，那些严重依赖粮食进口的国家却极为担心未来国际农产品市场的演变动态。在这种情形下，一个国家的农业除了需要保障粮食供给之外，还应具备一些特定的非商品功能，比如保证足够的粮食自给水平、减少对国际市场过度依赖的担忧、增强粮食安全的保障感、确保国家宏观战略的实现等；对于那些粮食自身供给严重不足且购买力相对低下的国家和地区，农业生产还具有消除饥饿并确保家庭粮食安全的特殊功能。

（4）经济文化功能。除了具备提供产品和就业机会等传统经济功能外，农业还具有一些其他经济方面的非商品产出功能，它们与一般经济活动的区别在于其实现是否通过市场机制，虽然所涉及的具体功能较多，但以保障农村劳动力就业和经济缓冲作用最具代表性。其中，绝大多数发展中国家二元经济结构的存在以及国际劳动力流动的严格受限是导致保障农村劳动力就业成为重要农业非商品产出功能的主要原因。所谓经济缓冲作用，是指农业随着宏观经济的波动适时地释放和吸纳劳动力，该功能有助于减缓经济危机并加速经济的复苏。除了经济功能之外，农业还具有形成和保持农村独特文化和历史的功能。究其原因，主要在于农业生产活动与农村生活之间存在着较为紧密的关系，且与城市相比农村具有相对的独立性和封闭性，这些属性的存在均有助于农业特定传统文化的形成与保持，一些国家的文化和传统深深地根植于农村生活，许多传统节日也与农业密不可分，从而形成了一系列极富地方特色和乡土气息的农村文化和传统。

第三节　农业经济学的形成与发展

一、西方农业经济思想的形成与发展

在西方，农业经济思想最早可追溯至古希腊和古罗马，然后延续至今。结

合其演变轨迹与时代特征，可划分为四个阶段，依次为前资本主义时期的农业经济思想、近代资本主义前期的农业经济思想、近代资本主义后期的农业经济思想以及现代农业经济科学的形成与发展。

（一）前资本主义时期的农业经济思想

随着早期农业生产力的发展以及奴隶制生产关系的出现、发展，古希腊、古罗马的农业经济思想应运而生。当时许多著名的思想家、经济学家在其论著中都曾对农业进行过相关论述。比如古希腊的色诺芬，在《经济论》中就尝试阐述了朴素的农业经济思想；又如古罗马的加图和瓦罗，在其著作《农业志》和《论农业》中，曾将农业经济思想同农业生产技术知识结合到一起进行研究。虽然当时的农业经济思想并未形成完整的体系，但从他们的著作中，可以清晰地了解到古希腊、古罗马对农业地位、作用的认知，对农业生产经营的分析以及对农产品价格功能的理解等，这些丰富的内容为接下来农业经济思想及其理论的发展奠定了坚实基础。

到了西欧中世纪，随着农业生产力与生产关系的进一步变革，其经济思想又经历了一次飞跃，主要表现在四个方面：

①维护封建秩序与封建土地所有制的正统思想。步入封建社会的西欧，国王和领主为了强化自己的统治，通过法令的形式并辅以强制手段迫使私有制的全面推行，到了11—12世纪，领主对庄园内的一切财产都具有处置权，还拥有对所有庄园居民的政治管辖权。此时，在思想和教育界处于绝对权威的神职人员通过神话和巧妙构思的神学体系来实现欺骗民众的目的，以便强化私有制的合理性。

②主张财产公有制并消灭等级特权的异端思想。该思想出现于中世纪后期，是一种与维护封建秩序相对立而带有平均主义倾向的思想，它通过多种形式显现，如14世纪以后的农民起义纲领、宗教改革运动中异端先驱者所宣扬的教义、空想共产主义对理想社会的描述等。由于当时时代的局限性，即整个社会都处在基督神学的统治之下，这些激进思想在宣传过程中多以宗教外衣为掩护。宗教虽使人安分守己，但它所虚构的彼岸或天国中，是不存在剥削的，所有人生来平等且自由。

③强调公平但忽视效益的重农抑商思想。在欧洲中世纪时期，当经济现象涉及伦理道德问题时，以研究神学为主的经院学者一般倾向于利用神学观点对其进行解释。对于财产的形成与分配，通常会将其是否有益于社会或者人心作为最终的取舍标准。需要付出大量体力劳动的农业生产活动，被认为有助于冲淡人心中的物欲而促使良好品德的形成，故对其大加赞扬；而商业等交换行为

则被看成是企图通过非正当手段、利用非公平原则来获取财富，故对其加以谴责。在当时的大环境下，宣扬清心寡欲的心态可以弥补现实物质生活的贫乏，并减少尘世的各种纷争，进而有助于社会秩序的稳定。

④优化结构、改进管理的农业经营思想。13 世纪，西欧封建社会步入全盛时期，通过强化监督与开展核算使得庄园管理水平得到了极大提升。其管理原则与经营思想主要源自于《亨利农书》。该书主要提出了四个观点，一是不违农时是保证生产和提高效益的首要前提；二是可以通过会计制度的推行改进粗放的管理方式；三是遵循任人唯贤的原则强化监督与管理；四是推行以货币化为手段的计算方式以适应商品经济的发展。在这一时期，无论是大租佃农场主还是小农户，都意识到了优化生产结构、确定适度经营规模的重要性。为此，用合理的经营思想指导农业生产便构成了当时风行的农书主题，并备受关注。

（二）近代资本主义前期的农业经济思想（17 世纪至 19 世纪 30 年代）

近代农业经济思想包含在古典政治经济学之中，主要产生于英国、法国和德国。古典政治经济学是基于价值理论来研究农业，主要探讨了地租理论、农产品价格理论、生产要素投入与收益之间的关系以及涉及农业的各项政策，进而在真正意义上进入农业经济的理论探讨。随着古典政治经济理论的进一步发展，相对独立的农业经济理论体系逐步产生。其中，拥有农业经济学创始人之誉的英国经济学家阿瑟·扬于 1770 年出版了《农业经济学》，在书中他较为详细地论述了农业生产要素配合比例、生产费用、经营收益三者之间的相互关系。不过，农业经济思想更大的发展却在德国。其中，哥廷根大学的戈特洛布·冯·尤斯蒂主张废除耕作强制，瓜分共有土地，合并分散的小块耕地地块，尽最大努力消除农民的杂役负担。而他在哥廷根大学的继承人约翰·贝克曼于 1979 年率先为高等院校编写了农业教科书《德国农业原理》，该书也成为当时最好和最受欢迎的著作之一。阿尔布雷·丹尼尔·泰尔是一位较早倡导农业理论与实践的学者，在他的影响下，德国各地创建了许多高等农业院校及附设的农事试验场，同时他还确立了追求利润最大化的农业经营理论，并提出了农业静力学原理，这些突出成就不仅使他成为了德国农业经营学的创始人，更被看作当时欧洲大陆农业经济学界的泰斗式人物。泰尔的学生约翰·海因里希·冯·屠能进一步发展了他的思想，在其出版的《孤立国与农业和国民经济的关系》一书中，推翻了泰尔轮栽制绝对优越论，而构建了其他各种农业形式相对优越的理论。他是较早使用边际分析法的学者，通过假定一个孤立国，提出了农业集约理论和农业圈境说（又称农业生产位置配置理论）两个农业经济学基本理论。进而又从假设回到现实，指出孤立国与现实世界相比的种种差别，进一步阐明其基本理论。屠能的理论与观点为后世农业经济学思想发展奠定了重要基础，从而形成了相对独立的农业经济思想理论体系。

（三）近代资本主义后期的农业经济思想（19 世纪 40 年代至 20 世纪初）

在整个资本主义后期，边际分析法方法的采用与推广成为经济学理论研究的重点，而农业不再像近代资本主义初期在古典经济学中占据那样重要的地位。尽管如此，理论和理论经济学中仍存在一些反映农业的经济观点。为了对抗马克思的剩余价值理论，庞巴维克、克拉克、马歇尔等人先后放弃了劳动价值论，而改用效用价值理论来阐明农产品的价值和价格，并重新解读了地租理论及由其发展而来的农业赋税理论等。德国历史学派的代表人物弗里德里希·李斯特深刻论述了农业在国民经济中的重要地位和作用，他认为，纯农业国是社会历史发展中的一个重要阶段，工业的发展离不开高度发展的农业；而反过来，也只有建立和发展工业才能推进农业进一步发展。因为纯农业国资源利用程度和分工发展程度普遍偏低，其农业生产经常处于残缺状态，在国际贸易中通常处于对发达国家的从属地位。综合来看，纯农业国普遍存在分散、保守、迟钝的特征，而缺乏文化、繁荣和自由。李斯特的这一经济理论极大地丰富了农业经济学的研究内容。

这一时期，西方农业经济科学得到了进一步发展，仍以德国农业经营学派成就最为突出。其中，曾在耶拿大学、波恩大学等校担任教授的特奥多·冯·戈尔兹占有非常重要的地位，他于 1886 年出版了《农业经营学》，力图通过该书使农业经营学由李比希影响下的农业化学转回到经济学，受其思想影响最深的是他的两个学生艾瑞保和布林克曼，后来他们都成为著名的农业经济学家。其中，艾瑞保曾任柏林农学院院长，先后出版了《农业经济学说论文集》（1905 年）、《农场与农地评价学》（1912 年）、《农业经营学概论》（1922 年）等著作，至 1922 年《农业经营学概论》已发行第六版，由此成为农业经营学领域发行量最大、影响范围最广的一部名著。布林克曼曾任波恩农学院教授、院长和波恩大学校长，先后出版了《农业经营经济学》、《农业经营学说之演变》等著作。布林克曼与艾瑞保都是将农业经营学的重心放在经济学方面，其理论为现代农业经济学奠定了基础，并对农业经济学各分支的形成产生了重大的影响。

（四）现代农业经济科学的形成与发展（20 世纪初以后）

进入 20 世纪以后，现代农业科学已逐步形成一个完整的体系，农业经济科学则是其重要组成部分，主要包括农业经济学、农场经营管理学、农业技术经济学、农村市场学、农业财政与会计、农村金融、农产品贸易等。现代农业经济思想主要根植于农业经济科学的各个分支之中，其发展主要受前一阶段农业经营学派思想的影响，与屠能、泰尔、艾瑞保、布林克曼以及他们的著作之间存在着紧密联系，同时也是西方现代基础经济理论的重要组成部分。现代农业经济科学主要在美国得到了长足发展。1926 年，美国学者布莱克运用新古典理论，基于农场生产数据的统计分析结果，出版了第一部以农业生产经济学命名的著作——《生产经济学概论》。20 世纪 50 年代以后，计量经济学、动态经济理论、计算机分析工具在农业生产经济中得到了广泛运用，主要用于研究农产品的市场与需求、农业生产中的风险与不确定性以及大范围农业与多层次农业。现代农业经济学思想还在发展经济学中得到了集中体现。1954 年，刘易斯提出了二元经济发展模型，主要采用古典经济学方法进行分析，指出了发展中国家经济结构的二元特点，即强调工业部门的快速发展，农业部门通过低廉的粮食和劳力支持工业，采用转移农业剩余劳动力到工业的方式实现整个国家的现代化。舒尔茨在其《改造传统农业》（1964 年）一书中明确反对农业劳动生产率等于零、农业只能向工业输出资源而自身无吸资能力、传统农民对经济刺激无法做出反应等观点，而强调农业相当程度的发展是实现工业化的必要前提。进入 20 世纪 70 年代以后，发展经济学更加重视科技进步、人力资源开发、对外开放、最优增长、多部门或者各产业协调发展以及可持续发展等研究。上述研究极大地丰富了现代农业经济思想理论。

二、中国农业经济的形成与发展

作为四大文明古国之一，中国拥有历史悠久的农耕文化，农业经济问题也一直为人们所重视。在历朝历代的经济学思潮中，农业经济思想一直占据着极为重要的地位。比如土地问题，殷周时期为"均田制"，西汉董仲舒坚持"限田"主张，明代邱浚则提出了"配丁田法"等；对于农业地位的认识，形成了农本、重农抑商、农工商皆本、农工商并重等多种理论；而在农业发展策略的选择上，春秋时期的管仲提出了"重本饬米"，战国时期李悝、商鞅分别主张"尽地力之教"和"贵粟"的思想，宋朝王安石则大力推行青苗法和市易法。上述制度或者政策均蕴含着极为丰富的农业经济思想，但受限于我国长期处于封建社会、农业商品经济不甚发达的现实，未能形成科学的体系。

步入 20 世纪 20 年代之后，一些西方学者开始尝试运用西方经济学的观点和方法探究中国农村问题，并形成了一大批极具代表性的研究成果，比如泰勒的《中国农村经济研究》（1924 年）和卜凯的《中国农家经济》（1930 年）。同一时期，一些国内马列主义信仰者也开始利用马克思主义的理论对中国农村的实际问题进行探讨，如毛泽东的《中国社会各阶级分析》(1926 年) 和《湖南农民运动考察报告》(1927 年)。此后，由中国共产党领导、中国农村研究会所主办的刊物《中国农村》(1934—1943 年) 发表了一系列以马克思主义为指导的农村调查报告，对中国当时的租佃制度、农业合作、农产品供求与价格等农业、农村问题进行了大量阐述。与此同时，一些大学也开设了农业经济学课程，其中南京金陵大学开办最早，该校于 1922 年率先开设农业经济学课程，次年成立农业经济系。此后，其他大学也陆续开课设系，不过一般采用西方农业经济学教材。

中华人民共和国成立之后，逐步建立与社会主义发展相适应的农业经济学。其中，在 20 世纪 50 年代初期，所采用教科书基本源于苏联；50 年代后期，国内才出版第一本由国人自主编写的农业经济学教材。"文化大革命"时期，受整个教育界混乱的影响，农业经济学的发展也遭受了重大影响，直到 70 年代末才逐步恢复。自 20 世纪 80 年代以来，随着改革开放这一基本国策的全面实施，社会主义市场经济开始逐步取代传统的计划经济，我国也由此步入经济转型与国际社会接轨的新时期。在这个阶段，我国农业也明显加快了市场化步伐，并由传统农业逐步向现代农业转变。围绕新时期我国农业经济所遇到的若干理论问题，学术界展开了大量细致、深入的研究，从而客观上促使我国农业经济学的内容和学科体系不断完善。

第四节　农业经济学的研究对象与内容

一、农业经济的研究对象

(一) 农业经济学的代表性定义

作为经济学科的一个分支，农业经济学是一门专门研究农业领域中各类经济问题的部门经济学。不过，在不同的年代或者不同的国家，受限于人们认知水平的差异和社会经济发展所处阶段的不同，人们对农业经济学研究对象的认识和看法通常存在较大区别。

美国学者约翰·W. 戈德温对农业经济学进行了界定，认为它是一门将各类有限资源合理分配到农牧产品的生产、加工及消费等不同环节的社会科学。另一位美国学者盖尔·克拉默则认为，农业经济学是一门应用社会科学，它主要研究人类在一段时间内利用技术知识和土地、劳力、资金、管理等稀缺资源生产各种食物、纤维以供社会所有成员消费。与经济学一样，农业经济学也是为了寻求发现因果关系，同时利用经济学理论探索对一些农业和农业企业问题的解答。

随着农业经济学思想的植入，一些国内学者结合自身研究，对其含义进行了重新解读。其中，朱道华认为，农业经济学的研究客体是农业，所以它不仅是经济学中的一门独立的学科，还是农业科学中的一门独立的科学。李秉龙认为，农业经济学主要是运用经济学的基本原理，研究在土地、劳动力、资金、技术和信息等稀缺资源的约束条件下，农产品的供给与需求、农产品价格与市场、农业生产要素价格与市场、农业微观经济组织形式、农业宏观经济制度与政策的部门经济科学。雷海章、王雅鹏则对现代农业经济学概念进行了论述，认为它是从生产力和生产关系、经济基础和上层建筑的相互作用、相互联系中，研究并阐明现代农业生产力和生产关系发展运动规律及其应用的科学。

（二）农业经济学的研究对象

农业生产方式的运动规律即为农业经济学的研究对象，包括农业生产力与农业生产关系的运动规律以及两者相互作用的运动规律。从广义上看，农业生产方式的更替和不同历史时期的农业生产方式均为农业经济的研究对象。但我们一般所考察的农业经济学是狭义的，主要是对现阶段的农业生产方式进行研究，而且在实践中不能只满足于抽象的客观规律研究，还应充分结合各国的实际情况，探究农业生产方式的运动规律、主要特点以及典型应用，具体而言，可能以研究资本主义农业生产方式为主，也可能主要研究社会主义农业生产方式。

从生产力方面看，要研究农业生产力的性质、内容、特点及其数量的变化，分析农业生产力的内部结构及其功能，阐明发展水平和趋势，以寻求科学组织和合理利用生产力要素的方法和途径。从生产关系来讲，要研究农业生产中的产权关系、经营管理体制、农产品市场与价格、农产品国际贸易、农业政策的支持与保护及其现代化与可持续发展。在现代经济中，鉴于农业是国民经济的基础，对农业经济的研究需以整个国民经济作为背景，并基于全局视角探究农业与其他产业部门之间的相互关系，以利于国家宏观政策和发展战略的制定，进而使农业与整个国民经济发展保持协调一致。

第二次世界大战以后特别是进入 21 世纪以后，全球社会、经济和政治均发生了巨大变化，受此影响，农业经济学的研究对象也发生了很大改变，其变化特征主要表现在三个方面：第一，农业经济学逐步细化，各分支学科之间的相互交叉和渗透以及由此而产生的综合化都得到了极大增强；第二，农业经济学越来越注重多层面、多视角的分析和研究，不断强化定性和定量、实证和规范、宏观和微观分析的有机结合，并深入地开展各种比较研究工作；第三，农业经济学不断突破原有的农业经济范畴，更为系统、全面地探究各类农业经济问题。

（三）本书关于农业经济学的定义

综上所述，我们认为，农业经济学是运用经济学的基本原理，研究在土地、劳动力、资金、技术和信息等稀缺资源的约束条件下，农产品的微观经济组织形式、农产品的供给与需求、农产品的价格与市场、农业的政策支持与保护及其未来可持续发展的一门部门经济科学。

二、农业经济学的研究内容

要完整、系统地阐述农业经济学的研究内容无疑是相当困难的，因为随着社会经济的不断发展，农业经济学所涵盖的研究内容也变得相对宽泛、深入和复杂。不过，随着农业经济学科的逐步细化，许多内容从农业经济学中独立了出来，并形成了新的学科或课程，比如农业政策学、农业企业经营管理、农业统计学等。而就本教材而言，其研究内容主要包括以下4个方面。

第一部分（第一至四章）是农业组织编。主要探究农业生产的组织形式，按照农业经营制度、农业家庭经营、农业合作经济、农业产业化经营这一逻辑主线展开。首先，从农业经营制度入手，系统阐述其含义及历史变迁，并明确农业经营的主体、形式与运行机制，在此基础上对未来发展趋势进行展望。其次，明确农业家庭经营的含义与历史演变轨迹，并对新形势下的农业家庭承包经营及其兼业化问题进行论述。再次，探讨农业合作经济组织的产生与发展历程，厘清其类型划分与运行机制，并重点对其未来发展趋势进行阐述。最后，对农业产业化经营进行探究，准确把握其内涵、特征及成因，并分析主要模式与运行机制，展望未来发展趋势。

第二部分（第五至九章）是农业要素编。主要围绕农业生产的五大要素展开。其中，对农业自然资源的探讨主要涉及土地资源、水资源和气候资源，内容包括概念界定、基本特征分析以及相关机制优化。对农业劳动力的论述主要涉及中国农业劳动力资源现状、农业人力资源开发与利用以及农业剩余劳动力转移。对农业科学技术的分析主要涉及其类型的划分、基本特征构成、对农业发展的促进以及技术的创新和扩散。对农业资金的阐述主要涉及农业资金的概念和特征、农业财政资金、农业金融与保险，同时还引入了农业社会资本概念，并介绍了其作用、意义及未来发展方向。对农业信息的研究主要涉及其内涵的解释、在农业中的开发与利用以及农业信息化发展的路径选择。

第三部分（第十至十二章）是农业市场编。主要围绕农产品供给与需求、农产品价格、农产品市场这一逻辑主线展开。其中，第十章除了系统阐述农产品供给、农产品需求以及衍生出来供求平衡关系之外，还对中国粮食安全问题进行了深入思考。第十一章对农产品价格的形成机理、价格制度的历史演进和实施效果展开了系统研究，在此基础上重点探讨了中国现行的农产品价格制度体系。第十二章一方面研究了农产品市场体系及其物流构成，并重点介绍了农产品电子商务、农产品期货市场及其运行模式和交易方式；另一方面则对农产品对外贸易的政策与特征变迁进行了论述，在此基础上深入剖析了技术性贸易措施与国际贸易规则。

第四部分（第十三至十六章）是农业发展编。主要沿着农业支持与保护、农业现代化与现代农业、农业国际化与中国农业走出去、农业可持续发展与绿色农业这一逻辑主线展开。其中，第十三章首先对农业支持与保护的基本现状进行了概述，接下来重点探讨了农业支持与保护的理论依据、国际经验借鉴以及未来的政策演变。第十四章论述了农业现代化的基本内涵、中国农业现代化的发展历程、制约因素，在此基础上对现代农业的未来发展战略进行了展望。第十五章在厘清相关概念的同时，对中国农业国际化发展道路和走出去战略进行了深入探讨。第十六章一方面分析了可持续发展的概念、原则、基本理论和主要模式，另一方面则明晰了绿色农业的基本概念和发展思路。

小　　结

本章首先明晰了农业的基本内涵与主要特征，形成了对农业及其产业属性的基础性认知；其次，进一步深化了对农业基础性地位的认识，并对其主要作用与基本功能进行了必要地归纳与总结；再次，在厘清西方农业经济思想起源、形成与发展的基础上，对我国农业经济思想的形成与发展脉络进行了系统梳理；最后，明确了农业经济学的基本定义、研究对象以及主要内容。

关　键　词

农业　自然再生产　经济再生产　国民经济　农业经济学　农业经济思想

复习思考题

1. 农业的内涵是什么？具有哪些基本特征？
2. 农业的基础性地位和作用体现在哪些方面？对国民经济有哪些贡献？
3. 如何理解农业经济的研究对象？
4. 怎样学好农业经济学？常用的研究方法有哪些？

主要参考文献

［1］王雅鹏. 现代农业经济学［M］. 中国农业出版社，2008.

［2］钟甫宁. 农业政策学［M］. 中国农业大学出版社，2005.

［3］李秉龙，薛兴利. 农业经济学［M］. 中国农业大学出版社，2009.

［4］雷海章. 现代农业经济学［M］. 中国农业出版社，2003.

第一编　农业组织编

第一章　农业经营制度

☞【学习目标】

通过本章的学习，应达到以下目标：

（1）了解农业经营制度的演变，掌握农业经营制度的含义和变迁过程。

（2）掌握目前我国形成的新型农业经营主体的类型和概念，理解培育新型农业经营主体的对策；掌握农业经营形式的概念以及农业经营制度的运行机制。

（3）了解我国农业经营制度的发展趋势。掌握产业融合的概念和类型，以及社会化服务体系的内涵。

第一节　农业经营制度演变

一、农业经营制度的含义

农业经营制度是指在一定宏观环境条件下，以财产权益关系为前提的产权制度、积累和分配制度、管理与服务制度以及对外能够与市场经济相适应、对内能够整合资源和收益的组织载体。

产权制度是农业经营制度的基础。农业产权主要是围绕土地所发生的权力体系，土地产权又包括土地所有权、土地占有权、土地使用权、土地收益权以及土地处置权。其中，土地所有权是产权所包含的一系列权力的核心与基础。

我国目前的农业基本经营制度是以家庭承包经营为基础、统分结合的双层经营体制。这一经营制度包括两个层次：集体经济组织的统一经营和家庭的分散经营。

二、农业经营制度变迁

从农业经营制度历史演进来看，我国农业经营制度主要经过了以下几个阶段：第一阶段，土地革命时期的个体经营制度。土地革命之后，农民不但拥有

21

土地所有权而且拥有土地经营权，所有权与经营权高度统一。第二阶段，农业合作化时期的集体经营制度。土地改革之后，农民虽然分配到了土地，但对土地等生产资料的平均化配置导致了农业生产的低效率，农业生产资料短缺，促使了集体经营模式兴起。第三阶段，人民公社时期的集体经营制度。农业合作社经营模式之后，农业土地政策所有制改革又实行了所谓的"三级所有"的制度，掀起了人民公社运动。第四阶段，新时期农村家庭承包经营制度。改革开放后，新时期的经营模式完成了从包产到户到包干到户的双层经营模式的转变。包产到户要求通过生产队统一组织生产任务，进行统一分配、统一核算，农民收入的高低取决于自身经营的好坏以及集体经济的制约。第五阶段，新时期农业产业化经营制度。农业产业化经营制度的特点在于生产关系上倾向于规模经营，生产力水平上倾向于集约生产以及精细化生产。

（一）土地革命时期的个体经营制度

中华人民共和国成立前后实施的土地改革，最终在我国农村确立了土地归农民所有和使用的"耕者有其田"土地制度，因而这一时期的农业经营制度仍可谓传统的土地私有基础上的农民家庭经营体制的延续。土地改革时期，农村的小农家庭经营体制开始逐渐向集体化经营体制转变，从而形成了土地私有基础上的以家庭经营为主，以集体统一经营为辅的双层经营格局。

（二）农业合作化时期的集体经营制度

从1953年开始，我国的农业互助合作运动向纵深方向推进，即由初期着力发展农业生产互助组阶段转入农业合作化阶段。此阶段又可进一步划分为发展初级农业生产合作社和高级农业生产合作社两个阶段。① 其根本目标在于通过农业合作化实现农业的社会主义改造，把个体农民经济从以生产资料私有制为基础的小生产转变为以生产资料公有制为基础的大生产。② 到1956年，我

---

① 对我国农业合作化发展阶段的划分，也存在着不同观点。杜润生将我国农业合作化划分为三个阶段：第一个阶段是1949—1953年，完成历史遗留的土改任务，开始进入社会主义的过渡时期；第二个阶段是1953—1956年，集体化的完成阶段；第三个阶段是1956年以后，持续到1958年进入"大跃进"时期。而不少学者将上述第一个阶段特别归纳为"农业互助组阶段"，将第二、三个阶段统称为"农业合作化阶段"。根据我国农业互助合作运动的发展历程及其相应时期的核心发展任务，本书采用后一种划分方法，即"农业合作化阶段"特指从1953年开始我国全面发展农业生产合作社到1958年建立人民公社体制之前这一时期。

② 薛暮桥，苏星，林子力．中国国民经济的社会主义改造［M］．人民出版社，1959：69.

国不仅完成了农业合作化改造，而且普遍建立了以农村土地集体所有制为基础的高级农业生产合作社。① 在此基础上，我国农村基本经营制度完成转型，即总体上由土地私有基础上的农民家庭分户经营转变为土地集体所有基础上的集体（高级社）统一经营；农民家庭经营仅在有限的范围内得到保留。

（三）人民公社时期的集体经营制度

农业合作化实现后不久，我国即兴起了"大跃进"和人民公社化运动，在极短的时间内，以高级农业生产合作社为载体的集体统一经营体制被具有高度集中管理特点的人民公社体制取代。不过，该体制建立后不久，就暴露出许多问题，使之难以继续运行下去。对此，中央通过逐步调整从而总体上形成了"三级所有、队为基础"的人民公社体制，不少制度架构实质上又恢复到了农业生产合作社时期所实行的制度安排。②

（四）改革开放后农村家庭承包经营制度

改革开放后，以家庭承包经营为基础，统分结合的双层经营体制逐步确立并得到不断稳定和完善。"一大二公"的人民公社体制被废除，社区性合作经济组织逐步建立，股份合作组织蓬勃发展，各类农民专业合作经济组织蓬勃兴起。同时，农业经营制度完成了从包产到户到包干到户的双层经营模式的转变。包产到户要求通过生产队统一组织生产任务，进行统一分配、统一核算，农民收入的高低取决于自身经营的好坏以及集体经济的制约。

在此阶段中，家庭承包经营机制也得以不断完善。1993 年 3 月 29 日，《中华人民共和国宪法修正案》规定，"农村中的家庭联产承包为主的责任制，是社会主义劳动群众集体所有制经济"；1998 年 10 月，《关于农业和农村工作若干重大问题的决定》，把以家庭承包经营为基础、统分结合的双层经营体制，确定为我国农业和农村跨世纪发展的重要方针之一；1993 年 7 月通过、2002 年 12 月修订的《中华人民共和国农业法》规定，"国家坚持和完善公有制为主体、多种所有制经济共同发展的基本经济制度，振兴农村经济"，"国家长期稳定农村以家庭承包经营为基础、统分结合的双层经营体制，发展社会化服务体系，壮大集体经济实力，引导农民走共同富裕的道路"；2002 年 8 月通过的《中华人民共和国土地承包法》以法律形式赋予农民长期而有保障的农村土地承包经营权，对土地承包的诸多方面作出法律规定。

---

① 陈锡文，赵阳，陈剑波等. 中国农村制度变迁 60 年[M]. 人民出版社，2009：14.
② 虽然在"文化大革命"时期，"三级所有、队为基础"的人民公社体制出现了一定的反复，但其基本制度架构得以延续。

（五）新时期农业产业化经营制度

从 20 世纪 90 年代开始，农业产业化经营开始在我国得到较快发展。农业产业化经营是农业经营方式的一次革命性变革，是现代农业的基本特征。其实质是借鉴和利用管理现代工业的理念和方法来组织现代农业的生产和经营，以实现农业的纵向一体化。农业产业化经营的基本思路是以市场为导向，以企业为龙头，以农户为基础，专业化生产、一体化经营、社会化服务、企业化管理，把产、供、销，农、工、贸紧密结合起来，形成一条龙的经营体制。农业产业化经营制度的产生，使得农业经济进入了一个新的发展阶段。

第二节 农业经营制度的框架

一、农业经营主体

（一）农业经营主体的含义和类型

1. 农业经营主体的概念

农业（含林业、渔业，下同）经营主体是指直接或间接从事农产品生产、加工、销售和服务的个人或组织。

2. 农业经营主体的类型

农业经营主体主要包括三类：农户、农业企业，以及农民专业协会或合作组织。农户包括基本农户、兼业农户和农业大户。基本农户是以承包经营集体耕地为主，从事小规模农业的农户。兼业农户一方面承包经营集体耕地，另一方面又有较稳定的非农收入。农业大户则是具有一定的经营规模，以农业为主要收入来源的种植或养殖大户。传统的农业企业主要包括集体农业企业和国有农业企业，新兴的企业形式包括家庭农场、村办农场、村办企业、村服务组织，以及各种形式的合资合作农业企业。农民专业协会或合作组织是由农民自愿组成的服务性组织，为单个农户的生产经营提供技术设备和信息等服务，可以弥补农户自身经营的局限性。

农户、农业企业以及农民专业协会或合作组织，这三大主体分别承担了农产品生产、加工和流通等功能，共同推进现代农业的发展进程。

随着我国农业生产机械化、农业服务社会化、农业经营信息化的快速发展和推进，发展新型的农业经营主体的客观条件日益成熟。相对于传统的经营主体，新型农业经营主体具有较大的经营规模，较好的物质装备，较先进的经营管理能力，因而也具有更高的劳动生产、资源利用和土地产出率。

（二）培育农业经营主体的对策

培育农业经营主体，可以从土地流转、财政、金融、人才以及科技方面进行支持。

1. 完善土地流转服务体系

培育新型经营主体，改变过去一家一户分散的经营模式，需要进一步完善土地经营权流转机制，引导土地要素向新型经营主体流转。健全土地流转服务体系，提供流转供求信息、合同指导、价格协调、纠纷调解等服务，在尊重农民意愿的前提下，积极推广委托流转、股份合作流转、季节性流转等多样化的流转方式。

完善鼓励土地经营权流转的政策措施，需要对集中连片流转达到一定规模和年限的规模经营主体及流出的农户给予一定资金补偿，对相对集中、流转土地规模较大、服务工作成效突出的村级组织给予一定资金奖励。

此外，要建立严格的工商企业租赁农户承包耕地准入和监管制度，维护农民土地承包权益，防止土地"非农化"、"非粮化"。

2. 加大财政扶持力度

各级政府可积极整合财政支农项目资源，安排一定的新型农业经营主体发展专项资金，重点支持家庭农场改善生产条件，推进集约化经营；支持龙头企业提升加工和流通的能力，农民合作社提升组织、服务农民生产经营的能力；支持合作组织兴办或参股龙头企业、龙头企业领办合作组织，实现合作组织与龙头企业融合发展。

家庭农场可以作为财政支农项目申报和实施主体，在设施农业、农田水利、农机购置等基础设施项目上给予重点扶持，以改善家庭农场生产经营条件。

同时，应逐步增加对农民专业合作社和农业产业化的资金支持，通过贴息、补助、奖励等形式，支持生产服务设施建设、技术改造升级、科技研发机构建设等。

3. 强化金融支持

根据农业经营主体的生产特点，鼓励金融机构创新金融产品和服务方式，进一步完善和发展订单质押、农产品预期收入质押、大型农机设备抵押、畜禽圈舍抵押、耕地承包经营权和合作组织股权抵押或质押等适合于新型经营主体需要的金融产品。完善农业保险制度，创新政策性农业保险品种，减少新型农业经营主体发展生产面临的自然风险。

4. 完善人才培养体系

在推进新型职业农民培育试点工作的基础上，探索建立新型农民的职业教育制度。组织返乡农民工、农村能人、初高中毕业农村青年、农村退役士兵等开展多种形式的农业技术培训，加快培育专业大户、家庭农场经营者、合作社带头人、农民经纪人、农机手和植保员等新型职业农民，引导有文化、有知识的青年到农村创业，鼓励各类人才领办和参与新型农业经营主体，促进人才资源向新型经营主体流动。

5. 强化科技支持

鼓励涉农科研机构、高等院校和高新技术企业与新型农业经营主体对接合作，共建试验示范、技术推广基地，促进农业科技供需对接和成果转化。涉农部门要优先选择新型农业经营主体实施新品种、新技术等示范展示和试验推广项目。

二、农业经营形式

在工业化之前，世界上的农业经营形式可分为两个大类：一类是传统的小农经济，其代表是亚欧大陆中开发较早的地区。在这些地区，人类开发的历史久远，人口繁衍众多，因而人多地少，人们依村庄集居。另一类是以新大陆国家为代表的农业经营形式，主要集中在南北美洲和大洋洲。① 在这些地区人类开发的历史较短，总体上呈现地广人稀的状况。尽管农业的基本经营单位也是一家一户的形态（其中有的地方也曾出现过奴隶制的农场），但因其规模大，农场之间距离远，在农村地区就只有散居的农场主而无农户集居的村庄。

(一) 农业经营形式的定义

农业经营形式是指在一定的经济形式下，为了实现既定的经济目标，参与农业生产过程的各种生产要素的微观的组织形式，以及各生产要素、各经营环节之间的协调方式。

当各项经营要素有效结合时，经营过程才能运转。生产、供应、销售和分配是经营过程的主要环节，通过这些环节的顺利运转，投入的经营要素才能转化为产品、产值和盈利等产出。

(二) 农业经营形式的框架

结合农业发展实践，依据农业经营形式和农户之间的关联形式，对农业经

---

① 陈锡文. 把握农村经济结构、农业经营形式和农村社会形态变迁的脉搏 [J]. 开放时代，2012（3）.

营的形式可以作出如下归类（见表1-1）：①

表 1-1 农业经营形式

		农户经营
农业经营形式	显农户型	农业大户经营
		家庭农场经营
	隐农户型	合作经营
		租赁经营
		其他经营
	超农户型	企业经营

这一框架的内涵是：

（1）农业经营形式包括农户处于明显状态的农业经营形式、农户处于隐形状态的农业经营形式和超农户型的农业经营形式。这三种类型又涵盖若干具体的农业经营形式。

（2）家庭农场经营属于显农户型。在农业经营形式中的地位较之"农户"的层级性更高，但家庭农场经营形式和农户经营形式之间又具有显而易见的"血缘"关系。

（3）在隐农户型的农业经营形式类型中，可能还会出现新的农业经营形式。因较大的农业发展空间和国家政策调整所产生的农业经营形式的扩展空间，使原本被制度禁止的农业经营形式可能开始试水，原本无利可图的农业经营形式可能会具有盈利空间。

（4）鼓励资本下乡可能意味着农业企业经营形式的出台，有可能成为促使农业发生质变的一种农业经营形式。

借鉴新制度经济学的企业替代市场理论，可以将农业经营形式描述为一个序列，组成这一序列的基本依据是农业的组织化水平。农户的组织化水平最低，农业企业的组织化水平最高，两者处在这一序列的两极。选择何种农业经营形式取决于这种形式的收入效应。

---

① 李厚廷. 农业经营体系的建构——经营形式多元化格局中的农户经营主体地位 [J]. 现代经济探讨, 2014 (7).

三、农业经营制度的运行机制

农业经营制度涉及农业生产经营活动中的各个方面，包括农产品生产、加工、销售各环节，涉及农、工、商各领域，涵盖了龙头、基地、农户等多个主体的关系，建立一系列有效的运行机制是使各环节、各领域、各主体形成合力，协调运作的基本保障。

（一）利益调节机制

促成利益共同体，建立完善利益调节机制，主要有以下三种形式：

一是基于合同的利益调节机制。龙头企业可以与基地或者农户签订具有法律效力的产销合同，明确规定各利益相关方的权利和义务。农户按照合同要求进行生产，最终将产品提供给企业，而企业也按合同规定及时收购农户的产品。明确了农户的生产目标，保障了销售渠道，同时提高了企业的原料供应质量，达到共同发展的目的。

二是股份合作的利益调节机制。在自愿互利的原则之上，引导龙头企业、基地和农户打破所有制界限，通过资金、土地或者技术入股的形式，使生产要素合理流动，优化资源配置。

三是风险补偿的利益调节机制。在龙头企业与农户间建立风险补偿制度，从而最大限度地减少自然灾害和市场波动造成的损失。当自然灾害发生时，若农户的生产受到较大损失，或者市场波动造成产品滞销时，企业给予农户一定的经济补偿。

（二）服务保障机制

在集体统一服务的基础上，培育新的服务主体，尤其是龙头企业服务和中介组织服务。这种服务体系面向市场，实行物资、信息、科技、销售一条龙服务，服务内容可涵盖整个生产过程。

所谓龙头企业服务，是指龙头企业依靠资金实力、技术力量、完备信息和销售渠道等优势，为基地和农户提供物资供应、市场信息、技术指导和产品销售等方面的服务。

所谓中介组织服务，指的是基于民办、民管、民受益的理念，和自我组织、自我协调、自我服务、自我发展的原则，组建联结企业、农户与社会的中介组织。

（三）宏观调控机制

在发展现代农业生产经营的过程中，依靠政府行为、加强宏观调控至关重要。政府的合理干预主要体现在三个方面：一是规划布局方面。基于当地实际情况，对农业产业发展进行统筹安排，科学规划，形成布局合理、各具特色的农业发展格局。二是组织协调方面。主要是协调农口及财政、金融、外贸、人事等有关部门，帮助在农业生产经营过程中解决人才、技术、资金等方面的实际问题。三是政策引导。各级政府对农业生产布局和支柱产业的发展建设应提出具体的扶持政策和措施，为农业生产的发展提供良好的环境。

第三节 农业经营制度的发展趋势

一、新型农业经营体系

（一）新型农业经营体系的内涵

党的十八大报告（2012 年 11 月 8 日）提出，要坚持和完善农村基本经营制度，发展农民专业合作和股份合作，发展多种形式规模经营，构建集约化、专业化、组织化、社会化相结合的新型农业经营体系，首次对新型农业经营体系的内涵和特征进行了阐述；《中共中央关于全面深化改革若干重大问题的决定》（2013 年 11 月 12 日中国共产党第十八届中央委员会第三次全体会议通过）提出加快构建新型农业经营体系，要坚持家庭经营在农业中的基础性地位，推进家庭经营、集体经营、合作经营、企业经营等共同发展的农业经营方式创新；2013 年中央"一号文件"强调，农业生产经营组织创新是推进现代农业建设的核心和基础，要尊重和保障农户生产经营的主体地位，培育和壮大新型农业生产经营组织，充分激发农村生产要素潜能；2014 年中央"一号文件"提出，坚持家庭经营为基础与多种经营形式共同发展，以解决好"地怎么种"为导向，加快构建新型农业经营体系，努力走出一条生产技术先进、经营规模适度、市场竞争力强、生态环境可持续的中国特色新型农业现代化道路。

综上所述，新型农业经营体系是以农户家庭经营为基础、合作与联合为纽带、社会化服务为支撑的立体式复合型现代农业经营体系。它不仅包括经营主体和组织的发展、经营体制和模式的创新，而且包括各利益主体之间紧密联系的纽带，是基于各种利益关系的传统农户与新型农业经营主体的总称。

（二）新型农业经营体系的特征

新型农业经营体系具有集约化、专业化、组织化、社会化相结合的新型"四化"特征，这也是区别于传统农业经营体系的重要标尺。

集约化包括单位面积土地上要素投入强度的提高、要素投入质量的提高和投入结构的改善、农业经营方式的改善；专业化包括农业生产经营或服务主体的专业化和农业的区域专业化；组织化包括新型农业生产经营主体及其服务于经营主体的配套体系（如农业组织创新等）之间加强横向联合或合作；而社会化主要强调两个方面，即农业发展过程的社会参与、农业发展成果的社会分享。

新型"四化"的目标是共同服务于保障重要农产品有效供给和农民持续增收，它们是一个协同整体（即紧密联系、相互促进和互为条件）。具体而言，集约化和专业化属于"分"的层次，目的在于提高农业生产效率，其中集约化生产是目标、专业化管理是手段；组织化和社会化属于"统"的层次，目的在于提高农产品市场竞争能力，其中组织化经营是路径、社会化服务是保障。

也有学者对既相互区别又相互关联的新型农业经营体系"四化"特征维度进行了延展，主要包括集约化的经营思路、专业化的经营方式、组织化的经营力量、社会化的经营协作等方面。

二、农业产业融合

（一）农业产业融合的概念

"农业产业融合"按照融合的目标或者过程，可以分为以下两种界定方式：一是把农业产业融合定义为让农业与其他产业在技术、服务、市场等方面相互融合，创造另一种形式的价值体；二是将农业产业融合界定为发生在具有紧密联系的产业，或者同一农业产业内部不同行业之间，原本各自独立的产品或服务在同一标准元件束或集合下，通过重组完全结为一体的整合过程。①

农业产业融合包括农资供应、农产品生产、加工、销售及服务环节的纵向融合，以及农业引入生物技术、信息技术等高新技术产业的发展理念、技术成果和管理模式的横向融合。前者延长了农业产业链，使农业产业从纯农产品生产领域延伸到加工、服务等第二、第三产业领域，拓展纵向增值空间；后者拓宽了农业产业链，使农业产业从单一的农业发展平台渗入服务、高新技术等产业领域，拓展横向增值空间。农业产业融合有利于技术扩散、产业结构升级、合理配置资源，通过农业产业融合，可改变单一农业结构，促进农民收入增长，改善农村生态环境等，使农业成为产业化农业。

---

① 梁伟军，王昕坤. 农业产业融合 农业成长的摇篮［J］. 北京农业，2013（32）.

（二）农业产业融合的类型

农业与相关产业融合发展可分为高新技术对农业的渗透型融合（简称"渗透型融合"，进一步可细分为信息技术渗透型、生物技术渗透型、航天技术渗透型融合三种）、农业内部子产业之间的整合型融合（简称"整合型融合"）、农业与服务业之间交叉融合（简称"交叉型融合"）、综合型融合四大类型。

1. 渗透型融合

渗透型融合集中表现为现代生物技术、信息技术、航天技术等高新技术向农业领域的渗透、扩散，这些高新技术的引进，不但会引起农业生产方式的改变，也带来了经营管理方式的变革。

2. 整合型融合

整合型融合是指农业内部种植业、养殖、畜牧等子产业之间，依据生物链的基本原理而建立起的产业上下游之间的有机关联。整合型融合有利于发挥农业的生态保护功能。

3. 交叉型融合

交叉型融合主要表现为服务业与农业的相互渗透和影响，具体表现形式有旅游开发、设施建设、旅游服务与农村自然资源、农业生产以及经营活动的有机结合。交叉型融合有利于充分发挥农业的观光休闲功能。

4. 综合型融合

综合型融合是指综合运用现代工程技术、生物技术、信息技术等技术成果，最大限度地摆脱自然条件对农业生产经营活动的束缚，在相对可控的环境条件下，实现农业的周年性、全天候、反季节的企业化生产。综合型融合有利于降低农业生产的风险性，提高农业生产的效率。

三、农业社会化服务体系

（一）农业社会化服务体系的概念

农业社会化服务体系是指在家庭承包经营的基础上，为农业产前、产中、产后各个环节提供服务的各类机构和个人所形成的服务网络。

农业社会化服务体系强调服务的社会化和组织的系统性。培育服务主体，健全服务组织，是现代农业发展的必然要求。健全农业社会化服务组织，有利于完善统分结合的双层经营体制，弥补农村基本经营制度的不足；通过提供产前、产中、产后各领域和各环节的服务，把农户联结起来，纳入社会化大生产轨道；能够激活生产要素，优化资金、技术、劳动力等资源要素配置，以服务的规模化来弥补经营的细碎化是实现农业现代化的一个重要的战略取向。

（二）农业社会化服务体系的建设主体

从经济学特征来说，农业社会化服务体系建设同时具有公共品和私人品的双重属性，因此其建设主体既要有政府机构、事业单位等公益性主体的参与，也需要涉农企业、农业经营合作组织、专业技术协会、农民经纪人等多元化主体共同发挥作用。

其中，在公益性服务主体方面，除了政府各级涉农部门以外，还包括农业技术推广机构、动植物疫病防控机构、农产品质量监管机构、农村气象信息服务机构，以及与农业或农村相关的高等学校、职业院校、科研院所等教育、研究机构。此外，还有农民用水合作组织、防汛抗旱专业队等社会力量，政府部门可以采取定向委托、奖励补助、招投标等方式购买服务，鼓励和引导这些社会力量参与公益性服务。

在经营性服务主体方面，包括以农民专业合作社为基本主体的各类合作经济组织、以龙头企业为主的生产经营组织，还有诸如会计审计、资产评估、政策法律咨询等专业服务公司，以及其他专业技术协会、农民经纪人等。对于这类组织，一方面应该建立完善的市场机制和法律保障，鼓励更多的经营性服务主体进入农业社会化服务领域，更高效率地为农业生产经营者提供服务；另一方面，由政府部门来加强监管，避免因"市场失灵"而导致对农民利益的损害。

（三）农业社会化服务体系的建设内容

1. 服务方式和手段

依据2013年"中央一号"文件的要求，需要发展"公共服务机构+专业服务公司+农户"、"农民合作社+社会化服务组织+农户"、"龙头企业+农户+基地"等服务模式，搭建区域性农业社会化服务综合平台。发展专家大院、院县共建、农村科技服务超市、庄稼医院、专业服务公司加合作社加农户、涉农企业加专家加农户等服务模式，积极推行技物结合、技术承包、全程托管服务，促进农业先进适用技术到田到户。开展农业社会化服务示范县创建。整合资源，建设乡村综合服务社和服务中心。加快用信息化手段推进现代农业建设，启动金农工程二期，推动国家农村信息化试点省建设。发展农业信息服务，重点开发信息采集、精准作业、农村远程数字化和可视化、气象预测预报、灾害预警等技术。

2. 服务领域

鼓励和引导社会化服务组织参与农业全程服务。在产前，通过政府采购、协议供应等方式，将农资采购、土地整理、渠道维修、地力提升、种子工程和畜禽良种工程等项目，在同等条件下优先由各类农业专业服务公司、合作经济组织承担。鼓励和支持社会化组织参与高标准粮田、农田水利工程、标准化菜园、标准化果园、标准化茶园、畜禽养殖场和标准化鱼塘等农业基础设施建设。创新农资经营服务体系，减少农资流通环节，实现农资全程可追溯。在生产中，充分发挥农民合作社等新型农业经营主体的作用，以规模化、专业化、标准化为取向，重点实行统一生产规程、统一管理模式、统一品种种养、统一渠道销售，加强动植物疫病防控，推进统防统治，确保农产品绿色、安全、可靠。在产后，积极引导社会化服务组织在农产品收购、保鲜、贮运、加工、销售等环节，开展农产品营销服务，促进超市、企业、基地和农户有效对接。建立健全"农超对接"、"农社对接"、"社企对接"、"社校对接"等机制，积极搭建农产品展示展销平台。落实鲜活农产品运输免收通行费政策，增加鲜活农产品品种，细化"整车合法装载"的认定标准，提高"绿色通道"通行效率。积极开展农产品加工技术创新，扶持发展农产品精深加工，延长产业链，提高附加值。

3. 服务的瞄准度和有效性

一是要提高政府部门公益性服务的准确性。改变目前公益性服务机构以技术服务为主的单一服务方式，加快向信息、营销、资金、创业支持等"全方位"服务领域拓展。二是要优化农业社会化服务市场管理。以市场化为主导，建立"有进有退"的社会化服务市场机制。三是要在推动单个服务主体提供多样化服务的同时增强多个服务主体的协调性。四是要建立农业社会化服务的信息反馈和评价机制。建议试点在公共服务体系中设置专职人员，反馈各方的需求与供给信息。

4. 服务的基层供给和区域均衡

一是要在资金、信贷和税收上加大对村集体的扶持。加快完善农村"三资"管理制度，发展壮大村级集体经济，使村集体具备公共服务的能力。二是要根据区域农业社会化服务特点确定村集体农业服务的角色与功能。三是要加强区域农业社会化服务能力建设。在充分发挥市场引导作用的基础上，赋予地方政府一定的自主权。建议国家和有条件的地区抓紧制定"基准评价指标"和"地区差异指标"相结合的指标体系，编制新型农业社会化服务体系建设规划。

5. 服务的吸引力和承接力

一是提高现代农业对农民的吸引力。提升农业的职业含金量，促进农民对农业社会化服务的接受主动性。二是要开展职业农民教育培训。三是要探索建立公益性的农民培养培训制度。加快构建新型职业农民和农村实用人才培养、认定、扶持体系，在条件成熟的地区率先开展新型职业农民培养认定与家庭农场、农民专业合作社注册挂钩试点。①

小 结

农业经营制度是指在一定宏观环境条件下，以财产权益关系为前提的产权制度、积累和分配制度、管理与服务制度以及对外能够与市场经济相适应、对内能够整合资源和收益的组织载体。我国的农业经营主体主要包括规模经营大户组织、农民专业合作、农业龙头企业。新型农业经营体系是以农户家庭经营为基础、以合作与联合为纽带、以社会化服务为支撑的立体式复合型现代农业经营体系。它不仅包括经营主体和组织的发展、经营体制和模式的创新，而且包括各利益主体之间紧密联系的纽带，是基于各种利益关系的传统农户与新型农业经营主体的总称。农业产业融合以及农业社会化服务体系也是农业经营制度的发展趋势。

关 键 词

农业经营制度　农业经营主体　农业经营形式　运行机制　新型农业经营体系　农业产业融合　现代农业社会化服务

复习思考题

1. 什么是农业经营制度？
2. 什么是新型农业经营主体？分别有哪些类型？
3. 农业经营形式的定义是什么？
4. 新型农业经营体系的概念以及特征是什么？
5. 何谓农业产业融合？
6. 如何建立农业经营制度的运行机制？
7. 我国农业社会化服务体系存在哪些问题？如何解决？

---

① 钟真，孔祥智．着力完善新型农业社会化服务体系［N］．中国农业新闻网-农民日报，2015-01-07．

主要参考文献

［1］罗必良，李玉勤．农业经营制度：制度底线、性质辨识与创新空间——基于"农村家庭经营制度研讨会"的思考［J］．农业经济问题，2014（1）：8-18.

［2］杜润生．杜润生自述：中国农村体制变革重大决策纪实［M］．人民出版社，2005：17-20.

［3］薛暮桥，苏星，林子力．中国国民经济的社会主义改造［M］．人民出版社，1959：69.

［4］陈锡文，赵阳，陈剑波，等．中国农村制度变迁60年［M］．人民出版社，2009：14.

［5］张义珍．我国农业经营主体的现状与发展趋势［J］．新疆农垦经济，1998（5）：9-11.

［6］陈锡文．把握农村经济结构、农业经营形式和农村社会形态变迁的脉搏［J］．开放时代，2012（3）：112-115.

［7］梁晓东．我国的农业经营形式初探［J］．天津社会科学，1984（4）：15-20，37.

［8］袁军宝．农业经营形式的效率及演进研究［J］．江汉论坛，2008（7）：70-72.

［9］李厚廷．农业经营体系的建构——经营形式多元化格局中的农户经营主体地位［J］．现代经济探讨，2014（7）：39-43.

［10］梁伟军，王昕坤．农业产业融合 农业成长的摇篮［J］．北京农业，2013，32：4-6.

第二章 农业家庭经营

☞【学习目标】

农业家庭经营是农业微观组织的重要形式，在农业发展历程中占据主要地位。从原始农业到现代农业的发展阶段中，农业家庭经营都是最主要的农业经营形式。通过本章的学习，达到以下学习目标：

（1）了解农业家庭经营的含义，理解农业家庭经营作为农业主要经营形式的必然性，掌握农业家庭经营的演变过程。

（2）了解农业家庭承包经营的形成，掌握农业家庭承包经营的成效以及农业家庭承包经营的发展与完善。

（3）掌握农业家庭经营兼业化的概念，理解形成农业家庭经营兼业化的动因及其发展趋势。

第一节 农业家庭经营的演变

一、农业家庭经营的含义

（一）家庭经营

家庭是人类社会最小的组成部分，人们常将家庭看作人类社会的细胞。家庭是组成人类社会的最基本单位，是由家庭成员间的亲缘关系构成的最小的社会生产单位。人类社会的生产、生活和消费都是以家庭为单位进行的，因此家庭对人类社会的发展有着重要的意义。家庭经营是指在社会生产中以家庭为基本单位，以家庭经济效益最大化为经营目标，以家庭成员为主要劳动力，家庭成员间相互分工、协作和配合，共同付出成本、共同承担风险、共同享有收益的生产经营方式。

（二）农业家庭经营

农业是人类社会生产中出现最早的产业，因此家庭经营也最早出现在农业中。农业家庭经营是指以农村地区的农户家庭为基本单位，相对独立地进行生产经营，以农户家庭成员为主要劳动力，以从事农业生产经营活动为主要内容，家庭成员间根据农业生产活动进行相互分工、协作和配合，共同付出成本、共同承担风险、共同享有收益的农业生产经营活动。现代的农业家庭经营又称为农户经营或家庭农场经营。

农业家庭经营具有很强的适应性，是弹性很大的一种生产经营方式，广泛存在于农业发展的各个阶段。第一，农业家庭经营可以与不同的生产所有制相适应，如封建社会的地主所有制、资本主义社会的私有制、社会主义的国家或集体所有制都存在农业家庭经营。第二，农业家庭经营可以与不同的农业技术条件和生产力水平相适应，从原始社会的刀耕火种到封建社会的役畜和农业工具的使用，再到现代农业机械、生物技术等现代农业技术在农业上的应用，农业家庭经营始终是农业生产经营的主要形式。

二、农业家庭经营的必然性

(一) 适应农业生产的特点

农业的生产过程是人们通过利用自然界的各种资源（包括自然光照、空气、水、土壤等）来生产植物、动物产品的过程，这种过程决定了农业生产受环境的影响较大。依靠现代科学技术，人类可以根据农业生产的需要，小范围地改变农业植物或动物生长的适应性和外部环境条件，但不能完全地改变生物的内部机能，更不能完全改变生物生长所需的外部环境条件，这就决定了农业生产的特点：

1. 农业生产具有明显的地域性

地域性表现在农业生产在自然条件、社会经济技术等方面的地域性差异。农业广泛分布于不同的地域，这些不同的地域存在着地形、地貌、水分、光照、雨量等自然条件和生态环境的差异，同时，由于各地农业发展的程度不同，社会经济与技术条件也会产生差异。农业生物存在着多样性，包括农业植物、农业林木、畜禽动物和水产生物等，这些农业生物有着不同的生理机能，对自然条件和生态环境的要求也不同，农业生产过程中所需要的经济、技术等条件也存在差异。因此，以上两种差异也就导致了农业生产的地域性。

2. 农业生产具有严格的季节性和周期性

季节性和周期性是指农业生产受自然因素的影响较大。农业生产的对象是农业生物，农业生物依赖于自然条件，而这些包括光照、雨量、温度等因素的自然条件表现出明显的季节性，因此随着自然的季节性，农业生物的生长也表现出季节性，这种生长季节性随着自然的季节性表现出一定的生长周期，所以导致了农业生产活动与自然季节有很强的关联，农业生产中的播种、收割等程序都需要有序进行，并与季节变化相对应。我国古代的农历二十四节气就充分将农业生物的生产与自然季节联系在了一起，在时间上对农业生产有着指导作用。农业生产的农闲与农忙就是因为农业生产的季节性和周期性而产生的，俗语讲"人误地一时，地误人一年"充分体现了这个特点。因此，农业生产的季节性和周期性往往需要人们根据农业生物的生长周期和特点，合理有序地安排农业生产。

3. 农业生产环节的连续性

在工业生产中，工业产品可以以人为中心来设计产品性能和用途，原料和产品的中间生产过程是可以人为控制的，并且能间断地或叠加地进行流水线作业。相对于无生命的工业产品而言，农产品是具有生命的动植物，其生长过程不能间断，是连续生长的过程，并有明显的季节规律和生长周期，是完整的生命成长的过程，该过程不可逆，也不能跳跃。

农业的产业特点使农产品往往不能像工业品一样进行工厂化大规模生产，农业生物的生长习性不仅使得农业生产具有显著的地域性、季节性、周期性，并且也具有生产连续性，各个环节必须依序进行。所以农业劳动只能根据自然界的季节变化，按照农业生产对象的生长规律依次开展农业劳动生产。同时，农业生物往往被束缚于自然空间内，如农作物必须生长在土地上，大部分在生长过程中不适合移动，这和工业品的生产是具有明显差别的，工业品生产往往可以按生产工序对某一环节进行大量重复性生产，多个环节同步进行，流水线式开展生产，而农业生产往往同一时期的农作物会比较单一，不同时期的不同农业生产一般又由同一农业劳动者连续地完成。所以农业生产过程在时间上的有序性和空间上的单一性，使得农业家庭经营是一种比较合适的生产经营方式。

（二）适应家庭的社会经济特性

1. 有利于提高劳动者的积极性

家庭作为社会最基本的单位，是特殊的、紧密的利益共同体，而不是单纯的经济组织，也不是单纯的文化或政治组织，它的存在不局限于经济利益，而且是在血缘、婚姻、文化等多种因素的影响下而存在的。这些因素让家庭成员与生俱来地把自己和家庭联系在一起，家庭成员以家庭利益最大化为一切活动的出发点，个人的利益往往让步于家庭利益。家庭的这种机制，使得家庭成员在社会生产中不需要物质激励就能自发地为了家庭利益的最大化而付出和努力，从而使自身的目标和利益与家庭保持一致。同时，家庭成员间的婚姻和血缘关系的存在，使得家庭往往可以保持长期的稳定，并且通过婚姻和血缘关系可以让家庭不断分化、继承和发展。这样，在一段时间内，家庭拥有的劳动力、土地等生产要素往往是不变的，这样就使得农业家庭经营能够具有较长的预期，农业生产能够较为稳定，家庭成员能够长期地开展农业生产的分工和协作。因此，农业家庭经营不需要额外的物质激励就可以使农业生产保持长期的稳定。

2. 有利于农业生产的稳定性和协调性

一般来说，农业劳动过程中不存在中间产品，最终农产品才能体现出农业劳动者在农业生产过程中的劳动付出情况。这个特点使得农业生产者隶属于农业劳动成果利益分享范围内才能有利于农业生产发展，农业家庭经营恰好适应了这一特点。家庭成员拥有共同的生产、生活和消费权利，各家庭成员的共同利益是一致的，有着推动家庭整体发展的动力，亲缘关系的存在使得家庭较为稳固，家庭成员在农业劳动过程中能够合理协作和分工。在农业家庭经营过程中，家庭劳动者及家庭成员间的协作和分工可以提高农业劳动生产率。同时，家庭农业劳动的决策权与劳动生产的主体往往是一致的，家庭可以开展自主经营，家庭成员间"荣辱与共"的特殊利益关系也使家庭经营在农业生产中具有较好的整体协调性。因此，和大规模的农业组织生产相比，农业家庭经营具有优越性。

3. 有利于家庭内部开展分工和协作

农业家庭经营是以家庭为基本生产单位的，家庭组织内的所有成员都可能成为农业生产者，但家庭内部成员间的年龄、性别、体质、技能上的差异，使得在农业生产过程中不能进行简单的任务分配，而是要按家庭成员的劳动力状况进行合理的劳动分工和协作。家庭成员间可以根据农业生产的需要，进行劳动分工，传统的"男耕女织"就是家庭经营劳动分工的缩影。同时，由于农业生产的劳动时间相对比较细碎，一些闲散和辅助劳动力也可以得到充分利用。这在严格分工的企业组织中往往是很难做到的，而家庭的自然分工却能较好地满足这种要求。

4. 有利于解决农业报酬的计量问题

农业生产有着特殊性，虽然农业生产的每个生产环节中的每项劳动都与最终农产品的形成有关，但是这种劳动的质量是很难判断的，也不能通过计量来衡量数量。另外，这种农业劳动也是很难监督的，如果需要监督，也会增加农业生产的生产成本。因此，农业生产的成效只能依靠最终的农产品收成来反映。但由于农业生产受自然因素的影响，相同的农业劳动也会产生不同的农业收成，这就更难判断农业劳动和监督的效果，不能很好地解决农业报酬的计量问题。农业生产劳动的这种特殊性与工业生产是完全不同的，对于工业生产而言，生产的每个环节往往有在制品、半成品或中间产品，每项劳动都能与这些产品相对应，这些产品往往是有相应的生产标准、规格的，这样就很容易对工业生产劳动进行量化统计，而且这种量化统计结果一般而言不受其他自然因素的影响。同时，工业生产是有相应的生产工艺和生产流程的，并且工业生产劳动往往是集中进行的，这样就有利于劳动过程的监督。当然，工业生产中也存在无法计量和监督的情况，但农业生产的特殊性总体上来说比工业生产的计量和监督更困难，甚至根本无法计量和监督农业劳动，这就导致了农业劳动中的偷懒、"磨洋工"等问题。针对这种问题，最有效的方法就是让所有参与农业生产的劳动者拥有最终农产品的剩余索取权，并且这些劳动者最好有共同的利益，以解决农业劳动过程中的监督问题。家庭刚好是最好的利益共同体，家庭成员间在农业劳动过程中可以相互协作、分工，可以共享最终劳动成果和收益。家庭中每个农业劳动者的劳动都能在最终农产品上体现出来，为了家庭共同的利益，家庭劳动者可以不计得失地参与农业劳动，以争取家庭能够分享更好的农业劳动成果，因此，农业家庭经营的存在，使农业劳动成果为整个家庭共同享有，不需要农业劳动的报酬计量问题。

（三）适应农业市场竞争的需要

自给性的农业家庭经营生产受市场波动的影响较小，市场竞争对该类型农业家庭经营不会产生太大的冲击，并且该类型家庭经营具有良好的市场稳固性；从事商品生产的农业家庭经营面对农业市场竞争时，由于其生产力低于整个社会生产力水平，虽然在竞争中处于不利地位，但也可以长期存在。首先，自给性农业家庭经营的农业生产所需的生产资料、劳动力都有明显的自给性，因此家庭农业生产所需的支出完全靠家庭自身供给，这些自给性的支出不仅不会产生现金支出，而且也不需要从生产收益中索取补偿；其次，在农业产品市场竞争中，农业家庭经营参与市场竞争往往不体现在所生产的农产品质量差异上，由于其具有自给性，农产品不能完全销售的问题对家庭的影响并不大。从整个农业家庭经营过程来看，滞销仅仅是家庭收入减少的问题，只要整个家庭经营的收益大于生产过程中必须补偿的支出，农业家庭往往还可以维持原来的规模进行农业再生产。农业家庭经营的这种稳固性使其农业生产经营处于相对稳定的环境。另外，农业家庭经营的稳固性还体现在其农业生产所需的土地具有垄断特征，农业家庭经营生产所需要的土地是基本生产资料，而土地作为有限的资源，家庭对土地的占有和垄断，会在一定程度上影响土地的流转和兼并，这个原因使得农业家庭经营能够长期存在。

(四) 适应农业技术进步的需要

如前文所述，农业家庭经营对不同生产力和不同农业技术条件都具有适应性，农业家庭经营也适应了农业技术进步的需要。现代农业技术中的农业机械技术和生物、化学技术，都不需要大量的劳动力来完成，往往单个或少数农业劳动力就可以完成操作。这和工业品生产过程是有差异的，工业生产往往是大量劳动力的流水线生产，需要多人分工协作来操控大型机械，各生产工序需要对劳动力进行严格的分工，与农业生产中的少量劳动力参与形成了鲜明的对比。在农业生产过程中，农业机械技术和生物化学技术不管发展到什么水平，都需要遵循农作物的基本生长规律和客观条件，因而不能像生产工业品一样生产农产品。同时，农业家庭经营可以按照家庭人口数量、劳动力状况、农业生产结构等多方面条件来选择适合自身家庭农业生产的技术，这种技术选择可以灵活安排，对农业技术的推广和传播是有利的。最后，很多农业技术的使用没有最低的作业规模要求，因此农业家庭经营规模不会影响农业技术的推广和使用，假如有特殊的农业技术有最低的作业规模要求，农业社会化服务或农业专业合作组织可以使农业家庭经营突破经营规模的瓶颈。

三、农业家庭经营的演变过程

农业家庭经营基本上是与人类家庭的出现同步的，即自从人类产生家庭后，便产生了家庭经营，而农业作为人类社会产生时间最早、持续时间最长的产业，农业家庭经营也贯穿于整个人类社会的发展史。从人类社会的发展历程来看，农业家庭经营经历了原始社会、奴隶社会、封建社会、资本主义社会和社会主义社会的发展历程，表现出不同的形式和特点。

(一) 原始社会

原始社会后期进入了新石器时代，原始的农业开始出现，原始社会后期的父系氏族公社和母系氏族公社不同，父系氏族的一夫一妻制使家庭相对稳定，也就出现了早期的农业家庭经营，并在家庭内部产生了简单的分工协作，虽然氏族公社仍然以公有制为主，小家庭的农业经营的萌芽已经产生并推动了生产力的发展。

(二) 奴隶社会

奴隶社会时期的农业家庭生产是以奴隶主家庭为代表的农业家庭经营，奴隶主家庭成员和隶属奴隶主的奴隶为家庭农业生产经营的劳动力，大部分农业生产领域的劳动者为奴隶，奴隶主占据着包括土地在内的大量农业生产资料，奴隶主支配奴隶进行劳动并独自占有农业经营成果。奴隶被强迫集中在土地上进行劳动，这样可以使奴隶主家庭组织较大规模的农业生产，对奴隶的农业生产进行简单的管理，并让奴隶在劳动生产过程中进行简单的分工和合作。相对于原始社会的小规模农业家庭经营，奴隶社会农业家庭经营的生产效率有了明显的提升。

（三）封建社会

封建社会时期的农业家庭经营已经非常完善，农民家庭作为个体单位进行农业生产成为封建社会农业生产的主要形式。相比于奴隶社会，封建社会的农业家庭经营者拥有更多的自主权，可以根据家庭自身的条件和能力安排农业生产规模，形成自给自足的小农经济形态。然而，由于封建社会的土地所有制的存在，农民没有真正得到土地，耕种的大部分土地并不属于家庭，生产的农产品不能完全由农民自身支配，除了上缴地主的租金外还可能承担沉重的赋税，导致生产力受到束缚。

（四）现代社会

（1）资本主义社会。资本主义社会的农业家庭经营得到了进一步完善，家庭农场是资本主义社会农业家庭经营的基本特征。家庭农场是指以家庭为经营单位，农民拥有所有生产资料的所有权和使用权，以家庭成员为主要劳动力，实行自主经营，农民自己支配农业劳动成果，并以农业收入为家庭主要收入来源的新型农业经营主体。资本主义社会的家庭农场从事农业规模化、集约化、商品化生产经营，农业生产力得到较快发展，但家庭农场类型始终以家庭经营为主要形式，以家庭劳动力和少量雇工为主要劳动力，大规模的雇工经营和工厂化型农场始终没有取代家庭经营的地位。

（2）社会主义社会。社会主义国家出现以后，以前苏联为代表的社会主义国家的农业模式成为典型，并被大多数社会主义国家效仿。前苏联式农业的主要特征是生产合作化、集体化和土地国家化，并极力消除私有制，否定农业家庭经营，从而导致农业生产效率不高，农产品产出水平不足，不能满足社会农产品消费需要。从历史经验看，这种试图消除农业家庭经营的农业模式并不利于农业生产力的提高，因此，许多社会主义国家纷纷寻求农业改革，其中以中国的家庭联产承包责任制的改革最为成功，坚持了走农业家庭经营的道路，形成了具有中国特色社会主义的农业模式。

从农业家庭经营的阶段发展历程可以看出，家庭经营在农业生产中具有强大的生命力，不同历史时期的家庭经营对农业的发展有促进作用，违背农业生产特点的集体农业和其他劳动组合模式的生产效率要低于农业家庭经营的生产效率。

第二节　农业家庭承包经营

一、农业家庭承包经营的形成

家庭承包经营制度自 20 世纪 80 年代初在我国全面实施以来迄今已有 30 多年，在这期间家庭承包经营制度并不是一成不变，而是随着外界条件的不断变化和生产力水平的不断发展处在不断地发展完善之中。大体上来看，我国农业家庭承包经营制度从产生、确立到发展完善可以分为以下三个时期：

（一）农业家庭承包经营制度的产生与确立（1978—1983 年）

中国的农村改革起始于 1978 年安徽省凤阳县小岗村农民为了吃饱穿暖而自发采取的"包产到户"行动。1983 年中央一号文件认为家庭联产承包责任制是"在党的领导下我国农民的伟大创造"，确立了农村家庭承包经营制度，并在全国大力推广和实施该政策。家庭承包经营制度赋予了农民对土地的生产经营权和剩余索取权，极大地激发了农民的劳动主动性和生产积极性，农业生产迅速恢复，农产品产量在改革初期年年增加。

（二）农业家庭承包经营制度的稳定发展（1984—2003 年）

这一阶段是家庭承包经营制度逐步走向成熟稳定的时期。对于土地的承包期限，各地最初定为 3 年，后来为了鼓励农民增加投资，1984 年中央一号文件提出"农村土地承包期限一般应在 15 年以上"。1984 年全国粮食产量达到历史最高，证明了家庭联产承包经营制度改革的成功。为进一步增强农民承包土地的信心，1993 年中央一号文件决定"耕地承包期到期之后再延长 30 年不变；经发包方同意，允许土地使用权依法有偿转让"。1998 年我国新的《土地管理法》开始施行，"农民的土地承包经营权受法律保护"、"延长土地承包期30 年"以法律条文的形式体现出来。2003 年实施的《农村土地承包法》标志着农村土地集体所有、家庭长期承包经营、规范土地流转的农村基本经营制度的成熟。

（三）城乡统筹下农业家庭承包经营制度的改革深化（2004 年至今）

2004 年起中央连续发布关于"三农"的一号文件，逐步取消农业税（2006 年全国取消），给予农民补贴，这标志着中国正式进入了以工促农、以城带乡的城乡统筹时代，农户承包土地经营由债权性质进入物权化时代。2005 年农业部出台《农村土地承包经营权流转管理办法》，土地流转变得更加规范。2006 年通过的《中华人民共和国农民专业合作社法》使农民基于小生产与大市场的矛盾自发的合作行为走上了法制化道路。2007 年通过的《中华人民共和国物权法》从法律上确认了家庭承包经营权的物权性质。2008 年党的十七届三中全会决定"现有土地承包关系要保持稳定并长久不变"。2013 年党的十八届三中全会决定"赋予农民对承包地占有、使用、收益、流转及承包经营权抵押、担保权能，允许农民以承包经营权入股发展农业产业化经营"。

二、农业家庭承包经营的成效

中国农村改革的成效首先归功于农业经营管理体制的变化，即实行了以家庭承包经营为基础，统分结合的双层经营体制。农村家庭承包经营制度的实行，给我国农业、农村及整个国民经济和生活带来了翻天覆地的变化。

（一）农村生产力的高速发展

自实行农业家庭联产承包责任制后，我国农业总产值不断增长，1978—2014 年农、林、牧、渔业总产值年均增长 10% 以上，2014 年达到 102226.09 亿元。主要农副产品产量大幅提升，主要农产品和水产品的产量显著提高：2014 年我国粮食产量 60702.61 万吨，是 1978 年的 1.99 倍；油料产量 3507.43 万吨，是 1978 年的 6.72 倍；棉花产量 617.83 万吨，是 1978 年的 2.85 倍；水果产量 26142.24 万吨，是 1978 年的 39.53 倍；水产品产量 6461.50 万吨，是 1978 年的 13.88 倍。

农业机械化水平的显著提升也反映出实施农业家庭承包经营制后农村生产力的飞速发展，2014 年我国农业耕种收综合机械化水平已超过 41%，农业劳动力占全社会从业人员比重已低于 38%，这标志着我国农业机械化已迈入中级发展阶段。农业机械拥有量变化明显，2014 年全国农机总动力达 10.76 亿千瓦，是 1978 年的 9.20 倍，拖拉机保有量 2279.3 万台，其中大中型拖拉机 527.02 万台，是 1978 年的 9.46 倍，小型拖拉机 1752.28 万台，是 1978 年的 12.76 倍。农机社会化服务也不断增强，2014 年全国农机作业服务专业户超过 530 万个，农机合作社等各类服务组织数量超过 170 万个，涌现出了一大批懂技术、会操作、善经营的农机能手，每年完成作业服务面积近 40 亿亩，占全国农机作业总面积的三分之二左右，农机田间作业服务收入超过 2100 亿元。

（二）农民收入增长，生活水平提高

我国以农村家庭承包经营为主要内容的农村改革，使农民收入大幅提升，并呈逐年提高的趋势，2014 年我国农民人均纯收入达到 9892 元，农村家庭联产承包责任制是农民人均纯收入增长的巨大推力。在农民人均纯收入构成中，1978 年家庭经营收入仅占 26.8%，2014 年这一比重已经超过了 50%，这说明

家庭经营对农民收入的提高发挥了重要作用。在农民生活提高的指标中，食品消费在整个消费支出中的比重逐年下降，恩格尔系数由 1978 年的 67.7 下降到 2013 年的 37.7，而住房及以文化服务和生活服务为主要内容的支出的比重不断上升，耐用消费品拥有量不断增加，人均住房面积逐渐增加。

（三）农业内部结构、农村产业结构不断调整和优化

我国农业改革始终坚持以市场为导向，不断深化农业和农村经济结构调整，农业内部结构不断趋向优化。1978 年农、林、牧、渔业产值分别占总产值的 79.99%、3.44%、14.98% 和 1.58%，2014 年为 50.43%、3.81%、32.98%和9.12%，农业产值的比重下降了 29.56 个百分点，牧业和渔业的产值比重分别提高了18个百分点和 7.54 个百分点。

改革开放后乡镇企业的发展是农村产业结构调整的表现，而乡镇企业的发展与农村家庭承包经营改革息息相关。这些年来，我国乡镇企业经济发展较为平稳，乡镇企业的总量规模、产业调整和经济效益都在稳步推进，在农业农村发展中占有重要地位。2014 年乡镇企业从业人员总数已超过 1.5 亿人，2014年农民从乡镇企业获得的收入占农村人均可支配收入的比重达到34.8%，农村人均纯收入构成中，农民从乡镇企业获得的收入为 1420 元，占 14.4%。乡镇企业的大力发展，使我国农村经济的发展动力不断加强，它不仅提升了农民收入，也实现了我国农业乃至整个社会产业结构的变化，有力地助推了我国的经济现代化和国际化。

（四）促进了农村市场经济的发展

农村家庭承包经营制度为农村市场的发展奠定了坚实的基础，作为党在农村改革政策的主要内容，它使农民有了对土地的经营权和决策权以及对劳动产品的支配权和销售权，使农民可以根据自身需要自主安排农业生产，并成为市场经济下自主经营、自负盈亏的市场主体，从而使农业往专业化、商品化和社会化方面发展。

三、农业家庭承包经营的发展与完善

（一）加速土地流转，发展适度规模经营

有序地推进农村土地承包经营权的流转，合理扩大农业生产经营规模，是促进农业生产现代化、转变农业增长方式的有效途径。而农村土地承包经营权的流转是以家庭承包经营为基础前提的。党的政策提出要稳定和完善以家庭承包经营为基础、统分结合的双层经营体制，有条件的地方可根据自愿、有偿的原则依法流转土地承包经营权，发展多种形式的适度规模经营。农村土地承包

经营权的流转为农业生产适度规模经营提供了保障。农业生产适度规模经营转变农业生产方式的必然趋势，是优化现行土地生产经营方式，促进农业产业结构调整，发展现代农业和提升农民收入的重要途径。

实施农业适度规模经营，需要坚持以农业家庭经营为基础，尊重农民意愿、因时因地制宜、适度规模经营与集约经营同步发展的原则。积极创造条件发展农业生产适度规模经营，需要做到以下几个方面内容：一是需要完善土地承包经营制度；二是需要帮助和引导农民树立市场经济、社会化生产和专业化生产的观念；三是需要提升农民科技文化水平，提高农业生产经营管理者的管理素质和技术水平，这是农业适度规模经营健康发展的重要保障；四是需要增加对农业生产的投入，改善农业生产状况；五是要建立完善的农业社会化服务体系；六是要关注农业适度规模经营的良性发展，对农业适度规模经营中出现的新情况、新问题，要及时加以解决。

（二）健全农业社会化服务体系，实行产业化经营

健全农业社会化服务体系建设是深化农村改革的需要，也是农村经济发展的重要基础。农业社会化服务的不断健全和完善，有利于发展和完善农业家庭经营，有利于双层经营体制的不断完善，也有利于促进农业生产现代化。因此，当前应不断完善农业市场体系，健全农村市场网络营销结构，加强农业社会化服务专业队伍建设，普及农业科技服务，形成比较完整的农业信息体系。同时，要大力发展区域性农业专业市场，开辟农产品销售绿色通道，建立农产品物流中心和物流港。农业产业化是以市场为导向，以经济效益为中心，以主导产业、产品为重点，优化组合各种生产要素，形成各生产经营环节一体化的经营体系，使农业走上自我发展、自我积累、自我约束、自我调节的良性发展轨道的现代化经营方式和产业组织形式。农业产业化缩小了农业小生产和大市场之间的距离，可以引导农业商品化生产，对促进农业适度规模经营、提升农业规模效益、调整农业产业结构、增加农民收入等方面有积极的促进作用。农业家庭承包经营是农业产业化经营的前提和基础，农业产业化经营是农业家庭承包经营在市场经济条件下的必然产物，它可以解决农业家庭分散经营与社会化大市场的矛盾。当前，我国农业产业化发展，需要从以下几方面推进：一是要转变思想观念，着眼于发展现代化农业，树立现代农业经营理念；二是要实行"扶优、扶强、扶大"的原则，进一步组织和壮大龙头企业；三是要大力发展科技兴农；四是要创新农业生产经营体系，培育壮大市场竞争主体；五是要转变政府职能，

加强宏观调控；六是要实现农业产业化与城乡一体化的结合发展。

（三）增强农村公共品的供给，创新农村公共品供给制度

农村公共产品是农村社会经济发展和农民生活的基础条件和保障。完善的农村公共产品供给制度，有利于提高农业生产增加值，减轻农民负担，加快农村剩余劳动力转移，推进农村综合改革和完善以家庭承包经营为基础、统分结合的双层经营体制。目前，实现农村公共产品有效供给的关键在于制度和体制的改革、完善与创新，主要体现在以下几个方面：一是要实行财政分权制，明确中央和地方政府提供农村公共产品的职责；二是要实行城乡一体化的公共产品供给体制，加大对农村公共产品的投入力度；三是要改革农村公共产品供给的决策制度，建立自下而上的需求表达机制；四是要开拓新的农村公共产品的资金渠道，以满足农村经济发展和农民生活水平不断提高的需要；五是要建立健全农村公共产品供给的法律法规；六是要加强对农村公共产品供给资金使用与管理的监督，提高农村公共资金的使用效益。

第三节　农业家庭承包经营的兼业化

一、农业家庭经营兼业化的内涵

兼业，是指劳动者在从事一种职业的同时，还兼营他业的现象，当兼业者达到一定程度，兼业成为一种普遍现象时，就称为兼业化。农业家庭经营的兼业化指一个国家或地区普遍存在着农业家庭兼业经营，如果农业家庭兼业经营在一定的地域范围内占据了主导地位，就称为农业家庭经营兼业化。相对于农业专业经营家庭而言，农业兼业经营家庭从事农业生产的同时也从事农业以外的生产或经营，而又没有完全放弃农业生产。

农业家庭经营兼业化具有复杂性，可能是长年兼业，也可能是季节兼业；可能是同一时期兼作农业、非农业，也可能是不同时期，分别从事农业、非农业；可能是以农为主，也可能以非农为主。家庭户主或配偶等主要劳动力兼业，其实就代表了这个家庭的兼业。目前我国农村单纯从事农业生产或土地经营的家庭所占比例较小，大多数农民除了从事农业生产以外，或多或少都经营农业以外的其他产业，获取非农收益。农业家庭兼业化的出现，体现了现实农村经济结构和经营方式的多元化。

二、农业家庭经营兼业化的动因

（一）工业化的必然结果

从世界各国的发展历程看，一个国家的工业化进程会伴随着人口的流动，农业人口处于比较利益低下的农业产业，必定会从农业流向城市或工业部门。我国目前正处在国家工业化和农村工业化同步进行的双重工业化阶段，因此，该阶段我国农业人口的流动表现为两种类型：一是人口大量流向城市和工业部门；二是人口流向本地的农村二三产业。两种类型的人口流动促进了农民的非农就业，也就导致了农业家庭经营的兼业现象。但是，国家工业化不可能大量吸纳农村剩余劳动力，一是因为国家工业化倾斜于资金密集型的重工业，对于缺乏技术的农业转移劳动力吸纳能力有限；二是城市居民受现行户籍和劳动制度的保护，农民难以在城市工业就业机会中取胜；三是农民自身素质不高，只能在空间有限的低技术行业内过度竞争，难以满足城市大工业的需要。而农村工业大多以技术水平低、劳动力密集型的乡镇企业为主，成为吸纳农村剩余劳动力的主体。第一种类型的人口流动，农民对就业的预期较低，转移的稳定性较差，会牢牢把握土地作为自己最后的保障；第二种类型的人口流动，不能使农业剩余劳动力彻底转移，他们往往同时还从事农业生产。由此，两种类型的农业剩余劳动力都不会彻底脱离土地，农业家庭经营兼业化的实质就是农民"离土不离乡"，工农业并举。

（二）农民就业不充分

首先，随着农业技术的不断提升、农村人口的不断增加，在土地面积不增长的前提下，农业对劳动力的需求越来越小，农业剩余劳动力会逐年增加；其次，农业生产具有很强的季节性，俗语"两个月种田，一个月过年，九个月休闲"能充分体现出这种季节性生产，从而表现出季节性劳动力剩余。因此，一方面，农村剩余劳动力会转向非农产业，另一方面，处于非生产季节的农民也会流向非农部门。同时，农民的非农就业也是不彻底的，表现在两个方面：第一，乡镇企业对农村剩余劳动力的吸纳能力有限，农村剩余劳动力不可能通过本地就业实现充分就业，因而农村仍存在可以转移出来的农村剩余劳动力；第二，在农村非农产业就业的劳动力，并未完全脱离农业生产，有显著的季节性就业特征，于是，农闲时节从工从商、农忙时节务农成为农民理性的选择。

（三）农民防范风险的选择

农民非农就业面临着较大的风险，一是社会福利风险。流动到城市的农业人口，是不能享受到城市所特有的各种福利和社会保障的。而参与城市市场竞争，必然会面临巨大风险，在没有其他社会福利保障的条件下，土地承包权可以替代社会保障功能，成为农民安身立命的"生存保险"。二是城市就业的压力。由于城市务工成本的逐渐上升，以及就业所需技能和文化素质的要求，在城镇务工的农民面临较大的压力。三是农村工业化所提供的就业机会不稳定。一遇到宏观经济政策调整，农民工同样会成为乡镇企业的调整对象。更为严峻的是，随着乡镇企业技术进步不断加快，对农村剩余劳动力的就业需求会越来越小。这样，兼营农业就可以保留一条退路。

（四）农业补贴和农业社会化服务的完善

农业补贴鼓励了农民的农业生产积极性，减轻了务农负担，增加了农业生产的比较利益，在务农收入和兼业收入大于务工预期收入的前提下，农民会理性地选择务农与兼业并存。同时，社会化服务的逐步完善更有利于农业生产的进行，具体方式是实行统一种植计划：统一购置、管理、使用大型农机，统一规划和进行农田基本建设，统一进行机耕、机播等农田作业，统一购置化肥、农药等主要生产资料等，农业生产的主要环节都有相应的社会服务组织，农民取得这些服务可以缩短劳动时间和强度，并可能降低生产成本。如果农民对承包土地有较高的收益预期，便不会放弃土地的经营，并且会不断增加土地承包面积，以获取利益最大化。

（五）现有土地制度的制约

随着农村市场经济的不断完善，农村非农产业飞速发展，农业产业结构和就业结构发生了显著的变化，逐步形成了分工分业，对土地流转的需求越来越强。然后，现有的土地制度不能通过行政干预手段来完成土地流转，也无法有效地利用市场机制来促进土地流转。一方面，从行政角度看，农村土地采用集体所有制，农村集体在土地使用权上与农民是交叉分享的，无法通过行政手段收回土地使用权。中央文件规定"社员在承包期内，因无力耕作或转营他业而要求不包或少包土地的，可以将土地交给集体统一安排，也可以经集体同意，由社员自找对象协商转包"。从实践上看，集体用行政手段收回土地，意味着对农民权益的侵犯，严重时会导致干群关系紧张，影响基层政权的稳定。另一方面，从市场机制角度看，目前还比较缺乏比较健全的农村土地流转市场来促进农村土地的有序转移。同时，由于现有的土地制度对土地承包权的界定比较模糊，使得农村土地进入市场缺乏相应的产权基础。所以，虽然农村劳动力非农就业现象已经非常普遍，但仍然存在"家家包地、户户种田"的现象。

（六）农村土地的升值

农村非农产业的扩张和城镇化进程的加快使农村土地的价值越来越高，在市场经济条件下，土地不再是计划经济体制下的土地，它的使用呈现多样化、跨区化的趋势，土地越来越表现出资本的形态特征，农民对土地价值的预期也越来越高。土地价值的逐渐提升，意味着如果农民放弃土地将会损失很大的预期收益。因此，即便是无心经营土地或无经营条件的农民，在从事非农产业就业后，也仍然会保留土地承包权。

三、农业家庭经营兼业化的发展趋势

（一）农业家庭经营兼业化现象将长期存在

比较国内外发展历程可以看出，农业生产力提高和农业比较利益下降的共同作用导致了兼业化现象，同时兼业化也是市场经济发展的必然趋势。从长远的发展趋势上看，农业家庭经营兼业化现象只是一个过渡形态，在城镇化发展到较高水平后，兼业化将逐渐消失。一方面，在城镇化的后期，由于农业产业化发展和农业保护政策的共同影响，农业生产经营的吸引力会反弹，以农业收入为主的兼业家庭会发展成专业农户或专业大户，以非农收入为主的兼业家庭将转变为完全的非农就业家庭。但就我国目前所处的发展时期而言，城镇化正处于关键的瓶颈期，农业家庭经营兼业化现象将在很长一段时期内存在。

（二）土地制度将成为影响兼业化程度的关键

虽然我国不断从法律层面和政策层面上鼓励农村土地进行有效的自由流转，以促进农村土地规模经营和农业家庭专业化经营，但取得的效果并不理想。第一，从供给角度看，对于拥有土地的农民来说，即使其脱离农业生产从事非农行业，但由于其对土地的价值预期，会理性地选择保留自己的土地，因此土地流转市场的供给不足。第二，从需求角度看，土地流转市场存在土地需求不足。一方面，国家规定农用地用途不得更改，农用土地流转后升值空间有限，限制了对流转土地的需求；另一方面，农村劳动力市场还不够完善，扩大农业家庭经营规模的土地流转需求有限。在工业化过程中，兼业化是耕地资源稀缺的国家农业发展的共同现象，所以，如何加快土地制度改革，有效地促进土地流转，将成为影响我国农业家庭经营兼业化程度的关键。

（三）非农就业不稳定性将强化兼业化

第一，随着产业结构的不断升级，城镇对农民工的需求层次也不断升级，出现结构性用工缺口。一方面，缺乏知识技能的低素质劳动力可能找不到工作，另一方面，企业对较高素质的农民工出现"用工荒"。在经济波动的冲击

中，大量农民工首当其冲，例如 2008 年底开始爆发的全球金融危机，我国外向型工业企业大量倒闭，大量农民工饭碗丢失。2009 年 2 月 2 日，中央农村工作领导小组办公室主任陈锡文表示，中国约有 2000 万农民工由于经济不景气失去工作或者还没有找到工作而返乡，占外出就业农民工总数的 15.3%。第二，城乡社会保障机制不完善。由于得不到城市的社会保障，农民工在城市中始终是二等居民，城市生活的高昂成本和激烈竞争的挑战，可能会推动农民工返回自己的土地，农村成为城市工业化发展中劳动力市场的巨大蓄水池。当经济出现剧烈波动时，失业问题凸显，城市人口可以得到城市的社会保障，而我国城乡社会保障机制还不能达到一体化，农民工的权益就没有充分保障，农民工只有回到家乡的土地上。土地取代了农村社会保障机制的职能，而不仅仅是农民的资本或生产要素。因此，非农就业的不确定性使得农民不敢贸然放弃自己的土地。

（四）农民兼业机会将增加

随着我国工业化和城镇化进程的推进，农民兼业机会将不断增加。第一，随着城镇化进程的加快，城镇的就业岗位会增加，对农村劳动力的吸引力会越来越强，将有更多的农村劳动力从事非农就业；第二，随着城镇人口素质的不断提高，城镇人口会逃避体力依赖型或比较艰苦的岗位，这为农民工创造了很多就业机会；第三，随着农民文化素质和劳动技能的提高，农民在外就业的机会也越来越多。

小　结

从人类农业发展的历程来看，农业家庭经营伴随着整个人类农业的发展，农业家庭经营具有很大的弹性，可以适应不同的所有制、不同的农业生产水平和物质技术条件。由于农业的生产特点、家庭的社会经济特性和农产品市场竞争与农业技术进步的需要，农业家庭经营具有必然性。农业家庭经营兼业化是农业生产经营过程中的一个重要现象，这是由农业的内部条件和外部条件共同决定的，对农业的发展既有利也有弊。中国实行农业家庭承包经营是中国国情的需要，适应了中国农业发展的要求，然而在现代农业发展过程中，农业家庭承包经营也随之出现了产权不清、规模较小、集体功能弱化等问题，需要加速土地流转，发展适度规模经营，健全农业社会化服务体系，实行产业化经营，增加农村公共品供给等措施来完善农业家庭经营。

关 键 词

农业家庭经营 农业家庭经营兼业化

复习思考题

1. 什么是农业家庭经营？
2. 农业家庭经营经历了怎样的发展历程？
3. 农业家庭承包经营是如何形成的？
4. 中国农业家庭承包经营存在哪些问题？如何完善？
5. 出现农业家庭经营兼业化的原因是什么？
6. 农业家庭经营兼业化未来如何发展？

主要参考文献

［1］周英．农户兼业化经营发展现状与趋势研究［J］．商业时代，2010（4）：106-108.
［2］李秉龙，薛兴利．农业经济学［M］．中国农业大学出版社，2003：218.
［3］陈汉平．农业家庭承包经营制度的演变逻辑与完善路径［J］．湖北经济学院学报，2015（3）：74-79.
［4］张秀生，杨刚强．稳定和完善家庭承包经营［J］．武汉理工大学学报（社会科学版），2008，21（4）：459-464.

第三章 农业合作经济

☞【学习目标】

　　农业合作经济能有效地改善农业的微观经济基础，是农业微观经济组织中一种重要的组织形式。通过本章的学习，应达到以下目标：

　　（1）掌握农业合作经济组织的内涵。

　　（2）熟悉农业合作经济思想的产生与发展历程。

　　（3）了解各农业合作理论派的主要观点。

　　（4）理解农业合作组织的特征，了解农业合作经济组织的类型，理解农业合作经济组织的运行机制。

　　（5）了解我国农业合作经济组织的发展历程，了解我国农业合作组织的模式，理解农业合作经济组织对我国农业发展的作用。

第一节 合作经济思想的产生与发展

一、合作经济的内涵与特征

（一）合作经济的内涵

　　人是群体性动物，因此不管是人的经济活动还是社会活动，都会与其所处的社会产生关联，其活动也不能离开人与人之间的互助合作。人最主要的活动是经济活动，经济活动的过程一直都是人与人的联合和多人的集体行动。所以，从这个意义上说，所有的经济组织都是合作经济组织，因为人们在生产、消费等经济过程中都是以人与人之间的分工、协助和合作为基础的。因此，合作经济的产生是必然的。

　　合作经济的概念有狭义和广义之分，就狭义而言，合作经济概念就是指合作社经济，这是合作经济最原始的概念；而就广义而言，合作经济的基本原则是：集体占有或控制、平等自愿、共同劳动、民主管理、按劳分配和按股分红相结合，可以看出，广义的合作经济概念是合作社经济的延伸和扩展，指合作经济组织通过某种组织形式而进一步组合后的经济组织，如合作社之间进行相互合作而组建的经济组织。有人认为，合作经济就是合作社经济；也有人认为，合作经济包括一切经济合作。这两种表述都是不准确的，前一种表述包含范围过窄，后一种表述包含范围太宽。从合作运动产生和发展的历程可以看出，近代和现代的合作是由劳动者和小生产者间开展互助合作，否定生产资料的资本性质而产生的。所以，合作经济的概念应当指劳动者在民主自治基础上实行联合的各种形式，这些形式包括合作社经济和社会主义条件下劳动者自治联合的其他形式。

合作经济是商品经济发展到一定历史阶段的产物，是市场经济中不可缺少的活跃主体，合作经济与公有制经济、私有制经济共同构成了世界经济的三大体系，这种特有的经济形式具有很强的适应性，对世界经济的发展、消除贫富差距和保护弱势群体利益发挥了积极的作用。

（二）合作经济的特征

合作经济使个体之间因追逐共同目标而在彼此间形成共同行动或协作劳动，并改变在激烈竞争中的弱势地位。合作经济的主要特征有以下几个方面：

1. 合作经济注重公平和效率

合作经济是以其成员利益最大化为宗旨的，其目的是提高成员的利益和地位，并不以盈利为目的，追求公平和效率是合作经济的目标。虽然"效率"是私人物品，产权比较容易界定，界定成本也较低，但是"公平"和公共物品一样，具有非排他性，相对来说不易界定产权。因此，要保证效率和公平，合作经济的成员身份需具有同一性，既是合作经济组织财产的所有者，又是合作经济组织事业的利用者，这种形式将组织中创造收益的执行者和享受收益的受益者相重合，即合作经济成员既为组织的利益付出和努力，成员间也共同分享组织的成果。这种行为集中反映在"我为人人，人人为我"的著名格言中，注重公平和效率是合作经济生存和发展的基石，也是合作经济文化的最好体现。

2. 合作经济代表弱势劳动者利益

合作经济是随着人类社会的发展，处于被剥削的人群为了打破垄断、抵制资本剥削、抵制雇佣劳动制度而出现的群众性经济组织。所以，从本质上说，合作经济不是非劳动者的合作，也不是国家或国有企业与劳动者的合作，它是处于弱势地位的劳动者为了实现共同的目的而成立的联合自助组织，是市场经济竞争中没有竞争优势的小生产者之间的联合互助。在市场经济条件下，农民、工人及小型业主作为小生产者，即使他们可能有独立经营的地位，但是并不能适应社会化大生产，是市场经济中处于最劣势地位的生产者。因此，为了规避个体分散经营的局限性，适应社会化、商品化和现代化发展的需要，他们联合起来并组建合作经济组织，利用组织团队的力量，或在技术和生产资料方面寻求改进，或在生产管理经营等方面相互融通资金，批发原料，集中供销，以解决产品的深加工、集中销售和生产资料的统一购买、使用等问题，这是单独的个人不能完成或很难完成的，而通过组织的力量可以与大资本抗争。在合作经济的运行模式中，虽然也存在资本的联合，但这种资本联合仅仅是为了维持合作经济组织自身正常运行的一个必要条件，成员不以自身资本力量的大小来享有自己应有的权利，只要是合作经济组织中的成员，就可以获得与其他成员同等的权利。所以，同资本联合相比，合作经济中弱势的劳动者处于支配地位，而资金在合作经济中只处于从属地位。

3. 合作经济以民主管理为基础

合作经济有一套较为完整的管理体系制度，民主管理是这套管理体系制度的基础制度。合作经济的成员拥有控制决策权，其管理机构也由成员通过民主选举的形式产生，成员代表大会是合作经济组织的最高决策机构，全体成员决定或由选举出的成员代表讨论决定组织的重要方针和重大事项。选举实行投票制度，每个成员具有同等的选举和被选举权利，一般实行一人一票制，而不管其在组织中的股份多少。

4. 成员的资本报酬有限

合作经济的所有组织成员都拥有产权中的剩余索取权，而且一般允许合作经济组织按成员的资本股金支付红利，但是，支付红利的利率一般被法律所限制，不能超过法律规定的最高利率。合作经济剩余的分配部分按成员与组织之间交易额大小进行分配。同时，合作经济组织将收益的分配额度向劳动倾斜，使得劳动者能够获得与自己劳动成比例的收益，实现占有自己的劳动成果，体现出合作经济的公平特征。

二、合作经济组织的产生和发展

英国于18世纪中叶开始了工业革命，机器生产代替了手工生产，工厂制度代替了小作坊制度，以营利为目的的商品生产冲击自给自足的自然经济，并逐渐形成了生产者与资本家之间的阶级对立。同时，商品经济的自由竞争制度导致生产的无政府状态，以及大资本在经济中的强势地位，从而不断导致各种经济问题和社会问题。于是在这种情况下，一些空想主义者和合作主义者提出建立合作经济组织来改造资本主义，以纠正当时社会上存在的不合理现象。他们的思想为合作经济组织的产生提供了成功和失败的经验。

在 19 世纪初期的欧洲，合作经济组织开始兴起。早在 1805 年，丹麦农民就成立了世界上第一个农民联盟，距今已有 200 多年的历史。19 世纪二三十年代，由于空想社会主义者欧文和傅立叶及其追随者们的宣传和组织，有关合作经济组织的概念开始广泛传播，多种类型的合作经济组织开始在欧洲各地兴起。罗虚戴尔"公平先锋社"是当时各种合作经济组织的典型代表，这是公认的世界上第一个具有真正意义的合作经济组织。"公平先锋社"是 1844 年由英国罗虚戴尔城的 28 个纺织工人成立的消费合作社，由于它系统地总结了早期空想社会主义合作经济组织的经验教训，成功地制定了一整套科学、完备的组织机构和经营管理原则，从而成为近现代合作经济组织的源头。在罗虚戴尔"公平先锋社"成立之前的近百年时间里，虽然英、法、德等国已先后建立了各种各样的合作经济组织，但是由于这些合作经济组织缺乏明确的组织原则和完善的管理制度，没有合作经济理论作为指导，因此大多数合作经济组织在成立后不久就夭折了。罗虚戴尔"公平先锋社"制定的合作经济原则为西方及世界上许多合作经济组织奠定了思想上及组织上的基础。

以罗虚戴尔"公平先锋社"为先导，各种类型的合作经济组织在欧洲和北美一些市场经济发达的国家迅速地发展起来。19 世纪末至 20 世纪初，形成了具有世界意义的合作经济运动。1895 年，为了顺应合作经济组织发展的需要，在伦敦成立了国际合作联盟，并且将罗虚戴尔原则作为合作经济组织的普遍原则，使合作经济运营不仅在世界范围内获得极大发展，而且也由早期自发的发展阶段进入了自觉地向规范完善的合作制企业发展的新阶段。

第二次世界大战结束以后，由于商品经济在全世界的广泛发展，合作经济组织覆盖面开始遍及世界各国，合作经济组织的社会经济力量也空前壮大，类型和形式也不断增加，而且越来越走向成熟，进入了数量和质量同时提升的发展阶段，越来越成为世界经济中的一个重要的组成部分。到 1997 年，参加国际合作社联盟的国家增加到 92 个，国家性合作经济组织 212 个，国际性组织 8 个，下属社员近 7.54 亿人，直接受益人口近 30 亿，占世界总人口的一半，各种合作经济组织为 1 亿人提供了就业机会。

第二节 农业合作经济组织的特征与运行机制

一、农业合作经济组织的本质特征

农业合作经济组织兼具经济组织和社会组织特征，是两者的有机结合。所以，农业合作经济组织的本质特征可以从经济、社会特征两方面进行阐述。

（一）农业合作经济组织的经济本质

农业合作经济组织的本质可以概括为以下三点：

1. 农业合作经济组织是农民的互助性经济组织

在市场经济条件下，农民作为单独的小生产者，在生产领域、流通领域、销售领域都处于弱势地位，这是由市场经济的竞争属性所决定的，并不能以人的意志为转移。农民为了维护自身的利益，自发成立农业合作经济组织，以合作组织的力量来弥补个体在市场经济竞争中的不足。在我国社会主义市场经济条件下，从客观上来说依然存在经济地位上的强者和弱者。像农民这样的弱者为了改变自己所处的弱势经济地位，可以通过农业合作经济组织来扩大经济规模或获取服务。在市场经济条件下，处于经济强势地位的个体或组织往往倾向于实行股份制，而处于经济弱势地位的农民往往倾向于联合起来实行合作制。股份制和合作制的共同存在是市场经济制度无法避免的。所以，农民所处的经济地位决定了农业合作经济组织是弱势经济群体的联合。

2. 农业合作经济组织不以营利为目的

不管是资本主义企业还是社会主义企业，在市场经济条件下，两者都是资本的结合体，都是以追求利润最大化为目标的。如果企业没有利润，最终结局将是破产倒闭。但是，农业合作经济组织作为经济弱者之间的联合组织，则以维护和提高其成员的利益和地位为宗旨。这是因为农业合作经济组织的成员身份具有同一性，即组织内的成员既是组织财产的所有者，又是组织事业的利用者。例如，通过农业合作经济组织，农民可以实现集中购买生产原料和销售农产品，利用集体的合作力量提高其在市场经济中所处的地位。并且，农业合作经济组织与内部成员进行的市场交易过程中产生的盈余还需按规定以交易额返利给成员，所以从一般意义上讲，农业合作经济组织不会产生像企业利润一样的收益。当然，农业合作经济组织与非成员间进行的交易是按市场经济的交易规则正常进行的。同时，农业合作经济组织为了给成员提供优质的社会化服务，其运营模式通常是企业化经营的。农业合作经济组织成员身份的同一性在一般性企业是不可能的，所以这是农业合作经济组织特有的经济特征。

3. 农业合作经济组织不排斥成员的经济独立性

农业合作经济组织成员入股的资本是"私有公用"，即股本所有权仍然归成员个人所有，只是使用权归农业合作经济组织所有。这种"私有公用"的关系，导致农业合作经济组织的分配方式是按一定比例的股金分红。也就是说，股金分红是"私有公用"这种特殊的财产所有权的经济实现形式。所以，农业合作经济组织是其成员经济独立存在的一种经济组织。

（二）农业合作经济组织的社会本质

通过以上分析，农业合作经济组织的社会本质可以归纳为以下四点：

1. 农业合作经济组织是其成员的自由组织

只要是符合农业合作经济组织章程所规定资格的个体，都可以申请加入农业合作经济组织。个体被批准后，如果认为农业合作经济组织对自己没有任何用处，也还可以自由退出并撤回申请时的入股金。这和股份公司是有区别的，股份公司的股票只允许转让而不允许退股。

2. 农业合作经济组织是其成员的民主团体

农业合作经济组织的经营管理原则上实行"一人一票"的民主选举制，而股份公司不同，后者实行"一股一票"制。"一人一票"制反映出农业合作经济组织成员参与组织运营的民主权利，这与股份公司大股东经营管理企业有着本质的区别。

3. 农业合作经济组织是其成员的自立团体

通常政府及社会团体会在资金、技术、人才、信息等方面为农业合作经济组织提供支持和帮助，但是这种支持和帮助是以农业合作经济组织的自立权和自主权为前提的。法规规定政府及社会团体不能侵犯农业合作经济组织自立、自主的权利。

4. 农业合作经济组织是其成员的区域团体

农业合作经济组织的活动有很强的区域性。农业合作经济组织区域的界定，是为了明确成员申请加入的资格，这和股份公司不限股东地域范围的规定也是有本质区别的。

二、农业合作经济组织的类型

关于农业合作经济组织的分类，选取的角度不同，划分的结果也就不同，下面主要从组织形式、发起主体、组织性质和产业划分几个角度对农业合作经济组织的类型进行说明。

（一）按组织形式分类

1. 契约型合作

契约型农业合作经济组织模式中合作主体以长期合同的形式，规制组织和成员间的行为，合同内容主要包括合作方式、合作领域、合作主体及组织与成员的权利与义务等。"公司+农户"合作模式通常是这种类型，一些农民互助合作组织也有采取这种形式的。这种模式组织相对来讲形式较为松散，合作范围较小，主要是在生产领域和流通领域以契约合同的方式代替了正常市场化的交易，因此合作关系的稳定性较差。

2. 会员型合作

会员型农业合作经济组织模式，是指吸收生产同类农产品的农民作为成员，在产前、产中、产后等环节上组织会员开展合作，由农业合作经济组织提供产、供、销过程中的相关服务。这些服务主要包括科技推广、信息提供、技术服务和农产品产供销等服务。农业专业协会通常采取会员制，这种类型的合作主要集中在生产领域。

3. 入股型合作

入股型合作是指以某种生产要素作为股本加入农业合作经济组织的合作模式，例如资金入股型、土地入股型等。这种类型的合作形式的经营管理方式与股份制公司的经营管理方式类似。与契约型和会员型等松散的合作模式相比，入股型的合作关系稳定性较好，是联合程度较高的合作形式。

（二）按发起主体分类

按组织发起主体，主要分为两大类，政府组织和民间自发，当然，这种划分并不是绝对的，存在一定程度上的兼容和混杂，下面从在组织成立阶段发挥主导作用的主体的角度，对合作组织进行划分。

1. 龙头企业带动型

龙头企业一般是从事农产品生产加工的工业企业，为了确保生产原材料供应数量充足和质量可靠，与农民合作，将分散的农户组织起来，按照规定的标准，进行农产品规模化生产，实现合作共赢。

2. 农村精英带动型

农村精英主要包括农村创业者、经营能人、基层干部、种植大户等在农村中具有一定号召力的群体。这些农村精英人物发起成立农业合作经济组织的初衷可能是为了寻求自身利益最大化，也有可能是为了造福当地村民，引领大家共同致富。

3. 基层农技服务组织带动型

在农村有少数农业技术服务组织，为农民提供技术服务，它们可以组织农民成立合作组织，方便进行技术推广或学习，在客观上也提高了农民的组织化程度。

4. 专家学者带动型

专家学者带动成立农业合作经济组织一般不是以营利为目的，而是想通过自身的知识积累和科技资源帮助广大农民增收，同时为自己的学术研究积累数据资料，当然，这种类型的农业合作经济组织占极少数。

5. 政府带动型

该类型的农业合作经济组织是依托村级组织而组建的，目前我国的农业合作组织中有相当大的比例属于此种类型，政府作为发起主体组建农业合作经济组织有许多优势，同时，也可能会因为政府与农户之间利益协调不当而导致一系列问题，或是行政干预农业合作经济组织的自主性，这也是目前大多数该类型农业合作经济组织存在的弊端。

（三）按组织性质分类

1. 专业合作社

该类型合作经济组织是以家庭承包经营为基础，生产同类农产品的生产经营者或同类服务的提供者、利用者，通过自愿联合、民主管理的原则成立的互助性合作经济组织。农民将财产（如资金、土地、生产设备等）以股金形式入股到组织中，以个人资产形成公有资产，由组织进行集体运作。但是农户的"自由退出权"使合作社稳定性不强，也就无法形成稳定的法人财产，因此降低了专业合作社自身对外融资的信用度，阻碍了合作社的发展。

2. 专业股份合作社

股份合作社主要围绕某一类产业或产品的经营服务，通过农民自愿投资入股，合作社自主经营、自负盈亏。在保持合作制基本特征的基础上，吸收股份制企业的优点，实行劳动者间的劳动联合和资本联合。专业股份合作社是实体型农业合作经济组织，内部结构较为紧密，且大多数具有产供销全程服务的功能，在利益分配机制上，除了按产品或服务的购销量向成员返还利润之外，同时还实行按股付息。

3. 专业协会

专业协会主要围绕某种产品的生产与经营或相关的服务性活动，由当地技术能手或经营能手，以及由当地供销、农技、农经等部门牵头，目的在于改善生产经营质量。专业协会是农民为了解决技术、信息、市场方面的困难而组建的群众性合作组织。专业协会中农民通过自愿联合，同时基本上保持财产的各自独立，主要依赖专业协会成员对共有的意识形态、文化习俗的自觉遵守以及人们对荣誉、声望和情感的追求而产生的自我约束联系在一起。

（四）按产业划分分类

1. 从事农业生产的合作社

该类型的合作社以种养企业为龙头，通过把同行业分散的农户联结起来，在龙头公司的带动下组织农户进行生产。企业与农户间以产品生产的关系为主要联系纽带，企业通过帮助和支持农户生产与企业相同或衔接的农产品，从中获取服务利益，农户通过企业的帮助和扶持，形成一定规模的生产基地，获得比散户更高的经济效益。

2. 从事农业服务的合作社

该类型的合作社是为生产者提供服务的，主要解决农户生产经营中的"买难"和"卖难"的问题，农户与企业签订购销合同，依据合同规定按公司的安排组织农户进行生产。同时企业帮助农户采购质优价廉的农业生产资料，提供产前、产中、产后信息，并为农户在市场优价推销农产品，解决农户在购销中的信息缺乏的困难。

3. 从事农产品深加工的合作社

（1）加工型农业合作社。这种合作社通常以加工型龙头企业为龙头，组织分散的农户按企业制定的标准进行统一种植或养殖，从而作为龙头企业的生产基地，为企业提供生产原料，企业面向市场以加工产品制定生产目标，形成规模化、专业化和企业化生产，使农产品经过加工后附加值增加。

（2）综合型农业合作社。该类型合作社往往以大型的产加销一体化经营企业为龙头，并同时联合不同层次的同类企业，组成大型企业集团，辐射带动一定区域的农民进行同类产品的规模化生产，实现企业和农户的优势互补，增强农产品抵御市场风险的能力，推动当地同类农产品生产项目的整体发展。

三、农业合作经济组织的运行机制

农业合作经济组织是在市场经济条件下，在不改变农户家庭财产关系和以农户或农场为基本生产经营单位的前提下，充分尊重农户的市场主体地位和合作意愿，以加入自愿、退出自由为原则，以入社农民共同所有、民主管理的企业经营管理制度来满足共同的经济需求和社会需求的自助、自治、自立的经济组织。农业合作经济组织的运行应遵循以下几点原则：

第一，在合作方式上，农业合作经济组织应不改变家庭承包经营制度，充分尊重农户的市场主体地位和合作意愿，以加入自愿、退出自由为前提，引导农民从自身利益的角度出发，独立地开展生产、技术、加工、销售等环节的联合和合作。

第二，农业合作经济组织应履行的首要功能是"市场功能"。通过合作自助来提高生产效率和产品竞争力，改善农业合作经济组织成员在市场交换中的不利地位。同时农业合作经济组织内部也要对成员坚持效率优先原则，让效率高的合作者获得更多的分红，以增强农业合作经济组织的活力。

第三，保障公平。在农业合作经济组织中，人力与资本等生产要素之间的合作应是在平等原则之下进行的。农业合作经济组织要保障成员公平地享受到他们参与组织的利益。坚持为成员服务，对内不以营利为目的，通过无偿的技术、信息服务，无偿或低偿的农资供应，以保护价、最低价收购或二次返利等优惠政策，给成员以实惠，维护成员和组织的利益；对外必须强调其营利性质，从而使农业合作经济组织更好更快地发展，更好地为成员服务。

第四，民主管理。农业合作经济组织的组织机构由成员民主选举产生，有关农业合作经济组织重大事项的决策都必须经过民主讨论决定，在选举管理机构或讨论重大决策时，成员拥有同等的权利，即不论成员的股份占比多少，均实行"一人一票制"，即使按成员对合作社的贡献加票，也有严格的规定和限制。

第五，产权清晰。在新型农业合作经济组织中的产权划分应分成两个方面：一方面，成员以各种形式参与合作所表现出的个人产权；另一方面，全体成员在合作过程中积累的合作产权。对这两个方面产权的界定必须清晰，对产权所形成的个人利益和合作利益必须明确加以区别，并以法律或合同约定的形式加以保障，以此调动合作者参与合作及在合作过程中的积极性。

第六，合作教育原则。对农业合作经济组织成员进行合作思想以及技术知识、管理知识等方面的教育。

第三节　中国农业合作经济组织的发展

一、农业合作经济组织的发展历程

中华人民共和国成立以来，我国农业合作经济组织经历了曲折的发展过程，我们将其划分为两类：传统的农业合作化运动和新型农业合作经济组织。所谓新型农业合作经济组织是相对于我国 20 世纪五六十年代建立和发展的农业合作化运动而言的，是我国实行农村市场化改革以来，农民按自愿、民主、平等、互利原则而自发组织，为其成员的专业化生产提供服务，谋求并维护其成员社会经济利益的各种经济组织和社会团体。

（一）传统的农业合作化的发展历程

1. 互助组和初级社（1949—1954 年）

互助组和初级社是建立在自愿互利的基础上的。中华人民共和国成立初期，由于之前长期的战乱导致农村地区生产力严重低下，农业生产资料相当匮乏，农民个体单独从事农业生产较为困难，从而产生了互助合作组。接着，在政府的大力推广下，合作互助组发展极为迅速，类型主要有临时互助组织、常年互助组织和尝试以土地入股的农业生产合作社。总的来说，对当时的小农生产而言，开展自愿互利的农业互助合作对农业生产有一定的促进作用。

然后，在农业互助合作发展的基础之上，政府开始引导农户组建初级农业合作社（简称初级社），农户在生产资料私有制不变的前提下，以自己的土地入股，初级社采取统一经营、共同劳动的生产制度，按土地和劳力比例分配收益。可以看出，从互助组到初级社的过程中，政府起到了关键性的作用，但初级社仍坚持自愿、互利的原则，使农民有入社、退社的自由，并且政府与农民的利益目标是一致的，使这种农业合作经济形式取得了较高的经济绩效。

2. 高级合作社（1955—1957年）

高级合作社是在初级社基础上建立起来的，是一种生产资料归集体所有的社会主义农业集体经济组织，这种形式的合作取消了按土地分红，强制性地将社员私有的土地无偿地转归集体所有；并将农户耕畜、大型农具等主要生产资料公有化，社员不再获得生产资料的报酬。虽然在《高级农业生产合作社示范章程》中规定社员有自由退社的权利，但退社就意味着必须面临政治上的高压，因为当时已经把退社问题当作"两条道路"的阶级斗争，实际上无形中把社员"锁定"在了高级合作社。高级合作社的实施侵害了广大农民的利益，对农业生产甚至整个国民经济造成了巨大损失。

3. 人民公社（1958—1977年）

由于大规模的农田水利建设的需要，资金和劳力比较缺乏，而农民当时形成的临时性或在行政压力下所组成的劳动协作暂时解决了一些农业基础设施建设的问题，错误地认为联乡并社、所有制升级才能与大规模的农田基本建设相适应，认为这种形式才是农业经济发展的必然产物。随后在联乡并社的基础上，成立了人民公社。人民公社的管理过于集中，产权界定模糊，分配上强调平均主义，严重影响了农民的生产积极性，导致农业生产大幅度退步。

人民公社主要依靠政府行政手段和法律规定加以推广，违背了农民的意愿。同时，人民公社不承认个人产权，财产实行"归大堆"，产权界定不明，过于强调平均主义，导致当时农业生产发展比较迟缓，给当时的农村经济发展带来了很多不利影响，也充分证明了农业合作不能强制。

（二）新型农业专业合作组织的发展历程

1. 萌发阶段（1978—1994年）

我国自实行改革开放以来，一些地方开始成立与传统社区组织不同的合作组织。这种合作组织是一种新型农民专业合作社，政府对这种类型的农民专业合作社的发展一直采取支持鼓励政策。在相关政府文件中，曾多次提出对专业技术协会、专业合作社和供销社等合作经济组织形式进行鼓励、引导和支持。如《中共中央、国务院关于1991年农业和农村工作通知》要求"各级政府对农民自办、联办服务组织要积极支持"。此外财政部等部门也出台了相关扶持政策。

2. 探索阶段（20世纪90年代中期到90年代末）

在这个阶段合作活动内容由以技术合作为主转向以农业生产经营服务为主。该阶段的合作社牵头人由生产能人、专业大户以及一些龙头企业组成，这些牵头人或企业为合作社组织的发展提供了力量支持。在这个阶段专业合作社不仅从事方向由以技术为主转向以农产品销售为主，合作社的活动区域也发生了较大变化，活动区域由原来的只在本乡镇、本县活动转变为跨区域活动。这个阶段政府针对合作社的发展提出了专门的要求，制定了相应的鼓励政策。《中共中央、国务院关于做好1995年农业和农村工作的意见》提出要进一步深化改革，真正办成农民群众的合作社。《中共中央、国务院关于1998年农业和农村工作的意见》提出要发展多种形式的合作与联合组织，对其加大鼓励和支持。

3. 发展阶段（2000—2007年）

在这一阶段，随着农村的经济结构的快速调整和入世效应的显现，农业组织化和集约化经营成为农业发展的需要。尽管我国农民专业合作社尚处于初级发展阶段，然而其在农业生产实践中发挥着非常重要作用，它不仅整合了农村的资源，还引导农民向集约化、产业化和现代化农业发展方向转变。随着农民专业合作社数量的不断增加，在法律地位、政策优惠和经营内容等方面不完善的问题日益凸显，为此需要制定相应的法律和政策来对其加以规范。如2007年颁布的《中华人民共和国农民专业合作社法》，从法律层面确立了农民专业合作社的市场主体地位。《中共中央、国务院关于推进社会主义新农村建设的若干意见》（中发［2006］1号）提出要"建立有利于农民专业合作社发展的信贷、财税和登记等制度"。

4. 深化阶段（2007年至今）

2007年以来，全国各地农民专业合作社结合自身优势，开展专业化、标准化、规模化和品牌化生产经营，在提升组织化、参与市场竞争和发展现代农业等方面起到了积极作用。其中，一些合作社成为"农资下乡、农产品进城"的重要平台。许多农民专业合作社通过统一购买农资和包装销售农产品，增强了农民专业合作社社员的市场参与能力。农民专业合作社的发展有利于传导市场信息，提供农业技术和培养农村人才，提高农业产量，提升农产品质量，实现农业标准化生产和产业化经营。

二、农业合作经济组织的模式

（一）"基地+农户"型的利益共同体

该模式以农产品生产基地建设为载体，将基地的土地或水面承包给农民经营，科技人员进行技术跟踪指导，供销社等有关机构帮助农民解决销售问题。这一模式在没有动摇"家庭联产承包制"的前提下，在开发利用荒山、荒坡和水域等水土资源的同时，实现了农业规模化经营，深受农民欢迎。

这种模式也存在不足之处，其重心主要放在种植、养殖等生产环节上，如果农产品的加工、营销等环节没有相应地增强，利益关系就非常不稳定，也不能实现规模效应。

（二）"公司+农户"型的利益共同体

该模式以种养大户、农产品营销专业户、农产品深加工业作为龙头，通过买卖关系和"保障最低收入合同"、"保护价收购合同"、"利润分成合同"、"资金扶持合同"、"生产合作合同"等契约关系，在农产品、种苗或原材料的购销、技术服务等方面，与农户形成较为牢固的合作关系，并成为利益共同体。

和"基地+农户"模式相比，公司与农户在农产品的营销、加工方面的联系更加紧密，参与市场竞争的能力更强。但是往往销售价格的决定权取决于更占优势的公司，农户缺少利益代言人，意见很少被公司采纳，处于被动接受方，双方沟通的成本也比较高；而且在农产品市场行情出现波动的时候，农户本身要承担很高的风险。

（三）"公司+基地+农户"型的利益共同体

龙头企业参与到"基地+农户"模式中，形成"公司+基地+农户"类型的利益共同体，将生产、加工和营销等环节连接起来，并在一定程度上实现"利益共享、风险分摊"。这种模式弥补了"基地+农户"模式的不足，增加了农民进入市场的组织程度。

（四）"公司+合作组织+农户"型的利益共同体

近些年来，农村出现了许多具有一定规模和产品营销能力的专业合作组织。这些专业合作组织在一定程度上将农户组织起来，与龙头企业通过契约关系或互相参股、互为成员的形式，实现企业、合作组织和农户三者之间的共同发展，形成了"公司+合作组织+农户"类型的利益共同体。专业合作组织遵循平等、自愿、互利的原则，在不改变家庭承包经营制度和不侵犯农民自主生产经营权的前提下，帮助农户解决分散经营所面临的困难，并有针对性地开展生产、销售等服务；这种模式下，在与龙头企业的交往中，合作组织作为中间组织，农户维权的能力变得更强。因此，这种类型有利于建立稳定的种产销关系和合理的利益联结机制。

（五）股份合作制企业

利益相关者用土地、人力、资金、技术和管理等生产要素入股，形成股份合作制企业。相比前几种类型，这种经济组织产权明晰，与农户之间的关系更加紧密，运作机制更加有效，利益分配方式采取按劳分配与按资分配相结合的方式，各利益相关者形成紧密的利益共同体，农民既可以是合作组织中的劳动者，又可以以企业股东的身份参与公司的经营管理，并对企业生产经营管理和利益分配进行监督和约束。股份合作制是农村集体所有制条件下的一种有效的组织形式，是农业合作经济组织进一步发展的方向。

三、农业合作经济组织的发展趋势

可以看出，我国政府对合作经济组织的支持力度越来越大，因此农业合作经济组织将有广泛的发展空间。我国农业合作经济组织的发展趋势，既受市场经济发展内在规律的影响，也受人们的认识和选择的影响。对于前者，毫无疑问，随着我国农村市场经济的不断发展和专业分工的不断完善，以农民专业合作社为代表的中国农村专业合作经济组织将会进一步发展和完善。目前我国农业合作经济组织的政策法律法规已经初步形成，促进了农业合作经济组织的发展，它们具备良好的外部发展环境，面对出现的各种新问题和新情况，能够及时解决和完善，各类农业合作经济组织将进一步发展壮大。

（一）农民专业合作社联合组织将进一步发展

合作社的基本原则包括合作社之间的合作，合作社联合已经成为世界合作社运动的常见形式。我国合作社间的联合会组织发展也已经开始起步，当前我国合作经济联合组织的发展形式既有相同类型的农业合作经济组织之间的联合组织，也有不同类型的农业合作经济组织所组成的联合会。这些形式的联合，不仅可以促进农业合作经济组织本身的发展，也可以实现农业合作经济组织的经济目标和社会目标。

（二）资金互助合作及信贷合作将有所突破

目前我国农业合作经济组织发展的现实情况是农村信贷资金供需矛盾比较

突出，面对这个情况，社区组织内部成员之间、专业合作组织成员之间的资金互助合作是解决农业合作经济组织融资难的途径之一，并在此基础上发展互助合作金融。当前农村互助合作金融已经初步具备了一些发展条件，有相应的政策指引和实践经验。如果进一步地加强政策引导，为农业合作经济组织创造更加稳定有利的环境，将会涌现出更多形式的农村资金互助组织，并成为农业合作经济组织未来发展的热点。

（三）农业合作经济组织的功能将更加健全

农业合作经济组织正在逐步向产业化经营方向发展，实现"贸工农一体化、产加销一条龙"。农业合作经济组织的作用将更加凸显。通过强化服务功能，逐渐由松散联合转变为紧密联合、由劳动联合转变为劳动与资本的双重联合，进而形成股份制合作形式的实体化经济组织。农业专业合作组织的经营范围将逐步扩大，对推进农业区域化布局、专业化生产、规模化经营有着重要作用。农业合作经济组织将成为联系政府与服务农民的桥梁和纽带，不断扩大经济和社会影响力。

（四）发展层次和规范程度将明显提高

新时期我国农业合作经济组织如雨后春笋般迅速增加，已经具备了"数量基础"，可以预见，在今后农业合作经济组织的发展过程中，各级政府将在鼓励农业合作经济组织数量增长的同时，追求"量质并重"，把更多的精力和资源投入提高农业合作经济组织的发展层次和规范程度。作为提升农业合作经济组织质量水平的手段，各级政府将通过各种方式加大农业合作经济组织的服务能力建设和民主管理制度建设，使其制度更加健全，运行更加规范，并通过示范社的示范带动农业合作组织整体质量水平的提升。

（五）农业合作经济组织之间将进行更多的联合与合并

近年来，我国各地均出现了各种形式的农业合作经济组织之间的联合组织，这也是其发展壮大的趋势。从形式和功能上讲，这种合并主要分为两种：一种是由几个相同行业或相同类型的农业合作经济组织联合组建的农业合作经济组织，这种联合组织将直接参与农业生产经营活动，规模更大，层次更高，能够更好地为其成员提供服务；另一种是同一区域内的各类农业合作经济组织联合组建的组织，这类联合组织的主要功能是为成员提供技术交流、信息服务、教育培训和行业自律等服务平台，并不直接参与营利性活动。通过同业、同区域的联合或重组，农业合作经济组织可以进一步地整合资金、人才、设施、品牌和市场资源，可以有效地提高合作社的服务能力，降低组织成本和提高运行效率。

小 结

本章首先界定了合作经济组织的内涵以及农业合作经济组织的内涵。梳理了农业合作经济思想的产生和发展历程，介绍了各学派理论的主要观点，各学派从不同的角度对农业合作经济组织的产生和运营机制作了分析。农业合作经济组织作为独特的经济组织，其本质特征是劳动者的联合，具有独特的宗旨、目的和经济关系，不同的角度可以将农业合作经济组织分为不同的类型。我国的合作经济组织的产生和发展经历了中华人民共和国成立后的农业合作化和改革开放后的新型农业合作组织时期，并形成了具有我国特色的农业合作组织模式，对我国农业发展起到了积极的作用。

关 键 词

农业合作经济组织 组织模式 发展

复习思考题

1. 合作经济的概念是什么？
2. 合作经济组织有哪些发展历程？
3. 农业合作经济组织的本质特征是什么？有什么类型？运行机制是什么？
4. 我国农业合作化经历了哪些过程？我国新型农业经济组织经历了哪些阶段？
5. 我国农业合作经济组织有哪些模式？
6. 农业合作经济组织的发展趋势是什么？

主要参考文献

[1] 邹军.合作经济的内涵及其在市场经济中的发展——兼谈合作经济与股份经济的融合［J］.中国集体经济，2002（4）：12-14.

[2] 杨璧玮.合作经济的基本原理及发展［J］.广东合作经济，2010（6）：15-19.

[3] 杨凤敏.我国合作经济组织的内涵界定［J］.经济师，2009（10）：25-26.

［4］杜斌．我国农业合作经济组织发展模式选择研究［D］．西北农林科技大学学位论文，2007．

［5］葛文光．河北省农民专业合作经济组织发展研究［D］．西北农林科技大学学位论文，2008．

第四章　农业产业化经营

☞【学习目标】

在本章的学习过程中，需要了解农业产业化经营的基本内涵与特征，理解农业产业化的模式和运行机制，以及农业产业化经营的过程和发展趋势。

第一节　农业产业化经营的内涵与特征

20世纪90年代初期，我国家庭生产与市场经济之间的矛盾日益凸显，随着国外农业产业化经营的发展，农业产业化经营作为解决农村问题的有效办法在我国得以发展。泰国正大公司的"正大模式"于20世纪70年代末在我国取得了巨大成功，成为我国农业产业化经营萌芽的标志。1987年以山东省诸城市"商品经济大合唱"模式为标志，我国提出了"公司+农户"的农业产业化经营模式并开始实践，随后山东寿光又走出了以市场带农户的产加销一体化发展的路子，自此我国农业产业化经营从真正意义上开始起步。1993年初，山东潍坊首次提出以"确立主导产业，实行区域布局，依靠龙头带动，发展规模经营"作为其农业发展方略。1994年，山东省的"一号文件"明确要在全省实施农业产业化经营，山东迅速掀起了农业产业化发展的热潮。1996年初，时任中共中央总书记的江泽民同志明确肯定并提出了实施农业产业化经营的战略要求，标志着农业产业化经营这一伟大创举进入中央高层决策。随即，在全国范围内，农业产业化经营逐步实施，并进入快速发展阶段。到21世纪后，农业产业化经营多次写入中央"一号文件"，国家不断出台各种扶持政策，从多领域助力各地农业产业化经营的发展，我国农业产业化经营进入繁荣发展阶段。党的十八大提出了新型城镇化、信息化、工业化与农业现代化"四化"同步发展战略，为农业产业化经营提出了新思路与新要求，也迎来了农业产业化经营新的发展时期。

一、农业产业化经营的内涵

农业产业化经营，国外也称之为农业一体化经营，20 世纪 50 年代发源于美国，随即在西欧与日本也得到发展，其实质是将农业生产的产、供、销三方面有机结合。对于这一经济发展行为，1957 年哈佛大学工商管理学院的 Davis 与 Goldberg 将其定义为"农业一体化"（Agricultural Integration），并综合"农业"（Agriculture）与"工商活动"（Business）为"农业综合经营"（Agribusiness）一词，1958 年在其出版的《农业综合经营概论》中，"农业综合经营"（Agribusiness）得到体现，并在理论研究中进行广泛运用，农业产业化经营逐渐成为西方国家农业经营的重要形式之一。

国内长期研究普遍认为，农业产业化经营应涵盖至少六个要素：一是生产的产品面向国际、国内两个市场；二是主要依托当地自然优势、产品优势和经济优势，发展和生成农业产业；三是生产过程实行专业化分工；四是产业经营和发展要有一定规模；五是在生产环节采取农、工、商，产、供、销密切结合的方式；六是在经营管理上尽可能地采取现代化的企业经营管理方式①。因此，在 1995 年 12 月 11 日的人民日报社论《论农业产业化》在对农业产业化经营界定的基础上，发展出农业产业化经营的定义，即：农业产业化经营是指以市场为导向，以经济效益为中心，主导产业、产品作为重点，对各种生产要素优化组合，采用区域化布局、专业化生产、系列化加工、规模化建设、企业化管理、社会化服务，发展种养加工、产供销、贸工农、农工商、农科教一体化的经营体系，引导农业走上自我发展、自我积累、自我约束、自我调节的良性发展轨道的一种现代化经营方式与产业组织形式。

二、农业产业化经营的特征

农业产业化经营与封闭传统的小规模、分散型农业生产经营是相区别的，该经营方式与组织形式具有以下特征：

（一）产业一体化

农业产业化经营将市场需求作为导向，选择并围绕某一主导产业，在经营方式上，有机地结合农业生产的产前、产中、产后各环节，凭借多种形式的联合和合作，将农业生产过程与生产资料供应、农产品加工、销售等诸环节整合

---

① 张红宇. 产业化成长与中部地区农村经济发展//韩俊. 产业化：中国农业新趋势 [M]. 中国农业出版社，1997.

到一个经营实体内，打造一体化经营的产业链条，使不同环节的参与主体形成风险共担、利益均沾、同兴衰、共命运的共同体，将外部经济内部化，同时降低交易成本，农业的比较效益得以提高。这样，既联结起千千万万的"小农户"、"小生产"与纷繁多变的"大市场"、"大需求"，还能联结城市与乡村、现代工业与落后农业，从而推动区域化布局、专业化生产、规模化经营、企业化管理、社会化服务等一系列变革，相互衔接农产品的生产、加工、运输、销售等环节，使其相互促进，协调发展，实现农业产业链中不同环节之间的良性循环。

（二）生产专业化

农业产业化经营在劳动生产率、土地生产率、农产品商品率和资源利用率等方面有着较大优势，这就要求在生产、加工、销售、服务等产前、产中、产后环节进行深细分工，相对独立经营，形成一定规模，实现专业化，使得产业链条中的每一个环节都能与一体化相结合，形成一体的专业化生产系列，所有产品都能以商品形式进入市场，从而有利于提高产业链的整体效率和经济效益。尤其是农副产品生产，作为农业产业化经营的基础，要求组织起小而分散的农户，实施区域化布局、专业化生产，在保持与稳定家庭联产承包责任制的基础上，扩大农户外部规模，破解农户经营规模狭小和现代农业要求的适度规模之间差距过大的难题。

（三）经营市场化

市场作为农业产业化经营的起点与归宿，传统小农经济自给自足的封闭状态的破除，离不开市场机制，这要求在农业产业化经营的资源配置、生产要素组合、生产资料和产品购销等方面实现市场化，主要体现在：一是把市场需求作为导向，优化调整农业结构，生产适销对路的产品，提高农产品的商品化程度；二是按市场机制对资源进行优化配置，完善生产要素，提高农用生产资料的商品化程度；三是根据市场机制的要求，对经营行为与组织活动进行规范，实现农业产前、产中与产后各阶段社会化服务的商品化。同时，在农业产业化经营当中，政府也应改变以往计划经济时代的农业的管理模式，经营领域放权于市场，重点提供公共设施建设、科技推广、产品开发等社会化服务，充分利用政策引导、宏观调控的效果。

（四）管理企业化

农业产业化经营即运用管理工商业企业的办法，对农业进行经营与管理，使各农户分散的生产及其产品向规范化与标准化转变，从根本上促进农业增长方式从粗放型朝集约型转变。这有利于根据市场需求安排生产经营计划，在及时组织生产资料的供应与全过程的社会化服务的同时，还能在农产品及时收获后，筛选分类，储存保管，加工转运，提高产品质量与档次，扩大销售，以达到高产、优质、高效的目的。同时，通过不同的联结方式，农业产业化经营构成一体化生产经营联合体，采用现代企业的核算制度，权责分明、管理科学、激励与约束相结合，有助于帮助农户脱离小农经济思想，适应市场经济。

（五）服务社会化

农业产业化经营，离不开社会化的服务体系，通过一体化组织及各种中介组织，利用配套的科技机构，提供给共同体内不同组成部分产前、产中、产后的信息、技术、管理、经营等多方面的服务，将所有生产要素直接、紧密、有效地进行整合。产业化经营体系内部的每一个主体为了自身利益和长远目标，都会尽可能地为其他主体提供便利的服务，在全方位的社会化服务下，生产水平得以大幅提高，经营风险也将降低，从而有利于整个产业链条的共同发展。

三、农业产业化经营的必要性

（一）农业产业化经营是社会主义市场经济发展的必然产物

在我国农村改革中，家庭联产承包责任制为我国农业、农村的发展作出了巨大贡献，但在我国社会主义市场经济体制的建立和发展过程中，家庭联产承包责任制产生了一些不适应。在市场经济规律的作用下，为实现农业进一步的发展，必然要求优化农业资源配置，提高生产要素利用率，这就需要转变传统的农业生产经营方式。农业产业化经营以市场为导向，遵循市场经济规律，利用市场机制配置资源，使产业链各主体之间的生产资源得到高效的分配，提高资源利用率和劳动生产率，而一些发达国家的农业发展经验也证明，农业产业化经营并不排斥家庭联产承包责任制[1]，因此，发展农业产业化经营能够有效地满足我国农业发展的需要。

（二）农业产业化经营是农业产业发展的必然趋势

在某一个经济环节及产业中，经济内在的必然联系反映了经济发展的规律，经济的发展和经济形式的转变也必然遵循经济规律。在人类社会早期，农业生产并未出现分工，生产之间的差异也不明显。随着生产力的发展，农业细分为生产、加工、销售等各个环节，并继续延伸细分，形成了产业链条各环节之间的分离，割裂了农业经济的内在联系，在产业链各环节内也出现了生产效

---

① 薛紫华. 浅谈农业产业化经营的有关问题 [J]. 农业图书情报学刊, 1999（1）: 30-34.

率的差异，阻碍了整个产业的发展。为保持农业发展的活力，必须构建一个完整的农业产业体系，协调好产业链各环节之间的关系，将断裂的产业链条衔接起来，对产业结构进行优化。农业产业化经营衔接产前、产中、产后，打造出完整的产业链，各环节内部的生产效率差异也得以体现，农业资源得到优化配置，促进了农业生产效率的提升，这也是农业产业发展的必然趋势。

（三）农业产业化经营是规模经济发展的必然选择

根据规模经济理论，在一定条件下，随着生产规模的扩大，单位生产成本下降，收益增加，因而发展适度规模经营长期作为我国农业发展追求的重要目标。西方经济学认为，以技术进步为主体的生产诸要素的集中程度决定了规模经济，农业生产技术与生产工具的进步，致使农业的生产规模不断扩大。农业产业化经营凭借一体化、社会化、专业化的生产形式，集合整个产业链条的力量，既有利于发挥关联产业群体的优势，又有利于普及生产技术及其进步。从一方面来看，产业群体内不同经济主体的联合，众多农户等主体的参与，实现了规模经济；在另一方面，生产技术的推广普及和进步，有利于促进产业链各环节主体的规模扩大行为，实现规模经济。因此，农业产业化经营是规模经济发展的必然选择。

第二节　农业产业化经营的模式与运行机制

一、农业产业化经营的模式

根据农业产业化经营的内容、组织结构及利益关系的区别，可以将农业产业化经营划分为不同模式。国家农业部于 2002 年将农业产业化经营划分为"龙头"企业带动型、市场带动型、中介组织带动型三大类。

（一）"龙头"企业带动型：企业+农户

"龙头"企业带动型，是以公司或集团企业作为主导，将农业生产资料的生产、供应企业或农产品的加工、运输企业作为"龙头"，以一种或几种产品的生产、加工、销售为重点，实行系列化生产经营，并有机联合生产基地及农户，进行一体化经营，构建"风险共担，利益共享"的经济共同体。此种模式是我国农业产业化经营的主要模式之一，从 20 世纪 90 年代初期至今一直不断发展，在种植业、养殖业尤其是外向型创汇农业中最为流行，全国都普遍存在。

在实际运作中，一般要求企业具有充足的资金基础、先进的高新技术、高效的管理能力,由这样的"龙头"企业强化农业资源开发、增加产出、组织运销,才能实现产品的高产出率、高技术含量、高附加值,畅销国内外市场。特别适合在技术水平高、分工细、专业化程度高、市场风险大,以及资金技术密集型等生产领域中发展。

该模式的特点是,企业和生产基地及农户形成紧密的贸工农一体化生产体系,采用合同契约、股份合作制等不同利益联结机制,其中最主要,也最常见的还是合同契约方式。企业和生产基地、村或农户签订购销合同,约定签约双方的责任及权利,企业明确对基地和农户的扶持政策,提供全过程服务,确定产品最低保护价并承诺优先收购,农户定时定量,按合同要求向企业交售规定产品,形成通常所说的"订单农业",也有的企业反租倒包农户的土地,使农民成为企业的员工,或是让农户以土地、技术、劳动力入股企业,与企业形成利益共同体。

"龙头"企业带动型模式的优势体现在,原农民承担的市场风险与管理风险转换为企业承担,有效地避免了过去企业和农户利益直接对立的局面,构建了利益共享、风险共担的利益联结机制;"龙头"企业和农户在资金、土地、劳动力与技术市场生产要素上达到优势互补,"龙头"企业提供技术、资本密集、风险大的部分,劳动密集与风险小的部分则为农户负责,新的生产力得以体现;结合"龙头"企业农户,在发挥大规模经营优越性的同时,还弥补了在经营环节上农业小生产的缺陷,在一定程度上缓解了"小农户"与"大市场"之间的矛盾,促进了农户生产的积极性,完成了更高层次上的双层经营。

但同时,"龙头"企业带动型模式也存在一些缺陷。由于成本的推动和市场供求波动的存在,农产品的供求关系变化较大,"龙头"企业盈利状况难以稳定;单个农户相对于企业而言处于劣势地位,利益联结关系有待进一步完善,具有合同、股份合作等紧密型利益联结关系的产业化组织仍较少,部分合同契约也不够规范,农户的收益也难以得到长期保障;部分"龙头"企业的规模实力仍比较有限,投入不足,导致科技创新能力不强,基地建设滞后,制约了"龙头"企业带动型模式的发展。

知识拓展:"龙头"企业与农户的利益联结机制

龙头企业与农户的利益联结机制主要有以下五种:

1. 买断式利益联结机制

企业对农户生产的农产品按市场价进行收购,双方没有任何经济上的联系和约束,互相凭借信誉维持市场交易关系,比较松散且较不稳定。虽然在一定程度上解决了农产品销售难的问题,对农业生产有一定积极作用,但农户仍只是初级农产品的提供者，在价格上处于被动接受地位，缺乏投入农业产业化经营的积极性。

2. 合同式利益联结机制

企业和农户通过签订产购销合同，详尽地规定农产品生产的品种、面积、数量和质量，企业按照事先约定的价格或市场价格收购农产品，使农户的小规模生产经营通过企业同市场联结起来。合同式联结对双方都有约束作用，使双方互相负有权利和义务，同时缓解了农户销售和企业购买的问题，调动了农户参与农业产业化经营的积极性。但实践中随意性较强，企业的强势地位常导致利益分配不公，双方行为的监督追责也存在困难。

3. 合作式利益联结机制

利益主体各方通过会员制合作、产购销分工合作、产业链管理合作等形式，将生产流通、加工等环节连接起来，以科技支持和信息服务等方式实现农业产业化经营。这种利益联结机制在一定程度上稳定了企业和农户之间的合作关系，农户作为利益集团的参与者可以分享到整个集团创造的效益，对企业和农户双方都有益。但利益集团中的强势主体为追求利益容易在运行中侵占、损害相对弱势的农民的利益，影响集团发展。

4. 企业化利益联结机制

企业同农户形成一个整体，将农产品生产、加工、销售等环节结合在一起，农户实际上是企业从事农产品生产的员工，与企业的利益紧密联系在了一起，实现了农业产业化经营。在企业化运作和管理下，农户利益与企业利益的统一，极大地鼓励了农户和企业的积极性，有助于提高农产品的市场竞争力，增加农户和企业的利润，促进农业产业化经营主体做大做强。

5. 股份合作式利益联结机制

农户通过合同以土地、资金、设备、劳动力、技术等要素作价入股企业，以企业股东的身份参与企业的经营管理和监督。农户通过入股转变了身份，提高了市场地位，收入有效增加。企业与农户之间有明确严格的权利和义务关系，风险共担，利益共享，充分调动了双方的积极性，促进农业产业化经营的发展。

（二）市场带动型：市场+农户

市场带动型，指以某个专业批发市场为主，联合几个基地收购市场形成市场群体，引领周围大批农户开展农产品生产及中介贩售活动，最终形成一个规模较大的农产品商品生产基地及几个基地收购市场，不仅能使专业批发市场成为基地农产品的集散中心，还能形成更大范围内的农产品集散地。该模式重点是培育农产品交易的专业化市场，建立农产品集散地、信息发布与价格形成中心，实现以大市场、大流通促进大生产，较为典型的代表是山东寿光的蔬菜专业批发市场。

这种模式通常需要借助政府宏观调控的手段，在政府的引导下，通过股份制、股份合作制和合同契约等经济手段，集资建立适合区域农业发展的专业批发市场，并完善软硬件服务设施，辐射带动生产基地的发展和农户的专业化生产。

规模不同的专业批发市场通过"龙头"企业、中介组织与农业大户发生经济利益关联，促使各类农产品直接进入市场，逐步规范与完善农产品流通体系，保证农产品供应与食品的质量安全，对农产品品种余缺进行调节，避免农产品价格剧烈波动等。通过不断发展壮大专业批发市场，可以降低交易成本，提供比较充分的市场信息，帮助农户更好地面向市场，选择适合市场特色的农产品进行生产，减少专业化生产的风险，增加生产收入，有助于促进当地农业区域化、规模化和专业化生产，保护农户和相关交易企业的利益。

市场带动型模式的优势在于，该模式通过市场机制联系农户和农业产业化经营组织，覆盖范围的所有农户都可以自由进入交易，获取市场信息、获得生产服务并出售产品，能够充分利用市场的优势；减少农产品流通不必要环节，控制交易费用，农户利益实现充分通过价值规律的作用，市场交易满足等价交换的原则，农户利益得到了提高；买方企业通过市场直接与农户对接，简化了交易环节，流通的成本也相应减少，利润空间得到扩大。

市场带动型模式也存在诸多不足。市场带动型模式强调对农户的利益诱导作用，农户在示范效应或者传统经营的影响下自发进入市场，客观上推动市场的发展，市场反过来通过价格机制的作用对农户的经营行为进行调节，整个过程完全是依赖市场自发进行，因此，在外部环境变化的情况下具有不稳定的特征。随着市场化与农业产业化经营的发展程度逐渐深入，市场风险逐步扩大，"小农户"和"大市场"的矛盾日趋严重，难以形成持久的竞争优势，最终在市场环境中被淘汰，导致模式被瓦解。

（三）中介组织带动型：中介组织＋农户

中介组织主要包括行业协会、专业合作社、专业技术协会及各种产业联合会组织，以上组织都是相关市场主体，依托社会大市场，自愿或在政府引导下，为发展商品经济而组织起来的，带有显著的自助性、互利性、专业性和群众性。

中介组织带动型，是指以中介组织为重点，在一种产品生产全过程的不同环节中，凭借合作制或股份合作制等利益联结机制，引领农户开展专业生产，有机结合生产、加工、销售等环节，进行一体化经营，进而形成竞争力强，成规模经营，生产要素大跨度组合优化，生产、加工、销售互相联结的一体化经营集团。尤其是以专业合作社为代表的合作经济组织，已经成为我国中介组织带动型农业产业化经营模式的重要组成部分。

这些中介组织，按照国家有关规定和组织成员共同认可的章程，对内把分散的小生产者组织整合起来，展开技术、资金、生产、供销等合作，提供信息、技术和市场等方面的服务，全面提高了生产者的生产积极性和组织化程度；对外讲求经济利益，以一个生产整体的形式参与市场谈判和竞争，提高了生产者在市场交易中的地位，保护了生产者的切身利益，在生产者和市场之间形成的纽带，实现生产者和市场的对接。一些合作经济组织发展出了企业形式，结合产业链条上的多个环节或涵盖整个产业链，由各主体以资金、土地、劳动力、生产资料等形式入股，合作经济组织统一安排产业链条各环节的生产销售，引导协调进行专业化生产，推广技术与信息，提高产品附加值，降低交易成本，稳定产品质量，促进产业集群发展。

中介组织带动型模式的优势在于，通过组织生产者减少"小生产"与"大市场"对接之间的障碍，降低了交易门槛和成本，提高了经济收益；紧密的联系关系，有助于技术、信息、运销等方面服务的提供，避免了不当的竞争，一些具有合作经济组织性质的中介组织，由于利益契合度较高，容易得到生产者的支持，促进农业产业化经营向前发展。

但是，中介组织，特别是具有合作经济组织性质的中介组织，始终是一种相对松散的组织形式，组织成员有进入退出的自由，难以保证组织的相对稳定，组织成员的道德风险也很难克服；大部分组织缺乏相应的经济实力，经济基础薄弱，不能构建和完善自己的购销网络，市场开拓也较困难，对产品增值的幅度有限；由于组织契约不完全，运作缺乏规范，很难形成合理的利益分配机制，组织成员对组织的依赖性有所欠缺，反过来组织就很难有效实现对成员的服务功能，规模难以扩大，不利于农业产业化经营的持久发展。

知识拓展：新时代的新模式：农业产业化经营的"互联网+"

近年来，"互联网+"的兴起催生了"互联网+农业"模式的产生，大量将互联网思维和技术运用到农业生产、销售等环节。农业产业化经营，讲求将农业产业链条延伸串联起来，在"互联网+"模式下，这一过程无疑被大大加快。

互联网发挥出了"龙头"企业的功能。传统的农业企业多数在成本与管理问题上疲于奔命，受到资源和能力的限制，难以有效实现品牌化，扩大影响力，提高产品附加值。而在互联网模式下，企业建设品牌影响力的成本大幅降低，更有一批资金实力雄厚的互联网企业进入农业。实力得到增强的"龙头"企业，能够更加自如地应对市场风险，加大力度投入农业产业化经营，促进农业的发展。

互联网发挥出了专业市场的功能。网络电子商务平台的大力发展，使大量的互联网企业通过建立网络市场让农产品产地和终端消费点对点直接联系成为可能，实现了信息的公开透明。通过各种形式的互联网交易，只保留了必要的流通环节，免除了多次交易的成本，购销双方都明明白白地受益，"小农户"与"大市场"的矛盾得到解决。

互联网发挥出了中介组织的功能。分散的农户通过互联网实现了密切的沟通，便利了农户间的信息传递，有助于形成合作社、专业协会等组织，联合起来面对市场，提高市场地位和竞争力；传统农业相关企业借助互联网渠道，大量节约了沟通成本，对内组织农户或联系农户组织，对外寻找上下游企业和市场交易，效率显著提高。

此外，由于物联网技术的应用和推广，许多传统种养业实现了大棚果蔬自动滴灌、牛羊饲喂自动投料、大田作物管护数据实时传输，特别是借助农业产业化链条的完善，农产品生产从种养、管护、收获、加工到销售、物流等环节，实现了数据化传输、信息化管理，这些技术在互联网的作用下，改变了传统农业的方式，开发出了农业新的增长点，极大地推动了农业产业化经营的发展。

二、农业产业化经营的运行机制

农业产业经营整个经营系统的正常运转离不开健全的运行机制。农业产业化经营运行机制是指在农业产业链中具有不同意义和功能的各个运行环节及各因素之间相互联系、相互依存并产生一定有益结果的运行机制和系统。主要包括：利益分配机制、营运约束机制和保障机制。

(一) 农业产业化经营的利益分配机制

在农业产业化经营系统的运行机制中，处于核心地位的是利益分配机制，产业化经营各类主体的联合与合作建立在合理分配共同交易利益的基础上。利益分配的基本原则是"风险共担，利益共享"，共同的经济利益一体化则是利益分配机制的本质。实施农业产业化经营的目标，狭义来看：在农业产业化经营系统内部产业链的诸多环节与不同经营主体都需获得平均利润。广义来看：

提升农业的比较效益，不断增强农业的自我发展能力；稳定市场供需，防止市场剧烈波动；实现平均利润，完成对农户的利润返还，使农业劳动与非农业劳动收益大体均等。在"共担"与"共享"原则中，核心是"龙头"与农户有效利益结合，当"龙头"企业凭借拥有的资金、技术、信息、规模与管理优势，达到了全系统资源的优化配置，因而当产业化经营的生产率，显著超过单一农户经营的边际生产率时，农户则会积极地接受农业产业化经营。同理，单个农户经营的边际生产率未达到农业产业化经营的边际生产率时，农户无意愿进入农业产业化经营系统中。

在唐云海同志"农业产业化中的农户行为"中对此作了更详细的分析，并绘制出农户与"龙头"企业实效结合的曲线（见图4-1）。

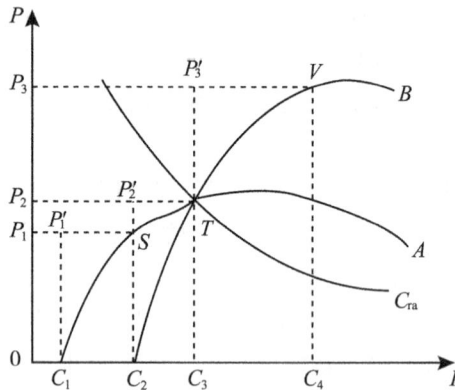

图 4-1　比较边际产量 Cra 曲线

在图 4-1 中，横轴 I 代表农户和"龙头"企业的生产要素投入量，纵轴 P 代表资本边际产出量；C_1，C_2 分别代表农户与龙头企业生产起点的资本投入量；C_1A 为农户的资本边际产量曲线，C_2B 为龙头企业的资本边际产量曲线，P_1，P_2，P_3 分别代表资本边际产出量，S、T、V 及 P'_1、P'_2、P'_3 分别代表资本投入与边际产出之间的函数相关点；$C_1C_2SP_1$ 是农户维持基本需要的经营区间，$C_2C_3TP'_2$ 是农户和"龙头"企业的竞争区间，$C_3C_4VP'_3$ 是"龙头"企业对农户经营的任意替代区间；T 是农户与"龙头"企业的有效结合点。在 T 点上，农户与"龙头"企业实现有效的联合，即形成产业化经营①。

① 唐云海. 农业产业化中的农户行为分析［J］. 农业技术经济，1998（1）.

　　经济增长的理论与经验表明，资本边际产量曲线是由资本的边际产出率决定的，即 $MP = \Delta P / \Delta C$，指资本边际产量等于产出增量与资本增量之比。由于在农业生产领域的"龙头"企业规模效率、资源配置效率、生产互补效率等方面都大大超过农户的个体经营，因此将农户的投资吸引到"龙头"企业中，从而促使农业产业化经营。

　　曲线 C_{ra} 为产业化经营的比较边际产量曲线，其函数关系是农业产业化经营的资本边际产量 P 与其比较效益数 r 之积，其中：

$r = Af\ (C_i)\ /Bf\ (C_i)$；

C_i 为资本投入量；

$Af\ (C_i)$ 为农户资本边际产量的函数关系；

$Bf\ (C_i)$ 为"龙头"企业资本边际产量的函数关系。

　　"龙头"企业需要和农户一起共同遵守"共担"与"共享"原则，假定由于"龙头"企业因决策失误或者经营不善导致产业化经营边际生产率下降，或者因市场供求等因素使市场价格高于产业化经营产销合同价格时，农户会选择在市场上出售其产品获得比合同价格更大的利润。因此"共担"和"共享"原则对"龙头"企业提出很高的要求，不论是农户还是企业都要防止使用短期行为，并且用营运约束机制及保障机制来阻止短期行为的发生，共同遵守"共担"与"共享"原则。

　　"风险共担，利益共享"原则还需要由一系列约束机制与保障机制来维系。利益作为共同体的核心，围绕着这个核心的有五大保证要素（见图4-2）。

　　图4-2中"农民合作组织"指的是新型农民专业合作社、农民专业协会、农业专业协会等；"经营组织载体"指的是各类"龙头"组织，如公司企业、合作社企业、中介组织、专业市场、"产学研"联合体；"营运约束机制"包括市场机制、合同（契约）机制、股份制和股份合作机制、租赁机制、专业承包机制等。

　　目前我国农业产业化经营存在着多种组织形式，因此我国农业产业化经营的利益分配机制也存在着多种形式。

（二）农业产业化经营的营运约束机制

　　为了保障农业产业化经营系统的正常营运，营运约束机制至关重要，多元参与主体互利互惠关系也是依靠其来实现的。一开始，参与各方就应界定产权，将联合体打造成产权明晰、经营自主、盈亏自负、发展独立的经济主体，并在此基础上进行组织营运。以"龙头"企业和农户的联结形式与要素的组织方式来划分，农业产业化经营所采用的营运约束方式大体有这几种：

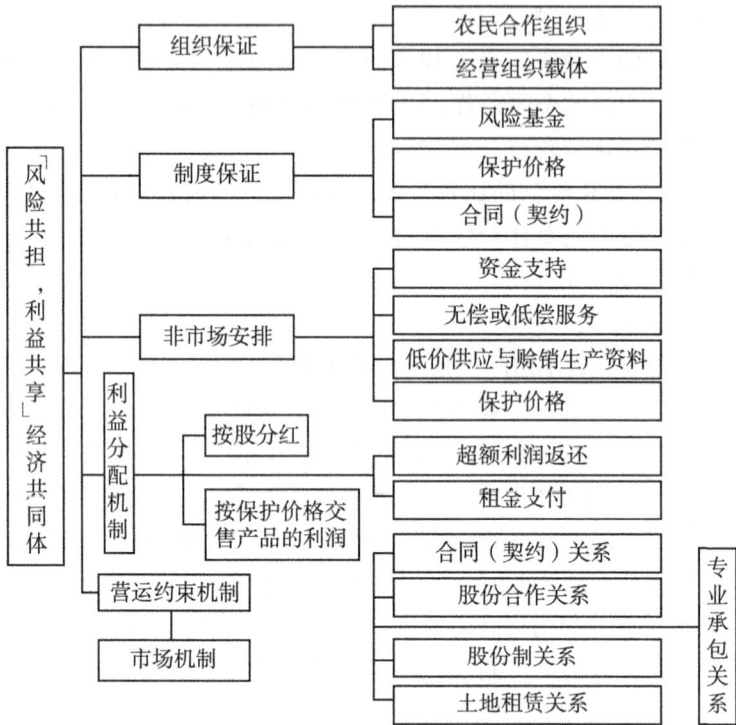

图 4-2　农业产业化经营系统利益共同体基本框架

市场约束机制，农业产业化经营处于初始阶段时，"龙头"企业凭借自身的信誉与之前的产销关系与农户及原料产地进行交易，并签订产销合同，价格随行就市。该运行方式在很大程度上适用于产业化经营组织与组织之外的市场主体展开交易，但在系统内部当保护价达不到市场价时也会将选用市场机制。现在，更多的"龙头"企业和农户仅靠合同（契约）约束，单单提供契约内明确的服务，由此看来，这种形式仍处于农业产业化经营的初级阶段。

合同（契约）约束机制，是农业产业化经营中常见的运行方式，"龙头"企业与生产基地或农户签订具有法律效力的产销协议、资金扶持协议或科技成果引进协议等，约定各方的责任与权利，以合同作为纽带，打开市场，参与竞争，获得发展。合同（市场）保护价格则是维系"龙头"企业和农户契约关系的核心。

股份合作约束机制，指在产业化经营体系中，企业与企业、企业与农户之间开展股份合作制，互相持股，允许农户及企业等单位通过提供土地、资金、技术、劳动力进行参股经营，构造新的资本关系。入股农户既能凭股分红，也可以与"龙头"企业交易，购买到低于市场价格的生产资料。

租赁约束机制，指的是"返租倒包"或有限责任公司两种方式，"返租倒包"是企业将已经分包给农户的土地进行返租，返租回来成为企业的生产基地再倒包给农户经营。这些方式都是农业产业化经营中特殊的租赁合同关系。

专业承包约束机制，是指某些地方对一体化经营划分成两部分：一部分进行农产品加工及运销，实行公司制经营；另一部分进行种植业初级产品生产，以坚持家庭承包经营体制为前提专业承包经营。

（三）农业产业化经营的保障机制

农业产业化经营的目标和机制需要有与之相配套的制度来保障，制度由组织制定和执行。"风险共担、利益共享"的利益共同体是实现农业产业化经营目标的一整套保障体系。农业产业化经营的保障机制主要有以下几种：

组织保障，是否建有稳定的组织，是判断一个经营实体实施产业化经营与否的一个重要标准，组织是制定不同制度的承担者与重要保障者①。首先，一个合格的农业产业化经营组织载体，即"龙头"企业极为重要，因为它既制定制度，也是制度主要的执行者；其次，农村合作组织诸如专业合作社、行业协会、其他的联合自助组织等发挥着同样重要的作用。总体来看，随着农民的组织化程度提升，"龙头"企业农户沟通也更为容易，制度效率与经营效率提升，经营交易成本也随之降低，一起制定的制度就更能得到共同遵守与检查监督。

制度保障，农业产业化经营在有组织保障的同时，也离不开与之配套的制度保障，涵盖合同产销制度、保护价格制度、风险基金运维制度等。

非市场安排，作为"龙头"企业参与到农户中间的一种特殊的利益关系和资源配置方式，其内容主要包括：资金扶持；无偿或低偿服务；低价供应或赊销生产资料；保护价格；风险基金制度等。这种特殊安排助力于农业产业化经营体系的再生产过程，保障其连续有效运行，同时，农业产业化经营系统内的"非市场安排"还是保持系统内不同利益主体间权益关系稳定的重要手段。

---

① 牛若峰，夏英．农业产业化经营的组织方式和运行机制［M］．北京大学出版社，2000.

第三节　农业产业化经营的过程和发展趋势

一、农业产业化经营的过程

在国家政策和社会力量的支持下，经过近几十年的发展，我国农业产业化经营已经步入了高速发展的通道。

（一）农业产业化组织快速成长

据统计，截至 2011 年底，各类产业化组织共计 28 万个，其中包括 11 万家龙头企业，带动了全国 40% 以上的农户进行农业生产，基地规模占全国农业生产总规模的 60% 以上。2011 年，全国农业产业化龙头企业销售总收入逾5.7 万亿元，出口创汇额达到全国农产品出口总额的 80% 以上，其所提供的农产品与加工制品占到农产品市场供应量的 1/3，达到主要城市"菜篮子"产品供给量的 2/3 以上。在"十一五"期间，龙头企业对原料生产基地建设投入资金年均增长约 20%，2011 年达到 3000 亿元。

（二）农业产业体系逐步完善

龙头企业逐步强化对原材料基地、良种繁育等上游产业链建设，精深加工行业得到大力发展，包装储藏、物流配送及营销等下游环节不断拓展，完整的产业链条正逐渐形成，产业升级与产业结构优化，促进了现代农业产业体系的构建。截至 2011 年底，产业化组织辐射带动种植业生产基地达到全国农作物播种面积的 60% 以上，其带动畜禽饲养量占到全国饲养总量的 70% 以上，带动养殖水面占全国总养殖水面的 80% 以上。龙头企业从事农产品加工业的产值与原料采购值之比为 2：1，流通型龙头企业市场交易额达到 2 万亿元。

（三）科技创新活力不断增强

龙头企业进一步加大研发力度，不断开发新品种，加快推广先进适用技术的应用，这些已成为农业科技进步及创新的重要推动力。"十一五"期间，国家重点龙头企业总计投入科研经费 772 亿元，年均增长达 18.7%。截至 2011 年底，超过 90% 的国家重点龙头企业配建了研发中心，60% 的企业科研成果荣获省级以上科技成果认定或奖励。截至 2011 年底，省级以上龙头企业科技人员总人数逾 38.5 万人，为全国农业科技人才资源总量的 36.8%。龙头企业凭借高标准的原料生产基地的设立，推进了新品种、新技术、新工艺的试验示范及推广力度，促进了农业科技成果向现实生产力转化。2011 年，平均每家国家重点龙头企业投入 4500 余万元进行标准化种养基地建设。

（四）辐射带动能力不断增强

"龙头"企业凭借各种方式密切与农民的利益关系，目的是企业与农民能共享产业化发展的成果。通过保护价或加价收购农产品、利润返还、股份分红等不同形式，逐步完善与农户的利益联结机制。一是以合同、合作、股份合作这三种较为紧密的利益联结方式，截至 2011 年底，带动农户的产业化组织占总数的 98%以上。二是通过组织农户生产、吸纳农民就业等途径，逐步提升农民就业增收能力。截至 2011 年底，不同产业化组织带动农户达 1.1 亿户，从事产业化经营的农户，年户均增收 2400 余元。国家重点龙头企业每家平均吸纳 2100 余人就业，每位职工年均工薪近 2 万元。三是凭借为基地农户提供优质品种、开展技术培训、病虫害防治、贷款担保等方式，持续增强服务能力。"十一五"期间，龙头企业以向基地农户垫付生产资料款的形式，年均提供资金额达 300 亿元，培训农民支出累计超过 260 亿元，年均培训超过 600 万人次。

在以"龙头"企业、中介组织、专业市场为代表的一系列农业产业化经营组织模式的带动下，我国农业综合生产能力稳定跃上新台阶，粮食总产量实现了历史罕见的"十一连增"，连续 8 年超万亿斤，2014 年粮食产量达60709.9 万吨，其他农产品产量也均有较大幅度增长，扭转了主要农产品长期短缺的局面，实现了主要农产品的供求基本平衡，我国农业基础条件和支撑体系也得到极大改善和提高，我国农业发展明显加快。

二、农业产业化经营的发展趋势

在农业产业化经营得到快速发展的时期，我国农业产业化经营正面临着逐步从量的扩张向质的提高转变，由点状发展转向优势产业带集聚，由单一的劳动密集型为主转向劳动密集型、技术密集型与资金密集型并重发展，由初级加工为主朝精深加工延伸转变，由单一组织模式朝多元化组织类型发展。

（一）"龙头"企业向规模化、集团化方向发展

随着农业产业化经营组织数量的增加和实力的提高，"龙头"企业需要应用科学的管理，不断通过自身的发展和创新，提高市场竞争力。这就要求经营单一企业通过兼并、收购、控股等方式，迅速成长壮大；要求小型企业依托较大的企业或组织规模相近的企业，组建企业集团；要求同类企业以品牌加盟、资本或其他要素的联合的方式实现共同发展；有序地展开更多的跨地区、跨行业的合作。"龙头"企业若不向规模化、集团化的方向发展，则难以适应市场变化，难以推动农业产业化经营不断发展。

（二）中介组织在农业产业化经营中的地位越来越重要

近年来，农业合作经济组织和行业性合作服务组织兴起和发展，凸显了中介组织在内联农户、外联市场层面的优越性。虽然存在种种制度缺陷，还难以完全适应农业产业化经营发展的需要，但仍然在农业产业化经营中占据着重要的地位，是农业产业化经营中不可缺少的一环。随着利益联结机制和经营机制的进一步完善，必然会为农业产业化经营发展带来巨大的活力。

（三）经营模式向组织创新发展

新型农业经营体系的出现，激发了农业产业化经营模式的创造力，促进了众多新的组织形式产生。以生产大户、家庭农场、合作农场、联户经营为代表的一系列新型农业生产经营主体开始取代原有的农户，与"龙头"企业、中介组织、专业市场进行对接，一些新型主体和合作经济组织甚至发展出了"龙头"企业、中介组织、专业市场的功能，"企业+家庭农场"、"企业+合作社+家庭农场"、"合作社+合作社"等形式多样的农业产业化经营新模式将不断涌现。

（四）主导产业向多元化发展

现在农业产业化经营已经发展成为多行业、多产品的产业经营方式，蔬菜、果品、油料、粮食、林产品等领域的产业化经营都在不断发展，内容不断丰富。许多新兴的有潜在资源优势、经济优势、技术优势的产业链环节正逐步发展成为产业支柱，形成主导产业。以农产品精深加工为代表的产业支柱，正逐渐促进农产品链条延伸和产业化程度提高，提高产业附加值，带动农业产业化经营迈上新的台阶。

（五）农业产业化经营覆盖面积继续扩大

从我国农业产业化经营发展的情况来看，覆盖面自东向西不断延伸。最初，我国的农业产业化经营仅在山东省的几个城市兴起，慢慢波及山东全省，而后在经济比较发达的东部地区和大城市郊区，如江苏、辽宁、广东、上海等地，都快速发展起来，中部地区和西部地区也逐渐把农业产业化经营作为农业发展的重点战略。在今后一个时期内，农业产业化经营的覆盖面积将继续扩大，在全国范围内呈现东中西地区并进、大中小规模共生的局面。

（六）农业产业化经营向规范化发展

在我国农业产业化经营的带头组织、经营模式、主导产业、覆盖面积都向前发展的同时，会促使整个农业产业化经营的全过程更加规范有序。只有规范的产业经营，才有助于规模化、专业化生产，有助于高新技术的推广应用，有助于社会化服务的开展，才能够发挥相应的带动力，吸引社会资本和国际资本投入，吸引农户参与，优化农业资源配置，提高生产效率，增加国际竞争力，促进我国农业更好更快发展。

小　　结

本章介绍了农业产业化经营的内涵与特征，分析了中国农业产业化经营的必要性，探索了农业产业化经营的模式和运行机制，并结合农业产业化经营的发展过程阐述了农业产业化经营的发展趋势，为未来中国农业产业化经营指引了发展方向。

关　键　词

农业产业化经营　现代经营方式　"龙头"企业　农业产业化经营组织
营运约束机制　科技创新

复习思考题

1. 农业产业化经营内涵和特征有哪些？
2. 农业产业化经营的模式和运行机制有哪些？
3. 简述农业产业化经营的过程和发展趋势。

主要参考文献

［1］张红宇. 产业化成长与中部地区农村经济发展//韩俊. 产业化：中国农业新趋势［M］. 中国农业出版社，1997.

［2］薛紫华. 浅谈农业产业化经营的有关问题［J］. 农业图书情报学刊，1999（1）：30-34.

［3］牛若峰，夏英. 农业产业化经营的组织方式和运行机制［M］. 北京大学出版社，2000.

［4］唐云海. 农业产业化中的农户行为分析［J］. 农业技术经济，1998（1）.

第二编　农业要素编

第五章　农业自然资源

☞【学习目标】

本章介绍了农业自然资源的三个要素即：土地资源、水资源和气候条件。学习本章后，你应该能够：

（1）掌握农业自然资源包含哪几个方面。

（2）了解我国农业自然资源要素的利用情况。

（3）熟悉各要素如何进行保护。

（4）认识什么是低碳农业。

第一节　农业土地资源

一、农业土地资源的概念与特征

（一）农业土地资源的概念

所谓农业土地资源是指在一定生产技术条件下，能够为人类现在和可预见到未来所利用，并通过农业生产获得一定农业经济效益的土地。简而言之，农业土地资源就是能为农业生产利用的土地。它主要包含以下几层含义：首先，它不是能脱离农业生产应用而对客观物质的抽象研究的对象，而是在不同时间和一定范围内可为人类提供农业生产利益的物质。其次，它的概念和范畴具有动态性和时效性，人们对农业土地资源的认知是随着社会经济发展和科学技术水平的进步而逐步加深的，对其利用水平和范围也不断提高和扩大。最后，农业土地资源与土地类型具有不可分割的联系，土地类型是地表所呈现的客观的物质表现，是对自然和人类活动的结果反馈，而农业土地资源基于人类利用的角度观察土地类型，是土地类型透过社会经济棱镜所反映出来的又一侧影。

（二）农业土地资源的特征

1. 土地资源的自然特征

土地资源的自然特征包括：土地资源是自然的产物、土地位置的固定性、

91

土地面积的有限性、土地质量的差异性、土地利用的永续性。

（1）土地资源是自然的产物。

迄今为止，太阳有 50 亿年的历史，人类赖以生存的地球有 46 亿年的历史，而人类发展历史仅有 300 万年，由此我们知道在人类诞生之前地球已经存在，土地资源是大自然的产物，而不是人类活动的产物。人类可以创造财富，但不能创造土地，土地资源不是人类创造的，土地的产生和存在不以人的意志为转移。同时，人类虽然不能创造土地，但是人类可以利用、改良和破坏土地，土地资源特别是农业土地资源受到人类生产生活活动的深刻影响。

（2）土地位置的固定性。

土地的空间位置是固定不变的，不能够移动，具有位置的固定性特征。尽管在地球发展史上，地球表层曾因为各种自然原因而经历了"沧海桑田"的移动变化，但是这早已成为历史的陈记，另外虽然部分土地表层也可能人为地移动，但是不仅数量有限且代价高昂，所以说对于整个地球和人类生产活动来说这些变化是微不足道的，且没有很大的实际意义，不足以从根本上改变土地位置固定性的特点。土地位置的固定性，既给人类提供了生存发展的基础和利用土地的可能性，也限制了人们利用土地的区域，这就要求人们就地利用各种土地。

（3）土地面积的有限性。

地球表面陆地与海洋总面积约为 5.1 亿平方千米，其中海洋面积约为 3.61 亿平方千米，占地球表面总面积就的 71%，陆地面积约为 1.49 亿平方千米，占地球表面总面积的 29%。因此，由于受到地球表面陆地部分的空间限制，土地的面积具有有限性。人们只能够改良土地，提高土地的质量，却不能增加土地的总量。虽然围海造田、围湖造田可以人为地增加土地的总面积，但是代价高昂且数量有限，所以土地面积的有限性要求人们必须合理利用每一寸土地，节约、集约利用土地资源。

（4）土地质量的差异性。

地球上不存在两块完全相同的土地。由于土地位置的固定性，以及土地自身条件（地质、地貌、土壤、水分、植被等）和相应的气候条件（光照、温度、降水等）的差异，所以即使是相毗邻的两块土地，也不可能完全相同，地球上几乎不存在质量完全一样的土地单元。在一定的生产技术水平条件下，不同质量的土地，其投入的资本的生产率具有差异性，所以土地质量的差异性是土地级差地租的基础。土地质量差异性要求人们必须因地制宜、合理利用土地资源，使土地资源产生最大的综合经济效益，土地质量差异性特征是科学确定土地利用结构和利用方式的依据。

（5）土地利用的永续性。

在按照自然规律，合理对土地进行利用的条件下，土地具有永续利用的特征。土地作为最基本的生产要素之一，只要尊重自然规律、科学合理利用，农用土地的肥力可以持久保持和不断提高，可以被持久利用，创造出物质和财富。同时，土地利用的永续性具有条件约束特征，如果土地利用违反自然科学规律，过度开发利用土地，必然导致土地的生态和环境破坏，使得土地的肥力下降，阻碍和影响土地的永续利用，甚至造成农用土地资源的灭失。

2. 土地资源的经济特征

土地的经济特征包括：土地供给的稀缺性、土地用途的多样性、土地利用方向变更的困难性（土地用途变更的困难性）、土地的增值性、土地报酬递减的可能性、土地利用方式的相对分散性、土地利用的外部性等。

（1）土地供给的稀缺性。

土地供给是地球所能提供的人们生产和生活用地的数量，由于土地具有自然和经济双重特征，土地供给可以分为土地自然供给和土地经济供给。由于土地的面积的有限性特征，所以对于一定区域，土地自然供给是一定的和无弹性的。但是土地的经济供给与自然供给不同，土地的经济供给是弹性的，土地经济供给受到土地自然供给、科学技术水平、土地集约利用程度等因素影响。特定地区不同土地用途的土地面积是有限的，难以满足人们对各类用地的需求，在土地供给总量和土地需求总量上存在矛盾，因此土地资源在供给上具有稀缺性特征。随着经济社会的不断发展，人们对土地的需求将日益增长，土地资源的稀缺性特征也会日益凸显。

（2）土地用途的多样性。

土地具有养育功能和承载功能，根据人们对土地利用的方向，可以将土地的用途划分为农用地、建设用地和未利用地。农用地用途又可以细分为耕地、园地、林地、草地、其他农用地，建设用地又可以细分为城乡建设用地、交通水利用地、其他建设用地。城乡建设用地又可以进一步细分为城市用地、建制镇用地、农村居民点用地、采矿用地、独立建设用地等。因此土地用途具有多样性特征。人们在确定土地用途的时候需要考虑适宜性原则和最有效利用的原则，使土地利用方向、规划、方法达到最优，发挥土地资源的最大绩效。

（3）土地利用方向变更的困难性。

从理论上讲，任何一块土地都存在多种用途可供选择，但是当一块土地投入某项确定用途之后，再改变其利用方向是比较困难的。首先，一般来讲，一块土地的利用方式是经济和社会发展过程中历史选择的结果，具有自然的适宜性和经济的合理性，如果人为改变其用途可能会面临不适宜特征。其次，一块土地的利用方向已经与周围的环境形成了一定的协调发展关系，如果随意改变其用途将影响其协调性，导致其经济效益和生态效益的下降。最后，土地在利用过程中已经根据其原有利用方向和利用目标投入了一定数量的人力和资本，如果改变其利用方向，之前的投入势必无法挽回，而且改变土地利用方向也会产生一定的成本。因此土地利用方向变更具有困难性特征，这要求我们不能随意变更土地利用方向，在确定具体地块土地利用方向时候，需要实地调研分析，进行可行性研究，综合自然、环境、社会因素科学确定土地用途，避免主观的随意性造成的损失和浪费。

（4）土地的增值性。

一般商品在使用过程中，随着使用时间的推移会有物理折旧和功能折旧特征，但是土地则不同，应科学、合理地使用土地，对土地可以进行追加投资，随着经济社会的发展，对土地的投资具有显著的增殖性特征。

（5）土地报酬递减的可能性。

在技术不变的条件下，对单位面积土地进行投入，土地报酬会呈现出先逐渐递增，当投入超过一定限度后又递减的规律，这就是"土地报酬递增递减规律"。因此，在技术不变的条件下，对单位土地进行追加投入超过一定限度，就会产生边际报酬递减的后果。因此，在进行土地利用投入时，要充分考虑土地的受容力，寻找在一定技术条件下最佳的投入数量，确定最佳的投入结构，并通过技术创新和改进，提高土地投入经济效益，提高土地报酬递减的临界点，避免追加投资而产生土地报酬递减的问题。

（6）土地利用方式的相对分散性。

因为土地的位置是固定的，每一块土地都有自己固定的空间位置，不能够移动，而且地块之间也不可以互换位置，人们只能就地对土地进行利用，所以说土地利用方式是相对分散的。这就要求人们在利用土地时要进行区位选择，并注意区位之间的联系和交通通达性，以提高土地利用的综合区位效益。

（7）土地利用的外部性。

每块土地不是孤立存在的，而是与自然界及社会其他各种因素紧密联系，因此每块土地的利用不仅影响着区域内自然生态环境和经济效益，而且也影响到邻近地区的生态环境及经济效益，这种影响可能是有益的，即正外部性，也可能是有害的，即负外部性。例如农业用地转为城市建设用地后，带来经济效益的同时也可能会产生环境污染等。土地利用的外部性要求任何国家都要以社会代表的身份行使征用权和管理权，对土地进行宏观的管理、监督和调控，如通过立法、行政管理、税收、改革土地制度等办法来实现。

二、农业土地资源利用

（一）耕地资源利用

1. 耕地资源利用现状

耕地作为重要的土地资源，直接关系到粮食安全、社会的稳定和长治久安。第二次全国土地调查结果显示，截至 2009 年我国耕地总面积为 13538.5 万公顷，仅 2009-2013 年间，全国因建设占用、灾毁、生态退耕、农业结构调整等原因减少耕地面积共 22.12 万公顷，尽管通过土地整治、农业结构调整等增加部分耕地面积（见图 5-1），但我国耕地总面积仍呈逐年下降趋势（见图 5-2）。

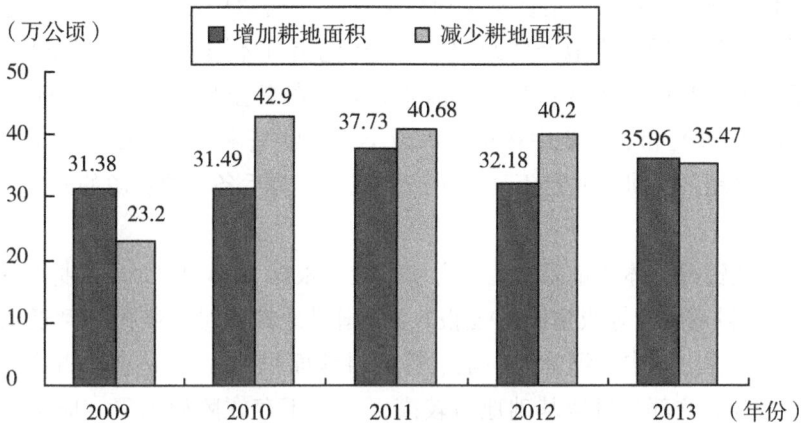

图 5-1 2009—2013 年耕地增减变化情况

资料来源：国土资源部 . 2014 中国国土资源公报［EB/OL］. 中华人民共和国国土资源部网站，2015-04-23.

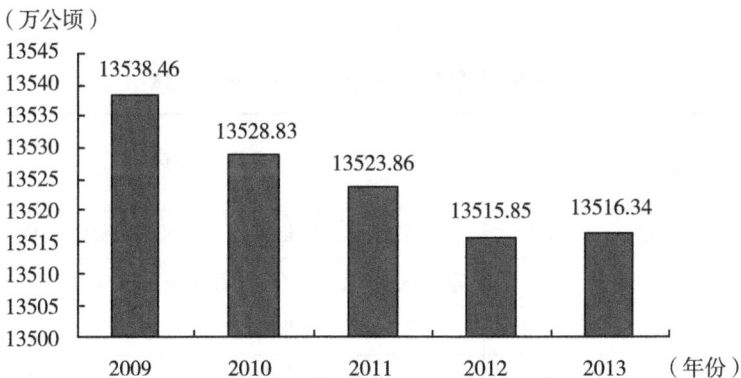

图 5-2 2009—2013 年全国耕地面积变化情况

资料来源：国土资源部 . 2014 中国国土资源公报［EB/OL］. 中华人民共和国国土资源部网站，2015-04-23.

2014年，国土资源部发布的128号令中明确"严守耕地保护红线，划定永久基本农田"，要求将城镇周边、交通沿线现有易被占用的优质耕地优先划为永久基本农田，将耕地保护作为国策提高到国家战略中来。

2. 中国耕地的利用特点与存在的问题

①人均耕地面积水平低，且耕地后备资源不足。尽管我国耕地资源总面积居世界第4位，但我国人均耕地面积不足世界平均水平的三分之一，人均耕地面积少直接威胁着我国的粮食安全和社会稳定。据"中国1∶100万土地资源图"量算，我国后备耕地资源总量为5.09亿亩（不含海涂），以草地为主，占后备耕地资源总量93%；其余为灌木林及疏林等土地，主要分布于西北干旱区，约1.59亿亩，且集中在年降水量小于400毫米，干燥度大于1.5的干旱、半干旱地区。耕地质量不高，生产力低下，为后备耕地资源的开发利用增加了难度。

②耕地资源总体质量差，生产力水平低。根据2014年12月农业部发布的《关于全国耕地质量等级情况的公报》，全国耕地按质量等级由高到低依次划分为一至十等。其中，评价为一至三等的耕地面积为4.98亿亩，占耕地总面积的27.3%。这部分耕地基础地力较高，基本不存在障碍因素，应按照用养结合的方式开展农业生产，确保耕地质量稳中有升。评价为四至六等的耕地面积为8.18亿亩，占耕地总面积的44.8%。这部分耕地所处环境气候条件基本适宜，农田基础设施条件较好，障碍因素不明显，是今后粮食增产的重点区域和重要突破口（见表5-1）。

表5-1　　　　　全国耕地质量等级面积比例及主要分布区域

耕地质量等级	面积（亿亩）	比例（%）	主要分布区域
一等地	0.92	5.1	东北区、黄淮海区、长江中下游区、西南区
二等地	1.43	7.8	东北区、黄淮海区、长江中下游区、西南区、甘新区
三等地	2.63	14.4	东北区、黄淮海区、长江中下游区、西南区
四等地	3.04	16.7	东北区、黄淮海区、长江中下游区、西南区
五等地	2.89	15.8	长江中下游区、黄淮海区、东北区、西南区
六等地	2.25	12.3	西南区、长江中下游区、黄淮海区、东北区、内蒙古及长城沿线区

耕地质量等级	面积（亿亩）	比例（%）	主要分布区域
七等地	1.89	10.3	西南区、长江中下游区、黄淮海区、甘新区、内蒙古及长城沿线区
八等地	1.39	7.6	黄土高原区、长江中下游区、西南区、内蒙古及长城沿线区
九等地	1.06	5.8	黄土高原区、内蒙古及长城沿线区、长江中下游区、华南区、西南区
十等地	0.76	4.2	黄土高原区、内蒙古及长城沿线区、黄淮海区、华南区、长江中下游区
合计	18.26	100.0	——

注：青藏区耕地面积较小，耕地质量等级主要分布在七至九等，占青藏区耕地面积的79.1%。

资料来源：农业部种植业管理司. 关于全国耕地质量等级情况的公报（农业部公报［2014］1号）［EB/OL］. 中华人民共和国农业部网站，2014-12-17.

③耕地面积逐年下降，且耕地质量退化严重。尽管通过土地整治新增部分耕地，但总体上全国耕地面积呈逐年下降趋势。此外，由于近年来我国农业生产仍沿用粗放的耕作方式，化肥、农药的大量施用导致我国耕地退化面积占耕地总面积的40%以上，表现为南方土壤酸化，华北平原耕作层变浅，西北地区耕地盐渍化、沙化问题突出。

（二）林地资源利用

1. 我国林地资源现状

据第八次全国森林资源清查结果显示，截至2013年，我国森林面积为2.08亿公顷，森林覆盖率为21.63%，森林蓄积为151.37亿立方米，人工林面积为0.69亿公顷（见图5-3），蓄积24.83亿立方米。森林面积和森林蓄积分别位居世界第5位和第6位，人工林面积仍居世界首位①。

---

① 国家林业局. 中国林业网第八次全国森林资源清查报告［EB/OL］. 中国林业网，2014-02-25.

（万公顷）

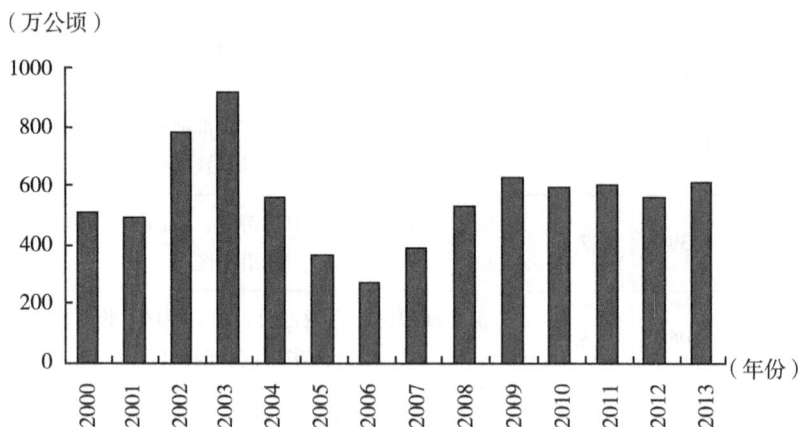

图 5-3 2001—2014 年人工造林面积情况

资料来源：国家林业局 . 2014 年中国林业发展报告［EB/OL］. 国家林业局网站，2014-11-26.

我国林业资源具有明显的地区差异，东部地区（北京、天津、河北、山东、上海、江苏、浙江、福建、广东、海南）的森林覆盖率为 36.98%，人均林地面积仅为 0.08 公顷；中部地区（山西、河南、湖北、湖南、江西、安徽）的森林覆盖率为 36.45%；西部地区（内蒙古、广西、重庆、四川、贵州、云南、西藏、陕西、甘肃、青海、宁夏、新疆）的森林覆盖率为 18.03%；东北地区（辽宁、吉林、黑龙江）的森林覆盖率为 40.84%，为四大区域中最高。

2. 我国林地资源的主要特点

①林地资源总量不足，且人均林地资源占有量少。我国森林总面积为 2.08 亿公顷，森林覆盖率只有全球水平的 2/3，排在世界第 139 位。而人均林地资源占有量仅为 0.15 公顷，不足世界人均林地资源占有量的 1/4；人均森林蓄积 11.12 立方米，只有世界人均林地资源占有量的 1/7。[1]

②林地资源类型丰富，种类繁多。复杂的地形和得天独厚的气候条件使得我国形成丰富多样的林地类型，我国林地资源中有木本植物 8000 余种，其中乔灌木 2000 余种，灌木 6000 余种。林地资源的多样性也为我国因地制宜地发

① 国家林业局 . 中国林业局森林资源清查专题成果发布报告［EB/OL］. 中国林业网，2009-11-18.

展和利用林业资源创造了有利条件。

③林地资源地理分布不均。我国的林地资源总面积只占全国土地总面积的21.7%，且因我国地形和气候条件限制，林业资源的分布不均，各地区对林业资源的开发和利用也显示出十分显著的地理差异。东部地区林业用地面积为4231.23万公顷，西部地区林业用地面积为18147.47万公顷，中部地区林业用地面积为4886万公顷，东北地区林业用地面积为3763.48万公顷（见图5-4）。[①]

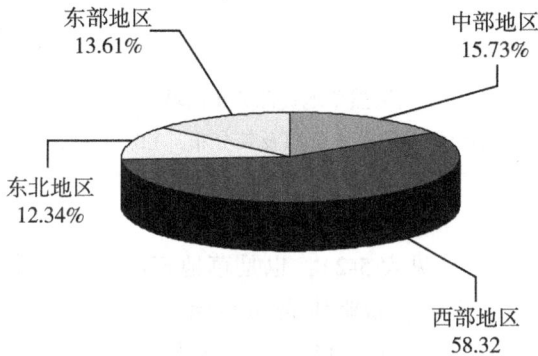

图5-4　各地区林业用地面积所占比例情况

资料来源：国家统计局.2014年中国统计年鉴［EB/OL］.中华人民共和国国家统计局网站.2015-08-24.

④林地资源利用率低，林地生产力低下。我国林地每公顷平均蓄积量仅为72.77立方米，远低于世界平均水平，全国林地利用率为66.44%，远低于世界上其他林业发达的国家，但林地利用率低和林地生产力低下也说明了我国林地资源开发利用潜力大。

（三）草地资源利用

1. 我国草地资源现状

我国作为草地资源大国，全国草地资源总面积约为39283万公顷，约占国土面积的41%，仅次于澳大利亚，居世界第二位，是草地资源大国，但我国人均草地资源占有量仅为0.28公顷，不及世界人均草地面积的一半。我国的天然草地资源主要分布于三个区域：北方温带草地区、青藏高原高寒草地区、南方和东部次生草地区（见图5-5）。

———————

① 国家统计局.2014年中国统计年鉴［EB/OL］.中华人民共和国统计局网站，2014.

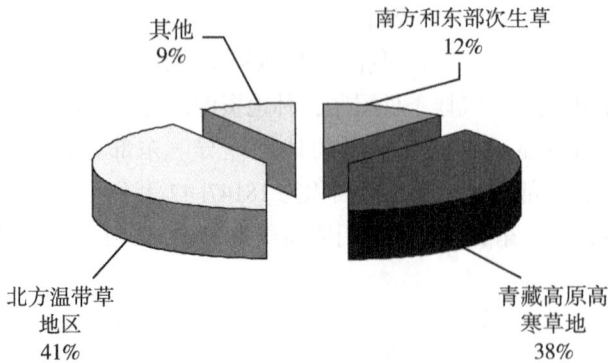

图 5-5　主要天然草地资源分布区域所占比例情况

资料来源：中国科学院．中国草地资源及其分布［EB/OL］．中国科学院地理科学与资源研究所，2007-09-11.

全国共有十大牧区（见表 5-2），也是草地资源集中分布的区域，包括西藏自治区、内蒙古自治区、新疆维吾尔自治区、青海省、甘肃省、四川省（川西北）、黑龙江省、吉林省、辽宁省、宁夏回族自治区。

表 5-2　　　　　　全国十大牧区草地面积统计表（单位：万公顷）

省　　区	草地面积	占全国的百分比（%）	可利用草地面积 7085	占全国的百分比（%）
西藏自治区	8205	20.9	7085	21.41
内蒙古自治区	7880	20	6350	19.21
新疆维吾尔自治区	5726	14.58	4801	14.51
青海省	3637	9.26	3153	9.53
甘肃省	1790	4.56	1607	4.86
四川省（川西北）	1395	3.55	1218	3.68
黑龙江省	753	1.92	608	1.96
吉林省	584	1.49	438	1.32
辽宁省	339	0.86	324	0.98
宁夏回族自治区	301	0.77	263	0.79

资料来源：章祖同，刘起．中国重点牧区草地资源及其开发利用［M］．中国科学技术出版社，1992.

2. 我国草地资源的主要特点

①草地资源总量大，地理分布不均。作为草地资源第二大国，我国的草地资源丰富，形成特有的十大牧区，为我国畜牧业的发展提供了有利条件。

②草地质量差，草地退化形势严峻。在我国草地资源中（见图5-6），一等草地面积仅为3578万公顷，二等草地面积为8957万公顷，三等草地面积为12570万公顷，四等草地面积为4993万公顷，五等草地面积为1628万公顷，草地质量总体偏下。过度放牧也使得草场出现严重退化，土地沙化现象严重。20世纪80年代，我国草场退化面积达6792万公顷，产草量减产达11亿公斤，产草量年减产率达2.45%，主要畜牧业省、自治区的草场退化速率达28.3%。

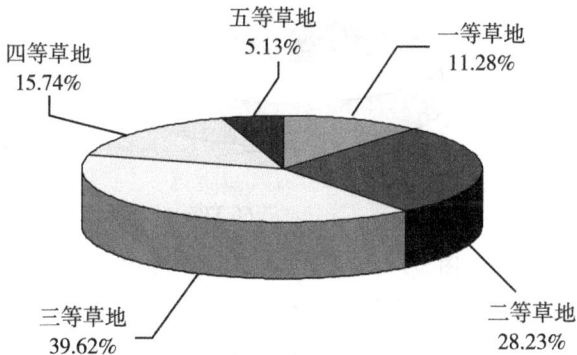

图5-6 各等级草地所占比例情况

资料来源：中国农业科学院草原研究所. 全国及西部各省天然草地"等"的评定统计［EB/OL］. 中国草地资源、牧草种质资源信息系统，2015-08-24.

③草地类型、大小有明显的地区差异。我国的天然草地资源主要为北方温带草地区、青藏高原高寒草地区、南方和东部次生草地区，而不同地区的草地类型也相互各异，南方地区主要为热性草地，北方主要是干旱草地，西北内陆的草地类型为荒漠草地，而青藏高原地区的草地则为高寒草地。由于海拔、坡度、朝向、土壤等自然条件，草地类型丰富多样。草地资源的地域性差异也为我国的民族发展及畜牧业生产经营创造了条件。

（四）园地资源利用

（1）我国园地资源现状。

园地是指专用于培植经济作物和果木的土地，在国土总面积中所占比重很小，但其集约化程度和单位面积效益较高，在国民经济中占有较为重要的地位。根据种植经济作物的不同可将园地分为果园、桑园、茶园、橡胶园、其他园地五个类型。据第二次全国土地调查结果，我国现有园地总面积为1481.2万公顷，占土地总面积的1.5%。据1996年园地分类面积调查数据计算可得：我国园地资源中（见图5-7），果园面积所占比例为66.37%，桑园面积占7.08%，茶园面积占12.52%，橡胶园面积占7.52%，其他园地占6.50%。

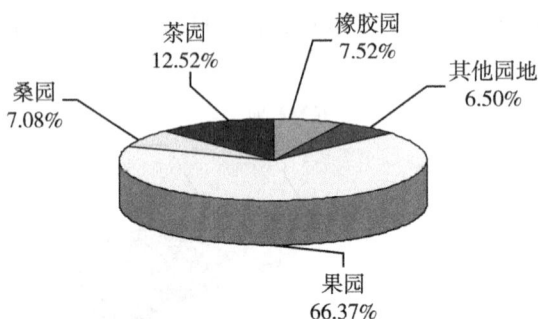

图 5-7 各园地类型所占比例情况

资料来源：中国科学院地理科学与资源研究所. 园地分布面积［EB/OL］. 人地系统主题数据库. 2015-08-24.

受自然条件、栽培历史和经济条件的影响，我国园地资源分布广泛，但表现出明显的地理分布不均。在我国园地总面积中，有31%分布于华东地区，29%分布在中南地区，7.6%分布于东北地区，14.4%分布在西南地区，8.4%分布于西北地区，9.6%分布于华北地区。

（2）我国园地资源的主要特点。

①部分园地质量差，土壤肥力低。我国园地总面积中有21.75%属于低产园地，地理条件差，基础设施不完善，对园地的不合理开发利用使得土壤肥力下降，水土流失。

②集约化水平低，经营模式粗放。如图5-8所示，我国园地资源中果园单产增速缓慢，茶园单产甚至出现下降的趋势，这说明我国茶叶和水果年总产量的增加主要是依靠种植面积的扩张来实现的。

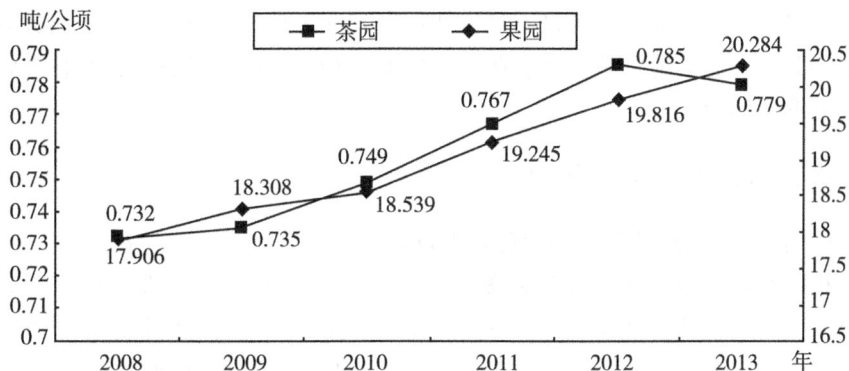

图 5-8 茶叶、水果年均单产变化情况

资料来源：国家统计局.2014 年中国统计年鉴［EB/OL］. 中华人民共和国国家统计局网站，2015-08-24.

土地资源是支撑社会经济发展的不可或缺的自然资源基础，其稀缺性决定了不同用途、不同部门对土地的需求存在激烈的竞争，从而导致不同的资源配置状态。农业土地资源与非农业土地资源之间的竞争是城市化的重要表现之一，随着非农业生产的发展，城市化推动着城市快速扩张，城市规模扩展迅速，城市建设用地外延扩展速度的加快导致大量城市周边的农业土地资源被非农产业占用，非农业土地资源的蔓延对城乡交错带的农业土地资源带来压力和威胁。据悉，1981—2012 年间，我国城市建设用地面积由 6.72×103 平方公里增至 45.75×103 平方公里，扩大了 6.81 倍，年均扩张速率高达 6.38%。①

不断加快的城市化步伐意味着更多原有城市的扩张和新兴城市的崛起，从而导致农业与非农业部门对土地的竞争更加激烈，势必要有大量的农业土地资源转化为非农业土地资源。农业土地资源过快、过度转化为非农业土地资源不仅会危及粮食安全，而且会影响整个生态系统的正常运转和生态环境的维持，因为土地用途的变化导致地表景观由以自然营造物为主变为以人工建筑物为主，这直接导致了土地原有的生态服务功能完全丧失，从而影响整个生态系统的正常运转。生态环境一旦遭到破坏，便会以水土流失、土地沙化、雾霾和频繁的自然灾害等多种形式危及国家生态安全。

---

① 钟海玥. 农地城市流转与经济增长的交互作用及其尺度效应——武汉城市圈市、县二维空间尺度的实证研究［D］. 华中农业大学学位论文，2014.

此外，在一定的历史时期内，土地资源的总量是固定不变的，而我国后备农业资源尤其是耕地资源明显不足，如何在农业土地资源与非农业土地资源竞争中，保持农业土地资源与非农业土地资源的相对平衡的状态是我们急需解决的一个重要问题。

三、农业土地资源保护

（一）农业土地资源利用中存在的问题

我国农业土地资源呈现出显著的"一多三少"的特点，即总量多、人均耕地少、高质量的耕地少、可开发的后备资源少。我国耕地面积总量丰富，耕地总面积位居世界第二，但人均耕地面积只有世界人均耕地面积的1/4、美国的1/7、印度的1/2；人均林地面积约为世界人均量的1/8，人均草地面积不到世界人均量的1/2。①

1. 土地沙漠化、水土流失、土地污染严重

近半个世纪以来，我国因荒漠化导致770多万公顷耕地退化，70多万公顷粮田和240多万公顷草地变成沙漠。水土流失是土地被破坏的另一主要问题，水土流失源于自然原因与人为原因。人为原因中土地的过度垦殖、土地植被的破坏等是主要原因。据相关统计，我国国土面积的约37%存在水土流失问题。土地污染是伴随着工业化和城镇化发展而出现的土地利用问题。土地污染是土壤中有害物质的含量超过了其自净能力，这些有害物质逐渐积累，严重影响农作物的正常生长，导致农作物减产、质量下降及食品安全问题。当前土壤污染主要源于"工业三废"——废渣、废水、废气，以及农药、化肥的滥施，部分生活污水的不当处理。这些废弃物中的重金属、细菌、寄生虫等有害物质直接进入农业土地，集聚在土壤中，导致了土地污染。

2. 农业土地资源迅速减少，后备土地资源不足

根据国土资源部《中国国土资源年鉴》统计数据，2000—2008年非农建设占用耕地面积共167.98万公顷，城镇化发展年均导致耕地资源流失面积为18.66万公顷，需要注意的是2005年西藏自治区耕地资源保有量为36万公顷，这意味着两年将流失一个西藏自治区的耕地资源。我国耕地资源的减少除了建设占用这一因素外，还受到灾毁、生态退耕、农业结构调整等因素的影响，国土资源部统计数据显示，1996年我国耕地面积为19.51亿亩，2002年

①　徐向遥. 完善农业土地管理政策和法律制度，进一步加强农业土地资源保护[J]. 法制与社会，2008（33）：259-260.

耕地面积降至 18.89 亿亩，到 2008 年耕地面积更是下降到 18.25 亿亩，年均减少约 1000 万亩。

另外，虽然国家实施耕地资源占补平衡的政策，但是存在占优补劣的问题。比如 2005 年新增建设用地 43 万公顷，通过土地整理复垦开发补充耕地 30.7 万公顷，建设占用耕地 21.2 万公顷，总体上实现了补充耕地大于建设占用耕地，但仅是数量上的补充大于占用，并不能达到我国农业土地资源的数量安全。因为 2005 年建设占用的耕地中有灌溉设施的占 67%，而补充耕地中有灌溉设施的仅占 35%，更何况农业土地资源以 33.3 万公顷/年的速度减少。我国土地的后备资源潜力不大，农业后备土地资源不足。

（二）农业土地资源保护的方法措施

1. 严格依法管理和保护耕地资源

首先，要严格依法管理耕地，珍惜和合理利用耕地资源，确保耕地资源数量质量安全。我国《宪法》第十条规定："一切使用土地的组织和个人必须合理地利用耕地。"我国《土地管理法》规定："十分珍惜、合理利用土地和切实保护耕地是我国的基本国策。各级人民政府应当采取措施，全面规划，严格管理，保护、开发土地资源，制止非法占用土地的行为。"

其次，农地资源保护要因地制宜，以土地的区位、气候、降水、光热为依据，合理确定土地利用方向，"宜农则农，宜林则林，宜牧则牧，宜渔则渔"，科学利用土地资源，充分发挥土地的区位优势和比较优势。

2. 严格执行土地用途管制制度

保护农业土地资源特别是耕地资源，实现农业土地资源的持续利用，维护国家粮食安全，必须严格执行土地用途管制制度。编制土地利用总体规划，确定土地利用管制分区，控制农业资源的非农化。同时鼓励农业土地的投资。对农业土地农田水利工程进行改良，优化农业土地的布局和规模，提高农业土地资源的利用率和产出水平。

3. 制定严格的土地污染预防措施

防止土地污染，首先，要对工业产生的废渣、废水、废气进行综合利用和处理，杜绝直接排放，降低工业化对农业土地资源的不利影响。其次，合理、适量施用农药和化肥，注意补充有机肥的施用，提高土壤有机质成分，保障土壤肥力的持续性。最后，对生活污水等需要进行无害化处理，避免直接排入土壤，从而产生污染问题。

4. 大力实施农村土地整治工程

首先，对农地资源进行适宜性评价。宜耕则耕、宜林则林，对于地形坡度大于 25 度的耕地，可以逐步实施退耕还林，避免水土资源流失。积极实施农村土地整治工程，方法主要有，一是土地整理的土地置换政策，在县乡级土地利用总体规划所确定的村镇建设用地区内新选址建设住宅、乡镇企业和村公共服务设施占用耕地的，需要对旧址土地进行土地复垦，以复垦后耕地资源面积相置换。二是土地复垦的土地置换政策，在征得农村集体经济组织同意，并经县级以上国土部门批准后，国有工矿企业可以将国有废弃的土地复垦成耕地，与因生产破坏的集体土地相置换，原土地所有权和使用权相应发生转移，置换后国有废弃土地所有权归农民集体所有，交由农村耕种，因生产破坏的农村集体土地使用权归国家，使用权归企业所有。

第二节　农业水资源

一、农业水资源的概念与特征

水资源的争夺愈演愈烈，目前来看没有丝毫要减弱的趋势。如果不加以控制的话，亚洲的下一场战争必将是水资源战争。

——克莱

（一）农业水资源的概念

联合国教科文组织在 1977 年提出水资源概念，即"可利用或有可能被利用的水源，这个水源应具有足够的数量和可用的质量，并能在某一地点为满足某种用途而可被利用"。从经济学的角度来看，水资源应具有以下内涵：首先，并不是所有水资源都具有经济物品属性。其次，水资源并不是某一种单一的经济物品。水资源的使用价值是多维度的①。

可以为农业生产所利用的水资源均为农业水资源，农业水资源包含地表水、地下水和土壤水。其中土壤水可以被农作物直接吸收利用，而地表水和地下水则需通过转换为土壤水之后才能为农作物所吸收利用。除以上三种形式外，大气降水中被植物所截留的部分也是农业水资源的组成部分，但是这部分相对较小，仅占 2.5 左右。

---

① 孔祥智. 农业经济学 ［M］. 中国人民大学出版社，2014.

(二) 农业水资源的特征

水资源具有自然和经济的双重特性,以下从自然特征和经济特征分别进行分析。

1. 自然特征

从自然特性角度看,水资源有独特的地域特征,以流域或水文地质单元构成一个统一体,每个流域的水资源是一个完整的水系,各种类型的水不断运动、相互转化,可以循环再生。但是水资源储量有限,时空分配不均,导致水利与水害并存。农业水资源分布呈现出从东南沿海向西北内陆递减的趋势,西北部内流区域土地面积占全国的35.4%,水资源仅占全国的4.6%,东南部外流区域土地面积占全国的64.6%,水资源占全国的95.4%,偏移30.8个百分点。南北方地区水资源分布差异同样较大,南方地区土地面积占全国的36.4%,而水资源却占全国的81%,北方地区土地面积占全国的63.6%,而水资源却占全国的19%,土地与水资源偏移44.6个百分点。农业水资源的空间分布不均导致了水资源的供求失衡,限制了部分地区土地资源、光热资源作用的充分发挥。

2. 经济特征

从经济特性来看,水资源具有混合经济特性,既具有私人物品的属性,又具有公共物品的属性,且水资源具有不可专用性。由于水具有流动性,所以对于水资源的特定部分测量和跟踪非常困难,在现有技术条件下,很难界定水圈中某部分水归某人所有,也很难确保这部分水不被其他人使用,因此水资源在目前技术条件下不具备排他性,或者排他性成本非常高。

二、农业水资源利用状况与挑战

(一) 农业水资源供需矛盾突出

当前,我国农业缺水现象非常严重,全国每年由于缺水造成的粮食减产达到大约800亿公斤,尤其是我国干旱地区的农业用水形势更为严峻,华北、黄淮、西北的东部地区频频出现大范围的旱情,而内蒙古东部、黑龙江西部和吉林西部则出现了中等程度的干旱,河北省大部与辽西、辽南地区连续多年干旱少雨。而东部和南部地区受气候影响,雨量充沛①。

目前经济社会处于快速发展时期,人们的生活质量不断提高,对于粮食的数量和质量要求也越来越高,根据《中国21世纪议程》相关测算,到2050

---

① 陈凯书. 浅谈农业水资源的利用 [J]. 吉林农业,2011 (3):281.

年我国人口将达到 16 亿，城镇化水平将上升至 60%，这意味着，我国城镇人口将达到 9 亿，工业化和城镇化的发展势必进一步加剧农业水资源供需矛盾。

（二）农业水资源质量不断下降

我国农业用水危机之所以出现，在相当大程度上是因为水质恶化。当前，包括地表水和地下水在内的我国水质污染十分严重。大量河流被污染，同时地下水也均遭到了不同程度的污染，特别是北方五省区及海河流域的地下水污染状况较为严重。

（三）农业水资源环境严重恶化

按照联合国粮农组织的资料，我国主要河流总长约为 42 万公里，其中 80% 的河流受到不同程度污染，已经不再适合渔业用水，部分地区水质已不能用于农作物灌溉。这些污染主要来源于企业污水和农业过度使用农药和化肥等。

为满足农业用水不断增长的现实，必须加人水资源的开采力度。一般认为，当水资源的径流量利用率超过了 20%，就会对水环境造成极大影响，达到 50% 时则将产生更为严重的影响。当前，我国水资源的开发利用率超过了 19%，预计到 2030 年，全国地表水资源的利用率将超过 27%，尤其是海河、淮河及黄河等地表水资源的利用率均将超过 50%。同时，地下水的开发利用也将达到很高的程度，过度开采地下水，将带来地面沉降、海水入侵等一系列环境问题。

三、农业水资源保护

（一）完善水资源管理体系建设

随着我国法律体系的逐步健全完善，我国的水资源立法体系已初步建立，但配套法规与监督协调机制还不健全，存在管理交叉与权责不明确等现象。因为水资源系统是一个涉及水文生态系统与社会经济系统的十分复杂的系统。应当从水资源合理开发、分配与利用，协调区域社会经济发展和生态系统良性发展来进行考虑。因为水资源的可持续利用是综合性战略，所以要积极推行集成化的水管理模式，强化农业水资源管理的一体化理论研究，并注重和区域水资源管理的具体实践相互融合。要强化水资源和水环境、水权和水市场及水源涵养等方面的综合管理，在进行国内水资源管理体制改革的基础上，积极引进国外先进的水资源管理技术。

（二）提高农业水资源的经济效益

要根据量水而行和以水定发展的原则，不断调整产业结构，建立起和水资源相适应的新型经济结构。要结合农业实际需要，因地制宜，不断调整作物布局与内部农业产业的布局。在缺水地区，要严格限制高耗水农作物的大面积培植，积极鼓励发展用水效率比较高的高新农业技术，不断扩大节水型农作物的栽培面积，尽量减少耗水量大及经济效益低的农作物种植面积。在饲养业的发展上，要增加耗水较少的禽类饲养，同时减少耗水较多的畜类饲养。在农村能源上，应当积极发展太阳能、风能及沼气等各种新能源。在农业生活用水上，要引导农民改变传统的用水方式与习惯，并使用带有节水功能的水龙头与喷头，从而倡导节约用水。

（三）处理好农业用水和其他用水间的关系

构建农业用水宏观调控机制的一个重点就是要正确处理好农业用水和国民经济中其他行业用水间的相互关系。因为我国一部分地区的水资源短缺，各部门的用水都十分紧张。所以，应当处理好农业用水和工业用水、城市用水的关系。同时，要处理好农业用水和生态环境保护、修复用水之间的关系，特别是我国北方地区的生态环境极为脆弱，所以，要确保水资源的可持续利用，必须注重水保护，并做好生态环境的修复工作。

第三节　农业气候资源

一、农业气候的特征

（一）太阳能资源丰富、光合生产潜力高

我国太阳能资源丰富，三分之二的国土面积年日照量在 2200 小时以上，年辐射总量达到 3340~8360 兆焦/平方米，相当于 110~250 千克标准煤/平方米。在世界范围内我国除川黔之外，大部分区域太阳能资源超过国外同纬度地区，大约与美国相当，高于日本。我国太阳高值中心与低值中心介于 22°N 至 35°N，高值中心位于青藏高原，低值中心位于四川盆地。我国丰富的太阳能资源为农作物提供了丰富的光合作用所需的光能资源，满足了植物生长的需要。

（二）热量带多，亚热带和温带面积大

世界范围内，我国是热带面积最大的国家。我国国土面积广博，自南向北，依次呈现出热带、南亚热带、中亚热带、北亚热带、南温带、中温带、北温带七个气候带。其中，青藏高原还有高原温带、高原亚寒带和高原寒带。中国东部主要农业区面积较大，其中亚热带和中、南温带约占全国陆地总面积的42.5%，其热量与美国主要农业区相似。

（三）季风气候显著影响

我国季风气候特征显著，大部分地区四季转换分明，农事活动对气候变更的依赖性较强。我国东部地区与世界其他同纬度地区相比，冬季过冷、夏季偏热。夏季偏热，一年生喜温作物（水稻、玉米等）可种植在纬度较高的东北地区，有利于扩大喜温作物种植面积和提高复种指数。但冬季过冷，却使越冬作物或多年生亚热带和热带经济果木林的种植北界偏南。这一热量特点也是形成我国种植制度多样性的原因之一。

（四）下垫面复杂多样

我国山地面积广阔，山地、丘陵区域占全部国土面积的2/3以上，山地区域地形复杂，高低起伏，导致了光热等气候资源的重新分配和组合，使得在一些区域非地带性影响超过地带性影响成为主要因素，比如人们常说的"十里不同天""气候地区"反映的就是这种现象。比如地处我国西南部云南金沙江红河谷的巧家、元谋、华坪区域，虽然地处中亚热带气候区，但呈现出南亚热带气候，十度及其以上积温到七千到八千度，最冷月的平均温度也在十二度以上，全年无霜降天气。

（五）特殊地形的热量效应

在我国亚热带山地的一些山腰，冬季会出现逆温现象。逆温（Temperature Inversion）是指对流层中气温随着海拔的上升而逐渐上升的现象。一般情况下，在对流层大气中，随着海拔的逐渐升高，气温会随着逐渐降低，而逆温现象则与之恰好相反。逆温是对流层大气气温垂直分布的一种特殊自然现象，出现逆温的大气层成为逆温层。除了逆温这种特殊的热量效应现象外，一些大的水体由于其比热容较大，通过吸热散热过程对周围温度进行调节，有利于农作物的避寒过冬。但是，有时候在一些低凹的谷底，冷空气容易沉积在谷底，形成"冷空气湖"，这易对周围农作物造成霜冻伤害。

（六）降水资源分配不均衡

与世界其他同纬度国家相比，我国降水量不算丰富，日本、朝鲜等一些同纬度地区的降水量要高于我国。我国降水的水汽来源于太平洋，年降水量分布呈现出显著的空间特征，即从我国东南沿海向西北内陆递减，等降雨量线呈现出东北—西南走向。等降雨量线具有显著的意义，其中年降水量400毫米等值线约相当于半干旱与半湿润地区的分界线，年降水量250毫米等值线又约相当于干旱地区与半干旱地区的分界线，年降水量250毫米等值线又约相当于半湿润地区与湿润地区的分界线。我国降水空间分布极不平衡，东南沿海多，西北内陆少。季节分布也不均衡，夏季多、冬季少，这是由于我们季风气候所造成的。

（七）雨热基本同季

雨热同季是我国气候资源的一个重要特征。我国大部分地区气温与降水季节变化是同步的，这为农作物生长提供了有利的条件，是我国农业气候资源的显著优势。夏季气温高，农作物生长迅速，此时丰沛的降雨为农作物强烈的光合作用提供了水分供给，满足了农作物快速生长的需要。

各地雨热同季情况存在差异，我国北方春节升温快，夏季温度较高，6—8月大于十度积温占全年的50%以上，同期降水量占全年的60%以上。江淮及其以南地区，6—8月大于十度积温和降水量均占全年的30%~40%，雨热同季时间长，故复种指数高。云南和青藏高原地区，年内气温变化较平缓，降水集中程度高于温度，水热配合稍差，如云南6—8月积温只占全年的20%~30%，但同期降水量占全年的60%以上；青藏高原6—8月积温占全年的55%~65%，同期降水量占全年的60%~80%。

二、气候变化对农业发展的影响

（一）气候变化对农业生产布局与种植制度的影响

农业生产受到自然条件，特别是光、热、水要素的直接制约，这是由农业的自然再生产特性所决定的。不同地区适宜生长的作物品种和种类与当地的气候条件紧密联系①。气候回暖，气温逐渐升高，也增加了我国多数区域的有效积温，会对作物生长的季节、周期产生影响，因此，气候变化会较大地影响作物的种植制度、生产结构和区域布局（李祎君和王春乙，2010）。

气候变暖使得中国一年两熟制、一年三熟制的种植北界都有不同程度的北移。与1950s—1980年相比，1981—2007年一年二熟制种植北界，陕西省、山西省、河北省、北京和辽宁省的空间位移变化居前列；一年三熟制种植北界，湖南省、湖北省、安徽省、江苏省和浙江省的空间位移变化居前列；而辽宁省、河北省、山西省、陕西省、内蒙古、宁夏、甘肃省和青海省冬小麦的种植北界也在不同程度上北移西扩②。一熟种制由当前的63%下降为34%，二熟种制由24.2%变为24.9%，三熟种制由当前的13.5%提高到35.9%③。目前大部分两熟

① 郭建平，高素华，刘玲．气象条件对作物品质和产量影响的试验研究［J］．气候与环境研究，2001（3）：361-367.

② 杨晓光，刘志娟，陈阜．全球气候变暖对中国种植制度可能影响I. 气候变暖对中国种植制度北界和粮食产量可能影响的分析［J］．中国农业科学，2010（2）：329-336.

③ 张厚瑄．中国种植制度对全球气候变化响应的有关问题I. 气候变化对我国种植制度的影响［J］．中国农业气象，2000（1）：9-13.

制地区将会被不同组合的三熟制所替代，两熟制地区将会北移到目前一熟制地区的中部，三熟制的北界将明显地由目前的长江流域北移到黄河流域。

随着气候逐渐变暖，我国北部地区水稻的种植比例将逐渐增加，其中黑龙江省的水稻种植增加范围向北和向东扩展，种植面积比重明显增加，东南和华南地区水稻的种植比例逐渐减少。小麦种植范围向北退缩，黑龙江、内蒙古和新疆地区的小麦种植比例将降低 10%以上，同时西藏、贵州、河南地区的小麦种植比例将有所提高。全国大部分地区玉米的种植比例将呈现提高的趋势（李立军，2004）。

（二）气候变化对农作物产量的影响

气候变化对农作物产量的影响具有双重表现。气候变化重新对水热条件进行配置，使得作物复种指数和作物种植制度发生了变化。一方面，当降水在一定范围内，气温升高对增加旱作区农作物的产量有积极作用（邓振镛等，2008）。另一方面，气候变暖将会导致我国部分地区的农作物产量下降。在水稻结实期，温度上升 1~2 度将会使水稻产量下降 10%~20%；温度每增加 1度，我国玉米平均产量将减少 3%；在未来 100 年内，气候变化将会使我国华北地区冬小麦产量有不同程度的下降，平均减产 10.1%[①]。J. Wang 等以全国28 个省 8405 个雨养农户和灌溉农户的截面调查数据为基础，以温度和降水为自变量，以农户农作物净收益为因变量，进行了相关分析，结果表明，气候变暖不利于雨养农业，但有利于灌溉农业[②]。

（三）气候变化对农作物病虫害的影响

气象条件为农业病虫害的大范围流行和暴发承担着直接责任。气候变暖为北方农区各种农作物病虫源（菌）越冬提供了有利条件[③]。在气候变暖的条件下，农作物的病虫害越冬死亡率将会降低，并且病虫害安全越冬的地理范围将会扩大，这直接加剧了农作物病虫害发生的频率和程度。受到热量的影响，病虫害趋向于向高纬度地区蔓延扩散，中纬度气候变暖会引起物质之间关系的变化，会扰乱原有生态系统中害虫—捕食者、害虫—寄生虫等种群的平衡关系，部分病虫害的天敌可能不适应气候的变化而造成数量的减少，在病虫害天

---

① 张建平，赵艳霞，王春乙，等. 气候变化对我国华北地区冬小麦发育和产量的影响［J］. 应用生态学报，2006（7）：1179-1184.

② Wang J, Mendelsohn R. Dinar A, et al. The impact of climate change on China's agriculture［J］. Agricultural Economies，2009，40：323-337.

③ 张厚瑄. 中国种植制度对全球气候变化响应的有关问题 I. 气候变化对我国种植制度的影响［J］. 中国农业气象，2002（1）：9-13.

敌数量较少的情况下，病虫害则会加速繁殖，这加剧了病虫害对农作物的危害，威胁农作物的生长。

三、气候智能型农业

气候智能型农业是为了应对当前气候变化、保障粮食安全、促进农业转型，由联合国粮农组织提出的一个新概念。根据 FAO 的定义，气候智能型农业的内涵有高效、适应、减排三个方面：其一是持续提高农业生产力和农民收入；其二是增强对气候变化的适应力和恢复力；其三是大幅度减少温室气体的排放。气候智能型农业通过政策、经济、技术手段将增收、气候变化适应性和减排目标落实到农业政策和农业发展计划中，在当前气候变化的背景下实现农业的可持续发展。

气候智能型农业的主要内容，其一是通过协同发展和互利共赢的政策，应对气候变化与粮食安全带来的综合挑战。其二是评估各个部门之间的利益关系，权衡和协调部门利益，满足各部门发展要求。其三依靠政策组合创造有利于农业发展和农民增收的环境，为农业发展提供完善的咨询、资源、市场、金融服务，推动现代农业发展和农民收入增长。其四是推动农业科技创新支撑气候智能型农业的发展，比如研制耐旱型、耐热型等新型农作物品种，探索减少温室气体排放的新型生产模式，加强科技创新在气候智能型农业发展中的作用。另外要注意科研资源的整合，加强多学科交叉合作，为交叉研究提供条件。其五是将温室气体减排目标落实到农业发展计划中，制定有效的措施推动减排目标的实现，力求减缓气候变化，维护气候与生活环境的友好和谐。

小　　结

农业自然资源是农业生产经营活动中赖以生存的物质基础，农业自然资源状况的优劣程度直接作用于农业生产。本章详细地介绍了农业自然资源的三个要素，包括：农业土地资源、农业水资源和农业气候条件。阐述了土地资源要素和水资源要素的概念及特征、利用现状及如何进行要素保护，介绍农业气候的特征，并讨论了气候对农业发展的影响，最后简略概括气候智能型农业。

关　键　词

农业自然资源　农业土地资源　农业水资源　农业气候条件　低碳农业

复习思考题

1. 农业土地资源的特征有哪些？
2. 农业水资源的保护措施有哪些？
3. 如何应对气候变化对农业发展产生的影响？

主要参考文献

［1］国家林业局．中国林业网第八次全国森林资源清查报告［EB/OL］．中国林业网，2014-02-25.

［2］国家林业局．中国林业局森林资源清查专题成果发布报告［EB/OL］．中国林业网，2009-11-18.

［3］国家统计局．2014年中国统计年鉴［EB/OL］．中华人民共和国统计局网站，2014.

［4］章祖同，刘起．中国重点牧区草地资源及其开发利用［M］．中国科学技术出版社，1992.

［5］孔祥智．农业经济学［M］．中国人民大学出版社，2014.

［6］郭建平，高素华，刘玲．气象条件对作物品质和产量影响的试验研究［J］．气候与环境研究，2001（3）：361-367.

［7］张厚瑄．中国种植制度对全球气候变化响应的有关问题 I．气候变化对我国种植制度的影响［J］．中国农业气象，2000（1）：9-13.

［8］孙智辉，王春乙．气候变化对中国农业的影响［J］．科技导报，2010（4）：111-112.

［9］张强，邓振镛，赵映东．全球气候变化对我国西北地区农业的影响［J］．生态学报，2008（3）：1210-1218.

［10］Wang J，Mendelsohn R. Dinar A，et al. The impact of climate change on China's agriculture［J］. Agricultural Economies，2009，40：323-337.

第六章　农业劳动力

☞【学习目标】

在本章学习过程中，需要了解农业劳动力的基本概念和特征，并理解中国农业劳动力的规模、结构等概况，学习掌握农业劳动力供给理论、农业人力资本理论，以及结合中国实际情况分析农业劳动力转移和农业人力资源的开发利用等问题。

第一节　中国农业劳动力概况

一、农业劳动力的概念与特征

（一）农业劳动力的概念

农业劳动力是农业生产中的最主要资源之一。按照《中国农业百科全书·农业经济卷》所给出的定义，农业劳动力是"以其体力和智力从事农业生产的劳动者，是农业生产力中的决定因素"。① 而《财经大辞典》强调：农业劳动力包括广义和狭义两个概念：从广义上看，有劳动能力的农业人口就是农业劳动力资源；从狭义上看，"人们在农业生产过程中所运用的体力和脑力的总和"被视为农业劳动力②。

（二）农业劳动力的特征

在农业经济学中，对农业劳动力特征的讨论，一般包括数量和质量这两个方面。

1. 农业劳动力数量特征

农业劳动力的数量，主要指能够参加农业劳动的人数。中国国家统计局使

---

① 中国农业百科全书编辑部.中国农业百科全书·农业经济卷［M］.农业出版社，1991：229-230.

② 何盛明.财经大辞典·上卷［M］.中国财政经济出版社，1990：876-877.

用"就业人员"指标，即"指在一定年龄以上，有劳动能力，为取得劳动报酬或经营收入而从事一定社会劳动的人员。具体指年满 16 周岁，为取得报酬或经营利润，在调查周内从事了 1 小时（含 1 小时）以上的劳动或由于学习、休假等原因在调查周内暂时处于未工作状态，但有工作单位或场所的人口"①，反映一定时期内全部劳动力资源的实际利用情况，其中，"第一产业就业人员"数即农业劳动力数量。

农业劳动力数量的变化，取决于自然因素和社会因素的共同作用。自然因素的作用包括三个方面：一是农业人口的自然增长率；二是随着人口结构变化，到达或超过劳动年龄的人数出现变化；三是原有劳动力的自然减员。而社会因素则主要包括以下内容：一是社会、经济的发展程度和国家所采取的人口政策措施；二是劳动力在国民经济各部门的分配比例变化；三是农村社会福利政策、妇女的解放程度等②。

从全球来看，世界各国的经济发展和现代化历程都伴随着农业劳动力及其占比的持续下降，这是技术进步和劳动生产率提升所带来的必然结果。其中，发达国家农业劳动力占比远远低于发展中国家，且随着经济发展水平的提升，发达国家和发展中国家都出现了农业劳动力占比持续下降的趋势。

如表 6-1 所示，为 1980—2010 年间全球几个不同国家的农业劳动力占比的变化情况。

表 6-1　　　　　　不同国家和地区的农业就业人员占比变化情况　　　（单位：%）

时　间	1980 年	1995 年	2000 年	2005 年	2010 年
中国	68.7	52.2	50	44.8	36.7
美国	3.6	2.9	2.6	1.6	1.6
欧盟	—	8.9	7.8	6.2	5.2
日本	10.4	5.7	5.1	4.4	3.7
韩国	34	12.4	10.6	7.9	6.6
巴西	29.3	26.1	—	20.5	15.3

① 盛来运. 中国统计年鉴（2014）［M］. 中国统计出版社，2015：115.
② 中国农业百科全书编辑部. 中国农业百科全书·农业经济卷［M］. 农业出版社，1991：229-230.

续表

时　　间	1980 年	1995 年	2000 年	2005 年	2010 年
印度	—	60.5	59.9	55.8	51.1
世界均值	—	40.4	37.9	35.1	30.5

注：表格中数据为农业就业人员占就业总数的百分比，其中就业人员是指供职于公共或私营雇主并获取薪酬的人员，其薪酬形式可以是工资、薪酬、佣金、小费、计件工资或实物。农业中包括了狩猎、林业和渔业，表格中缺失值表示未获得数据。

资料来源：世界银行. 世界发展指标［EB/OL］, http：//data. worldbank. org. cn/.

可见，无论是作为发达国家和地区的美国、日本、韩国以及欧盟，还是作为发展中国家的中国、巴西、印度等国，都出现了农业就业人员占比的持续下降。从全球来看，农业就业人员占比也从 1994 年的 40.4% 下降到 2010 年的 30.5%。不过，与世界平均水平相比，中国农业劳动力数量偏多，占比也相对较高。

2. 农业劳动力质量特征

农业劳动力的质量，包括了农业劳动者的体力、智力、技术熟练程度、文化教育水平等方面的状况。随着农村社会、经济发展，农业劳动力质量的高低，不仅与劳动力的健康程度和体力强弱状况密切相关，也越来越取决于劳动力的科学文化水平和技术熟练程度。

现代化进程中全球农业劳动力数量及其占比的下降，伴随着农业劳动质量的不断提升。世界银行使用"农业工人人均增加值"指标来衡量农业劳动生产率，能够在一定程度上反映农业劳动力质量的变化。"农业工人人均增加值"表示每年平均每个农业工人所创造的农业增加值，其中，农业增加值表示一个国家和地区农业部门的全部产出减去中间产品的投入。

表 6-2 是世界银行统计的不同国家和地区从 1980 年到 2013 年农业工人人均增加值的变化情况，数据都折算为 2000 年不变价美元，从而能够进行不同时期、不同国家间的比较。

按照 2000 年不变价美元计算，中国平均每个农业劳动力创造的农业增加值从 2000 年的 438 美元增加到 2013 年的 754 美元，在 13 年的时间里增长了 316 美元，年均增长率达到 4.27%，进步速度高于世界平均水平，也高于高收入国家的平均水平。且从不同时间段的年均增长率来看，中国农业劳动生产率的增长速度还在不断加快。

表6-2 2000—2013年不同国家和地区农业工人人均增加值变化情况

	2000年	2005年	2000—2005年均增长率	2010年	2005—2010年均增长率	2013年	2010—2013年均增长率
单位	美元	美元	%	美元	%	美元	%
中国	438	526	3.73	657	4.53	754	4.72
美国	38473	51516	6.01	62883	4.07	69457	3.37
欧盟	14878	17406	3.19	20827	3.65	23966	4.79
日本	25258	27987	2.07	39284	7.02	50720	8.89
韩国	11116	15015	6.20	22076	8.01	26415	6.16
巴西	2464	3335	6.24	4399	5.69	5297	6.39
印度	528	565	1.36	645	2.68	688	2.18
世界	1065	1169	1.88	1292	2.02	1377	2.15
高收入国家	15432	18085	3.22	21769	3.78	24259	3.68
中高等收入国家	724	862	3.55	1001	3.05	1113	3.58
中等收入国家	688	810	3.33	932	2.83	1024	3.18
中低等收入国家	640	748	3.15	850	2.61	924	2.82
低收入国家	255	287	2.37	295	0.58	296	0.04

注：农业包含来自林业、狩猎、渔业以及作物耕种和畜牧生产的增加值。数据以2000年不变价美元计。

资料来源：世界银行. 世界发展指标［EB/OL］, http：//data. worldbank. org. cn/.

然而，和全球其他国家相比，中国的农业劳动生产率还显得比较落后，不仅低于美国、欧盟、日本、韩国等发达国家和地区，也远远低于巴西，仅仅略高于印度。在农业劳动生产率的增长速度方面，也比欧盟、日本、韩国、巴西等更低一些。

此外，中国到2013年的农业劳动生产率，还低于2000年的世界平均水平。尽管中国到2013年已经进入中高等收入国家行列，但农业劳动生产率低于2005年的中高等收入国家和中等收入国家平均水平，甚至低于2010年的中低等收入国家平均水平。

由此可见，中国的农业劳动质量虽然在快速进步，但从全球来看，仍然处于较低的水平上，还有较大的进步空间。

二、农业劳动力规模与结构

（一）农业劳动力规模

从总体规模来看，中华人民共和国成立以来，中国农业劳动力总规模呈现"先上升，后下降"的趋势，其占总就业人员比重则一直呈现下降趋势，与国际趋势一致。

如表6-3所示，从1952年到2014年，中国总人口从5.7亿增加到13.7亿，其中就业人员从2.1亿增加到7.7亿。而农业劳动力规模，即第一产业就业人员总数则从1952年的1.7亿（占比83.5%）增加到1990年的3.9亿（占比60.1%），此后则开始不断下降，直到2014年，中国农业劳动力总规模为2.3亿人，仅占全部劳动力总数的29.5%。

表6-3　　　　1952—2014年中国农业劳动力及其所占比重变化情况

时间	年末总人口 （亿人）	就业人员 （亿人）	农业劳动力 （亿人）	农业劳动力占总就业 人员比重（%）
1952年	5.7	2.1	1.7	83.5
1978年	9.6	4.0	2.8	70.5
1982年	10.2	4.5	3.1	68.1
1990年	11.4	6.5	3.9	60.1
2000年	12.7	7.2	3.6	50.0
2003年	12.9	7.4	3.6	49.1
2010年	13.4	7.6	2.8	36.7
2013年	13.6	7.7	2.4	31.4
2014年	13.7	7.7	2.3	29.5

注：1981年及以前人口数据为户籍统计数；1982年、1990年、2000年、2010年数据为当年人口普查数据推算数；其余年份数据为年度人口抽样调查推算数据。现役军人计入城镇人口。

资料来源：根据国家统计局数据整理。

不同国家或地区的经济发展和农业劳动力比重间的关系，如表6-4所示，人均国民总收入更高的国家，其农业劳动力占比越低；对同一个国家来说，随着人均国民总收入的提高，其农业劳动力占比也迅速下降。

表6-4　　不同时期内各国的农业劳动力占比和人均国民总收入（GNI）

时间	1980 年		1995 年		2010 年	
	农业劳动力占比（%）	人均 GNI（现价美元）	农业劳动力占比（%）	人均 GNI（现价美元）	农业劳动力占比（%）	人均 GNI（现价美元）
中国	68. 7	220	52. 2	470	36. 7	4300
美国	3. 6	13410	2. 9	27750	1. 6	48950
欧盟	—	8493	8. 9	17823	5. 2	35358
日本	10. 4	10670	5. 7	36590	3. 7	41980
韩国	34	1900	12. 4	10010	6. 6	21320
巴西	29. 3	2180	26. 1	3000	15. 3	9810
印度	—	270	60. 5	350	51. 1	1290
世界均值	—	2602	40. 4	4918	30. 5	9382

注：人均国民总收入是国民总收入用世界银行图表集法换算为美元除以年中人口数。国民总收入（GNI）是指所有居民生产者创造的增加值的总和，加上未统计在估计产值中的任何产品税（减去补贴），再加上境外原始收入的净收益（雇员薪酬和财产收入）。

资料来源：世界银行 . 世界发展指标［EB/OL］，http：//data. worldbank. org. cn/indicator/NY. GNP. PCAP. CD.

比较2010年不同国家和地区的农业就业人员占比，美国、欧盟、日本、韩国都在10%以下，而中国、巴西、印度都超过了10%，其中中国和印度都高于当时的世界平均水平。

表6-5列出了按照世界银行标准划分的不同收入水平国家中，其农业劳动力所占比重在不同时期的变化情况，同样表明了国民收入水平与农业劳动力所占比重间的关系。

表 6-5　　　　　　　　　　不同收入类型国家的农业劳动力比重　　　　　　　（单位:%）

	1994 年	2000 年	2005 年	2010 年
高收入国家	7.1	6.0	4.7	3.5
中高等收入国家	51.1	45.0	38.5	33.0
中等收入国家	52.4	49.1	43.4	38.3
中低等收入国家	54.1	54.0	49.8	45.9

注：按照世界银行 2011 年的划分标准：人均国民总收入低于 1025 美元为低收入国家，在 1026 美元与 4035 美元之间为中低等收入国家，在 4036 美元与 12475 美元之间为中高等收入国家，高于 12476 美元为高收入国家。由于数据获取困难，中低等收入国家仅从 1994 年开始有相应统计结果，且缺乏对低收入国家农业就业人员比重的统计数据。

资料来源：世界银行. 世界发展指标 [EB/OL]，http：//data. worldbank. org. cn/.

早在 1994 年，高收入国家的农业劳动力所占比重就只有 7.1%，而中等收入国家的农业劳动力比重却超过了 50%。随着全球经济发展，各国的农业劳动力比重都出现了下降，且中高等收入国家的下降速度比中低等收入国家更快，而高收入国家的平均农业劳动力比重在 2010 年已经下降到了 3.5%。

可见，随着未来中国经济的进一步发展，农业劳动力所占比重的持续下降是必然趋势，而当中国未来进入高收入国家行列，农业劳动力所占比重也很可能下降到 10% 以下。一些研究者估计：到 2030 年，中国农业劳动力占比将接近 10%。[①]

（二）农业劳动力结构

1. 农业劳动力的兼业类型结构

按照全国农业普查的分类方法，将农业户分为纯农业户、农业兼业户（一兼农户）、非农兼业户（二兼农户）三种类型，纯农业户是指家庭从业人员从事的主要行业均为农业的农村住户；农业兼业户是指家庭从业人员从事的主要行业为农业的人数大于非农业人数的农村住户；非农兼业户是指家庭从业人员从事的主要行业为农业的人数小于非农业人数的农村住户。如果从事农业生产活动的人员和从事非农业生产活动的人员大体相同，农业兼业户和非农兼业户则视是以农业收入为主还是以非农业收入为主来划分。

表 6-6 反映了从第一次全国农业普查（1996 年）到第二次全国农业普查

---

① 卢锋，杨业伟. 中国农业劳动力占比变动因素估测：1990—2030 年 [J]. 中国人口科学，2012，4：13-24，111.

（2006 年）期间农村住户兼业类型结构的变化情况。在 10 年时间里，农村住户数量从 1996 年的 5.61 亿户下降到 2.22 亿户，其中，农业户从 5.19 亿下降到 1.98 亿户，在农村住户中的占比则从 92.43% 下降到 88.92%。

表 6-6　　　　　　　　**1996—2006 年农户兼业类型结构变化情况**

		纯农户	农业兼业户	非农业兼业户	农业户合计	农村住户合计
第一次农业普查（1996 年）	农户数量（亿户）	3.11	1.27	0.81	5.19	5.61
	在农村住户中占比（%）	55.48	22.56	14.39	92.43	100.00
第二次农业普查（2006 年）	农户数量（亿户）	1.67	0.10	0.21	1.98	2.22
	在农村住户中占比（%）	75.10	4.29	9.53	88.92	100.00

资料来源：根据《中国第一次农业普查资料综合提要》和《中国第二次全国农业普查资料汇编》整理得出。

不过，从 1996 年到 2006 年，虽然纯农户总规模下降，但其在农村住户中的占比却出现了提升，从 1996 年的 55.48% 增加到 2006 年的 75.10%。

对于 2006 年以后的农户兼业类型结构变化情况，农业部专家通过对全国农村固定观察点①调查获得的数据得到了更新的结果：到 2013 年，纯农户数下降到 39.65%，非农户和兼业农户比重达到 60.05%。

2. 农业劳动力从事的农业行业结构

农业行业包括农作物种植业、林业、畜牧业、渔业和农林牧渔服务业等。如表 6-7 所示，从 1996 年的第一次农业普查到 2006 年的第二次农业普查期间，我国农业劳动力所从事的行业依然以农作物种植业为主，占比从 95% 减少到 92.15%。在其他农业行业中，只有畜牧业出现了大幅度增加，占比从 0.24% 增加到 4.84%；渔业从事户数占比从 0.69% 略微增加到 0.71%；而林业

――――――――――

① 全国农村固定观察点是由农业部设立的定点连续入户调查系统，统计制度 1990 年由国家统计局正式批准。目前有调查农户 23000 户，调查村有 360 个行政村，样本分布在全国除港澳台外的 31 个省（区、市）。相关详细资料见 http：//www.rcre.agri.cn/gcdgzdt/gzdtg/201302/t20130225_3225848.htm。

从事户数占比则从 3.49% 减少到 2.05%，农林牧渔服务业从 0.57% 减少
到 0.25%。

表 6-7　　　　　　　1996—2006 年农户从事农业行业结构变化情况

		农作物种植业	林业	畜牧业	渔业	农林牧渔服务业	合计
第一次农业普查（1996 年）	农户数量（亿户）	4.04	0.15	0.01	0.03	0.02	4.25
	占比（%）	95.00	3.49	0.24	0.69	0.57	100
第二次农业普查（2006 年）	农户数量（亿户）	1.82	0.04	0.10	0.014	0.049	1.98
	占比（%）	92.15	2.05	4.84	0.71	0.25	100

资料来源：根据《中国第一次农业普查资料综合提要》和《中国第二次全国农业普查资料汇编》整理得出。

3. 农业劳动力的受教育程度和收入来源结构

如表 6-8，为 2006 年中国第二次全国农业普查获得的全国农户户主受教育程度及其收入来源的结构分布情况。由表 6-8 可知，在所有农村住户中，绝大多数户主的受教育水平为小学和初中水平，占比合计约 85.82%；其中，只有以非农经营收入为主的农户中，户主受教育程度在高中及以上水平的比重超过了 10%，其余类型的农户中，90% 以上户主受教育程度都在初中及以下水平。

表 6-8　　　　　　2006 年不同收入来源农户中户主受教育
　　　　　　　　程度类型的占比情况　　　　　（单位：%）

户主受教育程度	经营收入为主农户			工资收入为主农户			合计
	农业为主	非农业为主	合计	农业为主	非农业为主	合计	
文盲	7.64	3.08	6.98	5.55	3.94	3.98	6.77
小学	40.58	27.32	38.66	36.29	32.78	32.88	37.04
初中	46.13	58.48	47.92	50.24	53.51	53.42	48.78
高中	5.44	10.49	6.17	7.02	8.41	8.37	6.79
大学及以上	0.21	0.64	0.27	0.90	1.37	1.35	0.63

资料来源：根据《中国第二次全国农业普查资料汇编》整理得出。

在以农业经营收入为主的农户中，户主受教育程度为文盲的比重达7.64%，户主受教育程度为小学的比重达40.58%，这两者均高于其他类型的农户，而户主受教育水平为初中、高中的农业经营户比重低于其他类型农户，说明平均而言，农业经营收入为主的农户受教育水平相对略低一些。

4. 农业劳动力的年龄和性别结构

如表6-9所示，根据第二次全国农业普查数据，在2006年末，全国住户中农业从业人员34246万人，其中女性占比达53.2%；而按年龄分组，60岁以上劳动力达11.2%，51岁以上劳动力达32.5%，41岁以上劳动力占55.6%。且在不同地区都出现了劳动力的"老龄化"和"妇女化"现象。

表6-9　　　　2006年末全国住户农业从业人员分区域年龄及性别构成

地区	总数（万人）	女性占比（%）	各年龄段占比（%）					
			20岁以下	21~30岁	31~40岁	41~50岁	51~60岁	60岁以上
全国总计	34246	53.2	5.3	14.9	24.2	23.1	21.3	11.2
东部地区	9319	55.1	4.2	13.5	22.0	25.1	23.4	11.8
中部地区	10099	54.3	4.9	13.8	24.5	23.5	21.9	11.4
西部地区	12198	51.4	6.4	16.5	25.3	20.7	19.5	11.7
东北地区	2631	50.2	6.4	17.2	25.4	25.3	19.4	6.3

资料来源：根据《中国第二次全国农业普查资料汇编》整理得出。

部分研究者认为：老龄化和妇女化等现象可能导致中国农业劳动生产率的下降，从而出现"未来谁来种地"的担忧。但也有一些学者指出：老龄化现象是全球性的问题，美国农业劳动力的平均年龄为58岁，欧洲有1/3的农民年龄超过了65岁，而35岁以下青壮年劳动力占比不到5%。同时，实证研究显示：中国农村女性的农业生产能力并不比男性弱，因此也不必过于担心妇女化问题[①]。

① 黄季焜，靳少泽. 未来谁来种地：基于我国农户劳动力就业代际差异视角［J］. 农业技术经济，2015（1）：4-10.

更需要讨论的是，如果将农业劳动力的老龄化和妇女化等现象视为一种"常态"，未来应该如何应对这种现象对农业生产、经营、社会化服务以及相关政策制定提出的新要求，以及如何进一步推动农业剩余劳动力的流动、促进适度规模经营，以及提高农业劳动力的人力资本、培育新型农民。

第二节　农业劳动力供给理论与劳动力转移

一、农业劳动力供给及转移理论

（一）"二元经济"理论

1. 刘易斯模型

1954 年，刘易斯在其《劳动力无限供给条件下的经济发展》一书中，提出了著名的"二元经济"理论，试图解释发展中国家如何从传统农业社会向现代工业经济转型，并以此获得了 1979 年的诺贝尔经济学奖。

在其理论模型中，刘易斯假定发展中国家存在"传统的农业部门"和"现代的工业部门"。其中，传统部门以农业和手工业生产为主，属于自给自足的原始经济，其产品只能用于维持部门内部的消费需求，即使有剩余产品，也很快因为人口随之增加而被消耗。因此，在传统部门，存在着大量的隐形失业人口，具有较多的剩余劳动力。

相反，现代化的工业部门具有更大的生产规模，资本家将其大部分的利润用于再投资，使得生产规模得以进一步扩大，并带来持续的技术进步和更高的劳动生产力，同时对劳动力的需求也不断增加。

在这种情况下，传统农业部门的收入仅仅处在温饱水平上，而只要他们能够在工业部门获得略高于温饱水平的最低收入，就有动力离开农业部门；同时，农业部门存在的大量剩余劳动力，也使得其为工业部门提供了源源不断的劳动力来源，使得工业部门能够以几乎不变的最低工资水平获得几乎无限的劳动力供给。

由此，城市现代工业部门以较低的工资水平吸纳农村剩余劳动力就业，得以扩大生产规模，带来更高的劳动力需求，在此基础上进一步以不变的工资水平吸纳劳动力，直到农村地区的剩余劳动力全部吸纳完成，这就是所谓"刘易斯拐点"。

按照刘易斯的理论，当达到"拐点"时，农业部门与工业部门的"二元结构"消失，两部门的就业由统一的工资水平决定，发展中国家就此实现了工业化。

刘易斯理论从新的结构分析视角解释了发达国家的工业化历程，使得经济增长和农村剩余劳动力的转移息息相关，并为发展中国家的发展提供了有益的借鉴，因此得到了较高的评价。

然而，在刘易斯模型中，一方面假定农业部门始终停滞不变，另一方面也忽视了工业部门可能从劳动密集型转向资本密集型，从而减少对劳动力的需求，此外也未能解释城市地区出现的大量失业问题，其"工资水平不变"的假设，在现实中也往往不能成立。从全球发展中国家的实际发展历程来看，也较少有像刘易斯模型所描述得那样顺利的，往往会出现农村凋敝、城市失业人口众多、贫富分化加剧等一系列问题。

2. "刘易斯—拉尼斯—费景汉"模型

在刘易斯模型基础上，拉尼斯和费景汉进行了补充，形成了"刘易斯—拉尼斯—费景汉"（Lewis-Ranis-Fei）模型，该模型强调：农业部门本身也在促进城市和工业部门发展中发挥了重要作用，只有在农业部门出现剩余产品的情况下，才可能实现农业部门向工业部门的流动。

在修正后的"刘易斯-拉尼斯-费景汉"模型中，根据农业劳动边际生产率的大小，将农业劳动力的转移过程分为三个阶段：

第一阶段，农业劳动边际生产率等于零，劳动力的供给弹性无穷大，能够以不变的最低工资水平向城市和工业部门源源不断地供给劳动力，这与刘易斯模型所述是一致的。不过在补充完善后的模型里，拉尼斯和费景汉强调：在第一阶段，由于农业部门剩余的劳动力转移到城市地区，农业部门出现了剩余产品，能够满足转移后劳动力的粮食需求，这才使得劳动力的转移成为可能。

第二阶段，农业劳动边际生产率大于零，但仍然小于城市地区的制度工资水平。在这一阶段，虽然农业劳动力依然有向城市和工业部门转移的动力，但农业劳动力转移之后，农业部门所生产农业产品的增加，却不再能满足新增城市和工业劳动力的需求，农业部门"剩余产品"不足，出现了粮食短缺问题，导致农产品价格上涨，因而城市和工业部门不能继续维持过去的最低工资水平，只能提高工资。这一阶段的现象是刘易斯二元经济模型所未曾论及的，也是至关重要的。只有在这一阶段进一步提高农业生产率，实现农业部门与工业部门同步均衡发展，才能推动传统农业部门实现商业化和现代化。

第三阶段，也即刘易斯模型中的"刘易斯拐点"出现之后的阶段，农业剩余劳动力全部被吸收完毕，农业劳动边际生产率等于城市制度工资率，传统农业部门成为现代商业化的农业部门，二元经济结构的特征消失，农业部门和工业部门实现一体化，这一拐点也因此被称为"商业化点"。

此外，乔根森也提出类似的观点，同样反对刘易斯的"农业剩余劳动力无限供给"理论，并强调农业部门剩余的存在，是农业劳动力向工业部门转移的前提。乔根森认为：发展中国家的农业劳动边际生产率不为零，只是和城市部门的工业工资水平存在差异，工业工资也会随着技术进步和资本积累而上升；只有在农业技术进步，带来更多农业剩余的情况下，才能促使农业劳动力更多向工业部门转移。

（二）托达罗人口流动模型

修正后的"刘易斯-拉尼斯-费景汉"模型，依然没能解释发展中国家普遍存在的城市失业问题，因此，托达罗于1970年提出了新的"乡—城人口流动"模型，来分析是什么因素影响了农村到城市的人口流动，并将之命名为"托达罗人口流动模型"①。

在托达罗模型中，提出"城乡预期收入差异"这个概念，它取决于城乡间的实际收入差异，以及一个新迁入城市地区的劳动者获得工作的可能性。迁移者会同时考虑上述两项因素，来计算其未来到城市工作的"预期收入"，如果这个"预期收入"高于在农村地区的平均收入，就会选择向城市流动。

此外，相比于刘易斯的"两部门模型"，托达罗模型强调：城市中同样存在"二元结构"，除了现代化、工业化的"正规部门"以外，城市地区也有传统的"非正规部门"，如小商贩、修理工等临时工或零工，与"正规部门"相比，"非正规部门"进入门槛较低，流动人口有较大的可能先在"非正规部门"就业。

托达罗认为，流动人口的迁移决策并非取决于短期的收入对比，而是整个生命周期内的长期考量。由于"非正规部门"的存在，即使城市地区出现了较高的失业率，使得流动人口的预期收入低于其在农村地区可获得的平均收入，依然会选择前往城市，先到"非正规部门"就业，随着时间的延长和对城市相关信息的了解增加，逐渐提高其在"正规部门"找到工作的概率。由

---

① 迈克尔·P. 托达罗，斯蒂芬·C. 史密斯. 发展经济学［M］. 聂巧平，等，译. 机械工业出版社，2009.

此，人口流动率超过城市机会的增长率是完全可能的。一些发展中国家常见的景象就是如此：城市地区存在较高的失业率，但农村地区向城市地区的人口流动依然在继续。

根据托达罗模型，他得到了如下结论：

第一，发展战略偏向城市，会引发城乡就业机会的不平等加剧，人口大量涌入城市地区的"非正规部门"，不仅导致农村地区劳动力短缺，也会在城市中造成大量社会经济问题。

第二，即使通过政策偏向，努力在城市中创造更多就业机会，也不足以解决城市失业问题。由于在发展中国家，城市收入往往是乡村收入的三到四倍以上，每在城市中新增一个就业机会，就可能因提高了流动人口在城市中找到工作的概率，而吸引2~3个流动人口前往城市。由此形成一个怪圈：越是致力于解决城市失业问题的经济手段，越可能带来更严重的城市失业。

第三，教育事业的发展可能恶化失业问题。托达罗反对不加区别的发展教育，尤其是对高等教育的投资。他认为，当城市存在大量失业人口时，雇主会使用学历或是受教育年限来作为筛选手段，从而使得原本只需要初等学历即可完成的工作，现在却由受过更高教育的人去承担。而受教育年限增加，本身会提高受雇者的预期收入，当其发现能找到的工作无法满足收入要求时，又会催生出对更高等级教育的需求。由此，在许多发展中国家，出现了广泛的"过度教育"和"知识失业"问题。

因此，托达罗倡导实现城乡之间的经济平衡，认为应该在农村发展小型工业，引导经济活动和社会投资向农村地区流动，增加小型的、劳动密集型的工业，并取消那些可能造成要素价格扭曲的、偏向城市的资本补贴和工资补贴政策，选择适用于发展中国家的劳动密集型生产技术。

此外，托达罗还认为：当前许多发展中国家的教育体制往往照搬了发达国家，所培养的学生更能胜任城市"正规部门"的工作，但这类部门仅仅能容纳整个社会20%~30%的劳动力，由此带来"知识失业"和大量教育资源的浪费。据此，他倡导改变教育和就业间的直接关系，引导教育体制面向农村发展的真实需求。

(三)"刘易斯拐点"与人口红利

近年来，对于中国农业剩余劳动力转移的一个重要争论是：中国是否已经达到了"刘易斯拐点"？是否中国过去的"人口红利"已经消失？上述问题将对未来中国农业剩余劳动力转移以及相关政策带来怎样的影响？

1. 刘易斯拐点

刘易斯的二元经济模型指出：农村剩余劳动力向城市转移到一定程度后，劳动力不再是无限供给，城市部门也无法维持不变的最低工资水平，此时二元经济渐趋一体化，农村剩余劳动力将逐渐被完全吸收，直到城乡两部门的边际劳动生产率相等。这个从无限劳动力供给向有限劳动力供给变化的转折点，就被称为"刘易斯拐点"。拉尼斯和费景汉在刘易斯的模型基础上加以完善，认为存在两个"刘易斯拐点"，在第一阶段，农村剩余劳动力从无限变为有限，农业的边际劳动生产率上升；在第二阶段，农村剩余劳动力完全被吸收，二元经济实现一体化。

自 2003 年以来，中国开始出现"民工荒"现象，一些学者认为，中国已经达到"刘易斯拐点"，2010 年，有学者利用 2005 年的 1% 人口抽样调查数据估算了农村剩余劳动力的数量，认为在 2005 年，中国农村劳动力资源总量 4.55 亿人，其中 40 岁以上劳动力占了 53%，但考虑年龄、性别、受教育水平、健康状况等因素对其外出决策的影响后，可供转移的农村劳动力总量已经只有 5357 万[1]。

但也有学者提出反对意见：由于中国独特的户籍制度造成了大量流动人口，外出务工农民难以在其务工地点定居，"民工荒"的出现可能并不意味着农村剩余劳动力已经得到了较为充分的转移，而是和不同区域间的相对收入差距、生活水平差距有关。因此"刘易斯拐点"的产生可能是一个假象[2]。

2. 人口红利

所谓"人口红利"，是指由于人口的总和生育率下降，使得在一段时期内，整个社会的劳动人口占比较高、幼年人口和老年人口占比较低，因此带来了较为充足的劳动力供给以及较高的储蓄率和投资率，同时社会抚养负担相对较轻，这些因素都能有利于经济快速增长。

然而，"人口红利"存在窗口期，这种"两头小、中间大"的年龄结构只能持续一段时间，随着经济持续快速发展，总和生育率继续下降、人均预期寿命持续增加，在整个人口结构中，幼年和青年人口占比降低，老年人口占比上

[1]　都阳，王美艳. 农村剩余劳动力的新估计及其含义 [J]. 广州大学学报（社会科学版），2010（4）：17-24.

[2]　刘怀宇，马中."刘易斯转折点"假象及其对"人口红利"释放的冲击 [J]. 人口研究，2011（4）：65-74.

升，此时就被认为到了"人口红利"丧失的阶段①。

目前，研究者们虽然对中国的"人口红利"还能持续多久有所争议，但这个机会窗口即将关闭却是普遍共识，因此，更重要的问题是如何通过制度改革，尽量更充分地发掘中国"人口红利"的潜力。可能推行的改革包括加大人力资本投资力度、推动户籍制度改革和城乡均等化公共服务、推动新型城镇化和现代化进程、加快转变经济增长方式，等等。

二、农业劳动力转移的途径

（一）农业劳动力在城乡间反复迁移的"钟摆式"转移困境

从 20 世纪 90 年代到今天，越来越多的农村劳动力开始向城市地区流动，但农村劳动力向城市地区的迁移始终处于一种循环往复的"钟摆式"状态②：他们或是选择农忙时回家务农、农闲时外出务工；或是选择让一部分家庭成员（通常是老人、妇女、儿童）留在家中务农，外出务工的家庭成员也预期将来会回到乡村生活，由此形成了大量的流动人口。国家卫生计生委发布的《中国流动人口发展报告 2014》指出：到 2013 年底，中国流动人口的总量为 2.45 亿，已经超过全国总人口的 1/6。

大量从农村前往城市务工的劳动者并不能在城市定居，有如下几个原因：一是由于户籍制度的限制，尤其是在一些大城市中，外来务工人员难以获得正式户籍。二是城市地区较高的生活成本和"社会排斥"也阻碍了流动人口的定居。三是农村地区的土地制度本身也起到了一定限制作用：中国农村土地的家庭联产承包责任制，使得外出务工农民并不愿意轻易放弃自己家庭所承包的土地，倾向于保留部分家庭成员从事耕作，从而保障对土地的承包经营权。

（二）农业劳动力"离土不离乡"的本地化转移途径

家庭联产承包责任制的实施，极大地提高了农业生产率，使得农村地区产生大量剩余劳动力，开始向非农产业流动。当农村地区的乡镇企业兴起，而城市部门的容纳能力不足时，农村剩余劳动力的转移呈现出一定的"离土不离乡"现象，主要是从农村地区的农业产业向本地的乡镇企业等非农业转移。

图 6-1 为改革开放以来的中国乡村就业人员中，非农就业的人员所占比重的变化情况。在 1978 年，农村地区的非农就业占比仅有 7.1%，到 1983

---

① 蔡昉．人口转变、人口红利与刘易斯转折点［J］．经济研究，2010（4）：4-13.

② 蔡昉，都阳，王美艳．劳动力流动的政治经济学［M］．上海三联书店，2002：11.

年也仅仅提高到 8.8%，但到 1985 年，却突然增加到了 18.1%。1985 年到 1991 年，农村地区的非农就业比重一直在 20% 左右波动，但从 90 年代开始又出现快速增长，直到 2012 年，乡村从业人员中，非农就业占比已经达到 49.8%。

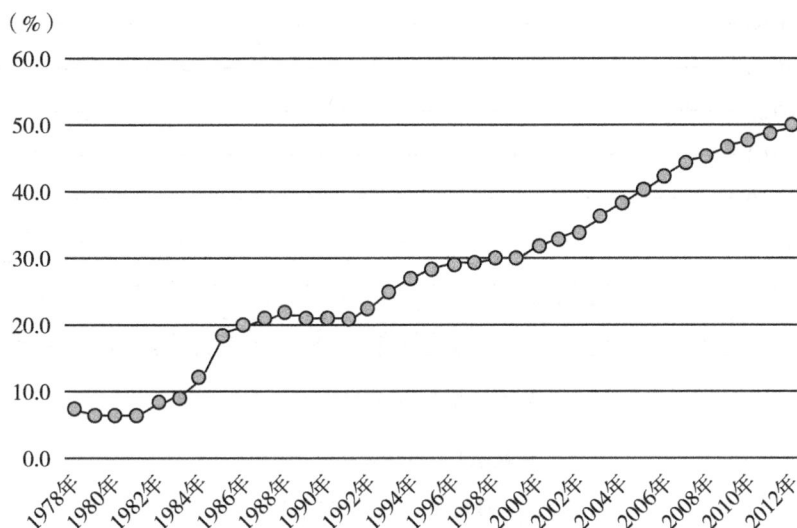

图 6-1　1978—2012 年农村地区非农就业人员在乡村从业人员中所占比重

资料来源：根据国家统计局数据计算。

（三）农业劳动力在城镇定居的"市民化"转移途径

从国际经验来看，农业剩余劳动力流向城镇地区，农业及农村人口所占比重减少是必然趋势。

图 6-2 为 1952 年到 2014 年，中国乡村人口占总人口比重、乡村就业人员占总就业人员比重，以及第一产业就业人员占总就业人员比重的变化趋势。其中，1958—1962 年的波动，是由于三年自然灾害时期造成的影响。1962 年以后，中国乡村人口、乡村就业人员以及第一产业就业人员所占比重都表现出持续的下降，第一产业就业人员比重下降幅度最快。

相比乡村人口占总人口比重和乡村就业占总就业比重而言，第一产业就业人员占总就业人员比重下降更快，说明有较高比重的农业剩余劳动力选择了"离土不离乡"的转移方式，虽然不再从事农业生产经营活动，但仍然居住在农村地区。

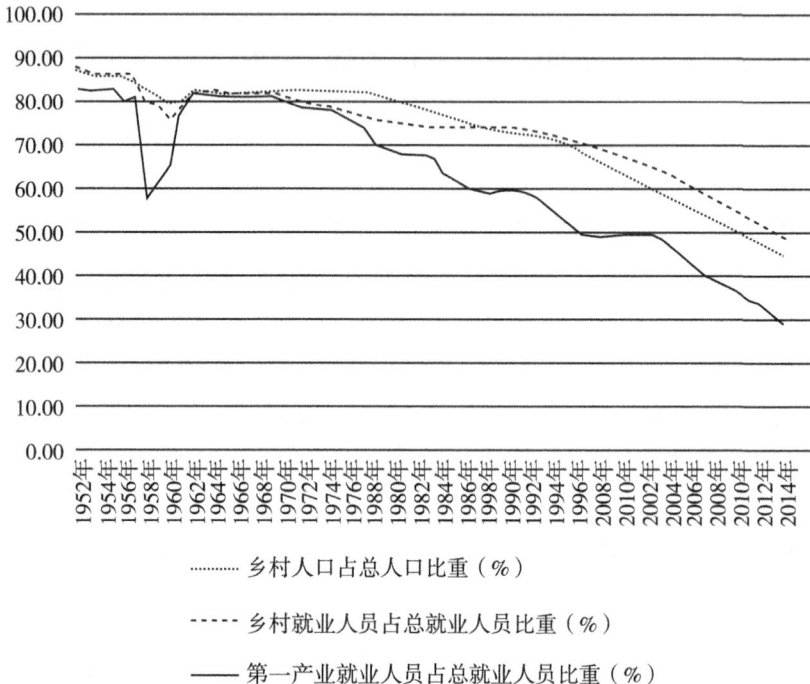

图 6-2　1952—2014 年中国乡村人口、乡村就业人员及
第一产业就业人员所占比重变化趋势

资料来源：根据国家统计局数据绘制。

　　然而，从 20 世纪 90 年代后期开始，乡村人口占总人口比重，以及乡村就业人员占总就业人员比重也出现了快速下降，这是由于乡镇企业对农业剩余劳动力的容纳能力越来越有限，同时城镇地区的工业发展和城镇化速度的加快，以及户籍制度的逐步放开，使得大量农村居民得以在城镇地区定居。在 2014年，中国乡村就业人员所占比重为 49.1%，我国农村就业人员比重在历史上首次下降到一半以下，这是中国农业剩余劳动力转移的重要里程碑。

三、农业劳动力转移的制度安排

　　中国 2014 年颁布了《国家新型城镇化规划（2014—2020 年）》，提出要"有序推进农业转移人口市民化"，以及"推动城乡发展一体化"。

　　根据《国家新型城镇化规划（2014—2020 年）》，2013 年，中国常住人口城镇化率达到 52.6%，但户籍人口城镇化率仅有 35.2%，这就意味着有高达 2.34 亿农民工及其随迁家属，虽然被统计为城镇人口，却未能真正获得市民身份，在教育、就业、医疗、养老、保障性住房等方面未能享受和城镇居民同等的基本公共服务。规划给出了未来新型城镇化的目标，要求常住人口城镇化率在 2020 年达到 60% 左右，户籍人口城镇化率达到 45% 左右。同时，城镇常住人口应享受同等的义务教育、基本职业技能培训、基本养老保险、基本医疗保险、保障性住房等基本公共服务。

（一）逐步健全农村转移人口落户制度

在有序推进农业转移人口市民化的过程中，将逐步健全农村转移人口落户制度，具体来说，将针对不同类型的城市采取不同的落户制度，以引导人口合理有序地流动。

《国家新型城镇化规划（2014—2020 年）》规定："以合法稳定就业和合法稳定住所（含租赁）等为前置条件，全面放开建制镇和小城市落户限制，有序放开城区人口 50 万~100 万的城市落户限制，合理放开城区人口 100 万~300 万的大城市落户限制，合理确定城区人口 300 万~500 万的大城市落户条件，严格控制城区人口 500 万以上的特大城市人口规模。大中城市可设置参加城镇社会保险年限的要求，但最高年限不得超过 5 年。特大城市可采取积分制等方式设置阶梯式落户通道调控落户规模和节奏。"

（二）构建城乡统一的基本公共服务制度

对于尚未在城镇落户的农村转移人口，新的制度将逐步解决他们的基本公共服务问题，包括保障随迁子女平等享有受教育权利、完善公共就业创业服务体系、扩大社会保障覆盖面、改善基本医疗卫生条件、拓宽住房保障渠道，等等。

与此同时，还将建立城乡统一的人力资源市场，落实城乡劳动者平等就业、同工同酬制度。建立城乡统一的建设用地市场，保障农民公平分享土地增值收益。建立健全有利于农业科技人员下乡、农业科技成果转化、先进农业技术推广的激励和利益分享机制。扩大公共财政覆盖农村范围，提高基础设施和公共服务保障水平。统筹城乡基础设施建设，加快基础设施向农村延伸，强化城乡基础设施连接，推动水电路气等基础设施城乡联网、共建共享。加快公共服务向农村覆盖，推进公共就业服务网络向县以下延伸，全面建成覆盖城乡居民的社会保障体系，推进城乡社会保障制度衔接，加快形成政府主导、覆盖城乡、可持续的基本公共服务体系，推进城乡基本公共服务均等化。率先在一些经济发达地区实现城乡一体化。

第三节 农业人力资本理论与人力资源开发利用

一、农业人力资本理论

诺贝尔经济学奖获得者舒尔茨提出：人力资源是农业经济增长的主要源泉。改造传统农业，关键就是要向农民投资①。据此，他提出了在农业经济学中至关重要的"农业人力资本"概念。

农业人力资本是体现在农业劳动者身上的一种资本类型，和土地、资本等实体要素一样，农业人力资源也是通过投资而形成的。其投资渠道包括营养及医疗保健费用、学校教育费用、对农业劳动力的培训费用、个人和家庭为适应就业机会变化而开展的迁移活动等。这些投资能够带来农业劳动者在健康状况、知识程度、技术水平、工作能力等方面的提升，是所有农业劳动者数量和质量价值的总和。农业人力资源的提升，使得单位劳动力、土地和资本的投入能够带来更高的产出和效益，从而在长期促进农业经济乃至整个国民经济的持续增长。

舒尔茨在其《改造传统农业》一书中指出：农业部门并不意味着生产率低下，传统农业同样能够成为增长的源泉，关键在于需要引入和有效使用新的农业生产要素，也就是不断通过对新技术的利用和采纳来"改造传统农业"。舒尔茨批判了过去的理论中对传统农业的偏见，认为传统农业中的小农同样是理性决策者，其对生产资源的配置效率并不低下，同时也并不存在隐蔽失业问题。那么，究竟是什么原因导致传统农业的停滞呢？主要是因为资本收益率较低，不足以激励农业生产者增加投资，也无法打破长期的均衡停滞。因此，要实现对传统农业的改造，核心是引入新的农业生产要素，这就要求技术的进步，而要实现技术进步，就必须对农业生产者进行人力资本投资。

由于农业生产对生态环境的要求，对贫穷国家的传统农业来说，直接引入技术先进国家的新作物、新品种、新技术等现代农业要素并不能直接发挥作用；同时，如果传统农业中的农民仅仅能勉力维持生存，则缺乏获取新的农业技术、知识和信息的能力和动力；"节约和勤劳工作并不足以克服传统农业的落后性"，"即使农民得到了知识，如果是命令农民去增加生产也必然要失

① 舒尔茨. 改造传统农业 [M]. 梁小民，译. 商务印书馆，2006：150.

败"。①

在传统农业中，即使有农业技术研究人员提供和努力推广农业技术，但由于对传统农民来说，这些新技术的"有利性"不足，使得他们并没有足够的积极性来接受这些新的技术。对于贫困地区的农民来说，引入新要素的成本尤为高昂，而收益相对更低。

因此，对传统农业的人力资源来说，"向农民投资"就显得尤为重要。需要提高农民的学习能力，帮助他们更好地学习和迅速采用新的农业要素，这种学习能力是实现农业现代化、大幅度提高农业生产率的基础。其关键是通过对农民提供刺激和奖励，使其有足够的动力去提高自身受教育水平、学习和获取更多新的农业技能和知识，从而使农业人力资源的积累真正成为促进农业经济增长的源泉。

二、农业人力资源开发利用

（一）农业人力资源开发利用的主要措施

舒尔茨提出，有三种对农民投资的主要方法：

一是在学校教育之外，针对那些正在从事农业生产的劳动者，可以通过各种农闲期间的短期培训班、传授新耕作法和家庭技术的示范等方式，培训其了解新的农业技术。如通过专门为农民举办的短期学校、转为农业技术培训服务的农业技术推广站，等等；甚至包括报纸、无线电、电视等传播媒体中提供的农业技术信息，也能起到人力资源开发的效果。

二是通过建立正式的初等、中等和高等教育体系，实现长期投资，尤其是要重视对初等教育的投资；正式教育投资的成本较高，既包括教育设施、教学人员等本身所需要的投资成本，也包括了潜在的农业劳动力在接受正式教育过程中，所损失的那一部分基本成本，而教育所带来的收益并不能立刻获取，而是一种未来的长期收益，这一特征使得教育投资往往面临投入激励不足的困境。

三是通过保健设施和服务，来提高农民的预期寿命、健康、力量和活力。农业劳动者的健康也是其人力资本的重要组成部分，在其他条件不变的情况下，预期寿命的长短决定了人力资本投资的收益率，尤其考虑到教育投资回报存在较长的滞后期，对健康进行投资，事实上不仅提高了劳动者的健康水平，同时还提高了劳动者接受教育投资的回报率。

---

① 舒尔茨. 改造传统农业［M］. 梁小民，译. 商务印书馆，2006：153.

(二) "教育抽水机"与"知识失业"

对于农业人力资源的开发利用问题, 也有经济学家认为: 在工业化初期的发展中国家, 大量投资于人力资本, 如果仅仅只是城市导向和工业导向, 忽视了农业和农村发展的实际需求, 也可能会造成浪费。那些适用于高收入国家的知识和新技能很可能在发展中国家的农业部门并不适用, 并带来"知识失业"问题, 此外, 接受教育后的劳动者更容易离开农业部门, 前往城市和工业部门寻求更高收入的工作, 结果反而使得教育成为"抽水机", 进一步削弱了农村地区的劳动力水平。

托达罗指出: 在教育方面, 个人和社会在成本和收益方面存在较大分歧。对发展中国家来说, 投资基础教育成本相对更低, 而对劳动生产率的提高效果更显著; 而对个人来说, 受教育年限的提高增加了其进入高收入现代部门工作的机会, 从而提升了其预期个人回报。因此, 随着教育年限的增加, 预期个人回报的上升速度快于社会回报, 而个人成本的增加速度却低于社会成本的增加速度, 使得个人总是存在着不断投入, 接受更多教育的激励, 但对全社会来说, 却可能导致"知识失业"问题的恶化。①

与此同时, 这种教育资源的错误配置还可能导致"教育抽水机"问题, 有以下几种不同表现形式: 一是国际移民带来的人才流失, 即发展中国家的高学历者在国内以较高的社会成本接受教育并从中获益后, 却将所学知识用于贡献发达国家的经济增长; 二是留在国内的高学历专业人才同样存在"智力流失", 由于其研究工作受到发达国家所主导的"国际标准"所左右, 倾向于更关注那些前沿领域的研究方向, 而较少从事那些更适于本国发展现实的科技普及和推广工作; 三是在传统部门和现代部门之间的人才流失问题, 现代社会提供的教育体系, 其传授的一般性知识和技能都更多地适应城市"正规部门"的需求, 接受更多教育的农村人才也更倾向于离开农村到城市寻求更高收入的工作, 从而导致农村精英人才的流失和进一步的凋敝问题。

一些研究者通过对中国的数据分析发现: 中国农村地区也存在着"教育抽水机"现象。研究发现: 随着受教育水平的提高, 中国农村地区人力资本的流失率也不断提高, 然而, 教育的外溢作用却无法渗透到农村经济之中。虽然中国对人力资本的投资力度不断增加, 但在资源配置方面更倾向于城市, 同时还将本来可能有利于农村经济发展的潜在人力资本"抽取"到了城市, 造

---

① 托达罗, 史密斯. 发展经济学 [M]. 余向华, 陈雪娟, 译. 机械工业出版社, 2009: 244-245.

成农村智力资源的进一步流失①。

（三）讨论：如何向农民投资？

综上所述，对于如何向农民投资，提高他们的人力资本，不同学者之间出现了分歧：一些学者主张应该通过教育的普及，鼓励农民掌握更多的知识和技能，从而使他们能够更好地运用新的农业技术，以提高劳动生产率；但另一些学者却担忧由此导致的农村智力资源流失和城市地区的"知识失业"问题。那么，究竟该如何看待这个问题？

事实上，从全球趋势来看，随着经济发展，农业劳动力占比不断下降是一个必然趋势，教育并非导致大量农业劳动力向城市转移的根本原因，寄希望于通过教育体系改革来使农民留在农村也并不现实。考虑到中国现代化、工业化和城镇化进程中对各类人才的需求，首先必须实现城乡均等化的教育资源配置，并加大对基础教育的投资力度。

与此同时，还必须构建一套更为社会化、终身化、职业化的新型农民培育体系，为有志从事农业的新型农民提供教育、培训和各类新的信息服务，使其能够更好地掌握和利用新的农业技术和信息，并能因此提高其劳动生产率，在农业生产经营活动中获得与城市就业同等的收益。

三、新型职业农民培育

增强我国农村地区的人力资本积累，是一项具有长期性、系统性的工程，并非单纯是教育部门的工作，而是一项综合性的工程，在整个制度体系建设过程中，不仅需要着眼于正规的学校教育，更应考虑到全面覆盖各年龄段、各不同层次的农民需求，建立一套全方位、多渠道、多层次的新型职业农民培育体系。

具体来说，包括以下建设内容：

（一）构建"社会教育"体系

在现有的以升学为目标的学校教育体系之外，从职业培训、社区教育、协同教育等各方面，构建一套"社会教育"体系，全方位覆盖义务教育阶段之外的 16 岁以上的农村居民。

由于我国不同地区的经济发展不均衡、不同的乡村社区状况差别较大，在"社会教育"体系的构建过程中，需要因地制宜，与农村社会生活和实践以及

---

① 阮荣平，郑风田．"教育抽水机"假说及其检验 [J] ．中国人口科学，2009（5）：36-45.

不同村庄社区的实际发展等需求相结合。

具体来说，在职业培训方面，根据当地农业生产经营所需要的各种知识和技能，制定相应的课程内容和考核指标体系，完善已有的"阳光工程"培育体系，培养出适应现代农业要求的职业农民；在社区教育方面，结合当地村庄文化，动员社区资源，以农村居民容易接受的方式，丰富乡村文化社会生活，促进乡村精神文明建设；在协同教育方面，与地方高校、农业大学等教育机构合作，通过定向培养、委托培养等方式培育农村青年，使其在接受相应教育之后回到农村参与建设，同时对引入农村地区的"大学生村官"、"回乡创业者"等人才进行本地化培训，使他们更快地融入村庄社区。

（二）实现"城乡等值化"的公共服务

农村教育体系的完善，是培育新型农民的重要手段，但仅有教育手段还远远不够，正如托达罗所述：如果仅仅只是强调教育手段，接受教育、提升人力资本后的农业劳动者，很可能选择离开农业部门，前往城市和工业部门追求更高的工资回报和更高的生活水平。尤其是在城乡公共服务供给不均衡的情况下，农村居民的"离农化"倾向可能更加严重，高质量的农业劳动力更不愿意继续留在农业部门，所有增加农业人力资本的努力，反而变成了"教育抽水机"。

因此，从外部条件来看，需要构建"城乡等值化"的公共服务，改善农村地区的软硬件环境，使农村居民在农村地区和农业部门也能同样享受到与城市等值的公共服务，只有这样，才能提高农业劳动力主动接受培训，成为新型职业农民的积极性，也才能真正留住人才。

（三）在义务教育阶段尝试做好分流准备

在义务教育阶段，需要改变目前的封闭办学模式，使学校教育也能和农业、农村发展对人才的实际需求相结合，同时改变目前仅以升学为导向的培养目标。在有条件的地区，可以尝试在义务教育阶段即为学生未来的分流做好充分准备，培养新型农民的后备力量。

具体来说，可以在义务教育提供的一般课程之外，增设劳动技能与乡土教育等相关的实践课程，适当安排适应当地需要的劳动技能和技术教育。在学校教育中，通过课程设置来发现和培育学生的职业兴趣，更好地贴近农村生产与经济发展的需要，并使学生在结束义务教育之后能够有充分的准备，有更多信息来选择未来的职业生涯，为其将来进一步的职业培训打下基础。

此外，可鼓励当地农业企业、农民企业家、新型农民等与学校密切合作，向学生普及本地农业发展特色和乡村文化特色，使得学生加深对农村、对家乡的热爱、了解与认同感；在教育目标定位上，培养一批立志农村经济发展的人才。

（四）建立完善的农民职业教育体系

完成义务教育后未能继续升学的那部分农村青少年，是当前的新型农民培育过程中需要关注的重点。应该在普及九年义务教育基础上，充分发挥农村各级各类学校的相对优势，与农业、科技等部门结合，积极开展与当地经济建设密切结合的实用技术和管理知识教育，培养大批新型的农村建设者。

在这一过程中，可以借鉴德国的"双元制"职业教育体系。所谓"双元制"，是德国的一种职业教育培训模式，对未满18岁、不愿上大学的中学生提供职业化的义务教育，1964年德国教育委员会（German Commission for Education）撰写了一份关于职业教育和培训的报告，首次提出了"双元"这一新名词，它表示一种让学生同时在企业和培训学校接受培训的体制。德国几乎2/3的青年都接受这种教育体制的培训，培训类别几乎涵盖了经济发展每一个领域，这一制度为德国作出了巨大的贡献：为德国培养了大量优秀的技术工人，赋予德国制造业持久的国际竞争力，造就了德国经济的腾飞。

实现"双元制"职业教育，就要求新型农民技术培训学校要与当地农业企业、家庭农场主等新型农业经营主体构建密切联系，鼓励学生在课堂学习农业知识和技术之外，更要将所学知识运用到实践中，并实现"农校合作"，积极开展以推广当地适用技术为重点的试验示范、技术培训、信息服务等多种形式的活动，促进农业生产的发展。农业技术学校需要围绕当地农业生产实际的需要来组织教学，以市场为导向，从当地的劳动力的稀缺状况与结构考虑，真正发挥引导劳动力自由流动的"杠杆作用"，最终实现学生能力和岗位需要的无缝对接。

（五）完善社区教育

农村教育不能仅仅"就教育而教育"，仅仅服务于在校学生，满足家长"望子成龙、望女成凤"的期望，还应当服务于农村，服务于社区。农村地区的学校应当通过现有的硬件与软件优势，成为农村地区知识传播与精神文明建设的窗口，将科学知识、实用技术、致富信息和国家的方针、政策传播到广大农民中去。一方面应该加大对所在社区的硬件开放（如体育、图书设施等），提高农村地区人民的生活质量，丰富农村生活；另一方面，通过软件资源的开放，利用学校的人力资源，通过家长学校、社区学校等形式对农民进行知识、综合素质的熏陶，并成为引领良好社会风尚的辐射中心。

此外，针对在农村地区从事不同类型职业的农村居民，也应该以社区教育为基础，开展不同的教育和培训服务。让更多的农业劳动者接受多层次、多形式、多内容的培训，为高素质经营型农民成长奠定坚实的基础。

小　结

本章从历史比较和国际比较两个方面，分析了中国农业劳动力资源的特点和变化趋势，以及未来中国农业劳动力结构可能的发展前景和方向。在农业劳动力转移问题上，讨论了二元经济理论和托达罗人口流动模型，用其解释中国的农村剩余劳动力转移问题，并介绍了有关中国农村剩余劳动力转移的制度安排。此外，本章也强调了农业人力资源开发和利用的重要性，以及发展中国家因为教育资源配置错误导致的问题，分析中国该如何培育符合现代农业发展需求的新型农民。

关　键　词

农业劳动力　农业劳动力转移　二元经济　托达罗模型　刘易斯拐点　农业人力资源

复习思考题

1. 中国农业劳动力的规模和结构特征是怎样的？
2. 如何理解中国农村剩余劳动力转移的现状和未来趋势？
3. 未来中国如何才能培育出符合现代农业发展需求的新型职业农民？

主要参考文献

［1］蔡昉. 人口转变、人口红利与刘易斯转折点［J］. 经济研究，2010
　　（4）：4-13.
［2］蔡昉，都阳，王美艳. 劳动力流动的政治经济学［M］. 上海三联书店，
　　2002：11.
［3］何盛明. 财经大辞典·上卷［M］. 中国财政经济出版社，1990：
　　876-877.
［4］黄季焜，靳少泽. 未来谁来种地：基于我国农户劳动力就业代际差异视

角［J］. 农业技术经济, 2015（1）：4-10.

［5］刘怀宇, 马中. "刘易斯转折点" 假象及其对 "人口红利" 释放的冲击［J］. 人口研究, 2011（4）：65-74.

［6］盛来运. 中国统计年鉴(2014)［M］. 中国统计出版社, 2015：115.

［7］舒尔茨. 改造传统农业［M］. 梁小民, 译. 商务印书馆, 2006.

［8］严英龙, 中国农业百科全书总编辑委员会农业经济卷编辑委员会, 中国农业百科全书编辑部. 中国农业百科全书·农业经济卷［M］. 农业出版社, 1991：229-230.

第七章　农业科学技术

☞【学习目标】
了解农业科学技术、农业科技进步、农业科技创新和农业科学技术扩散等的概念，理解农业科技进步对农业发展的作用，了解农业科学技术创新的过程与特征、模式与主体。充分理解农业技术扩散的五个要素和四个维度，掌握农业技术扩散的速度模型。

第一节　农业科学技术概述

一、农业科学技术的含义

通常人们习惯于将科学和技术联系在一起，统称为"科技"。而事实上，科学和技术尽管密切相连，但是其间又存在着一定的区别。科学主要是解决理论问题，而技术侧重于解决实际问题。科学是通过系统（可靠）的知识的有组织的积累，来总结规律、建立理论，技术是将基于科学的研究成果应用到实际问题中去。科学技术的进步有力地推动着人类社会的发展，是第一生产力。现代农业的发展离不开农业科学技术的进步。农业科学技术是揭示农业生产领域发展规律的知识体系及其在生产中应用成果的总称，它是整个社会科学技术总体中的一个重要组成部分。

通俗地讲，农业科学技术是指人们为了农业生产发展而采取的农业方法、手段、工具、设备、知识与经验的总称。农业科学技术分为两类，包括软技术和硬技术。硬技术是指物化形态的农业科学技术，如生产工具、人工饲料、肥料、农药、良种等。软技术包括设计形态或知识形态（如技术方案、技术资料、设计书、专利、样品、样机等）和能力形态或经验形态（如劳动技巧和生产技能、专门知识和经验、组织管理等）。

二、农业科学技术特征

农业科学技术作为一个特殊的活动领域，与农业科学、农业生产等有着十分密切的关联，同时又存在着本质的区别。农业科学技术是促进农业生产力发展的重要因素之一，在自身的作用过程中具有以下鲜明的特点。

（一）农业科学技术具有广泛的社会性

一方面，农业中任何科学技术的发展，如旧技术的革新、新技术的开发利用，使同样的投入获得更多的产出，无不以整个社会的需要和发展为前提条件。另一方面，农业科学技术应用的受益者又是整个社会，农业科学技术成果是一种社会共有的财富。现代科学技术的作用已经不只限于一项、单项成果的作用，而是在经济、社会发展的宏观战略决策等方面发挥着十分重大的作用，渗透到社会生活的各个方面，这表明农业科学技术的应用具有广泛的社会性。

（二）农业科学技术具有外部经济特性

大多数农业技术具有外部经济特性。首先，农业生产主要在田野中进行，加上我国农业生产是以家庭为基本生产单位进行的，这种生产方式使得农业技术保密性差，保密成本高；其次，新技术推广的目的是使其尽快地在农业生产中普及应用，所以推广的对象是每家每户，采用新技术的农民也对该技术起传播作用；最后，一些农业技术本身要求广大农民配合，比如病虫害防治技术，如果一个农户防治病虫害而相邻农户不进行防治，会影响其防治效果。由此，农业科学技术具有非常明显外部性，这种外部经济性特征通常会造成市场失灵，单纯依靠市场机制无法解决农业科技创新和农业技术推广问题，导致技术推广的效率低。因此，需要政府在农业科技创新和技术推广中承担较大的责任。

（三）农业科学技术具有多元的选择性

农业生产是生物因素、自然因素和社会因素相互作用的复杂过程。在不同的时期和不同的区域，由于自然条件和社会经济条件的差异，使得农业科学技术具有强烈的时间差异和空间差异。时间上差异意味着不同的农业发展阶段需要农业科学技术不同，同时在农业生产的不同阶段需要的技术也不同；空间差异使得在一个特定的区域所需要的农业科学技术的结构和类型有其特殊性。因此，农业科学技术发展具有时间选择性和空间选择性。

（四）农业科学技术具有复杂的关联性

农业生产是生物有机体和自然条件、社会条件的统一。农业生产各个阶段存在着密切的纵向关联性，例如水稻生产按照形态特征可以分为苗期、分蘖期、有穗分化期、抽穗杨花期、灌浆成熟期等，每一个时期需要相应的水稻生产技术，任何一个阶段的技术存在问题都会对下一阶段产生影响。同时，农业科学技术之间也存在横向关联性。在农业生产过程中，动植物的生长发育必须同时具有各种必要的生产发育条件，缺少其中的任何一个，就可能对其生长和发育产生重大影响。例如水稻生产需要良种、良田和良法相配合，只有良种，而缺乏良法和良田，良种技术的效果不一定能够体现出来；只有将各种技术合理配置才能发挥出农业科技的综合经济效益。因此，农业科学技术具有复杂的关联性。

三、农业科技进步对农业发展的作用

(一) 农业科技进步的含义

农业科技进步是科技进步在农业生产领域的具体化，是指人们应用农业科学技术去实现一定的农业发展目标所取得的进展。农业发展目标是多维度的，可以是提高产量、改善品质、降低成本、提高生产率，也可以是减少劳动、节约能源、改善环境等。农业科技进步是一个不断创新知识、发明新技术，并推广运用于农业生产实践，从而不断提高经济效益和生态效益的发展过程。这个过程通过对原有的技术进行改造、革新或重新开发新的农业技术代替旧的技术，最终实现农业发展目标。农业科技进步的内容极其广泛，包括科学研究的新进展，新的科技成果的推广应用，原有技术的改造和革新，管理方法的改进，生产结构的调整和完善，农业劳动者素质的提高，资源的分配与组合及规模节约等方面。农业科技进步既包含农业技术科学的进步，又包含农业经济科学的进步。这两个方面是统一的。因此，在理解农业科技进步的含义时，既要着眼于技术功能，又要着眼于技术的经济效能、新技术对经济增长的推动。其原因在于：首先，农业技术是一门产业技术（或生产技术），而产业技术本身必然要求基本技术（机械的、物理的、化学的和生物的硬技术）和运用基本技术的软技术的融合，才能发挥技术的经济效能，促进经济增长。其次，从广义上看，农业科技进步不仅包含生产技术的进步，而且还包含技术的应用和实施所带来的社会财富的增值。因此，技术要素的分配与组合，各种技术要素之间的协调和改善，技术结构和生产结构的调整和完善，也就自然地成为技术进步的内容。因此，我们可以把一切能够使农业生产取得更多更好的社会、经济、生态效益的技术，都看成是农业科技进步的内容。

一般测算的农业科技进步贡献率是广义的农业科技进步对农业总产值增长率的贡献份额。农业总产值的增长来自两个方面：一部分来自生产要素投入的增加，另一部分来自科技进步带来的投入产出比的提高。一般把科技进步产生的总产值增长率叫作科技进步率。因此，农业科技进步率是农业总产值增长率中扣除新增投入量产生的总产值增长率之后的余额。农业科技进步率除以农业总产值增长率，就是农业科技进步贡献率。一定时期的农业科技进步率的计算公式为：

农业科技进步率=农业总产值增长率–物质费用产出弹性×物质费用增长率–劳动力产出弹性×劳动力增长率–耕地产出弹性×耕地增长率

（二）农业科技进步对农业发展的贡献

1. 农业科技进步促进农业生产力水平提高

历史经验表明，农业科学技术的每一次突破性进展，都引起农业生产力水平的提高，促进土地生产率和劳动生产率大幅提高。据发达国家统计，从 20 世纪初到现在，农业科学技术进步对农业劳动生产率增长的贡献持续增长，从 20 世纪初的不到 20% 增长到现在的 60%~80%。在 1929—1972 年，美国农业增产值中的 81% 和劳动生产率提高的 71% 要归功于农业科学技术研究和推广应用。我国学者对"一五"至"十二五"时期我国农业科技进步贡献率进行了测定，如表 7-1 所示。

表 7-1　　　　　　　　　　我国各时期农业科技进步贡献率

不同时期（时间）段	农业科技进步贡献率（%）
"一五"期间（1953—1957 年）	20
"二五"期间（1958—1962 年）和三年恢复期	负增长
"三五"期间（1966—1970 年）	2.3
"四五"期间（1971—1975 年）	15
"五五"期间（1976—1980 年）	27
"六五"期间（1981—1985 年）	35
"七五"期间（1986—1990 年）	28
"八五"期间（1991—1995 年）	34
"九五"期间（1996—2000 年）	45
"十五"期间（2001—2005 年）	48
"十一五"期间（2006—2010 年）	52
2011 年	53.5
2012 年	54.5
2013 年	55.2
2014 年	56

"八五"时期以后，我国农业科技进步贡献率稳步提升，2014年我国农业科技进步贡献率已达到56%，与发达国家农业相比还有一定的差距，同时表明，我国农业科技进步的空间还很大，因此，加快农业科学技术的研究与推广应用，对促进我国农业的发展具有重要的作用。

2. 农业科技进步带来生产要素质量的提高和知识拓展

农业技术进步其一使得农业劳动者通过教育和培训增加知识和技能，知识和技能的增加直接提高了劳动力这一生产要素的质量；其二，由于技术进步，通过技术改造使设备利用率提高和设备新旧程度发生变化，进而达到资本质量的提高；其三，由于技术进步，新技术和新工艺的采用，从而使原料和燃料的品位质量提高；其四是技术进步带来研究人员技术知识和管理知识的拓展等。

3. 农业科技进步促进资源配置的改善和结构优化

技术进步对资源配置和产业结构的影响表现在：一是技术进步大幅度提高生产要素的转化效率。新技术、新设备、新工艺的利用可以提高各种生产资源的转化效率，提高固定资产的利用率，降低资金的占用率，从而节约社会劳动，导致在相同投入水平下获得较大的产出。二是技术进步直接促进产业结构合理化。农业技术进步也可为调整农业结构提供先进的工具，使其结构调整具有强有力的手段。例如生物工程在农业生产中的运用，将从根本上改变传统农业的面貌，并带来农村新兴产业的发展。三是技术进步促进资源的合理配置。采用农业新技术、新工艺将在农村某些产业中大大节约甚至消除某些资源的浪费，同时创造出对新资源的需要，这必然导致对资源的重新配置，使一些紧缺资源集中使用到最需要的产业中去，从而保证农业结构按照市场需要去调整。同时，农业技术进步可以提供先进的决策、管理、信息、咨询、技术等方面的最新成果，可使市场经济减少盲目性，增强自觉性，引导农业结构向着有利于市场经济发展的方向调整。

4. 农业科技进步是实现农业内涵扩大再生产的重要途径

在农业生产中，扩大耕地面积是有限的，由于报酬递减律的作用，在有限的土地上增加投入，达到一定的界限后，必然会造成报酬递减。而农业技术进步的潜力是无限的，通过它可以实现内涵的扩大再生产，促进农业生产的发展。因此，农业生产必须把技术进步作为发展的动力。

5. 农业科技进步对农村改革的深化和完善具有重要意义

农业技术进步是农村体制改革所要实现的一个重要目标，农村体制改革归根结底是要促进农村生产力的发展，推动农业技术进步。首先，农业技术进步为市场经济体制的建立提供了物质保障。农业技术进步可以在少增加或者不增加新投入的情况下增加产出量，为经济的发展作出贡献，有助于经济的繁荣。其次，农业技术进步有利于农民进入市场，活跃农村市场经济。技术进步能提高劳动生产率，而超越劳动者个人需要的农业劳动生产率是一切社会存在的基础。劳动生产率的提高，会使农村劳动力有可能转向非农产业，以更多的产品参与市场。同时，由于农业技术进步，农民的素质也普遍随之提高，他们需要社会承认其价值的愿望也不断加强，从而促使他们迈向市场，并且也有能力迈向市场。最后，农业技术进步，有利于农业进入市场。当今的市场是竞争激烈的市场，竞争的最后胜利取决于供给市场的产品和劳务的质量。在市场上，优质产品和劳务就能够在竞争中取得胜利，劣质产品和劳动则必败无疑，而农业技术进步能使原有的各生产要素在质量上提高、在组合中更好，会获得更多更好的价廉物美的农产品和劳务，能增强农产品和劳务的竞争力。显然，我国农业要进入市场，就必须依靠农业技术进步提高产品质量，降低生产成本。

第二节　农业科学技术创新

一、农业科学技术创新的含义

（一）科学技术创新的概念

奥地利经济学家熊彼特于 1912 年在《经济发展理论》中首次提出"技术创新"。根据熊彼特的定义，创新是指把一种从来没有过的关于生产要素的"新组合"引入生产体系。这种新组合包括以下内容：（1）引进新产品；（2）引用新技术；（3）开辟新市场；（4）控制原材料新的供应来源；（5）实现产业的新组织。按照熊彼特的观点，创新就是生产函数或供应函数的变化，或者说是生产要素和生产条件的"新组合"。按照这一思想，创新从本质上看，既有技术创新的内容，又有制度创新的内容，所涉及的范围包括产品、工艺、市场、资源和组织管理方面。熊彼特的创新理论是后来所有学者们进行创新研究的理论基础和渊源。

虽然"技术创新"概念的提出至今已有 90 多年的时间，迄今为止，尚未形成一个严格的统一的定义，这主要是因为技术创新是一个涉及面广，影响很大，而且又十分复杂的过程，从不同角度去研究，就会赋予技术创新以不同的定义。从科学管理的角度去研究技术创新，一般倾向于采用美国国会图书馆研究部对技术创新所下的定义：技术创新是一个从新产品或新工艺设想的产生到市场应用的完整过程，它包括新设想产生、研究、开发、商业化生产到扩散等一系列的活动。该定义较全面地说明了技术创新的含义，强调技术创新是一个科技、经济一体化的过程，技术创新的最终目的是技术的商业应用和新产品的市场成功。

(二) 农业科学技术创新的概念

农业科技创新的含义主要从狭义和广义两个方面理解。

狭义的农业技术创新，主要是指农业技术的研发，包括农业科技创新研发、开展区域性试验直到取得农业科技成果，以满足农业生产需求，实现农业技术与农业经济相互促进和转化。狭义的农业技术创新，强调以科学研究为手段，将农业技术应用主体和行业科技的需求物化为农业技术成果的过程。就其内涵而言，狭义的农业技术创新，主要指需求提出、选题构想、研究设计、区域试验、成果登记等系列流程。

广义的农业科技创新是指由一系列国家科研机构、实验室、农业高等院校等公共机构以及农业生产企业组成的创新系统或网络，这些结构或机构的组织行为活动彼此联系、相互发生作用或产生一定的影响，其相互协调性与整合性决定着整个国家农业知识创新与扩散的能力。可表述为将农业技术发明应用到农业经济活动中所引起的农业生产要素的重新组合，包括新品种或生产方法的研究开发、试验、推广以及应用到农业生产实践等一系列前后相继、相互关联的技术发展过程。广义的农业科技创新不单纯是农业技术的一次应用，其贯穿于农业科研基础研究、应用研究、示范推广研究直到创新成果转化的全部过程，即从农业科技创新资源投入、构思与设想、研究与开发、推广与扩散到最终转化为现实生产力等一系列有顺序、相互关联的技术发展全过程，是科学、技术等要素相互作用、协同互动的系列结果。

二、农业技术创新的过程与特征

(一) 农业技术创新的过程

农业科技创新，从概念上理解，是一个由高层次的技术创新替代低层次的同类技术，从新的农产品或生产方法的设想产生、到普及推广应用的完整过程。按照事件的发生顺序可将农业科技创新过程分解为基础研究、应用研究、开发研究、试验示范和推广应用等五个前后相继、相互衔接的阶段，这五个阶段并非每一过程都始于研究与开发或始于市场实现，而是可以从任何一个阶段出发形成回路（见图7-1）。农业科技创新是一个过程行为，而不是停留在某一时点的瞬间活动。对于单项农业科技创新而言，这一过程的周期为 5~15 年或者更长。

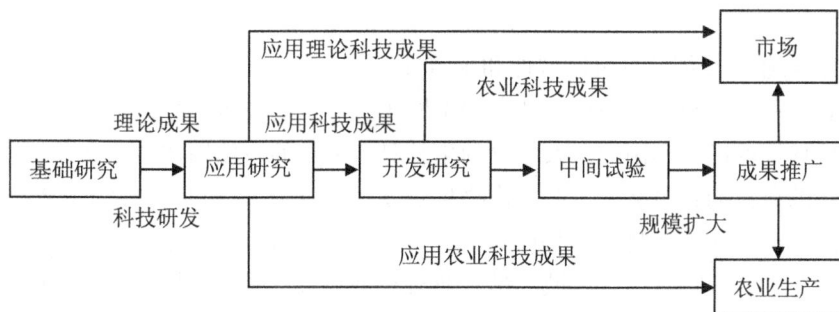

图 7-1 农业科技创新的一般过程

随着时间的推移和社会宏观环境的变化，以及其他条件的变动，原来与生产系统相宜的农业技术逐渐老化，要求农业技术向更高层次发展变化。因此，从长远来讲，农业技术本身要求必须继续向前发展，以适应变化了的条件。为此，从多周期看，农业技术创新还存在周期更迭的创新过程体系。当然，创新过程不会一帆风顺，农业科技创新也是如此。在创新过程体系中，后一环节的创新活动发现前面环节的创新活动存在问题，需要返回到前面环节进行创新修正，以完成创新活动。农业技术创新就是这样一个不断循环的过程，创新过程的反馈，不是一个创新的结束，也不是一个创新的开始，它反映的是创新活动中各环节前后互动的过程关联。

农业技术创新过程的演进存在复杂的经济机制。根据农户对新技术的采用时间，可以将农户分为技术的率先使用者、跟进者和被动采用者三类。新型农业技术一经被农户掌握，就可能促使新技术率先使用者获得超额利润。为此，相关农户纷纷跟进，引致新技术的迅速扩散，这种过程累积到一定水平必然导致农业技术进步。但是，新技术运用所导致的超额利润一旦消除，就促使经济主体产生新的技术需求，推动新的技术创新，启动新一轮农业技术创新的过程体系，构成农业技术创新过程的演进轨迹。因此，该过程可以表述为：部分农户采用新技术—产出增加—超额利润—大量农户跟进技术—产出进一步增加—产品价格下降寻求新的技术—技术创新的新需求产生，这个过程的循环往复，推动农业技术创新过程不断演进。

（二）农业技术创新的特征

农业科技创新与工业技术创新有所不同，农业科技创新要受到农业生产、农业科技和农业产业等特征的综合影响，因此，它表现出区域性和季节性、创新主体多且松散、明显的公共产品特性、持续的非市场性、供给双向约束性等特点。

1. 农业科技创新具有区域性和季节性

农业科技创新产品的推广及应用不同于工业上的技术产品，是极易受到不同区域环境的影响和制约。农作物的生长具有一定的自然周期，那么关于这种农作物的科技创新也必须按照农作物生长发育的特定季节和一个完整的生长周期才能完成。而农作物由于品种等适应特定区域的特点，决定了一项农业技术推广应用的区域特定性。区域性是农业科技创新最本质的特征，不同区域农业经济发展的状况需要不同的农业科技创新来满足。此外，农业生产都是在农田里进行，因此不同的地质、气候、土壤、水利等自然条件的变化，经济发展水平、交通运输等社会经济环境的作用，以及农作物生长的自然周期会导致各个地区农业结构存在很大差异，不同类型的农业产业结构对应着不同类型的农业科技需求，这些因素综合起来决定了农业科技创新具有一定的区域性和季节性。

2. 农业技术创新主体多且松散

农业科技创新的主要参与者包括农业科研机构和高等院校、农业推广服务机构、农户、技术市场、政府机构等，参与角色较多。就我国农业生产领域而言，由于农业生产资料为农户所有，生产单位也表现为零散的农户。因此这种重新组合可分为三个阶段：第一个阶段集中在农业科技的研究、试验和开发，其任务是从根本上和全局上实现技术变革或改良，相应的创新主体有农业科研机构与高等院校；第二个阶段的农业技术创新是指农业技术的推广，其主体包括技术市场、农业技术推广中心等；第三个阶段是创新成果与农户及其生产条件的具体结合，侧重于促进农业科技成果的转化应用与扩散，相应的创新主体主要是农业生产单位，在我国主要是指千家万户的农户。农业科技创新的供给和需求之间常常不匹配，各角色大多是按照各自的既定目标完成各自范围内的事情，难以满足整体农业科技创新体系的实际需求，若不制定适宜的制度，会存在一定的供需脱节现象。充分认识农业科技创新过程的多角色及其角色联系的松散性规律，有助于理解农业科技创新过程的复杂性。

3. 农业技术创新的公共产品特性

由于农业生产和农业技术的特殊性，农业技术创新是典型的公共物品，而这一特点根源于农业技术创新和创新技术的采用、扩散的分离。第一，我国农业生产的分散性使得农业生产单位相对来说规模较小，一般是以农户为生产单位。第二，农业生产具有一定的区域性，由于受气候、土壤等因素的影响，任何一种新技术的普及都有一定的范围。第三，农业技术创新既受经济规律支配，也受生物规律支配；农业技术创新的运行受自然力的影响较大，农业技术创新的周期和所需要的时间也较长，在时序上相对落后于其他产业。农业技术创新的公共物品的特性还表现在：第一，创新技术效应的非排他性。农业技术创新主要是生物技术、耕作制度等领域的进步，具有很强的通用性，不同的农户都可以使用。第二，农业技术创新的潜在需求量比较大，但现实有效需求不足。如减灾防灾、农业基础设施建设、农业生态环境保护与防治等农业科技创新成果，由于农户生产的小规模，难以支付农业科技创新过程的设备、技术和各项费用。第三，农业技术具有巨大的社会效益。农业科技创新成果大多具有"公共产品"属性；表现为非竞争性、非排他性和收益上的非独占性，很容易被"邻里效应"无偿采用或模仿，具有较强的外溢性。农业科技创新成果所具有的这些公共产品特性决定了其不可能完全市场化。特别是针对农业新技术的推广应用，主要还是要借助公益型技术推广体系的推动作用。因此，农业科技创新的公共产品属性决定了农业科技的研究与推广离不开各级政府的财政支持和补贴。

4. 农业技术创新持续的非市场性

农业技术创新的公共物品的特性决定了市场机制无法有效保持农业技术的持续创新。在市场机制作用下，只有一少部分能够物化并能完全实现排他使用的农业技术创新，如种子处理技术、肥料及农药的研制等，可以实现创新收益。如果将大部分农业科技机构的创新活动交由市场机制进行调节，则由于难以实现创新收益而将使创新机构面临陷入经费短缺、士气涣散的境地，从而不能有效地使资源或需求，就农业技术进步的诱导作出积极的反应，并严重阻碍农业技术的持续进步。

5. 农业技术创新的供需双向约束性

农业技术创新过程其实就是技术需求主体和技术供给主体双向互动的过程。农户需求不足的原因主要表现在：（1）农户经营规模小；（2）农业经营风险大；（3）技术信息成本高；（4）农户自身素质低；（5）农业比较效益低。政府与农业科研机构技术供给不足的原因表现在：（1）政府供给意愿与供给能力方面。政府出于宏观上的安全需要，确实有通过增加农业科技投入使农产品产出最大化的意愿；然而，由于农业的比较利益较低，在对农业投入比对非农投入获益相对较少的情况下，政府对农业技术供给意愿不高，以至于意愿供给少于实际需要。并且政府对技术的意愿供给与农户对技术的实际需求存在明显反差，如政府需要的是能使粮食产量产出最大化的技术，而农户则需要的是能使收入最大化的技术。（2）农业科研机构供给意愿与供给能力方面。在政府对农业科研经费供给不足的硬约束下，农业科技推广及农业教育部门面临生存危机，从而对技术的研究、开发、推广意愿低落，即使有供给意愿也缺乏供给能力。

三、农业技术创新的模式与主体

（一）农业技术创新的模式

调节技术成果的供求关系主要靠两大机制，即市场供求机制和宏观计划机制。根据我国农业的特点，技术创新的驱动模式一般可分为政府供给主导型模式、市场需求推动模式和综合组织驱动模式。

1. 政府供给主导型模式

其创新的主体多为公共农业研究院所。政府是农业技术创新的组织者、投资者、管理者，并引导农户使用农业技术成果，农业科技的选择与配置取决于政府的制度安排。农业科技成果由政府投资的研究机构（包括农业院校）按政府计划进行研制、创新，创新成果由政府农业科技推广网络转化为现实生产力，计划和行政力量对技术创新活动起支配作用。当所制订计划能体现经济发展要求又能保证技术创新所需的资源合理投入及环节工作质量时，这种模式会加快科技创新速度，产生良好的创新效果。这一模式的实质是技术推动模式的发展，从这个模式产生的技术创新，一般是较重大的科技创新，它不仅改变生产技术和管理技术，而且引起技术体系的根本变革，导致新的产业崛起以及对传统产业的改造和落后产业的淘汰。20世纪70年代杂交水稻技术创新与推广的成功就是最好的例证。政府计划驱动模式较为注重基础研究，对科技创新的推动较为有力，创新效率也是较高的。此种模式对应于提供外部性较强、公共物品特征较明显的技术类型。

2. 市场需求推动型模式

其创新的主体多为企业。这种模式的科技创新始于市场需求，是指技术创新单位或个人从自身经济利益出发，根据市场的技术需求信息自主地组织技术发明和技术创新活动，即市场需求引致了科技创新。农业企业或农户为农业科研单位提供市场技术需求的信息，促使农业科研单位组织技术创新活动，强调技术创新的经济效益，使技术创新与发展生产紧密结合。此种模式能较好地适应市场需求，调动创新者的积极性和创造力，形成一种既有压力又有动力的激励机制，实现以市场为导向的自主创新、自主经营、自负盈亏、自我发展的创新机制。然而，由于需求拉动模式忽视或否定基础性研究对科技创新的作用，导致人们对基础研究的忽视，使科技创新的发展可能缺乏强有力的后劲。此外，此种模式一般无法提供外部性较大的技术类型。

3. 综合组织驱动模式

创新主体可根据市场状况和自身条件决定是否承接政府计划，政府也可根据各单位的条件选择确定完成计划的创新主体，实现创新主体与政府部门的双向选择。国家计划部门根据市场需求和技术发展机会，综合确定国家重点创新计划或者由某些农业科技创新单位，根据市场需求和技术发展机会确定农业科技创新项目，向政府计划部门申请列入国家重点农业科技创新计划，争取国家计划资助。如，国家自然科学基金、国家社会科学基金、中华农科教基金等的设立都是采取此种模式，这将大大提高农业科技创新效率，提高技术创新者的主观能动性和创造力，使市场需求与计划有机结合。但是，如果公私不分，对公共类技术创新动力不足，过分追求营利性的商业化技术开发，对企业的不公平竞争等，往往导致此种模式的效率总体偏低。

（二）农业技术创新的主体

根据农业技术创新定义，农业技术创新包含着几个互相依存、互相承接的基本过程，即农业技术是一个农业科技生产和成果转化应用的全过程。从这些过程中可以看出，农业技术创新并不能由哪一个单位和组织独立完成和承担，或者说，目前还没有哪一个单位或组织能够独立完成农业技术创新的所有过程，而是需要由多元主体参与并共同完成的。根据我国的国情和农业科技工作的规律、特点，现阶段我国农业技术创新体系中至少包括政府、农业科研机构、农业推广和中介服务机构、农业企业、农户等五类创新主体。

1. 政府

农业技术创新离不开政府的引导和推动。目前，我国农业的比较效益较低，农业"弱质"、农民"弱势"，相对于非农产业而言，政府在农业领域中应发挥更多的调控作用。农业技术创新资金需求量大，具有极大的外延性和不确定性；农业技术创新需要制度保证、激励和诱导，技术创新必须和制度创新相结合；政府作为制度供给者，在农业技术创新活动中的职能主要表现为实施保护知识产权制度，制定技术政策，完善科技立法，营造创新环境。

2. 农业科研机构

农业科研机构是农业科学知识的源头，承担着农业技术创新中的核心任务，即培养农业创新人才，培育新品种，研制新产品，发明新方法，研究新技术。农业科研单位在客观上追求社会目标最大化，并且承担一定的技术创新风险。

3. 农业推广和中介服务机构

农业推广和中介服务机构是农业技术创新不可缺少的组成部分，承担着农业科技创新推广和应用任务，是农业科技创新成果转化为现实生产力的主体。他们不仅具有协调各技术创新要素的能力和功能，同时在与政府制定相关农业科技政策以及农业企业之间的知识流通方面发挥着积极的沟通作用。

4. 农业企业

企业的发展离不开技术创新，企业既是农业技术创新的主体，也是农业技术需求的主体，涉农企业作为农业科技创新的研发、推广与市场的桥梁，起着重要的联结作用。而目前我国真正意义上的、具有较大实力的农业科技企业还很少，既有实力又有进行农业技术创新愿望和行动的农业企业更是寥寥无几。显然农业企业目前只是农业技术创新的潜在主体。

5. 农户

农户直接从事农业生产劳动，位于农业科技创新的终端，是最终的农业科技创新的实施者。一般来说，绝大多数农户不可能进行农业科技的研究与开发，但是也有一少部分具有较高文化水平和科技素质的农户，在利用农业技术的同时，可能会因时因地对农业技术进行改良或创新。即便如此，广大农户作为独立的生产经营单位，仍然是农业科学技术能否变为现实生产力的重要一环，其范围广、力量大，使农业技术创新成果最终走向市场。

这几个主体之间由于其自身的特性，发挥的作用和承担的任务各不相同。同时由于他们始终贯穿于农业科技创新这一过程，因此也相互影响，相互促进。

第三节　农业科学技术扩散

一、农业科学技术扩散的含义

技术扩散是整个技术流动过程的关键环节，技术扩散关系到技术创新成果能否得以转化为现实生产力。没有农业技术扩散，农户生产中的问题就无法得到解决，技术扩散的影响和效果就无从发生。

Rogers（1962）明确地将技术扩散定义为，一种新技术经过一段时间，通过一定的渠道在社会系统成员中交流的过程。这个过程包括四个要素：新技术、传播渠道、经过一定的时间、在社会成员中进行传播的过程。Colemen（1986）也表明技术扩散的过程是信息流通的过程，要经过中间的桥梁，是信息通过桥梁的两步或多步流动过程。这种对技术扩散的定义代表了一种传播说的观点。Metcalfe（1991）则认为扩散过程是新技术对老技术的替代过程，即技术扩散替代论。替代论的本质在于其强调扩散过程的不均衡特点，即扩散是一种均衡转移到另一种均衡水平的不平衡过程（盛亚，2002）。

对于技术扩散定义的两种观点都具有一定的合理性。陈玉萍和吴海涛（2010）通过吸收传播说和替代论的合理内核，并从我国农业技术供给与需求的特点出发来定义技术扩散。中华人民共和国成立以来我们有一套比较完整的农业科研与推广体系，这个体系目前仍然在绝大部分地区起着农业技术推广与扩散的重要作用。过去的这种农业技术扩散是政府的自觉性行为，而社会和个体的技术扩散和传播对技术采用的作用很小，换言之，技术创新与采用之间的适应过程是由政府组织实施的。

改革开放以来，我国农业技术传播不仅来自于国家和政府的职能和主导，也越来越多地来自于民间和社会主动的、自发的积极参与；市场体系的建立健全则更加推动了农业技术的传播与扩散。从农业技术信息的传播角度来看，它不仅对农业技术的扩散是十分重要的，技术创新与采用之间的相互适应性也越来越多地由政府的农业技术推广机构和农户来自身协调。

综上所述，农业技术扩散是指一项农业新技术在一定时间内，通过某种渠道，在社会经济系统中进行传播、适应的过程。在我国，农业科技推广是农业技术扩散最主要的渠道，农业技术扩散包括了农业技术推广和农户农业技术采用。

二、农业科学技术扩散的要素和维度

（一）农业技术扩散五个要素

Rogers（1962）将技术扩散的要素归结为创新技术、时间、渠道和社会系统成员四个要素。本书在综合已有研究成果的基础上，将农业技术扩散从五个基本元素来进行研究：农业创新技术、扩散中介、一定时间、潜在采用者以及社会经济系统。这些基本元素如图 7-2 所示。

1. 农业创新技术

农业技术创新是指被农户认为是新鲜的理念、实践经验和实体物品。比方说新的农作方式、新的作物栽培品种和方法、新的农作机械等。不管这项技术是不是首次被发明，只要是有助于解决问题并且与潜在技术采用者生产与生活有关的各种实用技术、知识与信息都可以称作创新技术。

一项技术创新往往包括两个方面，即"硬件"和"软件"。"硬件"方面

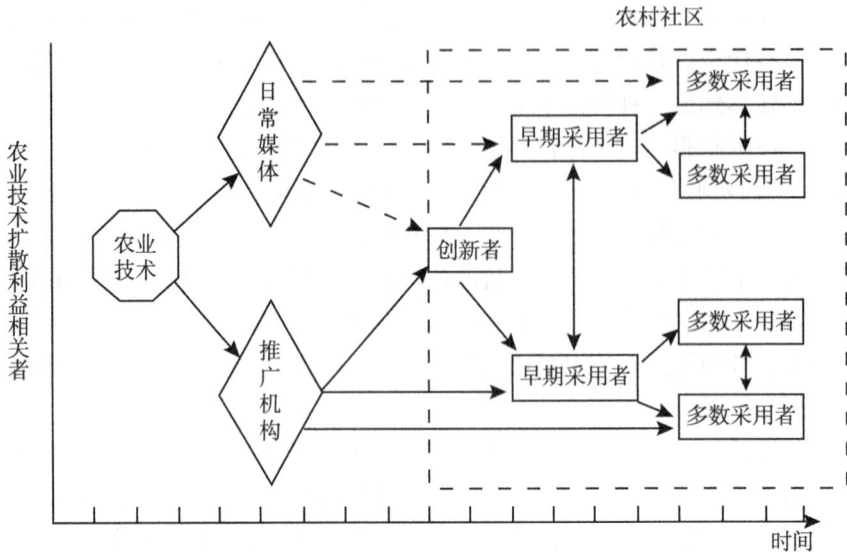

图 7-2　农业技术扩散要素示意图

是指体现在技术中的物质和实体，"软件"方面是指使用这些技术实体所需要的经验和技能。例如，一个地区以前用牛耕地，现在出现了拖拉机耕地，耕地用的拖拉机是技术创新的"硬件"方面，而操作拖拉机的方式和技能则是技术创新的"软件"方面。技术创新的"软件"方面往往不容易被观察到，所以人们通常认为技术只有"硬件"这一个方面。实际上，一项技术在某些情况下主要是"硬件"方面，而在另一些情况下仅仅只是信息而已，比方说新的作物栽培管理技术。在很多情况下，新技术是否对它所要替代的技术具有明显的相对优势，不仅与技术本身有关，还与使用技术的人的素质和技能有关。为了了解一项农业新技术的优势和劣势，一些潜在的技术采用者会收集关于技术本身的信息以及已经采用该技术的农户对此技术的评价信息。

　　在有些情况下农业技术的引进和推广不是某一项技术单独进行的，而是包括了围绕该技术的多个方面，是几项相互关联的技术集合体同步进行的。例如，一项杂交水稻创新技术可能是由杂交水稻品种、化肥、农药、与之相适应的土地整理和作物栽培方法等一系列技术和方法形成的整合技术。本书后面专门考察的云南南部改良的陆稻技术就特别强调改良的陆稻品种以及土地整理中的"坡改梯"等建设措施。农户可能同时采用多个方面的技术，也可能采用其中的一部分，还可能先后采用这些技术。

农业技术具有五个方面的特性：比较优势、与当地风俗和农户需求的吻合程度（即一致性）、采用的复杂性、可试性、可观察性。对五个特性的详细介绍及其对技术扩散的影响分析将在后面进行。

2. 扩散中介

新技术的扩散过程实际上是新技术自身所包含的信息以及已采用技术的农户对技术的评价信息在技术推广人员、技术采用者和潜在技术采用群体中相互交流的过程。日常生活中的媒体（包括广播、电视、报纸、户外广告以及互联网等）和技术推广人员，往往是潜在技术采用者开始知晓一项新技术存在的最为快捷和有效的媒介。村庄社区内农户之间的交流渠道是说服农户采用新技术的最有效的方式，尤其是有着相同社会经济地位、教育背景或在其他方面相似的农户之间更容易相互影响技术采用决策。农业科技推广机构和推广人员在农业技术的扩散中扮演着很重要的角色。农业技术推广作为农业教育、科研与农民以及政府和农民之间联系的桥梁和纽带，在农业与农村经济发展中起着非常重要的作用。因此，支持农业技术推广往往也是政府推动农业生产率提高和农村经济发展的重要措施。我国的农业技术推广体系在 1949 年以来取得了较好的发展。通过多年的发展，全国已经建成了相对完善的农技推广体系，对推动我国农业和农村经济的发展起到了极大的促进作用。

农户对农业技术的评价往往并不是基于科学计算技术采用成本和收益，而是依靠已经采用该技术的农户的经历和评价来主观评价技术创新，并以此为参考作出技术采用决策。技术推广人员在技术扩散中的作用是把技术创新的相关信息告知农户，解决农户关于技术使用方面的疑难问题。这就容易产生一个问题：农业技术推广人员与潜在技术采用者，在专业技术、社会地位、价值观和教育背景等方面差异甚大以致他们之间不容易形成共同语言，因而不能进行有效的沟通。没有有效的交流与沟通，新技术的信息就难以传达。因此，技术推广人员不仅要具备完备而又精深的专业知识，而且要能尽快地找出与农户之间的共同话题和共同语言，以求在技术推广中能够与农户很好地沟通和交流。

3. 时间

农业技术扩散的时间维度包含三个方面的内容。第一，技术采用决策需要经历一个过程，即潜在技术采用者从认知技术的存在到形成的技术的主观评价再到决定采用技术或者拒绝采用技术是一个完整的过程。第二，不同农户采用新技术的时间存在差异，有些农户较早地采用新技术，还有一些农户采用新技术的时间比较滞后。第三，随着时间的推移，在一个社会经济系统中采用技术的农户累积起来会越来越多，技术采用率逐步增加，然后趋向稳定。

技术采用过程是对技术信息收集和信息处理的过程，可以细分为五个阶段，分别是认知阶段、说服阶段、决策阶段、试用阶段和证实阶段。第一，在认知阶段，农户知晓技术的存在，并了解技术如何运转；第二，在说服阶段，农户形成对技术好的或者较差的评价；第三，到了决策阶段，农户则为采用技术或拒绝采用技术作一些准备活动；第四，在试用阶段，农户把新技术投入使用中；第五，在证实阶段，农户加强了关于采用技术的决心，或者面对技术采用一些负面的信息决定不再采用新技术。对这几个阶段将在后面章节进行详细描述。

在认知阶段，农户主要收集技术创新"软件"方面的信息，了解这种技术是什么样的，它如何发挥作用，以及它为什么能够发挥作用。这类信息通过日常媒体和技术推广人员传递到农户那里。但是到了说服阶段和决策阶段，农户则主要寻求技术评价方面的信息以降低关于采用技术预期结果的不确定性，并且尽可能了解在他所拥有的家庭资源条件下采用新技术的相对优势和劣势。技术评价方面的信息则主要来自已经采用该项技术的农户，因此技术采用者对技术的主观评价对处在说服阶段、决策阶段或许还有确定阶段的潜在技术采用者具有显著影响。

根据农户对风险的态度，有风险偏好特征的农户采用新技术的时间较早，而有风险规避特征的农户采用新技术的时间则可能稍微晚一些，即对风险倾向不同的农户采用同一新技术的时间有先后之分。

随着时间推移，累计的农户技术采用率会呈现S形曲线。一开始只有少部分农户采用新技术，这些农户是早期的技术采用者。经过一段时间以后，越来越多的农户开始采用新技术，扩散曲线开始爬升。最后，扩散曲线逐步趋向平稳，潜在技术采用者均已采用新技术，只剩一些始终都不会采用新技术的农户。绝大多数技术扩散曲线呈现S形曲线，但是不同的技术之间扩散曲线长度和坡度可能并不相同，有些技术扩散得很快，扩散曲线随之很陡，而另一些技术扩散较慢，扩散曲线相对比较平缓。相同的技术在不同的社会群体中扩散曲线也可能不同，这可能与群体的社会价值观、准则以及特性对技术扩散具有显著影响有关。

4. 潜在技术采用者

农业新技术在一个社会群体扩散的过程中，部分农户会接受新技术而很快采用新技术，还有一部分农户虽然或多或少会了解新技术，但始终不会采用新技术。在技术扩散之前，那些以后将会采用新技术的农户成为潜在技术采用者。潜在技术采用者采用新技术受到自身风险倾向、家庭资源禀赋以及社会经济系统的影响。Rogers（1962）根据技术采用者创新精神的程度把采用者分为五种类型：创新者、早期采用者、早期大多数应用者、晚期大多数应用者和落后者。

5. 社会经济系统

社会系统是为了完成一个共同的目标而相互关联个体的集合，社会系统通过多种方式影响技术扩散。首先，社会结构会影响技术扩散。社会系统成员之间的交际网络存在一个非正式的结构，这样的结构决定了谁跟谁在什么样的环境下交流。往往具有相同地位、教育背景、家庭经济状况的社会成员经常在一起交流，这样技术就容易在这一类人群中传播，因为个体更容易受到同类人的影响。其次，社会准则也会在某种程度上影响技术扩散。社会准则是一个社会群体中固定的行为方式，社会成员都以这个准则作为自己行为的向导和标准，他们以这个准则来判断什么样的行为是能够容忍的，因此社会准则可能成为技术扩散的障碍。再次，一个社会群体中的意见领袖对技术扩散具有至关重要的作用。意见领袖是一个群体中的信息中心，与广大的社会成员之间都有着比较频繁的交流与联系，能够以令人满意的方式和较高的频率影响其他个体的态度、观点和行为。意见领袖往往是技术能力比较过硬、对外交流比较活跃、行为与社会准则一致的个体。当新技术与社会准则一致的时候，他们往往倾向于采用新技术，而当新技术与社会准则不一致时，他们则选择抵制新技术的采用与扩散。最后，作为技术扩散中介的技术推广人员对技术扩散过程施加影响。技术推广人员往往在某一技术领域具有专长、拥有大学学历的专业人员，其所受的专业训练和社会地位往往意味着他们与农户之间的异质性较大，而这样的异质性将会使他们与农户之间难以实现有效的交流，进而影响技术推广的效果。因此，技术推广人员不仅要具有较好的专业知识，还要尽量找出与农户之间的共同语言和话题，以便和农户进行有效的沟通。技术推广成功与否依赖于交流成功与否。

（二）农业技术扩散四个维度

在考察农业技术扩散问题时，可以从四个维度对农业技术扩散进行深入的了解和研究：时间维度（又称扩散过程）、扩散广度（又称扩散范围）、扩散深度和扩散速度。本小节分别对这四个维度进行分析。

1. 农业技术扩散过程（时间维度）

技术扩散是一个渐进的过程，高启杰（2003）详细描述了技术扩散过程的四个阶段，即突破阶段、关键阶段（转折点）、自我推动阶段和浪峰减退阶段。结合技术扩散的定义，本小节将技术扩散过程划分为六个阶段，即推广阶段（等待阶段）、突破阶段、关键阶段（转折点）、自我推动阶段、浪峰减退阶段和退出阶段，即在突破阶段之前还有一个技术推广的过程，在扩散达到饱和之后，还有可能存在部分农户退出技术采用的情况。具体过程如图 7-3 所示。前五个阶段是循序渐进的，前一个阶段如果失败，后面几个阶段也就不会发生。第六个阶段则可能发生，也有可能不会发生。同一种技术在不同的地区或者不同的技术在同一地区都有可能出现第六个阶段，也有可能不出现第六个阶段。

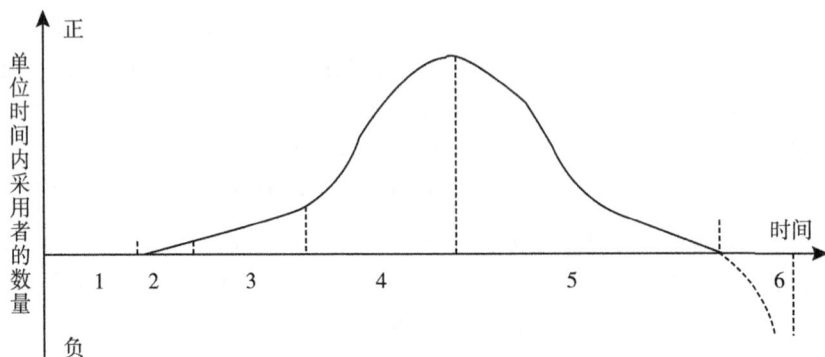

图 7-3　农业技术扩散过程的不同阶段

1. 等待阶段　2. 突破阶段　3. 关键阶段（转折点）
4. 自我推动阶段　5. 浪峰减退阶段　6. 退出阶段

注：本图在高启杰（农业推广学［M］．中国农业大学出版社，2003：75）的基础上进行了更改。

（1）等待阶段。

当某项农业新技术从农业科研机构研发出来以后，并不是马上就能传到农户手中并被农户加以采用。新技术出现以后，往往要先进行适应性测试，通过之后交由农业科技推广机构或者其他渠道向广大农户进行推广，从技术开始推广到农户了解到新技术的有关信息，中间有一个时间间隔。这个时间间隔里还需要考虑农户的某些社会经济因素。

（2）突破阶段。

农户采用农业新技术总是带有一定目的的。一方面，当农户在农业生产中遇到了实际的问题，他们就需要寻求解决问题的方案。在科技进步的条件下，农户通常可以通过采用农业新技术来找到生产过程中出现问题的解决方案，这就产生了农户的农业技术需求。另一方面，某项农业新技术在当地的生产还需要进行进一步的试验，只有通过了当地条件的生产试验，排除了生产中因自然条件差异导致的不确定性，该项新技术才可能进入生产实践中。此外，从农户的角度看，农户不能准确地估计采用新技术的投入和产出，一旦采用还有可能失败，从而遭受损失。如果考虑到农户的社会文化因素，他们还可能因为这些因素的作用而影响到其采用决策。

通常认为，只有在经济上和社会上有安全保障的农户或者经济没有保障但如果不尝试采用新技术农业生产将无法正常进行的农户才可能愿意首先尝试采用农业新技术。一般将这样的农户称为"技术创新者"。创新者的数量往往很少，他们要冒经济方面和社会方面的双重风险，而且这种风险异常之大。尽管存在很大的风险，但是技术创新者会力图把采用技术的风险控制在最小范围内。由于技术创新者对待新技术往往持谨慎的态度，他们往往比后来的技术采用者需要更长的一段实验阶段。通常认为，这些农业技术创新者的技术采用活动能够为后来的技术采用者提供试验和示范。

由于新技术的推广和采用往往与较高的风险和不确定性相伴随，以及上述的农户技术创新者采用新技术的较长时间等，技术扩散在突破阶段所遇到的阻力往往是最大的。此外，没有采用新技术的农户往往是因为对新技术持怀疑态度，处于观望状态，还有的时候甚至会阻挠创新者采用新技术。这种情况在农业技术采用的过程中并不鲜见。如果在突破阶段创新者技术采用失败，后面的几个阶段也就不会发生。

（3）关键阶段。

当技术创新者在采用农业新技术于农业生产中获得成功，有效地解决了其在农业生产发现的或遭遇的问题，得到丰厚的收益时，就会有另外一部分"早期采用者"开始仿效和采用。早期采用者具有以下的特征：他们认为自己处在一种同技术创新者相类似的经济和生产环境之中，或是他们面临着同样的生产问题；或者他们认为自己与技术创新者处于同等的社会地位。此时经过技术创新者的技术采用和示范活动，其他的农户再来获取该项技术相关信息就变得容易多了，技术采用的不确定性和风险也已经降低到一定程度。在这些早期采用者中，总有一些能够影响其他人的意见领袖，其他人容易受到他们的影响而去使用新技术。

进入关键阶段后，以前在技术突破阶段中多数农户对技术创新者和新技术的观望和抵制的现象已经不能对其他农民产生足够影响了。这主要是因为新技术的风险已经处在可控制的范围内，同时新技术已经对大多数农户有了足够的吸引力。越来越多的农户会对新技术产生兴趣。

关键阶段最终决定着该项技术创新能否真正起飞，并能否得以快速扩散。当技术采用者占所有潜在技术采用者的比例达到一定程度时，农业技术扩散过程就可能会持续进行，技术创新者，早期采用者和普通农户之间存在广泛的交流和学习机制，这可能成为农业技术扩散的主要推动力。

（4）自我推动阶段。

当部分农户成功地采用了新技术，并且新技术的效果日益得以显示的时候，采用技术的风险就会进一步降低。此时，社区的意见领袖会对农户的观点形成重要的影响力，他们的加入会进一步推动该技术的推广。越来越多的农户会认识到，采用新技术已经成为一种趋势。这种认识的转变会进一步推动着其他农户加入了采用者的行列。从而，技术的扩散过程获得了自我持续发展的动力，技术采用的高潮即将到来。

但是，随着技术采用高潮的到来，普通农户对新技术的谨慎态度会逐渐放松。一些农户也许不再认真考虑在其自身特定的家庭资源条件下采用新技术能否真正带来效益。在此情况下，农户有可能做出错误的决策，例如技术采用过程中的投入可能不够合理。这种情况下，最后采用技术可能不仅不会带来收益，还有可能造成额外的损失。

（5）浪峰减退阶段。

在一项农业新技术被大多数农户采用以后，技术扩散曲线会进一步地出现转折。由于没有采用新技术的农户比例下降，数量相对较少，此时，技术扩散曲线会与横轴相交，表明社区内所有农户或者所有潜在采用者都已经采用了农业新技术。农业新技术的采用并不是能够对所有的农户都带来同等效益的。对有些农户而言，采用新技术的阻碍力要比驱动力大得多。当扩散曲线达到最高的峰值时，技术扩散过程自身已经获得了更多的新的驱动力，这使得后期采用者各方面平衡状况发生了改变。这时技术采用的驱动力已经不会从过程本身产生，因此扩散曲线下降（浪峰减退）并变得平缓，技术扩散逐渐达到饱和状态。

（6）退出阶段。

当一项农业新技术被绝大多数农户接受和采用，意味着该项技术已经不是新的技术。这时，那些技术创新者或早期采用者可能会开始放弃继续采用该项技术；在技术扩散的前几个阶段都会有部分已采用新技术的农户退出技术采用者的队伍，只不过这一时期加入采用者行列的农户数量远远超过退出的农户数量。当退出技术采用者行列的农户数量渐渐增多时，这就可能意味着该项新技术已经释放了它最大的效益。农户已经通过该项技术解决了当时生产中的问题，也就没有继续采用新技术的必要了。到了后期，还有可能出现新的生产问题，所采用的技术已经无法解决新出现的问题了，这就会出现对下一个技术创新的呼唤。在有些情况下，新的替代技术出现并开始受到农户的欢迎。老技术逐渐退出历史舞台，而新一轮的农业技术扩散过程开始了。

2. 农业技术扩散范围（扩散广度）

在技术扩散的突破阶段、关键阶段、自我推动阶段和浪峰减退阶段，技术的扩散和影响在一定的空间范围内是逐渐扩大的。随着退出阶段的到来，技术的影响范围由逐渐缩小。这就出现了一个新的概念——技术扩散范围。技术扩散范围又可以理解为技术扩散的广度。技术扩散广度可以表示为某一地区采用农业新技术的农户占所有农户的比例。

Griliches（1957）提出的 S 形曲线理论是技术采用的一个基本理论，即新技术的采用呈现 S 形增长趋势。这个理论能够用来很好地说明农业技术扩散范围的概念。这个理论认为，一项具体的农业创新技术从开始采用到最后消亡的整个生命周期中，其扩散趋势可以用 S 形曲线表示出来。这是一条以时间为横坐标轴，技术采用的累计数量（或累计采用率）为纵坐标轴绘制而成的曲线（见图7-4）。该曲线说明了技术采用的过程是开始时缓慢，然后进入快速增长期，随后，当技术达到成熟时增长再次放慢，这时，大多数潜在的采用者都采用了新技术。

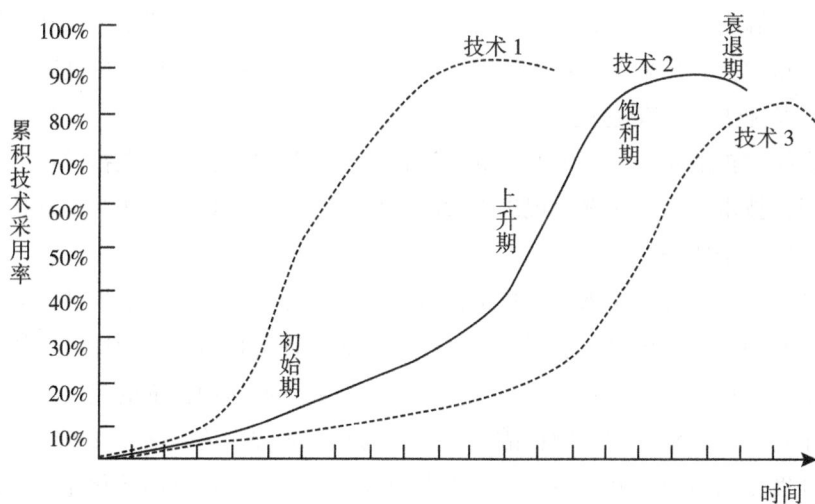

图 7-4　技术扩散范围随时间的变化

3. 农业技术采用程度（扩散深度）

技术扩散的各个阶段反映了技术扩散的进展情况，技术扩散的广度反映了技术的影响范围变化情况。但是这没能反映出单个农户采用新技术的程度。我们可以用技术扩散深度来衡量单个农户对农业新技术的实际应用规模。因农业技术的类型不同，衡量农户采用规模可能需要不同的指标；同一种技术也可以用不同的指标来衡量农户技术采用的程度。例如，杂交水稻品种技术扩散深度就可以用农户种植杂交水稻的面积占耕地面积的比重来衡量，也可以用杂交水稻种植面积占水稻种植面积的比重来衡量，还可以用投入杂交水稻生产中的化肥、农药、劳动力等投入占农业生产总投入的比重来衡量。第一个指标和第三个指标反映杂交水稻在农户农业生产中的地位和重要性；第二个指标反映农户对杂交水稻和传统水稻重视程度的差异。如果农户将所有的水田都种上杂交水稻，而不种常规水稻，说明农户已经完全用杂交水稻取代了传统水稻。如果农户对杂交水稻生产的投入占农业生产总投入的比重很高，说明该农户已经把杂交水稻生产作为了最为重要的农业生产活动之一。又例如，为解决劳动力短缺问题，农户购买拖拉机耕地，家庭经济条件好的农户可能自己购买一台拖拉机耕地，而有的农户则几家合伙购买一台拖拉机共用，还有的农户买不起拖拉机，在农忙时节租用别人的拖拉机。这三类农户采用拖拉机技术的程度显然不同。再比如，引进温室大棚技术种植反季节蔬菜，有些农户可能投资较大，建设很多个温室大棚，还有些农户由于经济条件制约，只投资建设少数几个温室大棚。这两类农户采用新技术的深度可以用他们对新技术的投资额度来表示。

4. 农业技术扩散速度

在技术扩散研究中，人们普遍关注技术扩散的快慢，而且在技术扩散的不同阶段，技术扩散的快慢表现出很大的差异性，这种差异性也作为划分技术扩散阶段的一个依据。

技术扩散速度是用来衡量技术扩散快慢的指标，反映技术成果被人们接受利用的时间长短。可以从宏观和微观两个层面来理解技术扩散的速度。从宏观层面上看，技术扩散速度是指技术在一定区域或者群体中扩散的速度，它可以从两个角度来理解，即横向扩散速度和纵向转化速度（赵绪福，1996）。横向扩散速度是指单位时间内新技术采用者的数量或者比例；纵向转化速度是指新技术从产生到被实际采用所间隔的时间。横向扩散速度反映了在一个区域中技术向周围渗透和传播的快慢，而纵向转化速度反映某项技术从成果发源地，经过各种阶段，通过一系列传输过程到被实际采用所经历时间的长短。技术纵向转化速度只与不同的技术和研究区域相关，在特定区域内表现为一个常数。而横向扩散速度随着时间的推移发生改变。同一技术在不同地区扩散速度可能会有很大不同，不同技术在同一地区的扩散速度也可能不同。由于人们普遍关注技术在某一特定区域的扩散情况，技术横向扩散速度往往成为研究的重点。技术扩散速度可以用图7-5来表示。

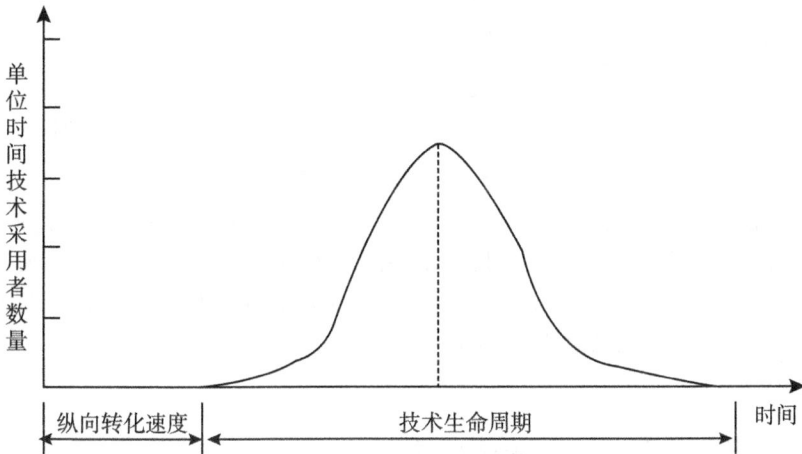

图 7-5　技术扩散速度示意图

微观层面的技术扩散速度又称为农户技术采用速度，它可以理解为单个农户采用农业新技术与农业新技术首次传播至该地区之间的时间间隔。在某些情况下也可以理解为某个农户采用新技术与第一个采用新技术的农户采用新技术的时间之间的间隔。这种时间间隔越短，农户采用技术的速度越快。如前所述，Rogers（1962）根据技术采用者创新精神的程度把采用者分为五类：技术创新者、早期应用者、早期大多数采用者、晚期大多数采用者和落后者。不同类型的技术采用者接受技术的时间长短不一，创新者和早期采用者接受技术的时间一般比较短，而后期采用者和落后者接受技术的时间较长。不同农户技术采用速度见图7-6。由于单个决策主体采用技术决策所需时间长短跟个体技术采用行为紧密相连，研究者往往把微观层面的技术扩散速度从技术扩散速度中剥离出来，把它归结到农户技术采用行为中去。本书为了保证技术扩散速度的完整性，将农户技术采用速度问题放在这里进行分析。

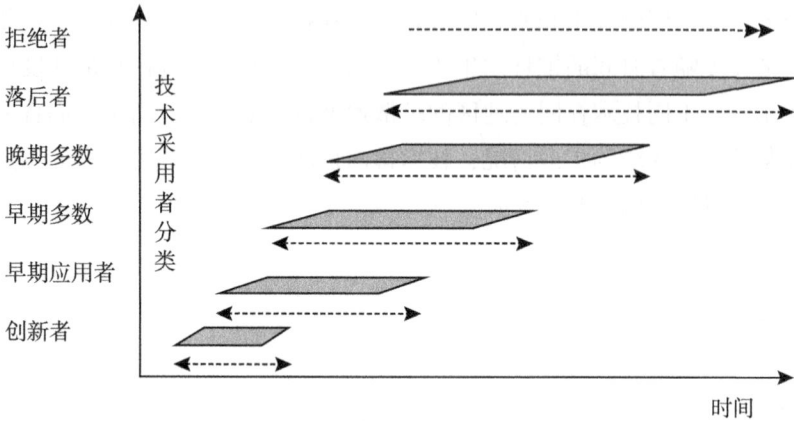

图 7-6　农户技术采用速度

注：虚线箭头左端点表示开始知晓新技术存在的时间；虚线箭头右端点表示开始采用技术的时间；虚线段长短则表示潜在技术采用者从开始知晓技术到决定采用技术所持续的时间，即技术采用速度；拒绝者在某个时间点知晓技术的存在，但一直拒绝采用技术，所以他们做出采用决策所持续的时间为无穷大。

三、农业科学技术扩散速度模型

从国内外关于技术扩散速度的理论与模型研究来看，可以从横向技术扩散角度将技术扩散的速度模型分为单一阶段模型和多阶段模型。一般认为，技术创新扩散的信息传播分为两个部分：外来影响和内部影响。外来的信息主要是通过媒介来传播，例如政府、技术推广机构、技术推广人员的推广活动、广告、供应商和中介机构等。这种外来的影响或外来信息对于所有潜在技术采用者来说是一样的，并没有差异。而内部的信息则主要是通过人际口头交流来实现，例如，那些采用技术的人通过与没有采用技术的人的直接或间接沟通而传播内部信息。这种信息传播的本质是由于交流双方原本存在某种社会关系，双方能够达到双向交流。按照外部影响和内部影响在技术采用中作用的差异性，可以把上提到的单一阶段模型划分为 Bass 模型、外部影响模型和内部影响模型。内部影响模型即所谓的传染病模型。传染病模型自身存在某种缺陷，Compertz 模型对传染病模型做了一些改进。多阶段模型将产品生命周期的思想引入技术扩散的研究中，试图用不同的模型来拟合技术生命周期各个阶段技术扩散的速度（腾永刚和鞠晓峰，2007）。

除了以上分析的横向技术扩散速度模型外，还可以从农户技术采用角度分析农户技术采用模型。一般来说，农户技术采用模型是一种概率模型。即基于极大似然原理建立数学模型，将农户分成已经采用者和没有采用者，然后通过实证调查数据来分析影响农户是否采用决定的因素，从而深入认识农户技术采用的内在规律。

技术扩散速度模型的分类见图7-7。

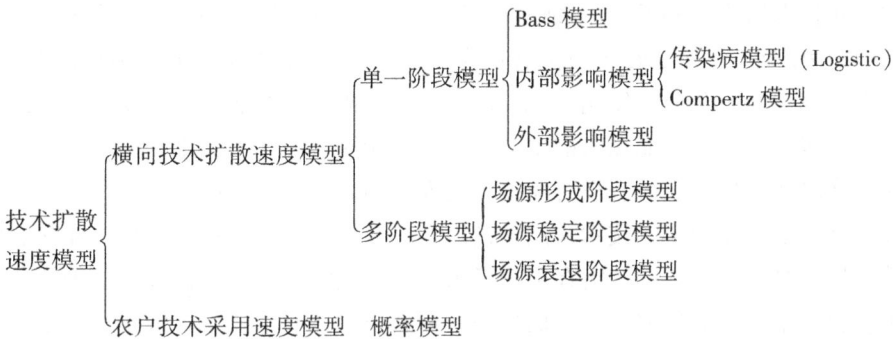

图 7-7　技术扩散速度模型分类

（1）Bass 模型。

Bass 模型是研究技术扩散中使用频率很高的一种分析模型，其基本公式为：

$$\frac{\mathrm{d}N(t)}{\mathrm{d}t} = \left[a + \frac{bN(T)}{M} \right] [M - N(t)] \qquad (7.1)$$

其中，$N(t)$ 表示 t 时期新技术的采用者总数（$0 \leqslant N(t) \leqslant M$，$N(0)=0$），$M$ 是市场潜在采用者总数，a 为外部影响系数，b 为内部影响系数。

令 $F(t) = \dfrac{N(t)}{M}$，则 $F(t)$ 反映的是 t 时刻新技术的扩散率。联合初始条件 0 时刻新技术的扩散率为 0，$F(0) = 0$ 整理计算得：

$$F(t) = \frac{1 - \exp[-(a+b)t]}{1 + (b/a)\exp[-(a+b)t]} \qquad (7.2)$$

（7.2）式就是技术扩散研究中应用范围很广的 Bass 模型，它表示在 t 时刻已采用者占潜在采用者的比例。

（2）外部影响模型。

如果技术扩散过程不存在内部交流，只受外部因素的影响，将 Bass 模型中的内部影响因素去掉，剩下的就是外部影响模型。其表达式为：

$$\frac{\mathrm{d}N(t)}{\mathrm{d}t} = a[M - N(t)] \tag{7.3}$$

$$F(t) = M[1 - \exp(-at)] \tag{7.4}$$

（3）Logistic 模型。

Mansfield（1961）将传染病原理与 Logistic 曲线结合起来，并运用于技术扩散的研究中。在该模型中，技术扩散以新技术被全部潜在农户采用为特征。农户对技术的采用过程与传染病的流行相似，因而该 Logistic 模型也被称为"传染病模型"。当传染病的治愈周期较长，或者传染病的传播很快的时候，没有免疫力的人会全部发病。"传染病模型"做出了以下两个假设：第一，只有通过接触，疾病才能在人群中进行传染，接触之前人不会染病；第二，传染病染病时间较长，在所有没有免疫力的人染病之前没有人能治愈。在这两个假设的基础上，作为影响技术采用关键因素的技术信息，会像传染病一样在潜在的采用者之间传播。一些潜在采用者采用技术较晚是因为他们没有从采用者那里获得关于技术的足够信息；而另一些创新技术比其他技术扩散得快，是由于这些技术本身的特性使得他们被"传染"的概率较高。"传染病模型"的推导过程如下：

$$\frac{N(t+1) - N(t)}{m - N(t)} = H(s_1, \pi_1, N(t)/m) \tag{7.5}$$

其中，m 表示潜在采用农户的总数；

$N(t)$ 表示 t 时刻累计采用技术的农户总数；

s_1 为采用新技术所需投资；

π_1 为新技术的相对盈利性。

将（7.5）式改写成微分形式，然后对 H 用泰勒级数展开，省去所有的三次以上项及 $(N(t)/m)^2$ 项（研究表明，它是相关性很小的项），可得：

$$\frac{\mathrm{d}N(t)}{\mathrm{d}t} \times \frac{1}{m - N(t)} = a + b\frac{N(t)}{m} \tag{7.6}$$

令 $b = y_0 + y_1 X_1 + y_2 X_2$，$a$ 为泰勒级数的展开常数项，$F(t) = N(t)/m$，则（7.6）式又变形为：

$$\frac{\mathrm{d}F(t)}{\mathrm{d}t} = [a + bF(t)](1 - F(t)) \tag{7.7}$$

其中，b 为扩散系数，通常在扩散期间为一常数，它的大小决定着技术扩散速度的快慢。a 可以理解为基期的技术采用水平。令 $a = 0$，则可求解得出：

$$F(t) = 1 / [1 + e^{-(c+bt)}] \quad (c \text{ 为积分常数}) \tag{7.8}$$

（7.8）式就是 Logistic 模型，是技术采用和扩散分析主要的应用模型。如果在考虑到采用技术过程中存在着一定的等待时间 T_0，则我们可以得到整个扩散过程中 $[0, T_0 + T]$ 上的 Logistic 曲线，进而推导出技术扩散的速度方程：

纵向转化速度 $VS = 1 / [bT_0 + LN(2 + \sqrt{3}) - C] \tag{7.9}$

横向扩散速度 $TS = be^{(c+bt)} / [e^{(c+bt)} + 1]^2 \tag{7.10}$

由此可见，纵速 VS 主要由 T_0 的大小所决定，而横速的大小主要由 b 确定。针对这两个参数 T_0 和 b 来则可分析技术扩散速度快慢问题和其影响因素问题。

（4）Compertz 模型。

以上介绍的传染病模型能说明技术扩散的过程。然而，该模型描述的是一种静态的过程，而不是描述了一种动态过程。实际上农业技术的采用和扩散是动态的。在技术扩散过程中，潜在的采用人口数和技术随时都会发生变动，而且投资和收益也是变动的。这种变动的后果之一就是，采用技术的合理性和利润率对于不同的采用者是不同的。例如，一项技术的采用对于某个时期的农户是有利的，而对其他时期农户则可能无利可图。从这一点来看，"传染病模型"考虑了扩散过程中的采用者或需求方面，可是却忽视了技术扩散过程中的技术供给方面。

Gompertz 产品增长模型用来研究农作物新品种的推广时表现出良好的拟合特征。一个农作物新品种从推广开始，种植面积先是由小到大，后来则逐渐变小。在种植面积达到最大以前种植面积增加的速度快于达到以后种植面积减少的速度。一种农作物年累积种植面积在整个推广过程中呈现出一种增长趋势，就是 Gompertz 产品成长趋势。用公式可以表示为：

$$A = Ca^{bt} \tag{7.11}$$

（7.11）式中 A 表示某种农作物新品种的年累积种植面积，T 表示该品种的推广年龄，a、b 分别为回归统计数，C 为极限值，指该新品种可能达到的最大累积种植面积。

在实际应用中，Gompertz 模型所有因变量为累积种植面积而非各年份实际种植面积，使得该模型的应用受到了限制。胡瑞法（1991）建议可以采用 Halter 提出的方程来表达：

$$A = Ct^b e^a \tag{7.12}$$

这里 A 表示新品种的年种植面积，t 表示该品种的推广年龄，a、b、c 分别为模型中的待估系数。虽然不同时期各品种间与同一时期不同品种间的最大种植面积与经济寿命各不相同。这些品种之间的差异在方程中通过为 a、b、c 值体现，即系数 a、b、c 取决于品种的特征。

（5）多阶段模型。

把物理学中场的思想引入技术扩散研究，结合 Logistic 模型分析，从系统、演化的角度来考察技术扩散过程。将其分为三个阶段：场源形成阶段、场源稳定阶段、场源衰退阶段。在这种思想中，不同阶段对应着不同的扩散模型，以方便更加贴切合理的理解扩散速度问题。

①场源形成阶段。

场源形成阶段的技术扩散基本上属于单场源扩散，在一定的时间内其扩散速度受到自身发展的阻滞。根据 Logistic 原理，可以用以下模型来描述场源形成阶段的技术扩散：

$$\frac{dm(t)}{dt} = rm\left(1 - \frac{m}{N}\right) \tag{7.13}$$

其中：$\dfrac{dm(t)}{dt}$ 为 t 时刻企业市场占有量的变化量，m 为企业现有的市场占有量，N 为行业中允许企业最大市场占有量，r 为自然扩散率。

设 $a = \dfrac{r}{N}$，代入（7.13）式得：

$$\frac{dm(t)}{dt} = a(N - m)m \tag{7.14}$$

分离变量积分整理得：

$$m(t) = \frac{N}{1 + Ce^{-at}} \tag{7.15}$$

C 为常数系数，a 为包含了技术扩散自身阻滞作用的自发性扩散系数。

令 $m(0) = m_0$，求得 $C = \dfrac{N - m_0}{m_0}$。

故（7.15）式满足初始条件 $m(0) = m_0$ 的解为：

$$m(t) = \frac{m_0 N}{m_0 + (N - m_0)e^{-at}} \tag{7.16}$$

（7.16）式表示的是在没有其他技术竞争时的扩散模型。对（7.16）式求一阶导数可以得到符合此模型的技术扩散速度函数。

$$v(t) = \frac{dm}{dt} = \frac{CNae^{-at}}{(1 + Ce^{-at})^2} \tag{7.17}$$

我们令（7.16）式的一阶导数为0，可得到$v(t)$的一个极值：

$$\frac{\mathrm{d}m}{\mathrm{d}t} = \frac{CNae^{-at}(Cae^{-at}-a)}{(1+Ce^{-at})^3} = 0 \tag{7.18}$$

计算解得$t = \frac{\ln C}{a}$，由此可见，当$t = \frac{\ln C}{a}$时，技术扩散在本阶段的扩散速度达到了峰值。

②场源稳定阶段。

场源稳定阶段存在着技术竞争，因而形成多个扩散场源。各个场源之间对对方市场占有量的增长具有一定的阻滞作用。以两个技术A和B的扩散为例，设$m_1(t)$和$m_2(t)$是两种技术的当期市场占有量，r_1、r_2是两种技术的自然扩散率，N_1、N_2是两个技术的最大市场容量。对于技术A有：

$$\frac{\mathrm{d}m_1(t)}{\mathrm{d}t} = r_1 m_1 \left(1 - \frac{m_1}{N_1}\right) \tag{7.19}$$

其中，因子$1 - \frac{m_1}{N_1}$反映了技术A在有限市场的占有率对其自身增长的阻滞作用。A和B属于同一类技术，B的存在必然对A的市场占有具有一定的影响，因而可以在因子$1 - \frac{m_1}{N_1}$后面再减去一项，于是得到技术A的扩散模型：

$$\frac{\mathrm{d}m_1(t)}{\mathrm{d}t} = r_1 m_1 \left(1 - \frac{m_1}{N_1} - \sigma_1 \frac{m_2}{N_2}\right) \tag{7.20}$$

其中，σ_1表示在传播过程中技术B对技术A的影响程度。同理可得技术B的扩散模型为：

$$\frac{\mathrm{d}m_2(t)}{\mathrm{d}t} = r_2 m_2 \left(1 - \frac{m_2}{N_2} - \sigma_2 \frac{m_1}{N_1}\right) \tag{7.21}$$

选择技术A、B中的一个扩散方程将其简化为Logistic模型的形式来研究场源稳定阶段的技术扩散速度：

$$m(t) = \frac{N}{1 + Ce^{\alpha - \beta t}} \tag{7.22}$$

$m(t)$表示t时刻技术A在市场占有量的变化量

C为常数系数，α为自发性扩散系数，β为影响性扩散系数。其中，α、β的取值大小只与技术本身的特征和扩散过程中的影响因素有关。对$m(t)$求导，即可得出本阶段的技术扩散速度方程：

$$v(t) = m^{'}(t) = \frac{CN\beta e^{a-\beta t}}{(1 + Ce^{a-\beta t})^2} \qquad (7.23)$$

③场源衰退阶段。

随着新场源的成熟和原场源自身的衰退，原场源的扩散速度将会放慢或是趋近于零。但是，已形成的市场扩散规模对此时扩散速度的减慢起到了一定的缓冲作用，阻滞了新技术对原场源的衰退影响系数：

$$\frac{dm(t)}{dt} = -rm_1\left(1 - \frac{m_2}{N_1} + \omega \frac{m_2}{N_2}\right) \qquad (7.24)$$

将上述模型简化为 Logistic 模型形式得：

$$m(t) = \frac{N}{1 + Ce^{-\alpha-\beta t}} \qquad (7.25)$$

对 $m(t)$ 一阶求导即可得出该阶段技术扩散的速度模型：

$$v(t) = m^{'}(t) = -\frac{CN\beta e^{-a-\beta t}}{(1 + Ce^{-a-\beta t})^2} \qquad (7.26)$$

α 为原场源自身衰退的减速作用系数，β 为新场源对原场源的加速作用系数综上所述，这三个阶段的技术扩散速度模型可归纳整理为一个公式：

$$v(t) = \frac{CN\beta e^{a+\beta t}}{(1 + Ce^{a+\beta t})^2} \begin{cases} \alpha = 0,\ \beta > 0 & （技术扩散场源形成阶段）\\ \alpha < 0,\ \beta < 0\ \alpha > 0,\ \beta < 0 & （技术扩散场源稳定阶段）\\ \alpha < 0,\ \beta < 0 & （技术扩散场源衰退阶段）\end{cases}$$

这里我们需要区分的是，在场源形成阶段表示的是自发扩散系数，而在场源稳定阶段和衰退阶段表示的是外部竞争技术对原场源技术扩散的影响系数。

（6）农户技术采用速度模型。

基于极大似然原理的概率模型是研究农户技术采用速度的主要模型。该模型认为，农户作为技术采用者，其家庭特征是不同的。农户决定是否采用某项农业技术可能受到一些因素的影响。这些因素对农户决定是否采用都有一个临界水平。当农户某一因素越过该临界水平时就可能采用该技术。临界水平可以由农户的效用函数表示，即取决于新技术所能产生的收益及其风险。技术采用中的收益是变化的，不同农户的风险规避程度存在差异。假定在 t 时刻，技术能够为农户带来的年收益为 A_t，技术使用年限为 N，农户经过风险贴现的利率为 R_i，则农户对技术的估计值为：

$$ER_i = \sum_{i=0}^{N} \frac{A_t}{(1 + R_i)^t} \qquad (7.27)$$

在技术采用过程中 A_t 和 R_i 都是变化的。如前所述，存在一个使农户采用技术的临界水平，当他对技术收益的估计大于技术成本时，农户就会采用技术。用对技术年收益估计和风险规避程度表示的农户间差别，表明了对于某些技术而言，为什么有的农户是早期采用者，有些为晚期采用者。农户的技术评价能力和采用技术的风险在采用中是变动的，这就决定了农户采用技术有一定的概率性。

小　　结

农业科学技术是揭示农业生产领域发展规律的知识体系及其在生产中应用成果的总称。狭义的农业科学技术是指人类的农业生产技能和技巧，广义的农业科学技术是指凝结在农业生产力中的人的智力。农业科学技术的类型有软技术和硬技术之分，按照经济形态结构不同，又可以划分为机械技术型、生物技术型、机械+生物技术型。农业科学技术具有广泛的社会性、外部的经济特性、深刻的经济性、多元的选择性、复杂的关联性、明显的阶段性的特征。农业科技进步对农业的发展是有重要贡献的。

农业技术创新是指农业技术的研发，包括农业科技创新研发、开展区域性试验直到取得农业科技成果，以满足农业生产需求，实现农业技术与农业经济相互促进和转化。它表现出区域性和季节性、创新主体多且松散、明显的公共产品特性、持续的非市场性、供给双向约束性等特点。根据我国农业的特点，技术创新的驱动模式一般可分为政府供给主导型模式、市场需求推动模式和综合组织驱动模式。

农业技术扩散则是指一种农业新技术、新发明、新成果等从创新源头开始向周围传播，被广大农户、农民或涉农企业普遍接受、采纳、使用的过程，它是由众多的个人采用新技术决定的结果。科技成果转化是指对具有实用价值的农业科技成果进行的后续试验、开发、应用、推广，直至取得经济、社会或生态效益的运作过程。运用科技成果转换的模式，进行科技成果的转换，从而使农业科学技术更好地应用到农业。

关　键　词

农业科学技术　农业科学技术创新　农业科学技术扩散　科技进步贡献率科技成果转换

复习思考题

1. 什么是农业科学技术？农业科学技术的类型有哪些？
2. 农业科学技术有哪些特征？
3. 农业科技进步含义是什么？
4. 农业科技进步的实质是什么？
5. 农业科技进步对农业的发展有什么贡献？
6. 什么是农业技术创新？技术创新的类型有哪些？
7. 农业技术创新的过程是什么？
8. 简述农业技术创新的主要模式与主体。
9. 农业科学技术扩散的要素和维度有哪些？
10. 简述农业科学技术扩散速度模型。

主要参考文献

［1］陈玉萍，吴海涛. 农业技术扩散与农户经济行为［M］. 湖北人民出版社，2010.

［2］Rogers，E.. Diffusion of Innovation［M］. New York：Free Press of Glencoe，1962.

［3］曹建民，胡瑞法，黄季焜. 技术推广与农民对新技术的修正采用：农民参与技术培训和采用新技术的意愿及其影响因素分析［J］. 中国软科学，2005（6）：66-67.

［4］弗兰克·艾利思. 农民经济学：农民家庭农业和农业发展［M］. 胡景北，译. 上海人民出版社，2006.

［5］高启杰. 农业推广学［M］. 中国农业大学出版社，2003.

［6］胡瑞法，黄季焜，等. 中国农技推广：现状、问题及解决对策［J］. 管理世界，2004（5）：50-75.

［7］黄季焜. 六十年中国农业的发展和三十年改革奇迹——制度创新、技术进步和市场改革［J］. 农业技术经济，2010（1）：4-18.

［8］蒋和平. 当代农业新技术革命与中国农业科技发展［M］. 江西人民出版社，2002.

［9］林毅夫．制度、技术与中国农业发展［M］．上海人民出版社，2005.

［10］吴海涛．云南南部山区农户改良陆稻技术采用及其影响研究［D］．中南财经政法大学学位论文，2009.

第八章 农业资金

☞【学习目标】

本章介绍了农业资金的概念、基本特征和来源；阐述了农业财政资金、农业金融与保险以及农业社会资本的基本知识。

学习本章后，你应该能够：

（1）掌握农业资金的基本特征与来源。

（2）了解农业财政资金的作用、投入原则以及当前我国财政资金的投入现状。

（3）熟悉农业金融的基本概念与农业信贷资金的融资渠道，了解我国农业金融改革的路径。

（4）掌握农业社会资本投资农业的意义和投资模式。

第一节　农业资金概述

马克思在《资本论》第四卷《剩余价值理论》中指出，"生产逐年扩大是由于两个原因：第一，由于投入生产的资本不断增长；第二，由于资本使用的效率不断提高"①。资本在扩大再生产和产业发展进程中的重要性不言而喻。而农业资金，作为农业基本生产要素中流动性最强、活跃性最高、替代弹性最大的要素，则成为农业发展的"第一推动力和持续的动力"。理解农业资金的界定、特征及来源，对于如何合理利用农业资金以支撑农业经济的可持续发展，具有重要的意义。

一、农业资金的概念与分类

随着我国农业生产从自给自足走向市场化经营，农业市场从封闭逐步走向

---

① 马克思. 马克思恩格斯全集（第 26 卷）［M］. 人民出版社，1975：598.

176

开放与完善，学术界对于"农业资金"这一概念的界定，也发生了相应的转变。

20 世纪 80 年代，我国处于改革开放初期，农业经济总量逐渐恢复增长。此时"农业资金"的定义强调资金的生产用途和社会属性，即农业资金是社会主义农业再生产过程中，用于生产或经营的不断循环周转的价值运动形式。资金有货币和物质两种形态，它们都凝结了人类一般劳动，具有价值，而且只有用于生产或经营，才称为资金，用于生活则不能称为资金。在资本主义社会，货币和生产资料掌握在资本家手里，成为剥削劳动人民的工具，故称为资本。在社会主义制度下，生产过程不存在人剥削人的关系，因而称为资金。①

到了 90 年代，我国工业化进程快速推进，农业发展也进入了由传统农业向现代农业全面转型的阶段。这个时期的"农业资金"，侧重于农业的再生产过程，即农业资金是指国家（包括财政、信贷）、集体、农户用于农业生产建设的资金与国家农业利用外资的总和，是农业再生产过程中以货币表现的物化劳动与活劳动投入的总价值量②。

进入 21 世纪以来，我国农业现代化的步伐日益加快，学术界对于"农业资金"的理解也愈发成熟，普遍将农业资金分为广义和狭义予以分析。其中广义的农业资金是指国家、个人或社会其他部门投入农业领域的各种货币资金、实物资本和无形资产，以及在农业生产经营过程中形成的各种流动资产、固定资产和其他资产的总和。狭义的农业资金是指社会各投资主体投入农业的各种货币资金。③

综合"农业资金"这一概念的历史变迁和当前我国农业经济发展的新特点、新形势，我们认为，农业资金有广义和狭义之分。广义的农业资金即农业资本，指公共部门和私人部门投入农业领域的货币、实物、技术、人力资本的总称。狭义的农业资金是货币化的农业资本，在本章的讨论中特指农业资本中的货币资金部分。

农业资金涉及的种类多，涵盖的范围广。从农业生产全过程中资金投入的对象来看，主要可分为农业生产资金、农业经营管理资金、农产品销售资金和农业技术资金。

农业生产资金是指直接投入农业生产环节的资金，主要包括用于购买农业

---

① 周海粟. 农业经济管理学［M］. 南京大学出版社，1988.

② 赖瑞华. 中国农业资金问题研究［M］. 中国人民大学出版社，1991.

③ 李秉龙，薛兴利. 农业经济学［M］. 中国农业大学出版社，2003.

生产资料的资金、支付农业生产过程中产生的经常性费用和人工费用的资金、建设和维护农业基础设施的资金。农业生产资料的投入是农业生产开展的前提。在现代化的农业生产中，无论是进行初级农产品的种植还是对农副产品的加工，都对现代化农业机械设备的应用提出了要求。除了农机器具等固定生产资料外，种子、化肥、农药等消耗性生产资料的投入同样必不可少。同时，农业生产过程中还需支付水电费、防疫费等经常性费用以及人力劳动投入所产生的人工费用。农业基础设施的完善与否直接影响农业生产效果的好坏，因此对农田水利设施、农业生产道路、农业电力设施等基础设施的建设与维护是必不可少的。但农业基础设施的建设所需的大量资金往往超出了农户所能承受的范围，所以这一部分资金主要是由政府机构或农业经济合作组织等承担。

农业经营管理资金包括农户用于获取农业公共服务的资金和农业企业、农业生产组织等用于维持日常经营的资金。为了实现生产过程的顺利进行，农户需要了解最新的农业市场走向，获取气象条件、自然灾害预报等农业生产信息，接受农业教育和培训等，这些公共服务的获得，常常要求农户支付一定的资金投入。农业企业和其他农业生产组织需要保证其人力资源、财务会计等职能部门的运行和对外商务合作的实现，这都要求办公费、差旅费、业务招待费、工会经费等经营管理费用的支出。

农产品销售资金是指农产品从成品产出到投入市场，最终实现市场价值这一阶段产生的各项费用，具体包括农产品的运输费用、保鲜存储费用、品牌宣传费用等。销售环节是农业产品从实物产品转化为市场价值的关键，因此农产品销售资金的投入，对于农业生产全过程的实现来说具有重要的意义。

农业技术资金包括用于农业技术开发和农业技术推广的资金。农业技术的革新是提高农业社会生产力的根本途径，因此世界各国在促进农业经济发展的过程中，都极其重视农业科学技术的研发和推广。目前我国的许多农业关键技术已经达到了世界先进水平，如杂交水稻、杂交玉米、转基因抗虫棉等基因和转基因技术，以及低毒高效农药、生物防虫害技术等重大病虫综合防治技术①。新研发的农业科技需要通过农业推广才能实际应用于农业生产中，政府部门应当重视农业推广的资金投入，使农民更多地得到农业新技术的示范、培训和指导，真正从农业技术创新中受益。

---

① 刘春香，闫国庆．我国农业技术创新成效研究［J］．农业经济问题，2012（2）：32-37，110-111.

二、农业资金的特点

农业资金涉及农业生产、经营、管理的方方面面，要准确把握农业资金的概念和属性，就必须对农业资金的本质特点进行深入剖析。

(一) 农业资金的一般特点

农业资金属于货币资金投入，本身便具有资金的一般性特点：

1. 流动性

在现代企业经营的财务管理中，流动性是指资产在短时间内以合理价格顺利变现的能力。对于土地、生产机械、基础设施等农业生产要素而言，受制于其本身的形态和功能，一旦投入生产领域，便成为农业生产主体的固定资产，难以在短期内实现要素投入结构的变动。而农业资金本身即以货币的形式存在，不受资产形态的影响，可灵活分配到农业生产过程的各个环节，因此在资产的流动性方面，具有天然的优势。

2. 增值性

资金的增值性是指货币资金投入经济活动中获得相应回报，实现资金保值增值的能力，是资金的基本属性。在市场经济条件下，收益的最大化是投资主体参与市场活动的主要驱动力。收益是财产运作所产生的孳息，不同行业、领域的收益增值能力的差异，直接影响着社会投资的分配格局。

3. 周转性

资金具有周转性，指的是资金的运动在生产经营过程中是以循环周转的形式存在的。农业资金在农业生产的初期，通过对农业机械、种子、肥料等基本生产要素的购置，从货币形态转化为实物形态，并在持续不断的生产要素和人力劳动的投入下，获得农业产品的产出。在市场销售阶段，生产者以农产品在市场交易中获取货币收入，生产资金又从实物形态转变为货币形态，从而进入下一阶段的农业再生产过程。

(二) 农业资金的特殊性

农业资金是投入农业领域的货币资金，受到农业生产经营活动自身特性的影响，与一般的资金投入相比，又表现出一些不同的品质。

1. 农业资金的不稳定性

农业资金投入的不稳定性来源于农业生产活动的风险性。一方面，农业生产的效果与自然环境状况密不可分。农业产出的大小受到光照、热量、降水、土壤肥力等自然条件的限制，尤其是干旱、洪水、雨涝、雪灾等自然灾害的发生，往往会对一个地区的农业活动造成严重的打击。在农业生产的自然风险得不到有效分散的情况下，投资者对于农业资金投入的积极性自然也难以提高。另一方面，农业生产是一个长期的过程，这使得农业资金从投入到获得收益，必然要经历一个较长的周期。农业生产活动的周期长，会增大农业生产人为风险的负面影响。当前我国的农业市场普遍存在着信息不对称的现象，农业生产者在利润的驱使下，往往会对市场走向做出非理性的预期，进而做出盲目扩大生产等不合理的决策。如果某个品种的初级农产品在上一周期的销售情况良好，那么农民很可能会跟风种植，扩大生产，造成短期内该品种的农产品被大量推向市场，形成供过于求的局面。这不仅会降低农产品的价格，压缩农业收益空间，还极易形成农产品滞销的情况。2014 年底，青海、山东、广东、河北等地均出现了牛奶滞销的情况，"倒奶杀牛"等现象屡见报端。2015 年，山东、河南等地发生蔬菜滞销，单是南阳市的一个种植合作社就有超过 500 吨有机蔬菜找不到销路，只能烂在地里①。农业生产的自然风险和人为风险使得农业投资收益存在一定的波动性，这也就造成了农业资金投入的不稳定性。

2. 农业资金的低收益性

相比于第二、第三产业，第一产业的社会投资回报水平普遍较低。我国的产业经济发展长期存在工农产品价格的"剪刀差"，即工业产品和农业产品的不等价交换现象：工业产品的价格高于其价值，而农业产品则相反。在社会生产技术和方法没有大的突破的情况下，一定时期内的产业生产成本是相对稳定的，此时工农产品价格剪刀差的存在，会对工农业产出的总量和价值产生直接的影响，从而拉大工业和农业在投资回报水平上的差距。在市场经济运行中，高收益率将会吸引更多的社会资本向该产业流动，而农业投资的低收益性，也就造成了农业生产融资筹资的困难。

3. 农业资金的外部性

农业生产状况，不仅关系着我国的粮食安全问题，还与农民的生计保障密切相关。这一特殊的性质，使得农业资金不只从农产品投入市场交易中获得经济效益，更具有社会效益和生态效益。如观光农业的发展，在获取瓜果、蔬菜等农产品的经济效益的同时，也起到了保护生态环境，维护区域生态平衡，营造优美生态景观的作用，并为公众提供了美学欣赏价值。这表明，农业资金的投入存在显著的外部效应。外部性的存在，在完全竞争市场的条件下，会造成边际私人成本与边际社会成本，以及边际私人收益与边际社会收益的不一致，从而无法实现社会资源的帕累托最优配置。

---

① 王选辉，林晖 . 河南南阳超 500 吨有机蔬菜滞销喂鸡［J］. 法制晚报，2015，3（19）.

三、农业资金的来源

按照投资主体的不同，农业资金的来源有农户、农业企业和其他农业经济组织、政府、银行金融机构和国外农业资金投入等多个渠道。不同投入来源的优势和局限性比较见表8-1。

表8-1　　　　　　　　　　　　农业资金投入来源

投资主体	农户	农业企业	政府	银行金融机构	国外资金
投资目的	实现自身生计的发展	追求利润最大化和成本最小化	追求公众利益的最大化	追求资金收益的最大化	多种目标
投入方式	短期投资为主	短期投资和长期投资兼顾	长期投资为主	短期投资为主	短期投资为主
优势	对生产要素的投入具有针对性和灵活性，资金利用效率高	资金利用效率高，投资效益较好	兼顾社会效益和生态效益，能有效提供农业公共服务和基础设施建设	能为农业生产者提供信贷资金，促进农业经济发展	一些国际经济组织能提供大额低息的农业贷款
局限性	投资规模小，不稳定	仅关注企业自身的经济效益，无法解决农业生产的外部性问题	资金利用效率低，投资效益较差	投资方式的主动性差	依赖于政策与国际合作协议，灵活性较差

（一）农户的农业资金投入

农户是农业生产的直接承担者，农户的自有资金负担了购置农业生产资料和农机器械、获取农业信息和服务的大部分款项。农户也是最小的农业生产经营单位，农户自有资金主要来自于农产品的销售收入和其他劳动收入的积累。农户不仅是小型生产组织，也是以家庭为单位的生活组织，农户的自有资金首先是要用于支撑农民家庭生计发展的。而在扣除这部分的支出之后，能够用于扩大农业生产的资金，往往也所剩无几了。因此农户对于农业资金的投入通常以短期投资为主，集中于消耗性农业生产资料的购置方面，能够针对最需要的生产要素进行灵活投入，资金的利用效率高。但农户受制于自有资金规模的影响，对于农业生产的资金投入总量具有不稳定性，无法承担农业基础设施等大型农业工程的建设。可见，农户是农业生产最主要的投资主体，同时也是农业资金最迫切的需求者。

（二）农业企业和其他农业经济组织的农业资金投入

农业企业、农村生产小组、农村集体经济组织和农业生产合作组织等农业经济组织也是农业生产的直接参与者和农业资金的主要投入者。农业企业采用现代化的组织构架和管理模式参与农、林、牧、副、渔等农业生产经营活动，实行自主经营和独立经济核算。在利润最大化的目标下，农业企业在生产经营中时刻关注着销售收益和生产成本，并能够根据市场动向，运用现代企业战略决策手段调整企业的生产经营策略，保证农业资金的稳定获得、长期积累和持续投入，因此农业企业资金的投入往往利用效率高，投资收益好，能够兼顾短期投资和长期投资。但也正是因为处在利润导向下，企业更多关注的是自身的盈利和发展，而无法顾及农业生产的外部性治理，如农田污染、生态环境破坏等。农业企业能为农业生产源源不断地注入资金，但难以承担提供农业公共服务、保护农业生态环境等公共领域的责任。

（三）政府的农业资金投入

政府以农业财政专项资金的形式参与农业资金的投入，对于农业公共服务、农业基础设施建设、农业技术推广和农业生产补贴等公共领域支出的拨付是无偿的。政府关注国家的粮食安全和农业经济的长期、可持续发展，能够从宏观的层面对农业生产进行战略性的资金投入，从而引导农户的生产行为，调节农产品市场的供求状况。政府行为追求公共利益的最大化，注重农业生产的社会效益和生态效益。政府对农户的生产补贴直接缓解了农户生产资金紧张的状况，允许农民将更多的自有资金用于提高自身的生活水平，有利于农户长久生计的发展。政府农业财政资金还负责参与农业生产外部性的治理，包括农田复垦、农田污染治理和农业生态环境保护等。凭借强大的财政资金的支持，政府能够实现农业资金的长期投入，但由于政府的投资是自上而下的，其对农业资金的安排一旦偏离农业生产者的实际需求，或其农业投资计划得不到有效执行，那么就会导致农业资金利用实际效率的低下。也正因为政府在农业资金投入中更看重社会效益和生态效益的实现，资金拨付通常是无偿的，这使得政府农业投资的经济效益普遍不高。

（四）银行金融机构的农业资金投入

银行金融机构主要为农业生产者提供农业信贷资金，是农业资金的重要提供者。农业企业和农户在农业生产中常常会遇到资金短缺、难以扩大生产的难题，而银行金融机构的农业贷款，便能很好地为农业生产者等融资提供解决方案。农业信贷是贷款方向农业生产者供应货币，并约定期限归还本金及相应利息的经济活动。可以看出银行金融机构在农业信贷活动中是以获取贷款利息为目的的，其对于贷款的许可与贷款额度的确定，取决于借款者的信用状况和到期还本付息的能力，而并不关心农业信贷资金的实际分配使用，不关注农业项目的发展前景和盈利效果。农业信贷资金的投入起始于农业生产者的借款申请，这使得银行金融机构在农业资金的投入中处在一个相对被动的地位，难以对农业资金在农业生产市场上的合理配置发挥更大的作用。

（五）国外农业资金投入

除了农户、农业企业、政府和银行金融机构等国内农业资金提供者外，国外的投资者同样也参与到了我国农业投资活动中。国外农业资金的投资主体呈现多样化的特点，包括外国政府、国际金融组织、国际基金等营利性和非营利性的组织机构。不同投资主体间的投资目标各不相同，如世界银行、亚洲开发银行等国际金融组织多提供援助性的农业低息贷款来支持发展中国家的农业生产，而外国政府提供的农业资金则更多地带有政治意味，是国际政治交往中的一项内容。国外农业资金的注入无疑能为我国农业生产者提供更多的发展机会，但国外资金受制于我国的对外政策，并依赖于各项农业国际合作协议，因而资金流动的灵活性较差。

第二节　农业财政资金

农业是国民经济的基础，农业发展是社会兴旺发达、人民生活水平提高的基本前提。但农业作为一个特殊的传统产业，在社会经济发展过程中也处于较为弱势的地位。农业的重要性和弱势性决定了政府必须对农业予以大力的财政支持与政策保护。而农业财政资金的投入，就是政府支持农业发展最直接的手段。

一、农业财政资金概述

农业财政资金是指政府财政支出中投入农业领域的资金，主要反映在财政预算中。农业财政资金包括中央和地方财政预算的农业资金；在不同的统计口径下，农业财政资金所含范围有所差异。小口径的农业财政资金由农业生产资金和农林水利气象的部门的事业费组成；中口径的农业财政资金在小口径的基础上加上了农业基础设施建设、农业科技研发与推广和农村救济等三项费用；大口径的农业财政资金包含了政府从间接渠道对农业发展的支持，如农产品出口补贴、种粮补贴、减免农业税等。①

农业财政支出是政府参与农业市场活动的基本方式，而农业财政资金的投入，对于农业经济的发展，起着至关重要的作用。第一，农业财政资金的投入可为农业经济发展提供公共产品和服务，弥补私人投资的天然缺陷。第二，农业财政资金的投入有利于农业外部性的校正，在最大化农业生产正外部性的同时，减少其负外部性的影响。第三，农业财政资金的投入有利于加速农业现代化进程和产业化发展。第四，农业财政资金的投入可缓解中小农业生产者资金紧缺的困境，增强农业市场主体的活力。第五，农业财政资金的投入可对宏观市场的发展起到引导作用，保障国家的粮食安全。

二、农业财政资金投入的原则

农业财政资金投入的时机、总量和投入的结构会对农业资金应用的效果产生直接的影响，因此政府必须保证农业财政投入的科学性，坚持效率优先、兼顾公平的基本方针，坚持经济效益、社会效益、生态效益相结合的可持续发展原则。

（一）效率原则

政府作为公权力的执行者，能够依法取得财政收入，从而为农业发展提供长期持续的财政资金支持，但这并不意味着政府的农业财政资金供给是无限量的。农业财政资金的分配具有强烈的政策导向，这是因为政府无法面面俱到地为农业经济提供全方位的支持。在财政资源有限的情况下，政府应当遵循效率原则，将农业财政资金用在最需要资金支持、最有利于促进农业经济宏观发展的地方。当前我国的农业财政资金普遍存在使用效率不高的现象。一些农民在得到农业生产补贴后，并未将资金用于扩大生产，或是将政府发放的农业生产资料直接倒卖，换取现金移作他用。坚持效率原则，不仅要注重农业财政资金分配的效率，更要保证资金使用执行的效率。

（二）公平原则

公平原则并不是要对财政资金进行平均分配，而是要运用财政资金对市场

---

① 李雪阳．湖北省财政农业支出的效益研究 ［D］．西南大学学位论文，2009．

经济所造成的地域或人群上的不公平状况进行矫正，以实现真正的公平①。对于农业发达地区和欠发达地区的扶持，政府应当坚持农业财政资金在总量和分配结构上的统筹兼顾。各地自然环境不同，农业的社会生产力水平也不同，这造成了在一定时期内，发达地区和欠发达地区的农业经济发展并非站在同一条起跑线上，并不能获得平等的发展机会。单纯依靠市场经济进行资源的配置，只会将更多的农业资源引向发达地区。此时政府必须介入资源配置当中，保证欠发达地区农业经济的发展机会，这就要求政府本着公平的原则，对农业财政资金进行合理的安排。

(三) 可持续发展原则

农业财政资金的可持续发展原则指政府对于农业资金的投入必须具有持续性，同时重视农业财政资金使用成效中经济效益、社会效益和生态效益的统一，从而为农业经济的可持续发展提供支持。农业生产是一个长期的过程，政府要实现促进农业经济健康快速发展的长期目标，就必须保证农业财政资金投入的持续性和稳定性。在农业财政资金的分配上，不能仅以农业项目所产生的经济效益大小作为衡量资金投入合理性的标准，而应该将社会效益和生态效益等多方面的因素纳入考虑的范围，坚持以综合效益最大化为价值导向。

三、农业财政资金的使用

(一) 农业财政资金的政策取向

1. 农业公共性财政资金

农业公共性财政资金指国家财政在公共产品生产、管理和维护方面的投入资金，如农业纯公共设施、公共服务等方面投入的资金。将农业私人产品投入与公共产品投入区分开来，反映了效率原则的要求。农业私人产品主要由农业的生产经营者自己投入，国家只是给予引导和帮助，根据公共财政的原则，应当逐步退出竞争性的农业私人产品供给领域，把农业财政资金主要集中在农业纯公共产品的生产和管理上，集中财力向农业公共资本性项目投资，提高公共资源配置的效率。

农业公共性财政资金投入的政策取向是，由中央和地方政府财政全额无偿支付纯农业公共产品的支出，主要包括农业公共设施费支付政策和农业公共事业服务费支付政策。这一部分的财政支出在长期应当是相对稳定的。要合理确

---

① 黄楚凌，邱伟兴，蔡君平，等．农业经济管理导论 [M]．华南农业大学出版社，1996：124.

定农业公共事业部门的事业费、农业公共设施的维护费、每年新增的公共设施费和公共服务支出等，在保持稳定的基础上，根据农业发展需要，保持一定幅度的增长。对于纯农业公共产品的支出，中央和地方以及地方各级政府之间要明确划分事权，并建立完善的政府间财政转移支付制度，以保证不同经济发展水平的各个地方的农业公共产品供给达到一般水平。

2. 农业调控性财政资金

农业调控性财政支出是指用于农业结构调整、引导农户行为、缓冲市场冲击等农业宏观调控方面的财政支出。和其他产业一样，在市场经济条件下，对农业进行宏观调控是经济发展的一般要求，它体现了稳定原则。农业宏观调控性财政支出的政策取向是采用财政补贴或设立稳定基金。

市场经济条件下的宏观调控是政府在市场机制配置资源的基础上进行的一种调控，政府通过运用一定数量的财政资金，利用其乘数效应来影响和干预私人部门的行为，从而调动大量的经济资源按照预定的目标进行配置，以保持经济总量平衡、价格稳定和收入持续增长。这一过程的一个显著特点是用少量的资金来带动大量资金的转移。要达到这个效果，采用财政全额支付的方式是不理想的，一是国家财政资金数量有限，二是这一方式并不能改变被调控对象的边际成本或边际收益，所以无法带动大量经济资源的流动。而采用财政补贴却正好能达到这一目的。另外，在市场受到外界冲击时，通过建立稳定基金来稳定市场是一种有效的方式。

3. 农业保护性财政资金

农业保护性财政资金是指用于对农业产业进行支持和保护的财政支出，它体现了公平的原则。对农业进行支持和保护是由农业本身的特性决定的。农业产业的外部性和弱质性的特点要求政府通过把农业巨大的正外部性内部化，来弥补市场失灵的不足，以实现国民经济的协调发展，达到整个社会利益的最优化。一方面，由于农业产业的正外部性（如提供良好的生态景观、优美的自然环境等），农业投入不仅由投入者本身受益，而且其效益要外溢到其他地区、部门和产业等受益对象。在产权难以界定的情况下，由于无法对外溢的利益进行收费和补偿，从而降低了私人部门对农业投入的激励。如果采用农业保护性补贴来矫正这种市场失灵的情况，则可以使农业发展水平达到社会最优的水平。另一方面，农业的弱质性和高风险的特点，使得农业的一般盈利水平低于其他产业，造成农业的私人投入水平和发展水平可能低于社会发展的最优水平。这也就需要通过财政补贴来激励农业的私人投入，并提高农业投资者的收益。

通过财政手段对农业进行支持与保护是世界各国的通行做法。在 WTO 框架中，允许政府对农业发展实施一定的保护和支持政策，主要包括对农民的一部分直接支付，收入保险和收入安全网计划中的政府补贴，环境保护计划下的支付以及区域发展援助计划下的支付等，还可以使用微量支持标准对农业进行支持。

农业保护性投入的政策取向是对农业进行保护性补贴和一定数额的转移支付。农业保护补贴政策包括：①对特殊家庭的收入支持补贴。②农业生产保护补贴。③农业保险补贴。④生态农业补贴。⑤收入保险和收入安全网计划补贴政策。⑥不超过微量支持标准的其他补贴等。农业的转移支付主要包括开发扶贫财政支出、区域性农业发展扶持财政支出等。

农业保护性财政支出应当根据国家保护农业的长期目标，确定农业保护补贴水平，推算出各期的农业保护补贴投入额。对区域开发和扶贫性的农业转移支付应当依据长期的开发和扶贫战略，瞄准贫困人口，根据经济景气实行弹性的转移支付制度。①

（二）农业财政资金使用效率低

随着中国政府对"三农"投入的持续增加，"三农"发展目标不断优化，"三农"投入的内涵与边界也在不断拓展。中国政府对"三农"的投入政策取向日趋多元化，不仅要夯实农村发展基础，增强农业发展后劲，提高农民农业收益，健全农村保障体制，更要让农民得到实实在在的好处。各级财政安排用于"三农"的各项资金投入，包括农村基础设施建设资金、农业生产发展资金、对农业和农民的直接补贴资金、农村社会事业发展资金等（见表8-2）。2010 年到 2014 年，全国一般预算农林水支出累计 57272 亿元，年均增长14.6%。2015 年，全国预算安排农林水支出 16953 亿元，比上年增长 11.4%。"十二五"期间，中央安排农业基建投资 10790 亿元，比"十一五"时期增加4990 亿元。② 农业财政资金，由申报者按照项目分类向主管部门申报，部门间各自为政，来自不同渠道的支农资金在使用方向、实施范围、建设内容、项目安排等方面有一定重复和交叉，造成一些项目和资金分配存在盲目性和随意性，各渠道下达的资金难以捆绑整合使用形成合力，在一定程度上造成了损失浪费。现在涉农资金政出多门，难以提高使用效率，并增加了寻租的空间。

---

① 李秉龙，薛兴利. 农业经济学［M］. 中国农业大学出版社，2009：213.
② 2015 年全国人大常委会农业法执法检查报告。

表 8-2   **财政资金在"三农"投入的分类及其内容**

分 类 项 目	内 容
支持农村基础设施建设类资金	主要是用于小型农田水利建设、病险水库治理、农村能源建设、农村饮水安全工程建设、农村公路建设、土地整理与耕地保护等
涉农补贴类资金	主要是粮食直补和综合直补、农作物良种补贴、农机具购置补贴、畜牧良种补贴、重大动物疫病强制免疫与扑杀补助、退耕还林补助、生态公益林补偿、森林植被恢复费、林业生态建设资金、家电下乡补贴、汽车摩托车下乡补贴、产粮大县奖励、油料生产大县奖励、生猪调出大县奖励等
支持农业产业化和社会化服务建设类资金	主要是支持农业产业化经营、现代农业生产发展、农村科技发展、万村千乡市场工程建设、新农村现代物流网络建设、政策性农业保险等
农业综合开发类资金	主要是用于农业综合开发土地治理、农业综合开发产业化经营等
农村综合改革类资金	主要是化解乡村债务和农村义务教育债务、国有农场税费改革、一事一议财政奖补试点等
农业防灾救灾类资金	主要是特大防汛抗旱补助、农业生产救灾资金、救济资金、地质灾害防治资金等
支持农村社会事业发展类资金	主要用于农村义务教育经费保障、农村中小学校舍建设、农村公共文化体系建设、计划生育奖励扶助和特别扶助、农民体育健身工程建设、农村劳动力转移培训、农村低保、新型农村合作医疗、农村医疗救助、农村医疗卫生服务体系建设、基本公共卫生服务均等化补助等医改资金、农村"五保"供养和敬老院改扩建、农村安居工程建设、新型农村养老保险试点、民政专项救助资金、农村环境保护、选聘大学生到村任职等
财政扶贫开发类资金	主要是各级财政部门安排的用于扶贫开发的资金
库区移民类资金	主要是各级财政安排的用于支持库区饮水、道路等生活生产设施建设和移民后期扶持、补助的资金
支持农村基层组织建设类资金	主要是村级组织活动场所建设、村级组织运转经费保障、乡镇机关办公用房建设等

不少地方为提高农业财政资金使用效率，在农业财政资金管理方面进行了改革，特别是在全面推进农业财政资金的整合方面进行了尝试，但还存在以下问题：

（1）条块分割、各自为政的资金管理格局，制约了资金整合的纵深推进。资金整合必然突破现行投资管理格局，势必引发部门间利益冲突，因而，其协调难度大，运行成本高。如果不深入进行农业管理体制改革，理顺财政农业投资管理体制，这些原发性矛盾将难以根本解决，农业资金整合就只能停留在"浅表层次"。

（2）边界不清、范围不明的整合行动，阻滞了资金整合示范效应的彰显。

（3）"以县为主"、"效率优先"的整合方式，凸显了县级财力的窘境。

（4）政府主导、监管乏力的整合机制，抑制了资金整合工作的可持续发展。强农惠农资金整合和统筹的监管力有限，多元化全过程监督机制尚未构建，借整合资金名义挪用强农惠农资金的现象时有发生，严重制约了资金整合绩效提升，造成不良的社会影响。

（三）整合农业财政资金的政策建议

要改变我国农业财政资金使用效率低的局面，就需要对农业财政资金进行整合。坚持以科学发展观为统领，围绕城乡一体化发展战略的总体部署，通过资金整合支持重点产业发展，逐步形成管理科学、使用高效的新机制。

1. 组建资金整合领导小组

农业财政资金包括 10 个大类近百个小项，涉及的部门多，协调任务重，工作难度大。资金整合工作是一项系统工程，需要各级党委和政府的高度重视，需要各相关部门的密切配合，更需要建立一个高规格的协调工作机构，加强资金整合的统筹规划和组织领导。建议在省市县各级行政层面成立农业财政资金整合领导小组，加强资金整合工作的组织领导、项目规划和部门协调。

2. 明确资金整合范围

农业财政资金包括了各级财政安排用于"三农"的各项资金投入。资金面广，来源渠道多，资金整合必须界定属性，明确范围。总体而言，除了政策性较强、有固定用途、救灾资金、补贴资金等特殊用途资金外，其余政府支农资金大多能够纳入整合范围。

3. 搭建资金整合平台

2004 年中央提出整合财政支农资金工作要求，经过十几年的实施，取得一定的效果，但是整合工作仍然停留在浅表层面，主要原因是缺乏有效整合的平台和载体。要解决这一问题，资金整合工作应按照"渠道不乱，用途不变，优势互补，形成合力"的原则，搭建三大整合平台：一是以"优势产品"、"特色农业"为平台进行资金整合；二是以"粮食安全"、"现代农业"为平台进行资金整合；三是以"农民教育培训"、"农村公共事业"为平台进行资金整合。

4. 创新资金整合方式

农业财政资金整合是一项长期而又艰巨的工作，需要进一步创新整合方式，提高整合效率。一是资金整合采用"以县为主，多级联动，整体打包，项目支持"方式；二是按照"资金渠道不变、审批权限不变、使用性质不变、管理职责不变"的原则，将项目申报、审批、使用整合在一个管理系统；三是整合主体实现政府、农民、农村合作组织和行业协会等多元化，让社会广泛参与和监督。

5. 构建资金整合长效机制

农业财政资金整合不是简单的资金拼盘和组合，不可能一蹴而就，因此，构建农业财政资金整合的长效机制尤为重要。一是构建强农惠农资金整合的长效投入机制；二是构建强农惠农资金整合的长效激励机制；三是构建强农惠农资金整合的长效监督机制。

第三节 农业金融与保险

一、农业金融

农业金融是在农村中以农业为主、包括非农产业在内的资金融通活动。狭义的解释与农业信贷同义，指金融组织在农村吸收存款、发放贷款的信用活动；广义的解释则认为，农业金融虽包含农业信贷，但不限于农业信贷，还应包括与农业信贷有关的投资、保险等活动。但不管怎样解释，农业信贷无疑是农业金融的基础与核心。[1][2]

农业金融不等于农村金融，两者既有区别也有联系。农业金融是农村金融的重要组成部分。但两者服务的对象不同：前者主要是农业、农民及其相关组织，后者服务对象是整个农村社会经济。

---

[1] 《外国农业金融》编写组 . 外国农业金融 [M] . 中国金融出版社，1988：1.

[2] 王雅鹏 . 现代农业经济学 [M] . 中国农业出版社，2012：311-313.

（一）农业金融机构

随着我国农业经济的发展与农村金融体制改革的深化，目前，我国农村涉农金融机构迅速增长，涉农贷款总量不断增加，涉农金融产品形式也不断创新。农村地区日趋形成包括商业性、政策性、合作性金融机构在内的、以正规金融机构为主导、以农村信用合作社为核心的农业金融体系（见图8-1）。

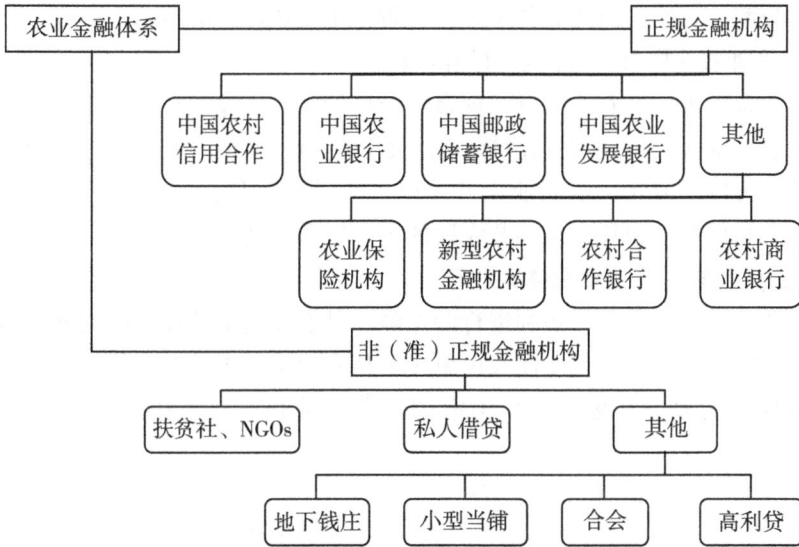

图 8-1　中国农业金融机构组织体系

（二）农业金融的作用

农业金融与农业发展关系密切，它不仅为农业生产、经营和农村建设提供资金保证，增加了投入，促进了农业发展，而且为农村经济体制变革和农业科技进步提供了有效的保障，确保各项政策和计划的实施。因此，农业金融是农业和农村发展的重要条件。①

1. 筹集和分配农业资金，支持农业经济发展

农业发展需要大量资金，除农村经济单位、农户自筹之外，还可以得到国家财政支持，但数额有限，因此这些资金需求的满足主要依靠农业金融的力量。随着农村经济的发展和农民收入增加，资金的暂时闲置和资金的暂时短缺

---

① 单玉丽，刘克辉．台湾工业化过程中的现代农业发展［M］．知识产权出版社，2009：285.

同时存在，需要农业金融发挥筹集和分配资金的作用。

2. 调节货币资金，稳定农村经济

就农村经济而言，农村购买力直接影响到城市市场上的商品实现，农村所提供的粮食和其他物质又直接影响城乡的生产生活，因此，宏观上要求对整个农村经济进行调节，保持农村经济的稳定和可持续发展。农业金融是调节农村经济的重要杠杆。农业金融主要是通过资金分配来调节农村经济，它渗透到了生产、分配、交换、消费等各个环节，贯穿于农业经济活动的全过程。

3. 管理农业资金，提高农村经济效益

农业金融机构是农业信贷、现金和结算的中心，通过自己的业务活动，能在管理农村资金、提高农村经济效益方面发挥重要作用。农业金融机构通过信贷活动，可以了解农民的农业生产情况，通过发放贷款的贷与不贷、贷多贷少、利息高低和期限长短来调节农民的生产经营活动。

（三）我国的农业金融体系改革

农业金融是农业生产顺利进行的保障，是农业经济持续发展的助推器。农业金融制度的完善，不仅能使农民更多地从农业生产中受益，使农业企业不断扩大自身的实力，更是对一个国家的农业产业化、现代化经营有着重要的意义。

1. 我国农业金融体系的改革历程

中华人民共和国成立以来，我国一直在不断探索与国情相适应的农业金融制度，改革的步伐从未停歇。从我国农业金融体系的形成和历史演变来看，我国农业金融改革的历程可分为三个阶段。

（1）农业金融体系的形成阶段（1949—1978年）。

这一阶段中，我国处于计划经济时期，社会主义农业金融体系经历了从无到有的转变。中华人民共和国成立后，我国初步建立了农业金融组织体系和服务体系，但在国内外复杂形势的影响和干扰下，中国农村金融建设和改革一波三折，在曲折中艰难探索①。1950年中共中央颁布《关于建立国家金融体系的决定(草案)》，为农业金融体系的建设勾勒了初步的蓝图，基本形成了以农业信用社和农业银行为核心的农业金融格局。1958年开始的"大跃进"和人民公社化运动，对尚为雏形的我国农业金融制度造成了极大的破坏。尽管"文化大革命"期间国家推行农业机械化的战略，使农业经济得到了一定的恢复，但农业金融体系的建设并未取得更大的成效。

---

① 金运.中国农村金融改革发展历程及改革思路［D］.吉林大学学位论文，2015.

（2）农业金融体系的市场化改革阶段（1978—2002年）。

1978年，我国实行改革开放政策，实现了市场经济体制服务于社会主义经济建设的历史性的跨越。这个阶段中我国农业金融体系的改革主要围绕两个主题，一是对农业金融机构的恢复和扶持，二是探索计划经济时代农业金融体系的改革路径，使之适应市场经济体制的要求。1979年，中央出台《关于恢复中国农业银行的通知》，农业银行在经历了"文化大革命"时期的停摆后，再度参与到农业金融活动中。1996年，国务院出台《关于农村金融体制改革的决定》，提出"建立和完善以合作金融为基础，商业性金融、政策性金融分工协作的农业金融体系"①。其后，农村信用社从政府主导的自上而下管理的阶段，进入了合作制改革阶段。90年代中后期，以农村信用社、农业银行、农业发展银行、国家开发银行和邮政储蓄为主的现代农业金融体系在我国基本建立。

（3）农业金融体系的深化改革阶段（2003年至今）。

2003年和2004年，国务院相继出台《深化农村信用社改革试点方案》和《关于进一步深化农村信用社改革试点的意见》，开始了农村信用社以明晰产权为重点的新一轮改革，同时也拉开了我国农村金融体系进一步深化改革的大幕。2007年开始，农业银行逐步开展股份制改造，实现了向商业银行的转变。2014年，国务院通过《中国农业发展银行改革实施总体方案》，作为政策性金融机构的农业发展银行，也正式开始推进其现代化体制的改革。在改革原有农业金融体系的同时，我国也在不断为农业生产融资筹资探索新的路径。从2006年开始，中央陆续出台一系列文件，降低了农业金融市场的准入门槛，为更多的农业金融组织参与农业金融活动创造了可能。

2. 我国农业金融体系的改革方向

农业金融体系的改革是一个不断探索和深化的过程。随着我国市场经济的发展和经济全球化程度的加深，农业金融体系在新时期的社会经济条件下又面临了一系列新的机遇和挑战。使农业金融体系适应时代的要求，最有效率地服务于农业经济发展，为农业生产者提供切实的帮助，是我国农业金融体系深化改革所追求的目标。

在今后的农业金融体系改革中，我们应当明确几个基本的改革方向：

一是要坚持农业金融改革的市场化方向。计划经济时代已经离我们远去，

---

① 中共中央文献研究室. 十四大以来重要文献选编（下）［M］. 人民出版社，1999：1997.

在市场经济腾飞的今天，要想通过农业金融来实现农业资源的优化配置，就必须坚持农业金融改革的市场化方向不能变。这就要求政府转变其在农业金融活动中的角色，把握好对农业金融的干预尺度，划清政府职能的边界，使政府更多地承担引导市场宏观战略发展方向，保障弱势市场主体的责任，而不是一味强调对农业金融发展的控制和掌握。

二是要提高农业金融市场的开放程度。当前我国的农村金融体系主要由政策性金融、商业性金融等正规金融机构构成，民间金融、农业合作基金会等非正规的金融机构，一直游走在法律的灰色地带。我们必须清楚地看到，在农业金融市场上，非正规的金融机构是一直存在、普遍存在并且将长久存在下去的。一味地进行否定和打压并不是出路，逐步探索非正规金融机构的合法化途径，并采取监督管理措施使这些机构实现规范化经营，才是明智的解决之道。要做到这一点，就必须提高农业金融市场的开放程度，在不断完善农业金融机构管理制度的同时，进一步降低市场准入门槛，让更多的农业金融机构参与到市场活动中，为农户和农业企业提供服务。

三是要优化农业金融发展环境。从自上而下的角度，中央和省级政府应当开展科学的农业金融体系的顶层设计，为农业金融的发展提供宏观指引。从自下而上的角度，政府应当注重市场主体的培育，不仅要支持农业资金供给主体的发展，更要提高农业资金需求主体的素质，从而便利农业金融活动的顺利进行。在宏观引导和微观扶持双管齐下的同时，也要注重扫清农业金融发展的制度障碍，为农业金融机构和农业生产者在农业金融市场的活动中提供更为适宜的发展环境。

（四）农业金融的核心——农业信贷

1. 农业信贷的分类

农业信贷是农业金融的基础与核心，农业信贷的发展状况决定了农业金融的发展水平。一般地，农业信贷资金按照其性质不同，可划分为商业性农业信贷资金、合作性农业信贷资金、政策性农业信贷资金和民间农业借贷资金四种类型。

（1）商业性农业信贷资金。

商业性农业信贷资金是指以营利为目的农业信贷机构所提供的农业信贷资金。目前，我国农村商业性金融机构主要包括中国农业银行和中国邮政储蓄银行。这种金融中介组织不仅吸收存款而且提供贷款，以赚取存贷利差。截至

2011 年末，农业银行涉农贷款余额为 1.7 万亿元，占全部贷款余额的 30.3%；中国邮政储蓄银行在全国拥有位于县及县以下农村地区的邮政储蓄网点 2.96 万个①。

（2）合作性农业信贷资金。

合作性农业信贷资金是由农业信用合作社提供的农业信贷资金。其优点在于通过合作性农业信贷组织使得农业资金的需求者之间相互融通，提高农业资金的使用效率，并降低农业信贷的交易成本。但是，由于农村信用合作金融体制改革不到位，商业化经营动机十分强烈，提供的合作信用服务覆盖面过窄，农村信用合作社并不具备规范的合作金融性质，难以为社员提供基本的信贷保障。

（3）政策性农业信贷资金。

政策性农业信贷资金是指由政府的农业政策性农业信贷机构提供的农业信贷资金。农业政策性信贷机构是由政府出资成立并经营，专门贯彻和执行政府的农村经济政策和意图的金融工具。农业政策性信贷机构一般不直接吸收存款，其贷款资金来自于政府提供的财政资金、中央银行借款和市场融资，提供的农业贷款一般按照优惠的利率提供给农业信贷的需求者，其目标主要是实现社会效益最大化，具有政策性、非竞争性和非营利性。

（4）民间农业信贷资金。

在我国，民间借贷历史悠久，目前在事实上也成为农村金融资金主要的供给者。民间农业信贷资金是指由民间个人农业信贷供给者利用其自有资金提供的农业信贷资金。我国民间农业借贷资金的借贷期限较短，一般不超过 1 年，借贷利率高低不一，资金投向领域较宽，服务对象复杂；以信用贷款为主，亲情、人情仍是农村民间借贷的主要基础。

2. 农业信贷的融资渠道

农业信贷资金的融资渠道是指农业项目筹集资金的方向与来源。我国农业信贷资金的来源主要有国内信贷资金和国外信贷资金两部分。国内信贷资金的融资渠道主要包括银行信贷资金、非银行金融机构资金和民间资金。而国外的农业信贷资金融资渠道通常是通过委托国内的金融机构以长期农业贷款的形式进行投资，如世界银行的农业贷款等。因此，国外的农业资金也是构成农业信贷资金的一个组成部分。

（1）国内信贷资金。

---

① 中国人民银行. 中国农村金融服务报告 2011 ［R］. 中国人民银行网站，2011.

①银行信贷资金。由于我国的财政收入占 GDP 比重不高且发展不平衡，因此，财政所能提供的资金难以满足农业项目的建设需要。另外，我国农村的资本市场发育尚不成熟，融资工具单一，难以筹集大量的资金。因此，银行信贷资金是目前农业项目信贷融资的主要渠道。比如基础设施项目，建设期长且资金需求量大，银行信贷资金特别是长期信贷资金，成为农业项目建设的主要资金来源①。我国目前银行信贷融资渠道主要包括商业性金融渠道、政策性金融渠道和合作性金融渠道，形成了商业性银行、政策性银行和农村合作性金融机构分工协作的组织机构体系。其中，农业商业性金融支持的主体是以农业银行为主导、包括其他商业银行的金融支持结构，主要肩负农业项目实施中龙头企业、市场体系、农业商品基地、流动资金的需求，驻农村的国家机关、团体、学校、部队和农口系统的待用财政经费存款、农村人民储蓄是农业银行最主要的信贷资金来源，也是我国农村较重要的资金来源。政策性金融渠道是由中国农业发展银行承担，主要担负有一定的收益，但其短期效益低而长期效益高，或微观效益低而宏观效益高的农业项目的资金融通；农村信用合作社则作为我国农村合作性金融制度的主要表现形式，主要支持一般性农业生产和基地建设。

②非银行金融机构资金。非银行金融机构是指除了银行以外的各种金融机构及金融中介机构，在实践中也为农业生产和农村经济发展提供了一定的资金支持。目前在我国，非银行金融机构主要包括租赁公司、保险公司、信托投资公司、证券公司和财务公司等。非银行金融机构资金来源灵活多样，但是筹资成本相对较高，这些金融机构的筹资范围和财力虽然不如财政资金和银行信贷资金，但是具有广阔的发展前景。

③民间资金。民间资金主要指广大城乡居民收支结余形成的闲置资金。居民的收入除用于个人消费外，还有大量的节余货币资金。目前，可供居民个人选择的投资渠道极为有限，股票市场不发达，债券市场不规范，基金业刚起步，期货市场风险大且门槛高，因此应积极引导这部分资金投入农业项目的建设。目前个人储蓄的目的大多是养老、防病及子女上学，具有长期储蓄的性质，这也符合农业信贷的融资需求的特点。因此，民间资金是农业信贷资金潜在的融资渠道之一。

（2）国外信贷资金。

---

① 唐欣 . 我国农业项目信贷资金配置规模与效率研究［D］. 中国农业科学院学位论文，2013.

国外信贷资金的来源主要包括世界银行、国际农业发展基金、联合国世界粮食计划署、联合国粮农组织、联合国开发计划署和亚洲开发银行等国际金融组织提供的借款、外国政府提供的贷款以及国外其他资金。

国际金融组织是指许多国家共同兴办的，为了达到某项共同目的，在国际上进行金融活动的机构。它兼有金融机构和经济开发组织的双重身份，其贷款对象是会员国中的发展中国家。这种金融组织的借贷资金数额较大、条件优惠、利率低、偿还期长，主要应用于大型农业开发项目。目前和我国关系较为密切的国际金融组织是世界银行、国际货币基金组织和亚洲开发银行。外国政府贷款是一国政府向另一国政府提供的具有一定的援助或部分赠予性质的低息优惠贷款。目前，我国已和美国、加拿大、日本、德国、法国等众多国家开展了政府间的借贷合作。这类信贷资金在经济上带有援助性质，所以一般期限长、利率低，有的甚至无息。贷款一般以混合贷款形式提供，常见的是与出口信贷联合使用，并且都限定用途，比如用于某类项目的建设或者用于支付从贷款国进口的设备等。这些外国政府的资金援助，为我国农业利用外资提供了重要渠道。不论是国际金融组织贷款还是外国政府贷款，一般有条件限制，不能满足各国经济发展对外资的需求，因此，还要利用国际金融市场的资金，将国外众多投资者的资金引入我国农业项目的建设。比较常见的是利用国外直接投资的方式（中外合资合作方式、外商独资、补偿贸易、出口信贷、对外加工、租赁等）和发行境外债券等方式，进一步扩大农业项目的融资渠道。①

二、农业保险

农业保险指保险人为农业生产者在农业生产过程中遭受自然灾害或意外事故所造成的经济损失提供经济保障的一种保险，主要包含种植业和养殖业保险。广义农业保险是个地域性的概念，除了种植业和养殖业保险之外，还包括为在农村范围内从事广义农业生产的劳动力提供的人身保险和为农场上的其他物质财产提供的保险，即农村保险。本章所讲的是狭义的农业保险。②

（一）农业保险的主要作用

1. 平抑农业生产风险，促进农村社会和谐

农业保险能够使农户发生投保风险后获得一定金额的经济赔偿，部分减少

---

① 唐欣. 我国农业项目信贷资金配置规模与效率研究 [D]. 中国农业科学院学位论文，2013.

② 陈伊维. 财产保险 [M]. 南开大学出版社，2013：330.

了农户的经济损失，降低了农户灾害自救的难度，从而避免了农户陷入因灾致贫的困境。

2. 促进农业金融体系的稳定

农业保险不仅是稳定农业生产、保障经营者利益的有力手段，由于它对农业资金融通起到配套保障作用，因此农业保险还是农业金融体系的重要组成部分，其发展关系到农业金融体系的完整性和稳健性。

3. 促进农业产业化进程

农业产业化与其他产业、农村和城市具有高度联动性，农业生产的发展会直接带动农业产前、产后相关服务业的发展，农民收入的提高可以直接促进对工业品、服务的消费，因此农业保险可以通过促进农业生产的稳定来促进农业相关产业的稳定和发展，促进农业产业化进程。[①]

4. 充分利用世界贸易组织规则，提高农业国际竞争力

世界贸易组织规则严格限制各国政府农业补贴的标准，但将与农业生产相关的自然灾害保险和农民收入相关的收入保险作为"绿箱"政策不予限制。加入世界贸易组织，为我国农业发展带来了巨大压力，充分利用世贸组织的规则，大力发展农业保险，能够提高我国农业的国际竞争力。

（二）我国农业保险的现状

随着相关政策的演进，中国农业保险事业不断发展。自 2004 年至 2013 年，中国农业保险在这十年中平均发展速度达到 49%，在全世界绝无仅有。中国农业保险业务规模自 2008 年以来一直稳居亚洲第一，世界第二，仅次于美国。中国已经成为全球最重要和最活跃的农业保险市场之一。据有关资料显示，中国农业保险主要包括种植业、养殖业和森林三类，承保品种总数约 120个。2007—2014 年，中国农业保险保费收入从 51.8 亿元增至 325.7 亿元，参保农户从 4981 万户次增至 2.47 亿户次，分别增长 6.3 倍和 5 倍。农业保险提供的风险保障从 2007 年的 1720 亿元增加到 2014 年的 1.66 万亿元。其中，中央财政保费补贴 128.95 亿元，杠杆效应近 130 倍，共计向 1.54 亿户次农户支付赔款 936 亿元，积累大灾风险准备金 61.5 亿元。2013 年，全国农业保险保费总收入 306.7 亿元。其中，中央和地方各级财政补贴 234.95 亿元，占保费收入的 76.6%。全国参保农户 2.14 亿户次，主要农作物承保面积 11.06 亿亩，占农作物播种面积的 42%；承保森林面积 19 亿亩，占森林面积的 59%；承保

---

① 王建强. 对新形势下农业保险功能、作用及发展模式的几点看法 [N]. 新疆法制报，2013-10-21.

能繁母猪3698万只、育肥猪8092万只、奶牛329万头；农业保险保障金额1.39万亿元。①

农业保险发展迅速，但同时农业保险也存在不少问题：

1. 农业保险总体供给严重不足

我国农业保险的赔付率居高不下，致使农业保险经营长期处于亏损状态，从事农业保险的公司不愿过多涉足农业保险；农业保险费率较一般财产保险和人寿保险的费率高；农业保险情况复杂，保险公司缺少能对气象和自然病虫害进行中期预警的专业人才，导致农业风险不可控；当前农村保险种类较单一，针对性不强，不能满足农业发展需要。

2. 农业保险需求不足

农民缺乏保险意识是保险业在农村发展不起来的一大症结所在，农村保险宣传力度不够，农村经济发展和文化教育相对落后等多因素综合作用，导致农业投保率低；农民收入水平低，在这种情况下要农民拿出较高的费用去购买保险，让农民难以接受。

3. 农业保险政策扶持力度不够

农业保险的准公共产品性决定了它必须有强有力的政策支持。而我国政府农业保险宣传、农业保险的财政补贴力度不够，加之国家税务机关对农业保险也缺乏相应的扶持政策，因此，农业保险在全国范围内难以得到普遍推行。

4. 农业保险法规体系滞后

我国农业保险已经发展了30多年，虽然在2012年发布《农业保险条例》，但与之配套的法律、部门规章尚不健全，亟待完善。

(三) 农业保险制度创新

"政府引导、市场运作、自主自愿和协同推进"是中国农业保险发展的基本原则，在当前环境和背景下，科学选择中国农业保险发展改革路径，首先要明确农业保险发展改革方向，结合当前我国农业保险管理体制和运行机制现状，逐步完善和优化，以充分发挥农业保险风险管理作用，实现农业保险的健康、可持续发展。②

1. 中国农业保险发展改革方向

应该从以下四个方面来进行机制体制改革和完善：一是提高农业保险服务能力，进一步扩大农业保险覆盖面，提高保障水平，拓宽服务领域，提升服务

---

① 张晓山. 农业保险制度创新研究［J］. 河北学刊, 2015, 9（35）: 100-106.
② 陈文辉. 中国农业保险发展改革理论与实践研究［J］. 新金融评论, 2014（6）.

水平，加强基层服务体系建设。二是完善风险防范机制，逐步探索建立健全多方参与、风险共担、多层分散的大灾风险分散机制，强化保险机构风险管控，健全农业保险再保险体系，建立财政支持的大灾风险分散机制，研究设立国家农业保险巨灾风险基金。三是加强监督管理，健全市场准入退出机制，加强农业保险产品管理，强化市场监管，维护参保农户合法权益，着力构建规范有序、服务优良、优胜劣汰、适度竞争的农业保险市场体系。四是加大政策扶持力度，加强财税政策扶持，加大涉农金融支持力度，建立信息共享机制，加快形成农业保险信息共享机制，推进农业保险信息化建设。

2. 中国农业保险管理体制

完善中国农业保险管理体制是农业保险发展改革的基础和保障。完善管理体制既要实现"横向多部门的协同推进"也要实现"纵向多层级政府的共同引导"。主要包括以下五个方面：明确农业保险中政府与市场的边界；要以法治思维约束各类行政权力；理顺政府不同部门之间的关系；理顺不同层级政府之间的关系；建立健全农户参与机制。

3. 优化中国农业保险运行机制

农业保险的"政府市场合作"需要政府发挥更多的引导作用，保险机构发挥更多的市场作用。具体可从以下五个方面着手：完善现有制度，主要是政府市场合作的边界；鼓励和支持产品创新，降低交易成本；积极进行销售模式创新，降低对行政推动的依赖；探索农业保险组织形式创新；探索建立竞合机制。

第四节　农业社会资本

加大农业资金投入是发展现代农业的重要前提。进入 21 世纪以来，我国农业农村发展进入新阶段，强农、惠农政策不断加强，财政支农投入力度明显加大，农业综合生产能力显著提升，经济结构正在发生重大调整。然而，农业投融资体制滞后，农业资金投入不足已成为当前我国农业进一步扩大发展的严重阻碍。2015 年，国务院印发了《关于加大改革创新力度加快农业现代化建设的若干意见》。在"一号文件"中指出要引导和鼓励社会资本投向农村建设。如何鼓励和引导社会资金投向农业所急需支持的领域，促进农业生产的发展，成为当前农业经济研究的热点问题。

一、农业社会资本概述

（一）农业社会资本的概念

社会资本是一个涉及社会学、政治学、经济学、管理学等多学科的概念。

罗伯特·普特兰对"社会资本"的一个经典的定义是：可以被视为社会组织的种种特征，诸如信任、规范、网络，它可以通过促进行为的协调而提高社会效率。世界银行将"社会资本"概括为"一个社会中形成这一社会相互作用的品质与数量的各种制度、关系、规范等。越来越多的证据显示，社会凝聚力对于一个社会的经济繁荣与可持续发展至关重要。社会资本不仅是支撑一个社会的各种制度的堆积，同时也是将之聚合在一起的黏合剂"。

可见，从广义上来说，社会资本是一个宽泛的概念，包含了民间的社会资本与政府的社会资本两个层次。民间社会资本是在市民社会之中形成并且长期存在的社会资本，政府社会资本则是政府管理意义以及由政府提供的公共产品意义上的社会资本①。政府社会资本对农业的投入主要以农业财政支出的形式实现，这部分内容我们已经在前述的章节中呈现了，因此本节所讨论的社会资本主要指狭义上的社会资本，即民间社会资本。由此可引申出农业社会资本的内涵，即民间投入到农业领域的那部分社会资本。

（二）社会资本投资农业的意义

我国是一个农业大国，但是我国农业经济的发展却远远落后于其他行业的发展，这与我国的经济地位极不相称，造成我国农业经济发展缓慢的主要因素之一是农业缺少资金的投入，因此，引导社会资本进入农业领域，参与农业生产建设，对于我国农业经济发展具有重要的意义。

1. 社会资本投资农业有利于改善农业生产条件

将社会资本引入农业，特别是参与抗旱打井工程、粮食自给工程、节水灌溉工程等重点农业基础设施的建设，能够极大地改变农村地区的农业生产条件，为进一步调整农作物种植结构，提升农业生产的效率和产出提供可靠的保证。

2. 社会资本投资农业有利于自然资源的合理开发利用

大部分偏远山区具有丰富的荒山、荒沟、荒坡、荒滩等"四荒"资源，引入社会资金对"四荒"资源进行开发利用，能使未利用资源有效地为农业生产服务。同时，政府通过出台"四荒"资源使用权出让的政策，灵活通过"招拍挂"等多种方式将"四荒"土地投入市场流转，可获得一定的土地出让资金。这些资金不仅能加快荒山治理步伐，更能为农业生产注入新的活力，从而进一步促进农业经济的持续发展。

3. 社会资本投资农业有利于实现农业现代化、产业化

---

① 郑天一. 社会资本与农村发展 ［M］. 中国社会科学出版社，2009：5.

参与农业投资的社会资本持有者多为工商业主，这些投资者往往具有精明的头脑，除了持续的资金供应外，还会带入新型的农产品品种、先进的种植技术和农业生产机械，提高农业生产的现代化程度。同时，他们往往还有能力涉足农产品加工、包装、销售等下游环节，这些人力、资本、技术、品种和设备等都是传统小农户所缺乏的。因此，社会资本参与农业投资，可以促进农业生产的品种和技术革新，推动土地产出率的提高，推动农业生产的效率改进，有利于农业生产的增产增效，并能在此过程中带动周边农户从事相关农业生产，实现增收致富。

二、社会资本投资农业的领域

社会资本的参与能为农业领域注入新的活力，有效促进农业经济的发展。但社会投资者是利益导向的市场主体，追求投资收益的最大化是他们参与农业投资的原动力。在无约束的市场经济条件下，社会资本会朝着投资回报最高、见效最快的农业投资领域聚集。而诸如农业基础设施等很多急需社会资本支持的农业领域，有着资金需求量大、投资回收期长的特点。要实现社会资本供给与农业发展需求的契合，将社会资本引入农业发展最需要的领域，并通过提高农业资金利用效率，使社会资本在农业生产中得到最高效的利用，就必须依靠政府对社会资本的引导。在各地的实践中，当前政府引导社会资本投资农业的领域主要有现代化的规模种养业、农业基础设施建设、农业特色产业、农产品加工业和农业现代服务业等。

（一）现代化的规模种养业

2014年中央"一号文件"和党的十八届三中全会决定明确指出，农用地的集体所有权、家庭承包权和实际经营权可以分离，家庭承包权长久不变，但经营权可以流转，并可入市交易、用于贷款抵押，进一步还原了土地的资产属性，这为发展规模种植业奠定了制度基础。养殖业方面，国家也明确鼓励发展规模化养殖业，近年来一直在对畜禽标准化规模养殖场（小区）建设运营给予投资补助和财政补贴。可以预见，只要不改变农地农用的性质，坚持处理好粪污污染、卫生防疫等问题，政府对规模化种养业将一直持支持态度。规模化将带来规模效益，将提高产量，从而提高市场议价能力，也更便于引入先进、实用的技术、管理方法和设施等，从而提升产品品质和质量安全水平。近年来，已经有一大批资本进入农业规模种养业，实践证明不但能够赚钱，而且收益不菲。

（二）农业基础设施建设

农业基础设施是农业生产的基本要件，然而农田水利等基础设施的建设需要大量资金的长期支持，鼓励社会资本以多种方式投资兴建蓄水工程、农业高效节水灌溉工程、农田排水工程等农业生产基础设施，可有效弥补基础设施建设资金的缺口，从而增强农业生产的活力。

当前在地方政府鼓励社会资本参与农业基础设施建设的政策中，大多依照"谁投资、谁管护、谁所有、谁受益"的原则，确保社会资本投资农田水利设施的产权归社会资本投资主体所有①，充分保障投资者的权益。

（三）农业特色产业

农业特色产业具有区域资源和生产条件较好，能发挥比较优势；产业可延伸性强，市场开发价值较高；产品品质具有特色，有一定认知度；产品市场需求量大，具有明显的竞争优势等特点。当前国家重点鼓励新型农业经营主体创建特色农业产业园，开发绿色、有机食品、特色产品，发展循环农业。

绿色有机农业的发展前景尤为广阔。在数量安全基本保证和质量安全问题饱受非议的情况下，质量安全、消费者放心的农产品生产将成为今后一段时期政府和业界共同的目标。在目前的质量认证体系下，绿色、有机农产品是质量安全的代名词，在市场上将获得更高的认可和更可观的价格，因此，投资绿色有机农产品生产将具有良好的利润回报。同时，可以预见，随着农产品消费的不断升级，高端消费群体将越来越庞大，对绿色有机等高端农产品（包括农产品、畜产品、食源保健品、茶叶、高端特产品）的需求将持续旺盛，在很长一段时期内不会存在市场容量问题。

（四）农产品加工业

农产品加工业是农业产业链上的重要一环。引导社会资本投资农产品加工业，对于提升农产品附加值，实现农业现代化、产业化经营具有关键作用。政府可进一步支持社会资本创建农产品加工园区，延长农业生产链条，通过收购、控股、委托经营、融资租赁、品牌联盟等多种形式，对同类农产品加工、流通中小企业实行兼并联合。支持社会资本开展跨区域、跨行业、跨所有制和上下游产品的联合与合作，培育具有较强市场竞争力的大企业、大集团。

（五）农业现代服务业

随着技术进步、管理创新和产业升级，现代农业产业将沿着纵向一体化和

---

① 湖南省人民政府关于鼓励和引导社会资本投资农业农村的若干意见. 湘政发〔2014〕34 号，2014.

横向分工化两个方向发展。专门服务农业产业或生产管理某些环节的服务业将不断涌现。比如植保专业化统防统治、农产品品牌推介营销、农业物联网(智慧农业)、职业农民培训服务、农业管理咨询等。这些产业尽管目前还只是初现端倪,但未来必将拥有巨大的发展空间。特别是基于信息技术、移动互联和物联网的快速发展,农业信息化领域将催生许多新的商业模式和农业生产经营管理模式,非常值得资本去探索培育。①

三、社会资本投资农业的模式

要提高社会投资者对农业领域投资的积极性,鼓励社会资本参与到农业生产建设当中,就需要政府制定优越的投资政策,探索社会资本投资农业的新模式、新渠道。目前引导社会资本参与农业投资的模式为公私合营模式,即 PPP 模式(Public Private Partnership)。根据我国财政部的定义,PPP 模式是政府与社会资本为提供公共产品或服务而建立的以"全过程"合作关系、授予特许经营权为基础,以利益共享和风险共担为特征的新型项目融资模式。②

PPP 模式可有效降低社会资本投资农业的风险,并保证投资者取得一定的投资回报。PPP 模式是政府公共部门与民营企业以特许经营权为基础的全程合作,双方共同负责整个项目的运行。政府通过政策和公共管理权限支持农业投资项目的运作,而市场投资者可以将高效的管理方法和先进的技术手段引入项目中,并对项目拥有一定的控制权和决策权,这能有效降低农业项目投资建设的风险。同时,政府在 PPP 模式中能够给予私人投资者相应的税收减免、贷款担保、优先审批等优惠政策作为支持,提高了农业投资项目的营利性,从而保障了社会投资者的利益。

(一) PPP 模式的运作方式

PPP 模式最早在 1982 年由英国政府提出,经过 30 多年的发展,世界各国在 PPP 模式的应用中演化出了各种不同的类型。综合而言,PPP 模式的运作方式主要有三种:外包类(Outsourcing)、特许经营类(Concession)和私有化(Divestiture)。我国农业投资中采用的 PPP 模式主要为特许经营模式。

外包类是政府部门将项目中一项或几项职能承包给私人部门。在外包中,

---

① 叶子胜. 新形势下社会资本投入农业的思考[J]. 中国农业信息,201,24:39-41,54.

② 农发行江西省抚州市分行课题组,胡文超. 依托 PPP 模式支持农业农村基础设施建设路径初探 [J]. 农业发展与金融,2014,10:41-43.

私人部门提供管理服务或建设、维护等，通过政府付费而获得利益。由于整个过程不涉及私人投融资，所以风险相对较小且不发生所有权转移，通常经营权属于政府部门。

特许经营类是政府部门通过和私人部门签订特许经营协议，共同对公有设施进行运营、维护和投资。特许经营一般需要私人部门参与部分或全部融资，因此特许经营涉及经营权与所有权的转移，在整个过程中，双方分担风险共享项目收益。在这种模式下，政府部门在特许期内赋予私人部门特定的权力去建设和运营设施，但政府部门最终保留设施的所有权和经营权，特许经营期限通常为5~50年。特许经营类的模式类型很多，但从设施所有权转移的路径来看，大体上分为 BOT 和 TOT。BOT（Build Operate Transfer）即"建设—运行—转移"模式，私人部门按照事先公共部门规定的价格建造设施，根据与该公共部门签订的合约或特许经营权协议经营设施一段指定期间，然后在期满后将设施转移给公共部门。TOT（Transfer Operate Transfer）即"转移—运行—转移"模式，私人部门租赁或购买已有基础设施，更新、扩建、经营该设施，经营期满后移交给公共部门。

私有化是将地方公共设施卖给私人部门，这种模式需要私人部门负责项目的全部投资，所以私有化涉及经营权与所有权的转移，私人部门所承受的风险最大。私有化可以分为完全私有化和部分私有化。①

（二）PPP 模式的适用性

PPP 模式在引导社会资本投入农业领域中具有显著的优势，但并不是所有的农业项目都适用 PPP 模式。对于农业基础设施等隶属于公共产品范畴的农业投资领域，推广 PPP 模式有着诸多的影响因素。

从农业投资对象的性质来看，有些投资项目接近纯公共产品，有些属于准公共产品。越是接近纯公共产品的农业投资对象，推广 PPP 模式的约束条件越多，可能性越小。准公共产品又可以分为两类：一部分受益难以完全排他，消费有竞争性；另一部分受益可以排他但消费在一定范围内没有竞争性。引入 PPP 模式的主要依据是该类投资项目是否能够实现受益的排他。只要在一定意义上受益可以排他就可以引入 PPP 治理模式。

从区域经济的发展程度来看，要在特定的区域内成功推广 PPP 模式，一定数量的民营资本是不可或缺的，顺畅的融资渠道和消费方的支付能力也是非

① 杨亚楠. 基于多属性决策的 PPP（Public-Private Partnerships）模式选择研究[D]. 大连工业大学学位论文，2013.

常重要的。我国东部发达地区经济发展比较快，民营资本实力比较雄厚，农民收入水平也比较高，在支付能力上远远高于中西部地区，对农村基础设施的需求无论是在数量上还是质量上都有更高的要求，推行 PPP 模式有更优越的条件。当然，中西部地区也可以通过各种形式创造条件，为推行 PPP 模式奠定基础。从一定意义上说，由于资金等瓶颈的制约，中西部地区对推行 PPP 模式的需要可能更为迫切。[1]

（三）鼓励农业 PPP 模式发展的政策工具创新

要在农村基础设施治理中有效地推行 PPP 模式，需要有效运用现有的政策工具，更离不开政策工具的不断创新。由于在不同的环境下落实不同的政策对政策工具的需求会有所不同，更需要多种政策工具的相互配合。拓宽政策工具选择的视野，实现政策工具选择的多元化，注重多种政策工具的综合运用与优化组合，是政策工具创新的重要思路。

1. 建立农村产权交易市场

当前我国在农业投资上普遍采用的 PPP 模式是特许经营模式，而特许经营运作的关键就在于投资者掌握投资对象的产权，对投资物品拥有处置权，可实现产权的转移。建立和完善农村产权交易市场，是民间资本顺利进入农业领域的根本保证，也是在农业生产建设中推行 PPP 模式的前提条件。

2. 提供多种形式的补贴

在农业领域的 PPP 模式下，补贴可以有多种形式。一是提供最低经营收入保证，为了确保成功实施项目，政府可以在一定时期内以固定的价格购买一定数量的产品以保证民营企业获得一定的收益。二是对于民营企业有能力投资的小型项目，可以通过以奖代补的形式鼓励民营企业投资。三是在增值税、所得税等主体税种上制定有利于农村基础设施发展的政策。四是在一定时期内基础设施运营企业获得的利润可以不交所得税，直接用于这些基础设施的滚动发展。五是对建设成本较高地区的基础设施实行价格补贴，根据还本付息和有适当利润的原则对公共产品定价，确保投资者利益。六是对落后地区的基础设施运营企业给予一定政府直接补贴以使其能为当地农民提供低价产品和服务。

3. 完善 PPP 经营管理体制

在对公私合营的融资模式的推广上，明晰有效的管理体制和规范是必不可少的。一方面，应当出台 PPP 模式推广的管理规范，以引导社会资本的流向。在市场经济条件下，社会资本的逐利行为会导致投机、垄断、外部性等市场失

---

[1] 王春福. 农村基础设施治理 PPP 模式研究[J]. 农业经济问题，2008（6）：64-67.

灵的现象发生。政府要确保农业经济在社会资本的支持下实现健康发展，就必须建立完善的管理机制，充分发挥政府的监督引导作用。

另一方面，应当完善相关法律法规，对 PPP 模式运行中政府的行政权力予以限定。PPP 模式中政府与社会资本之间的合同契约关系表现出政府的行政权力和社会资本的民事权力之间的界定，如果没有法律对政府的行政权力进行充分规范，政府的自由裁量权就可能与社会资本的民事权力发生冲突，从而限制 PPP 模式效率的发挥。作为一种合同式的制度模式，PPP 模式从签约、合同内容及签约后的实施无一例外都需要法律法规制度进行支撑和保证，对合同双方的责权利关系进行明确界定，以其来约束双方的行为。①

小　结

广义的农业资金即农业资本，指公共部门和私人部门投入农业领域的货币、实物、技术、人力资本的总称。狭义的农业资金是货币化的农业资本。从农业生产全过程中资金投入的对象来看，农业资金主要可分为农业生产资金、农业经营管理资金、农产品销售资金和农业技术资金。

农业信贷是农业金融的基础与核心，农业信贷的发展状况决定了农业金融的发展水平。目前我国农业金融发展水平总体较低。

从全球范围来看，农业保险已经成为与农业科技、农村金融并重的现代农业发展的三大支柱之一，指专为农业生产者在从事种植业和养殖业生产过程中，对遭受自然灾害和意外事故所造成的经济损失提供保障的一种保险。农业保险在农业发展中的作用日益突出，在发展过程中应坚持政府引导、市场运作、协同推进等原则。

农业社会资本是民间资本流入农业领域的那部分社会资本，对于缓解农业资金供需矛盾、增加就业机会、促进资源开发利用等方面具有重要作用，同时引导社会资本流入农业也是实现农业现代化的重要途径。

关　键　词

农业资金　财政资金　农业金融　农业信贷　农业保险　农业社会资本

---

① 农发行江西省抚州市分行课题组，胡文超．依托 PPP 模式支持农业农村基础设施建设路径初探［J］．农业发展与金融，2014，10：41-43.

复习思考题

1. 农业资金的基本特征和来源有哪些？
2. 农业财政资金的投入原则是什么？
3. 农业信贷资金的含义是什么？融资渠道有哪些？
4. 农业保险的未来发展方向是什么？
5. 社会资本投资农业的主要模式及其运作方式是什么？

主要参考文献

[1] 唐欣．我国农业项目信贷资金配置规模与效率研究 [D]．中国农业科学院学位论文，2013.

[2] 王春福．农村基础设施治理 PPP 模式研究 [J]．农业经济问题，2008（6）：64-67.

[3]《外国农业金融》编写组．外国农业金融 [M]．中国金融出版社，1988：1.

[4] 王雅鹏．现代农业经济学 [M]．中国农业出版社，2012：311-313.

[5] 杨亚楠．基于多属性决策的 PPP（Public-Private Partnerships）模式选择研究 [D]．大连工业大学学位论文，2013.

[6] 叶子胜．新形势下社会资本投入农业的思考 [J]．中国农业信息，2014（24）：39-41，54.

[7] 郑天一．社会资本与农村发展 [M]．中国社会科学出版社，2009：5.

第九章　农业信息资源

☞【学习目的】

学习本章后，应当掌握如下内容：

（1）农业信息资源的定义。

（2）农业信息资源的特性和经济功能。

（3）农业信息资源的开发和利用。

（4）农业信息化的内涵和意义。

（5）农业信息化的路径选择。

第一节　农业信息资源的特性和经济功能

一、农业信息资源的概念

信息资源的概念有狭义和广义之分。狭义的信息资源是指具体信息内容所构成的信息有序化集合；广义的信息资源既包括信息内容本身，也包括提供信息内容所需要的设施、设备、组织、人员和资金等①。农业信息资源作为信息资源的一个子类，主要是指农业自然资源信息、农业生产信息、农业科技信息、农产品加工信息、农产品市场信息以及相关农业服务信息等。

与信息资源一样，农业信息资源也有狭义和广义两种概念。狭义的农业信息资源是指农业信息内容本身，它是人类社会中经过加工处理的有序化农业信息的集合。这时的农业信息资源是人们在农产品生产、加工、流通、销售以及农业科研、农业推广、农业教育等农业活动过程中所形成知识的反映和再现。广义的农产品生产、加工、流通、销售以及农业科研、农业推广、农业教育等农业活动过程中，农业信息资源指既包括农业信息内容本身，也包括与农业信

---

① 靖继鹏.信息经济学［M］.清华大学出版社，2004：164.

息活动有关的设施、设备、组织、人员和资金等多种要素的组合①。

二、农业信息资源的特征

农产品生产、加工、流通、销售以及农业科研、农业推广、农业教育等农业活动本身所具有的特点，使得农业信息资源具有一定的特性。农业信息资源特性可以分为两类：一类是农业信息资源本身的特性，包括公共品属性、时效性、非均衡性、不对称性；另一类是农业信息资源传递和利用过程中的特性，包括可塑性、增值性、地域性和选择性（如图9-1所示）。正确理解和把握农业信息资源的特性对于农业信息资源的合理配置具有重要意义。

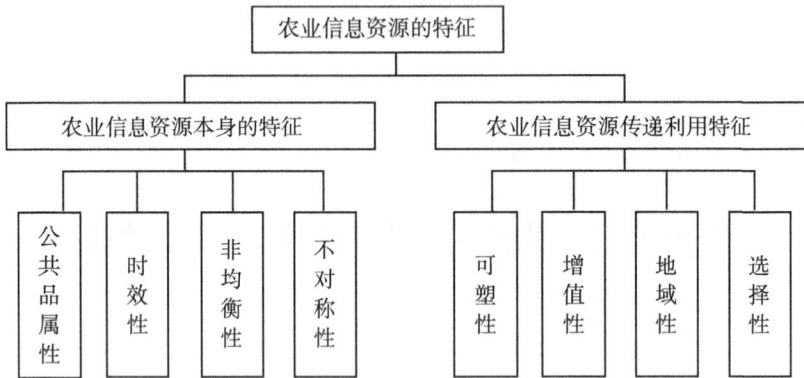

图 9-1　农业信息资源特征的构成

（一）公共品属性

公共品的典型特性是非排他性和非竞争性。非排他性是指该物品或者服务被一部分人消费时不排斥其他人消费。非竞争性是指消费该物品或者服务的边际成本为零，即每个消费者的消费都不会影响其他消费者消费的数量和质量。绝大部分农业信息资源都具有公共品属性。一方面，单个人或者企业对农业信息资源的利用并不影响其他人或企业对该信息资源的利用，因此农业信息资源具有非排他性。另一方面，农业信息资源被单个人或者企业利用时并不会影响其他人或企业利用该信息资源的数量或者质量，农业信息资源的边际生产成本和编辑拥挤成本均为零，因此农业信息资源具有非竞争性。

---

① 张向先. 农业信息资源配置的理论与方法研究［D］. 吉林大学学位论文，2007.

（二）时效性

由于农业信息资源是人们在从事农业活动过程中所形成知识的反映和再现，农业活动总是处于不断变化之中，在此过程中形成知识必然会发生相应的变化，因此，农业信息也是动态变化的，这种动态变化的特性决定了农业信息资源的时效性。农业信息资源的时效性表现在两个方面：一方面，农业信息资源具有生命周期。农业信息资源产生后不管是否被使用，都不会磨损或者消亡，但是时间可以使一些农业信息过时，从而导致信息利用价值不高而"衰老"。农业信息资源时效性的长短，取决于信息资源的利用价值和效益大小。另一方面，农业信息资源具有即时性。农业生产的不同环节，农作物生长的不同阶段，对农业信息的要求不同，因此，不同生产季节和不同生产环节需要不同的农业信息，需要在短时间内得到即时、准确的农业信息。

（三）非均衡性

农业信息资源来源于一系列的农业活动，不同时期、不同国家和地区、不同农业生产经营主体的农业活动内容和形式有着巨大的差异，由此导致了农业信息资源质与量的差异，使得农业信息资源在主体和地域之间分布的不均衡性。

在我国，南方地区与北方地区之间、发达地区与贫困地区之间，农业生产方式、农业科技水平、农业发展环境和农民教育水平都存在很大的差别，这决定了农业信息资源分布的差异很大。在经济水平和农业科研教育水平较高的区域，农业信息资源更加丰富；科技文化素质越高的农业经营主体，获得的农业信息资源的数量越多、质量越高。

（四）不对称性

所谓信息不对称，是指在市场交易中，交易主体之间对所交易的对象和内容在时间、数量和质量上的信息不对等。在市场经济活动中，掌握信息充分的主体，往往处于更加有利的地位，而信息贫乏的主体，则处于不利的地位。农业生产经营主体拥有的农业信息资源是不对称的，主要体现在以下几个方面：

（1）农产品供给和需求信息不对称。农产品市场信息传导机制没有建立，使得农户很难根据市场需求对种植结构与种植规模进行及时调整，生产的盲目性较大，同时比较容易造成低水平重复或压价竞争，进而交替出现农产品供给短缺和过剩现象，最终导致生产者利益受损。

（2）农产品质量信息在生产者与消费者之间不对称。消费者一般认为农产品是由其外在质量反映内在质量的，并决定其价格，但由于农产品的生物学特性，其质量信息只有消费者在食用之后才能做出比较准确的感知和评价。因此，消费者在购买农产品时，只能凭直觉或以往的经验做出自己的判断和选择。农产品的生产者掌握更多产品信息，在销售相关农产品时只提及积极信息，甚至夸大宣传，而回避消极信息，向消费者销售质量较差的产品，因为这样的产品具有时效性，滞销时间越长，市场风险越高，不断循环的逆向选择行为最终导致出现农产品的"柠檬市场"现象。

（3）农业生产资料供求信息不对称。农资产品制造商和销售商与广大农民之间的市场交易是在不对称信息结构中进行。制售商凭借对产品的了解、专业知识和经验，掌握着比农民更为完备的信息。农产品生产者通常在农资投产生产前难以判断农资产品的优劣，而农资市场上品种繁多，产品更新换代快，使得农民信息收集难度大，信息搜寻成本高，从而农民处于不利地位。其后果也会引起逆向选择。

（4）农业科技和农业政策等方面信息不对称。在农业科技方面，农民科技信息传递渠道狭窄，使得农民难以获得所需要的农业科技，而技术创新者对农民信息需求缺乏了解，也可能导致农业科技不适用于农业生产实践，农业科技成果与技术项目难以得到有效推广。在农业政策方面，我国政府对农业发展提供了很多的优惠政策，但由于缺乏信息来源渠道，大部分农民对相关的农业发展政策缺乏了解，从而丧失了有利的发展机会。

（五）可塑性

农业信息资源的可塑性是指农业信息资源的可加工性和再塑性。由于农业信息主要来源于农业生产经营实践，其中参与主体众多、涉及环节复杂、经历周期较长，使得农业信息呈现零星、分散、无序、杂乱的特点。要获得有用的信息资源，需要按照一定原则、目的和要求，对农业信息进行选择和精炼，排除一些无用的农业信息，再经过一定的规范程序对农业信息进行整理、归纳、推测、转换和存储。只有通过科学地加工和塑造，农业信息才能转变称为农业信息资源。

（六）增值性

农业信息资源的增值性是指可以在原有农业信息资源的基础上多次开发、传递、利用后产生新的农业信息资源，并使其价值增加的特性和功能。物质和能源的消耗通常是不可逆转的，即一旦被消费掉就不可再生。而农业信息资源则不同，随着人们素质的不断提高和信息获取手段的不断进步，信息增值的可能性也就越大，即在原有农业信息资源的基础上不断产生新的农业信息资源，在新的农业信息资源的基础上产生更新的农业信息资源，这个过程可以无限地进行下去，结果是农业信息资源的无限膨胀。农业信息资源利用得越多、越广，其效用就能越充分地发挥，价值增值也就越大。

（七）地域性

农产品生产、加工、流通、销售以及农业科研、农业推广、农业教育等农业活动等离不开特定的地域环境，因而农业信息资源具有地域性特征。不同区域的土壤、水、气候等自然条件形成了不同的农业生产方式和农业技术特点，针对特定区域条件下的种养、加工、服务所开展的科学研究、技术推广和教育培训等也具有类似的地域特性，相应地，其间产生的农业信息资源也具有鲜明的地域特点。另外，农业信息资源的区域性还表现在区域内信息资源利用上，某一特定区域的用户往往更多地利用本区域内的农业信息资源，其他区域的农业信息资源或者跨区域农业信息资源往往只是作为参考性指标。其原因是本地区的农业信息资源符合本区域的自然、社会、经济环境实际，更易于直接消化和利用。

（八）可选择性

农业信息资源具有可选择性，即不同的用户根据自身需求选取农业信息的方便性。由于人类农业发展的历史悠久，在人类农业活动中积累了大量的农业信息资源，这些资源可以供不同的农业生产经营主体选择性使用，这些主体可以根据需要选择农业信息资源，达到自身的目的。同一农业信息资源可以作用于不同类型的用户对象，从而产生出不同的作用效果。例如，同一农产品市场信息对不同区域农业生产者具有不同的价值，同一农业技术信息对于不同教育水平和经济条件的农业生产者也具有不同的使用价值。

三、农业信息资源的经济功能

以上农业信息资源的特性使得农业信息资源具有许多其他经济资源无法替代的经济功能。农业信息资源的经济功能包括以下几个方面：

（一）促进农业生产力提升

现代经济理论认为，信息也是社会生产力系统中的重要构成要素。但是与劳动力、劳动工具和劳动对象这些传统的生产要素相比，农业信息资源作为生产要素具有其特殊性。一方面，农业信息资源是一种有形的独立要素，与农业劳动力、劳动工具、劳动对象一起，共同构成现代农业生产力的基础，直接创造财富。另一方面，农业信息资源产生于农业活动过程中，是一种无形的、寓于其他要素之中的非独立要素。这种要素可以优化其他要素的结构和配置，改进生产关系，间接地对生产力产生作用。农业信息资源对农业生产力的促进作用体现在以下几个方面：第一，农业信息资源和农业劳动者结合，可以提高农业劳动者的素质和劳动技能，从而提高农业生产力。第二，农业信息资源和农业劳动工具结合，可以提高农业劳动工具的性能，从而强化农业劳动工具的功能。第三，农业信息资源与农业劳动对象结合，扩展劳动对象的范围，提高劳动对象质量，从而提高劳动生产率。第四，农业信息资源与其他软要素（生产管理、科学技术）结合，提升农业生产的技术水平和管理水平，从而提高生产力。

（二）协调生产要素配置

信息资源的开发和利用可以对社会、组织或个人的资源配置及资源流向起到引导作用。在经济社会中，物质和能源不断在不同主体之间流动，这种客观存在的物质流和能源流最终体现为信息流，信息流反映了物质和能源运动的状态。因此，信息资源已经成为整个社会不同经济主体之间、不同经济环节之间关系和作用的核心要素。一方面，信息引导其他要素进行流动。整个社会经济活动中的人、物、资金、技术、能源等要素流动是基于信息的引导，从效率低的领域向效率高的领域流动。另一方面，某种类型的要素在流动过程中，会产生新的信息，在此基础上又引导其他类型的要素流动，使得各类生产要素能够得到合理配置。就这样，周而复始、循环往复，信息资源将整个社会的所有要素的活动联系起来，使其构成了一个完整有序的系统和整体。

（三）提高决策水平和管理效率

杰克·赫什雷弗（1973）认为信息可以减少经济活动中的不确定性，帮助人类尽可能地减少或者排除不确定性对经济活动的影响。经济决策是对经济现象未来发展前景的测定以及根据测定结果对未来行动作出的决定。信息资源提高经济决策水平是通过信息活动减少或消除经济活动中不确定性因素和结果而实现的。农业生产活动是自然再生产和社会再生产相结合的过程，较之其他行业生产，农业生产具有更多的不确定性因素。农业生产经营决策者掌握的信息资源越多，不确定性因素越少，决策结果越趋于准确。因此，充分利用农业信息资源，结合人们的农业生产经验、运用科学分析方法，经过推理和逻辑判断，可以将农业生产的不确定性尽可能减少，从而对农业未来发展的趋势和可能性作出推断，增强农业生产决策的科学性。

当农业生产经营决策作出之后，不确定性的减少还有赖于经济活动中的管理活动。管理活动实质上是管理主体基于经济决策方案，利用各类要素，进行有效决策、计划、组织、领导和控制的过程。管理质量的高低，决定不确定性减少程度。农业信息资源是农业生产经营管理的基本依据，管理的每一项基本职能的实现都依靠各种人、财、物、技术、环境、市场等各方面信息资源，通过生产过程有效控制，提高农产品质量，有效开展营销活动，提高管理效率。

第二节　农业信息资源的开发与利用

一、农业信息资源开发的意义

根据农业信息资源的定义，农业信息资源开发的内涵包括广义和狭义两个层面。采用李秉龙的定义，广义上的农业信息资源开发包括信息内容开发、信息技术研究、信息系统建设、信息设备制造以及信息机构建立、信息规则设定、信息环境维护、信息人员培训等活动。狭义上的农业信息资源开发是指利用现代信息技术采集、处理、存储、交换、共享、服务和应用农业信息资源。广义上的定义综合考虑了以农业信息资源为核心的开发活动及其密切相关的社会行为，揭示了农业信息资源开发的系统性、复杂性和交叉性。狭义上的定义侧重于考虑农业信息资源开发各个环节内容，充分挖掘了农业信息资源的潜在价值和显在价值，拓展了农业信息资源的内涵，增加了农业信息资源的数量和类型。本节采纳农业信息资源开发的狭义定义进行论述。

农业信息资源开发是体现农业信息资源价格的核心内容。信息是现代社会的重要战略资源，农业信息资源的开发利用水平是衡量一个国家农业经济发展水平和综合国力的重要标准。事实证明，一国的农业信息资源越丰富、农业信息资源开发越广、农业信息资源利用价值越大，该国的农业经济越是发展，综合国力也越是强大。农业信息资源开发的重要意义主要体现在三个方面：

（一）能够更好地解决"三农"问题，促进农业经济发展

在我国经济持续快速发展、发展方式加快转变、社会结构加快转型的背景下，农业基础薄弱、农村发展滞后、农业增收困难的局面仍然没有得到根本改变，"三农"问题成为制约我国经济全面健康发展的重要瓶颈。解决"三农"问题的核心是促进农业经济发展，而当前农业发展的突出问题表现在三个方面：第一，农民缺乏市场信息和政策信息，导致农民"卖难"和"买难"；第二，农民缺乏技术信息导致技术约束；第三，消费者缺乏农产品信息可能引发农产品质量安全问题。这些方面体现出的关键共性原因都是信息不对称问题，因此，农业信息资源开发利用，可以为农业经营主体提供充分的农业信息，促进农业经济发展。

（二）巩固国民经济发展基础，促进市场经济发展

农业是国民经济发展的基础，其稳定发展对于第二、第三产业发展至关重要。农业信息资源在我国信息资源总量中占有很大的比重，对于带动市场信息

需求，推动经济发展具有重要作用。中国共产党第十八届三中全会指出，要使市场在资源配置中起决定性作用，标志着社会主义市场经济发展进入了一个新的阶段。农业各市场因素，如农产品供求信息、农产品价格信息，对每个农业生产经营主体的决策都至关重要。因此，加快农业信息资源开发，对农业生产经营主体科学分析和决策，提高农业生产经营管理效率，巩固农业作为国民经济基础性地位尤其重要。农业信息资源开发可以促进各类资源在不同地区间和产业间最大范围内自由流动，对于发展和完善社会主义市场经济，全面建成小康社会具有重要意义。

（三）加快农业信息化步伐，增强农业国际竞争力

中国共产党第十八次全国代表大会提出促进工业化、信息化、城镇化、农业现代化同步发展。加快推进信息化成为"四化"同步发展的关键。当前，信息化已经成为全球经济发展的重要特征。信息资源开发利用的程度是衡量各国信息化和经济发展水平高低的重要标志。信息资源作为一种战略性资源，正在成为各国竞争的焦点。面对竞争日益激烈的国际农产品市场，我们急需加快农业信息资源开发，科学、深入地分析国家农产品市场的供求和价格信息，针对国际农产品贸易的特点和趋势，生产具有竞争优势的农产品，开拓国际市场，扩大农产品出口，提升我国农产品在国际市场的竞争力。

二、农业信息资源开发的状况

我国是世界上最大的发展中国家和传统的农业大国，农业信息资源的开发利用有着巨大的应用空间和广阔发展前景。我国农业信息资源开发利用的历史悠久，早在汉代，张骞两次出使西域，将其他国家的优良农作物品种引入中国①，丰富了我国农产品的种类。与此同时，我国的一些优良农产品和先进的农业技术也传播到了西域各国。改革开放前，由于技术落后、信息闭塞等原因，我国信息资源开发利用未得到应有的重视。邓小平同志认识到了信息资源的重要性，并于1984年明确提出"开发信息资源，服务四化建设"。1992年，中共中央决定将信息资源作为信息服务业发展的基础性资源，积极开发、利用信息资源，并将信息资源推向了广阔的市场。随着我国农业信息化进程不断推进，我国已经初步建立起了基本的农业信息体系框架。各级政府部门和涉农企业建立了大量农业信息网站，农业部门开发并引进了一批大型农业信息数据库，形成了相对稳定的农业信息采集和分析处理系统，建立了初步的信息发布

---

① 曹贯一. 中国农业经济史［M］. 中国社会科学出版社，1989：229.

与服务模式。

（一）建成了一大批农业信息网站

20 世纪 90 年代后期的"金农工程"① 实施后，我国各类涉农网站快速发展，特别是"互联网+"理念提出后，农业信息网站剧增，当前各类农业信息网站数量超过了 4 万个，其中政府主持的超过了 4000 个。比较有代表性的农业信息网有：

中国农业信息网（www.agri.cn），由农业部信息中心主办，是一个大型综合性农业信息服务平台。其中包含 12316 农业综合信息服务平台、全国农产品批发市场价格信息网、一站通商机服务、中国农业网上展厅、中国国际农产品交易会信息、全国农产品促销系列活动信息、中国名优特农产品信息和中国农产品促销平台等。

中国农业科技信息网（www.caas.net.cn），由中国农业科学院科技文献信息中心主办，主要涉及资讯、科技、服务、科普和资源等内容，重点在科技栏目，主要包含一些实用农业技术介绍、各类优良品种和优秀农业科研成果推介、农业科技专题讨论以及科技与健康栏目。

金农网（www.jinnong.cn），创建于 2002 年，为全国大型的农业互联网平台，是集农业信息、电子商务、网络广告宣传于一体的专业化、国际化农业综合平台。金龙网年访问量近 4 亿次，日均浏览量超过 100 万，在线人数平均5000 人。

农博网（www.aweb.com.cn），成立于 1999 年，是全国最大的农业门户网站。其以县域为单位建立网下信息服务体系，在全国发展信息员，建成独具特色的网上信息通路。当前，农博网已经成功打造三大特色平台：一是行业资讯平台，及时、全面、准确地报道最新行业动态，追踪行业热点，分析行业市场，为用户提供前瞻性、指导性的行业咨询服务；二是报价中心，为用户提供专业、准确的价格信息和市场分析；三是数据中心，数据涵盖企业、县市、品种与产品、实用技术、法规标准、人物等六大类别。

中国北方农业信息网（www.agri.net.cn），由辽宁省信息中心主办。提供新闻、种子、农业科技、生产资料、林果、畜牧、饲料、渔业、花卉、农产品市场、国际粮食市场、农作物虫害预报与防治、致富信息、农事问答、法律法规、重点招商项目等信息。

---

① 金农工程是 1994 年 12 月在"国家经济信息化联席会议"第三次会议上提出的，目的是加速和推进农业和农村信息化，建立"农业综合管理和服务信息系统"。

农网（www. nong. net），是由中国农业科学院与第一拖拉机股份有限公司等企业合作，共同建立的中国第一个综合性网上农业 B2B 交易平台。开设商情快递、行业新闻、企业快讯、市场分析预测、专家论坛等栏目。

中国农业网（www. zgny. com. cn），是根植于中国农业行业，集农业信息与电子商务服务为一体的行业网络平台。主要汇集农业资讯、农业技术、政策法规、行业标准、展会等方面的信息。

按照网站主办单位属性划分，我国涉农信息网站大致可以分为四类：其一，政府部门建立的农业信息网站；其二，农业企业建立的信息公布网及电子商务平台；其三，农业科研部门和教育部门建立的信息网站；其四，新闻宣传部门等媒体组织建立的信息网站。

（二）农业信息数据库的开发和引进

1997 年 ChinaInfo（中国信息）资源系统正式开通，大量中文信息开始在网上提供服务，一大批著名数据库系统得到充分利用，促进了农业信息数据库快速发展。农业部在对农业信息进行分类整理的基础上，梳理各类农业信息数据库，并精选了一批数据库，涉及内容包括农业生产、农产品贸易、农业科技、农业政策法规、农业经济等。地方各级农业信息部门也结合自身需要，不断研发适合本地区或本部门的农业信息数据库。与此同时，我国还积极引进国际农业信息数据库，使我国农业工作者可以即时了解国际农业动态。这些数据库包括英联邦农业局国际农业及生物科学中心数据库（Commonwealth Agricultural Bureaux International，CAB Abstract）、国际农业科技情报系统数据库（International Information System for the Agricultural Science and Technology，AGRIS）、国际食物信息数据库（IFIS）和美国国家农业图书馆书目数据库（AGRICOLA）。

（三）形成了相对稳定的农业信息采集和分析处理系统

我国综合的农业信息采集系统由农业部组织建立。农业部按照领域不同，分别在种植业、畜牧业、水产业、农产品市场等领域构建形成了农业综合统计信息数据采集系统，及时采集农业生产、农产品市场供求、农业科技、农产品灾害等信息。随着农业信息技术的开发应用，农业部针对采集信息的分类和特点，编制了农业信息采集手册，开发了相应的信息处理软件，同时加强了农业信息的分析和预测。农业部门在搞好常规分析的基础上，加强了农村经济形势分析，启动了农产品市场信息监测预警系统，并于 2012 年成立了农产品市场预警专家委员会，在全国 27 个省级农业部门建立了定期农产品市场信息分析会商制度。开展了 7 个主要农产品市场的预警监测分析，以及农产品进出口贸易、农业气象、国际农产品市场、蔬菜水果等专题分析工作，逐月提出监测预警或分析报告。

（四）建立了初步的信息发布与服务模式

当前，我国建立了初步的国家和省级农业信息发布制度，规范农业信息发布的标准，农业信息发布和服务逐步走向制度化和规范化。农业部建立了以"信息发布日历"为主要形式的信息发布工作制度，同时明确了信息发布的时间、内容和发布单位。初步形成了以"一网、一台、一报、一刊、一校"为主体的信息发布形式。"一网"即中国农业信息网，"一台"即中央电视台农业频道，"一报"即农民日报，"一刊"即中国农村杂志社，"一校"即中央农业广播电视学校。地方各级农业部门也着手制定信息发布制度，联合电视、广播、报刊等新闻媒体，建立了固定的信息发布窗口，向农业生产经营者发布各类信息。信息发布形式也趋于多样化，除了报纸、刊物、广播、电视台等常规形式，还充分利用了互联网、移动电话等形式对外发布信息。农业信息服务工作不断创新，服务覆盖面不断扩大，信息服务网络平台基本建立。

三、农业信息资源开发的战略

农业信息资源开发是一个复杂的、系统性的战略任务，是一个多阶段发展的过程。农业信息资源有效开发包括三个重要环节，一是农业信息内容的积聚，包括农业信息内容的收集、存储与组织；二是信息的提供，即信息产品的生产、建立有效的信息交流渠道；三是信息环境改善，包括用户培育、组织与市场信息环境的改善。

战略上，农业信息资源开发有两种思路：一种是横向开发战略，该战略是在某一发展阶段，集中突破某个环节。例如第一阶段开展农业信息内容积聚，第二阶段建设信息提供渠道，第三阶段开展信息环境建设。从横向战略来看，我国第一阶段重点是信息渠道建设，其标志事件是中国科协于 1993 年发起并组织实施"金桥工程"，重点建设国民经济信息化的基础设施，金桥工程相当于将信息之路修通了，但是有路没有车。第二阶段重点是各类数据库建设网络资源开发。第三阶段是针对信息环境不规范问题开展信息环境改善与优化。另一种思路是纵向开发战略。该战略是从三个重点环节的整体出发，先选择一些领域或者行业，全面完成信息积聚、渠道建设和环境改善三个环节，使得这些领域或者行业能够先行全线贯通，发挥出效益，然后再扩展到其他领域或者行业。

农业信息资源开发采用何种战略需要考虑国家经济发展和信息化发展的阶

段。在国家信息基础设施完善的情形下，可偏重于横向战略，加快农业信息内容积聚，开展信息环境建设；在信息基础设施薄弱，农业信息内容缺乏的情形下，可采用纵向战略，从某些领域和行业进行突破。从我国国情来看，宜采取纵向为主，横向为辅的战略。一方面，我国目前信息基础设施已经具备一定的基础，可以基于目前的基础开展信息内容积聚，使得内容和渠道步伐一致；另一方面，目前的信息化程度和经济状况很难完全进行横向铺开，需要在一些重点领域和行业上进行探索。纵向开发为主意味着在某些领域取得成功，使得这些领域的信息内容、信息渠道和信息环境三个环节相互协调和配合，进而通过示范效应培育更为广泛的用户和市场。

第三节 农业信息化

一、农业信息化的内涵

农业信息化是国家信息化总体战略的有机组成部分，是培育、发展以计算机为主的智能化工具为代表的新的生产力并使之利用于农业的历史过程[①]。结合我国农业发展实际，农业信息化的内涵包括以下六方面内容：

（一）农业资源和环境信息化

我国地域辽阔，农业资源与环境从南到北，自西向东，类型很多，差别很大。并且土地及耕地面积、水资源以及农业环境的污染情况等随时间的变化很快，都需要依靠农业信息化加以及时、正确地掌握。遥感、航测、地理信息系统、全球定位系统、各种监测农业资源的设施与仪器等，都是农业资源和环境信息化的重要手段，都需要建立农业资源、环境信息网络，以便正确而及时地掌握农业资源、环境的变化，从而制定政策与对策。

（二）农业生产与管理信息化

农作物品种与栽培每年都有变化，特别是气象、水文与病虫害情况，每时每刻都在变化。因此，在全国范围内，建立以计算机联网为基础的农业信息网络，是我国农业的当务之急。农业管理的信息化，将使我国农业的行政、生产、科技、农村企业管理等提高到一个新水平，解决管理效率低、调控不及时等问题，促进管理科学化、合理化和最优化。

---

① 高万林，张港红，李帧，赵佳宁. 关于农业信息化与农村信息化关系的探讨[J]. 中国农学通报，2011，27（1）：466-470.

（三）农业生产资料及农产品市场信息化

目前我国在种子、化肥、农药、农业机械、农用薄膜等市场方面存在较多的矛盾。主要是农业生产资料的品种、质量、价格，不能符合农业生产与农民的要求。农民需要的，不知道到哪里去买；工厂生产的，不知道到哪里去卖，工厂对各地农民的需要很难及时掌握。这一矛盾的解决，需要依靠农业生产资料市场的信息化。农产品是农业市场中最重要的商品，它直接关系到农民的收入，关系到一个地区的经济发展。为了使各地的农产品销路畅通，发展以计算机联网为基础的农产品市场信息化是一项基础性建设。

（四）农业科技教育信息化

我国各地的农业科技成果很多，但由于信息交流不畅，农业生产迫切需要的一些实用技术欲求无门，形成了农业科研与生产活动相互脱节、割裂的局面。因此，加快农业科技信息化，建立全国性的农业科技信息网络，可以加强农业科研和生产活动的信息沟通，加快农业新技术成果的交流和扩散。

（五）农业政策法规信息化

一方面，使广大农民及时获取农业政策法规；另一方面，加强农业信息化法制法规建设，对农业领域的国家机密、商业秘密、知识产权等依法保护，同时维护农业生产者、开发者、管理者等农业信息化主体在农业信息网络体系中平等竞争等权益，促进农业信息化发挥正面效应，抑制负面效应。

（六）农村社会、经济信息化

农村人口的变化，教育、科技的普及程度，农民的收入水平，农村的道路、能源、卫生情况，农村居民的房屋建筑，小集镇的发展等都是农村社会、经济信息化的内容。目前，对农村社会、经济情况的了解，主要依靠各级统计部门，以及农业、农村工作部门的调查。所谓农村社会、经济信息化就是要求这些部门的信息工作都能实现全国性与地区性的计算机联网，以及使用先进的信息处理与传输技术，以便让中央和各级领导部门更快、更准确地掌握农村社会、经济的变化，从而制定正确的政策。

二、农业信息化的意义

农业信息化是农业现代化发展的必经之路，这已经为许多农业发达国家所印证。对于我国而言，要改变传统农业的不确定性、波动性、不可控性等天然特性，要实现我国农业经济的高速可持续发展，要推进农业技术在各地区的发展，就必须不断提升农业信息化水平，早日健全农业信息化框架体系。我国农业信息化的意义具体表现在下面几个方面：

（一）促进农业科技的发展和信息技术的推广

农业信息化使得农业相关科研人员能够跨越时空限制，共享相关的科研成果，相互探讨不断完善农业技术和农业信息推广的方法。对于农业主体农民而言，农业信息化可以使他们实时地获取农业最新科技成果、相关产业的市场情况和销售需求等来及时改变、调整自身的生产计划，使市场的需求与供给能够有效地对接。

（二）促进农业的国际化、全球化

随着全球经济的一体化发展，各国之间的农业贸易越来越频繁，随着农业信息化的发展，物流成本会大大降低，标准化、品牌化的农产品将更多地涌向国际市场，使得农业产业链的附加值迅速增长，从而使我国农产品的国际竞争力大大增强。

（三）促进农业经济结构的转变

农业信息化能够促使农业产业的框架更加标准化，从而提高农产品的质量，优化农村产业结构和地区布局。使农业经济由原来的劳动和资金密集型的一元结构转变为以知识和信息技术密集为主的多层次梯状产业结构，逐渐由传统的粗放型发展模式转为可持续的集约型发展模式①。

（四）促进农业一体化发展

农业信息化能将农业各个看似分散的环节更紧密地结合在一起，促进整个产业链的良性发展循环，颠覆传统的农业组织形式与架构，使农业向现代化、产业化、一体化方向发展，能够帮助政府对农业进行宏观调控。农业信息化会产生社会化的信息网络，使得政府与农民之间沟通的渠道大大拓宽。深入基层了解农民的迫切需求更有利于政府管理农业生产、加工、流通等相关环节，使政府能够利用现代化的信息技术来管理市场化的农业，能够使传统农业生产要素发挥最大效用。信息与知识作为新型生产力，一旦运用到农业中去，一方面可以提高农民的素质，提高农民的劳动生产率，使得农业生产活动更精准、更有序地进行下去；另一方面，可以有效地对各种生产要素进行配比，形成最优化组合，推动农业可持续发展。

（五）能够有效地进行农业成本管理与控制

因为随着信息资源的长期应用，传统的资源使用效率将大大增强，土地、劳动力、水资源等的无效耗损将大大减少，所以农业信息化能够直接提升农业

---

① 雷程伟. 农业现代化过程的农业信息化研究［D］. 西南财经大学学位论文，2014.

资源利用率，虽然从短期看需要大量的资金、人力投入，但是从长远考虑，信息化完成后农业成本将大大降低。

（六）能够提升农业的综合管理水平

随着移动物联网时代的兴起，越来越多的行业在利用计算机进行经营管理。农业作为国家的核心行业之一，可以建立符合综合管理的信息传导反馈系统，建立一个全国共享的物联网交互闭合系统，能做到信息的实时处理和综合决策，从而形成农业的综合现代化管理。

三、农业信息化发展的国际经验

当前，世界各国已经充分认识到了农业信息化在促进农业经济发展中的重要作用，十分重视农业信息化建设。本书对美国、日本、德国和印度四国的农业信息化的基础条件、社会背景、发展路径、技术特征、发展模式和政府政策进行简单介绍。

（一）美国

美国依靠其强大的市场经济和发达的科学技术，农业信息化建设水平居于全球领先地位。美国充分发挥其雄厚的经济实力和技术优势，从信息基础设施设备建设、信息技术的研究开发、网络平台构建、信息资源的开发利用等方面全方位推进农业信息化建设。当前，美国农场主已经基本普及使用电脑，通过互联网购买农业生产资料，利用电脑管理农场事务和开展相关业务。

美国农业部专门设立了首席信息官办公室，针对农业信息化建设制定了专门的法律法规，包括信息公开、信息收集与发布的法律，电子政府建设法律和关于个人隐私保护的法律。同时，美国政府还按照农场经济规模对单位产品分摊的信息技术折旧额进行补贴。

（二）德国

德国政府高度重视农业信息化发展，通过重点突破信息化关键技术，不断开拓创新，最终形成了自身的技术优势，从而带动整个资源的农业信息化发展。德国政府主要负责投资信息基础设施建设，部署了一些计划工程项目，大力推进农业信息化的政策与环境、基础设施建设和数据库建设，并制定了电信法和信息服务法，确保网络安全。此外，德国政府非常重视计算机和网络技术教育和培训。德国农村的所有学校都开设了计算机技术和网络技术课程，通过这些课程的开设提高农民的计算机和网络利用水平。

（三）日本

日本主要是通过农协组织农民开展农业生产经营活动。日本农民的电脑普及率和互联网利用率较高，位于世界前列。农民与农协组织之间的信息交流非常畅通和高效。总体来看，日本农村和农业的信息化水平落后于城市和其他产业。但是，日本农民非常重视互联网在农业生产经营中的应用，这为农业信息化发展奠定了坚实的基础。日本农业信息化发展的特点是从本国实际出发，因地制宜地选择实用性的技术路线，加强信息产品的实用性。日本政府针对农产品批发市场的运行制定了一套严格的法律和政策，做好大容量通信网络和地方网络基础设施建设，并无偿向农民提供各种技术信息，大力投资农业服务系统。产、官、学合作开展精准农业等信息农业技术研究，农产品电子商务则交由企业进行运作。

（四）印度

印度和我国都为发展中大国，相对于发达国家而言，农业信息化起步晚，基础薄弱。当前，印度农业还是传统型的，农业市场不够发达，电信基础设施很不完善，农民电信设备的拥有率较低。由于资金缺乏和基础薄弱，印度农业信息化发展主要从农民实际信息需求中寻找突破口和着力点，重点放在解决农产品流通不畅的问题上。印度政府尤其重视信息技术人才培养，特别是加强对农民青少年和农村妇女的信息技术培训。同时，政府还制定了农业信息化优惠政策，一是减免农民购买计算机和软件的个人所得税，二是降低互联网收费标准和获取信息的费用。

四、农业信息化的路径选择

推进农业信息化是一项复杂的系统工程，需要多措并举，从顶层设计、政策、资金、机制以及人才培养等多元路径出发，提供切实有力的保障。

（一）加强顶层设计

切实加强农业信息化顶层设计，推进出台农业信息化中长期发展规划、专项规划，建立专门行业机构统筹协调全局发展、统筹管理工程项目。参照商务部等部委的做法，农业部内设机构成立专门的"农业信息化推进司"，统筹农业信息化发展战略、发展规划、重大项目以及资金的使用安排，牵头组织实施农业各行业的信息化工程及基础性建设工作，实行统一领导、统一规划、统一建设、统一标准、统一管理，为实现信息系统的互联互通、资源的共建共享和业务的协作、协同奠定基础[①]。

---

① 李昌健.我国农业信息化建设重点、难点及路径选择［J］.农业科技管理，2014（4）：1-4.

（二）加大投入力度

建立健全投入保障机制，积极争取发展改革部门和财政部门支持，逐步形成稳定的农业信息化投资渠道，逐年提高基本建设投资、财政事业费及农业重大工程建设中用于信息化的投资比例。建立社会力量广泛参与的信息化投融资机制，充分调动电信运营商、IT 及涉农企业、科研院校等社会力量的积极性和主动性，逐步形成政府引导下的投资主体多元化、运行维护市场化的良好局面，为农业和农村信息化建设不断注入新的活力。国家农业信息化发展资金，重点用于示范性项目建设、信息化基础设施建设、农业信息技术研发以及人员培训等方面。

（三）完善体制机制

通过建立"政府主导，市场运作"的"公益+市场"的资金投入机制，有效引导社会力量投入农业信息化建设，探索可持续发展的农业信息化建设运行模式。通过建立"资源整合，协作共享"的项目运行机制，统筹利用基础环境、软硬件、安全监管等信息化基础设施，建设标准统一、实用性强的信息共享平台和公共数据库，推动农业各行业和其他涉农部门资源整合。坚决避免由于重复投入和信息孤岛造成的资源浪费，提高信息资源利用率，确保信息化建设整体效益提高。

（四）强化工程示范

加强试验示范、典型宣传、样板推广，提高社会各界对发展农业农村信息化的认识。以每年一届的全国农业信息化工作会议为契机，系统总结农业信息化工作成效，交流经验，表彰先进，宣传典型。切实发挥农业信息化典型的示范引导作用，带动不同地区、不同领域信息化水平整体提升。采取多种措施，鼓励各类农业生产经营主体积极示范应用现代信息技术，着力探索信息化发展模式和可持续发展机制，打造一批农业信息化发展典型。

（五）强化人才队伍培养

加强人才培育和队伍体系建设，成立农业农村信息化发展战略专家委员会，加强农业信息化人才队伍战略研究，并在国家现代农业产业技术体系中设立农业农村信息化专家岗位。支持科研院校农业信息化学科建设，加大科研领军人才和创新团队的培养力度，加强农业信息化专业的教学管理和人才培养。重视农业部门信息体系队伍建设，探索设置乡镇综合信息服务站和农业综合信息员岗位，将农业农村信息化相关内容作为阳光工程重点培训科目，强化乡、村两级信息员培养。

小　　结

1. 农业信息资源作为信息资源的一个子类，主要是指农业自然资源信息、农业生产信息、农业科技信息、农业经济信息以及农产品加工信息和农产品市场信息等。农业信息资源具有以下特征：公共品属性、时效性、非均等性、不对称型、可塑性、增值型、地域性、选择性。

2. 农业信息资源的经济功能包括以下三个方面：促进农业生产力提升、协调生产要素配置、提高决策水平和管理效率。

3. 农业信息资源开发具有重要意义：一是能够更好地解决"三农"问题，促进农业经济的发展；二是巩固国民经济发展基础，促进市场经济发展；三是加快农业信息化步伐，增强农业国际竞争力。

4. 我国农业信息资源开发存在以下状况：建成了一大批农业信息网站，开发和引进了一些农业信息数据库，形成了相对稳定的农业信息采集和分析处理系统，建立了初步的信息发布与服务模式。

5. 农业信息资源开发有两种思路：一种是横向开发战略，该战略是在某一发展阶段，集中突破某个环节。另一种是纵向开发战略。该战略是从三个重点环节的整体出发，先选择一些领域或者行业，然后再扩展到其他领域或者行业。当前，我国宜采取以纵向为主、横向为辅的战略。

6. 农业信息化是指在农业领域全面地发展和应用现代信息技术，使之渗透到农业生产、市场、消费以及农村社会、经济、技术等各个具体环节，加速传统农业改造，大幅度地提高农业生产效率和农业生产力水平，促进农业持续、稳定、高效发展的过程。结合我国农业发展实际，农业信息化的内涵包括以下六方面内容：农业资源和环境信息化、农业生产与管理信息化、农业生产资料及农产品市场信息化、农业科技教育信息化、农业政策法规信息化、农村社会经济信息化。

7. 农业信息化对于促进农业科技的发展和信息技术的推广，促进农业的国际化和全球化，促进农业经济结构的转变，促进农业一体化发展，能够有效地进行农业成本管理与控制，能够提升农业的综合管理水平具有重要意义。

8. 农业信息化的路径选择应从以下几个方面开展：一是加强顶层设计；二是加大投入力度；三是完善体制机制；四是强化工程示范；五是强化人才队伍培养。

关 键 词

农业信息资源 农业信息资源开发与利用 农业信息化

复习思考题

1. 什么是农业信息资源？其特征是什么？
2. 农业信息资源具有什么经济功能？
3. 农业信息资源开发具有什么意义？
4. 农业信息资源开发的状况是什么？
5. 如何对农业信息资源进行开发？
6. 什么是农业信息化？
7. 农业信息化具有什么意义？
8. 农业信息化有哪些路径选择？

主要参考文献

［1］靖继鹏．信息经济学［M］．清华大学出版社．2004：164.

［2］张向先．农业信息资源配置的理论与方法研究［D］．吉林大学学位论文，2007.

［3］曹贯一．中国农业经济史［M］．中国社会科学出版社，1989：229.

［4］高万林，张港红，李帧，赵佳宁．关于农业信息化与农村信息化关系的探讨［J］．中国农学通报，2011，27（1）：466-470.

［5］雷程伟．农业现代化过程的农业信息化研究［D］．西南财经大学学位论文，2014.

［6］李昌健．我国农业信息化建设重点、难点及路径选择［J］．农业科技管理，2014（4）：1-4.

第三编 农业市场编

第十章 农产品供给与需求

☞【学习目标】

在本章学习的过程中，需要掌握农产品供给与需求的内涵、函数关系及供给弹性、需求弹性；理解影响农产品供给与需求的主要因素；掌握消费函数及其相关理论；学会分析供给均衡的形成，掌握蛛网理论并了解粮食安全的重要性及其战略意义。

第一节 农产品供给

一、农产品供给函数

（一）农产品供给的内涵

农产品供给（Supply）是指在某一特定的时期内，生产者（农户）在某个价格水平上有能力和意愿出售的特定农产品的数量。供给是出售愿望和出售能力的统一，因此，生产者具有出售意愿和出售能力是构成某种农产品有效供给的两个必备条件。供给有个人供给和市场供给之分，个人供给是指单个生产者的供给数量，市场供给也称总供给，表示在既定的市场价格下，所有愿意提供农产品的生产者提供的农产品数量之和。其他条件保持不变，随着该农产品价格的升高，生产者对该产品的供给量增加；反之，如果该农产品价格下降，生产者的供给会随之减少，这一规律被称为供给原理（the Law of Supply）。

（二）农产品供给曲线

1. 农产品供给曲线的内涵

农产品供给曲线（Supply Curve）是描述价格和农产品供给量之间关系的图形。如图 10-1 所示，农产品供给曲线是一条向右上方倾斜的曲线。供给曲线上的每一点都反映了价格和供给量的对应关系。例如，A 点表示，当农产品价格为 P 时，供给量为 Q。供给曲线显示价格和供给量具有正相关关系，即农产品价格上升，供给量增加，此时价格和供给量的组合移到 B 点；价格下降，供给量减少，此时价格和供给量的组合移到 C 点。我们把这种在同一条供给曲线上的变动称为供给量的变动。

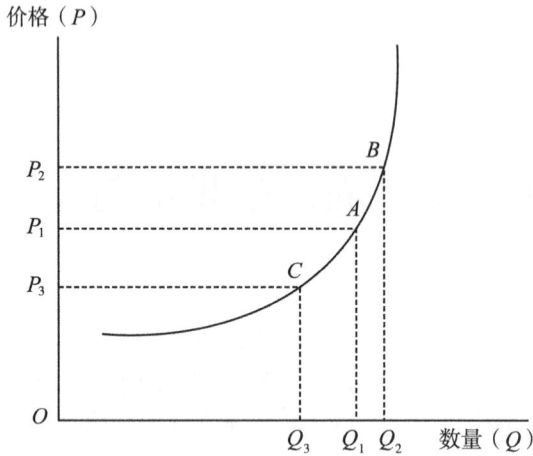

图 10-1　农产品供给曲线

2. 农产品供给曲线的移动

农产品供给曲线在假设其他条件不变的情况下，描述农产品的供给量如何随着价格的变动而变动，表现的是供给曲线上点的移动，如图 10-1 中 B 点到 A 点和 C 点的移动。但是，有时某些因素会改变一种农产品既定价格水平下的供给量，这时供给曲线就会发生移动（Shifts in Supply）。例如，风调雨顺之年及新技术的采用可能会导致农产品供给增加。图 10-2 说明了供给曲线的移动。任何使既定价格水平下的供给量增加的变动都会使供给曲线向右移动，我们称这种移动为供给增加，如供给曲线 S_1 到 S_2 的移动。相反，使既定价格水平下的供给量减少的任何变动都会使供给曲线向左移动，这种移动称为供给减少，如供给曲线 S_1 到 S_3 的移动。这种供给曲线的移动，就称为供给的变动。

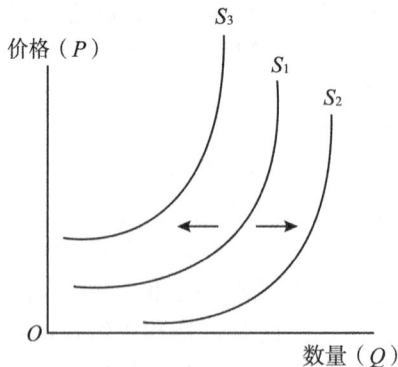

图 10-2　农产品供给曲线的移动

（三）农产品供给函数

假定在图 10-1 与图 10-2 中引起曲线变化的自变量为影响农产品供给的因素，因变量为农产品供给量，那么把表示影响因素与供给量之间关系的函数关系称为供给函数。用 Q_s 表示农产品的供给量，则可以由公式（10.1）表示农产品供给函数：

$$Q_s = f(P,\ T,\ P_r,\ S,\ E,\ O) \tag{10.1}$$

式中，f 为函数关系符号；P 为农产品自身的价格；T 为技术进步；P_r 为相关农产品的价格；S 为农产品储备；E 为政策因素；O 为其他影响因素。

需要注意的是，以上供给函数的表达式并不是严格的数量关系，而只是显示农产品供给和影响因素之间的变化趋势关系。在进行经济分析时，我们通常会在研究影响因素和农产品供给量之间的数量关系时为了简化模型而假定其他因素条件为稳定不变。

二、农产品供给的影响因素

（一）农产品自身的价格（P）

根据供给原理，农产品的价格升高，导致供给量增加；反之，价格下降，会引发供给量的减少。但是由于耕地面积的限制，在短期内当价格升高时，农产品的供给量不会无限制地增加。不同的农产品随着自身价格的变化，供给量的变化趋势也不一样。例如，当粮食价格下降时，农民可以选择把粮食储存起来，等到其价格上涨时再出售，导致当期粮食的供给量明显减少。但对于蔬菜等易腐烂、不易储存的农产品来说，即使价格下降，农户也不得不低价出售，因此供给量在短期内不会发生很大的变化。

（二）技术进步（T）

农产品的供给受土地约束最为严重，在土地面积保持不变的情况下，单产的提高就主要依靠技术进步来实现。任何有利于降低单位农产品的成本、增加单产的技术都会增加供给。比如，2011 年我国"杂交水稻之父"袁隆平领衔的科研团队创下我国水稻大面积亩产的最高纪录，该团队研发的超级杂交稻"Y 两优二号"在百亩试验田中达到平均亩产 926.6 公斤，而 20 世纪 70 年代我国水稻亩产平均只有 400 公斤。

（三）替代商品与互补商品的价格（P_r）

除了农产品自身价格以外，其他相关商品的价格也会影响该农产品的供给量。在这里我们考察两种商品。一种是互补商品（Complements），即通常同时消费才能满足消费者的某种需求的两种商品，如面包圈和奶酪。根据供给原理，当面包圈的价格上涨后，生产者会增加对面包圈的供给，从而奶酪的供给也会增加，因为它们被同时消费。因此，如果两种农产品是互补商品，一种产品的价格和另一种商品的供给量呈正相关关系。

另外一种是替代商品（Substitutes），通常它们能够满足消费者相似的需求，所以我们不需要同时消费，而是选择其中的一种，如牛肉和猪肉。根据供给原理，如果牛肉价格上涨，农户就会多养殖肉牛而减少对猪的养殖，从而导致猪肉的供给量减少。因此，当两种农产品是替代商品时，一种产品的价格和另一种商品的供给量之间具有负相关关系。

（四）农产品储备（S）

农产品储备是流通的蓄水池，起着调节市场供求的作用。在农业生产歉收、供不应求时，库存量可以弥补市场供给不足。对于容易储存的农产品，在现时市场供大于求、价格低落时，可以暂予储存，减少市场供给量，等价格上涨时再出售。例如，粮食储备对于一个国家乃至全世界粮食市场的调节具有重要意义。国际上习惯把粮食储备的年终库存量占当年消费量的比重称为粮食安全系数，并把其作为衡量当年世界粮食安全的标准，一般以17%～18%作为最低的粮食安全水平。当粮食安全系数低于17%时，世界粮食市场价格可能会迅速上升；当粮食安全系数高于20%时，粮食价格可能会大幅度下降。

（五）政策因素（E）

农产品供给受政策影响也非常明显。当政府在农产品的生产上施加重税时，农产品供给一般会降低。当政府限定农产品出口，比如施加出口重税时，国内农产品供给就会增加。从"十五"时期（2000—2005年）开始，国内政府以减轻农民负担为中心，取消"三提五统"等税外收费，进行以改革农业税收为主要内容的农村税费改革。之后对农业税收影响重要的《中华人民共和国农业税条例》在2006年1月1日废止，取消除烟叶以外的农业特产税，全部免征牧业税，标志着在中国有着2600多年传统的"皇粮国税"成为历史。这些政策的实施减轻了农民的负担，提高了农民生产农产品的积极性，也会导致农产品供给增加。

（六）其他因素（O）

除以上几大因素外，农产品还受到诸如自然灾害、气候变化等外生因素的影响。在其他条件不变的情况下，风调雨顺，没有自然灾害，农产品的供给就会增加。而蝗虫灾害在中国自古以来就是频繁发生，并且从受灾范围、受灾程度来看称得上世界之最。农业部2008年3月发布的一份中国蝗灾预测报告显示，在中国，2008年发生蝗灾的土地面积有9000多万亩，造成的直接影响是农产品的减产甚至绝产。

三、农产品供给弹性

(一) 供给价格弹性

农产品供给曲线体现了农产品的价格和供给量具有正相关关系，那么供给量对于价格变动的敏感程度如何呢？也就是说，当农产品自身价格上涨（或下降）1%，供给量会降低（或增加）多少比例呢？这时我们需要引入供给价格弹性（Price Elasticity of Supply）这个概念。供给价格弹性是指供给量变动的百分比与价格变动的百分比的比值，计算方法可由公式（10.2）表示。由于大部分农产品供给量的变化和自身价格的变化呈正相关关系，所以供给价格弹性是一个正值。

$$E_{sp} = \frac{\Delta Q/Q}{\Delta P/P} = \frac{(Q_1 - Q)/Q}{(P_1 - P)/P} \qquad (10.2)$$

式中，E_{sp} 为供给价格弹性；ΔP 和 ΔQ 为价格的变化和供给量的变化；P 和 Q 分别为价格的初始值和供给量的初始值；P_1 和 Q_1 分别为变化后的价格和供给量。

当 $E_{sp} = 0$ 时，供给对价格完全无弹性（Perfectly Inelastic），即当价格发生变化时，供给量不发生变化。农产品中，供给完全无弹性的商品几乎不存在。倘若我们相信世上存在一支独一无二的千年人参，那么这支千年人参的供给可以看作无弹性的，其供给曲线垂直于产量（Q）轴。

当 $0 < E_{sp} < 1$ 时，供给对价格缺乏弹性（Inelastic），即供给量变化的比例小于价格变化的比例。从短期看，大部分农产品的供给对价格而言是缺乏弹性的，因为农产品具有一定的生长周期且不易储存。所以当价格发生变化时，农产品的供给量很难在短期内得到调整。

当 $E_{sp} = 1$ 时，供给对价格具有单位弹性（Unit Elastic），即供给量变化的比例等于价格变化的比例。

当 $E_{sp} > 1$ 时，供给对价格富有弹性（Elastic），即供给量变化的比例大于价格变化的比例。

当 E_{sp} 无限大时，供给对价格具有完全弹性（Perfectly Elastic）。

(二) 供给弹性的影响因素

农产品供给对价格的敏感程度受许多因素的影响，主要包括考察期限的长短、农产品的耐储存性以及农产品的成本构成。当然很多时候，农产品的供给价格弹性是受这些因素的综合作用影响的。

1. 考察期限的长短

考察农产品对价格的敏感程度可以从短期、中期和长期来判断。短期内，由于农产品生产具有周期性且不易储存，因此农产品的供给价格弹性很小。比如，一旦小麦播种后，农户就只能等小麦成熟后再向市场供应小麦；在小麦生长期间，农户对市场上小麦价格的变动几乎无能为力。从中期来看，我们发现农产品表现出较高的供给价格弹性。如果去年小麦的价格不断攀升，那么今年农户会选择大量增加小麦的种植面积，以期获得较高的收入。长期内，我们可以看到农产品供应表现出波动性。

2. 农产品的耐储存性

如果农产品不易储存或者储存费用很高，当价格较低时，农户无法或者不愿意储存部分农产品。所以当价格降低时，农产品的供给量不会减少；当价格升高时，因为没有存货，所以无法增加供给。对于较耐储存的农产品来说，农产品的供给可以根据价格的变化通过存货进行调整。因此，通常来说，耐储存的农产品的供给价格弹性较高，不耐储存的农产品的供给价格弹性较低。

3. 农产品的成本构成

对于我国以一家一户小规模为特征的农业生产来说，农产品的生产成本主要是固定资产折旧费和低值易耗品的费用。农机具、役畜、生产建筑物等都属于固定资产。种子、化肥、农药等属于低值易耗品。固定资产投入较高的农产品价格供给弹性较小，因为扩大生产需要更多的资金和时间，而且转产能力较弱。以反季节蔬菜的供给为例，增加供给需要大量的资金来修建新的温室，而且温室的修建也需要一定的时间，因此反季节蔬菜的供给价格弹性较小。

第二节　农产品需求

一、农产品需求函数

(一) 农产品需求的内涵

农产品需求（Demand）是指在某一特定时期内，在一定价格水平上消费者愿意且能够购买的某种农产品的数量。需求是购买意愿和购买能力的统一，因此，购买者具有购买意愿和在现行价格条件下具有购买能力，是构成该农产品的有效需求的两个必备条件。需求有个人需求和市场需求之分，个人需求是指单个消费者的消费数量，市场需求是全部消费者的需求量的总和。设其他条件不变，某种农产品的价格的提高，会导致消费者对该农产品的需求量减少；

反之，如果价格降低，消费者对农产品需求量增多，这一规律被称为需求原理（the Law of Demand）。

（二）农产品需求曲线

1. 农产品需求曲线的内涵

农产品需求曲线（Demand Curve）是描述价格和农产品需求量之间关系的图形。如图 10-3 所示，农产品需求曲线是一条向右下方倾斜的曲线。需求曲线上的每一点都反映了价格和需求量的对应关系。例如，A 点表示，当农产品价格为 P_1 时，需求量为 Q_1。需求曲线显示价格和需求量具有负相关关系，即价格上升，需求量降低，此时价格和需求量的组合移到 B 点；价格下降，需求量上升，此时价格和需求量的组合移到 C 点。我们把这种在同一条需求曲线上的变动称为需求量的变动。

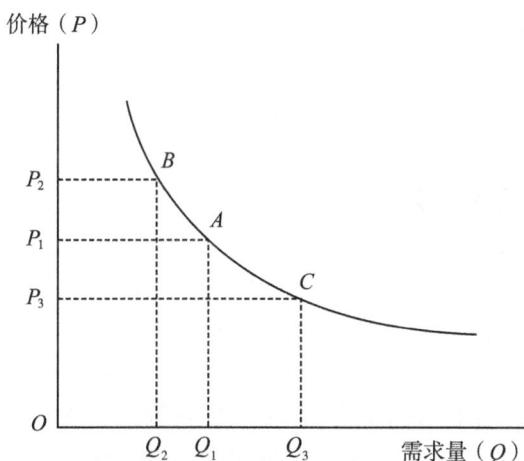

图 10-3　农产品需求曲线

2. 农产品需求曲线的移动

农产品需求曲线是在假设其他条件不变的情况下，描述农产品的需求量如何随着价格的变动而变动，表现的是需求曲线上点的移动，如图 10-3 中，B 点到 A 点和 C 点的移动。但是，有时某些因素会改变一种农产品既定价格水平下的需求量，这时需求曲线就会发生移动（Shift in Demand）。图 10-4 说明了需求曲线的移动。使既定价格水平下的需求量增加的任何变动都会使需求曲线向右移动，我们称这种移动为需求增加，如需求曲线 D_1 到 D_2 的移动。相反，使既定价格水平下的需求量减少的任何变动都会使需求曲线向左移动，这种移动称为需求减少，如需求曲线 D_1 到 D_3 的移动。我们把这种需求曲线的移动称为需求的变动。

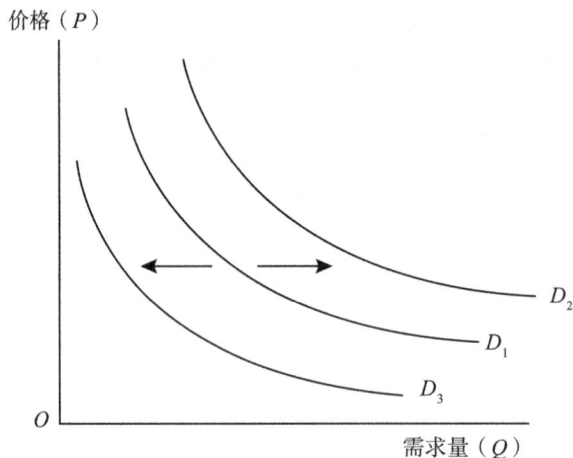

图 10-4　农产品需求曲线的移动

（三）农产品需求函数

影响农产品需求的因素很多，如果我们把需求量和这些影响因素之间的关系表示成函数的形式，则称为农产品需求函数。如果我们用 Q_d 表示消费者对农产品的需求量，则需求函数可以由公式（10.3）表示：

$$Q_d = f(P, \ I, \ N, \ P_r, \ F, \ E, \ O) \tag{10.3}$$

式中，P 为农产品自身的价格；I 为消费者的收入；N 为消费人口的数量和结构；P_r 为相关农产品的价格；F 为消费者的偏好的消费习惯；E 为消费者对未来的预期；O 为其他影响因素。

需求函数的表达式并不是严格的数量关系，而只是显示农产品需求和影响因素之间的变化趋势关系。在进行经济分析时，我们通常会假定其他条件保持不变，研究一个或多个影响因素和需求量之间的数量关系。例如，我们通常假定其他条件不变，分析收入和价格是怎样影响某种农产品的需求量的。

二、农产品消费函数

消费函数（Consumption Function）是对消费者消费决策进行数量研究的重要工具，该函数反映了消费支出与决定消费的各种因素之间的依存关系，农产品消费函数同样遵循普适消费理论。

（一）绝对收入和相对收入理论

凯恩斯在《就业、利息和货币通论》（1936）一书中最早提出了消费函数的概念，他提出"总消费是总收入的函数"，该理论被称为绝对收入假说（Absolute Income Hypothesis，AIH）。根据凯恩斯的观点，消费函数可以用数学公式描述为：$C_t = a + bY_t$。其中，C_t 为 t 时期的总消费，Y_t 为 t 时期的总收入，a 和 b 为参数。b 为边际消费倾向（Marginal Propensity of Consume，MPC），即增加的消费和增加的收入的比值。凯恩斯认为，收入的增加会以一定的比例转化为消费的增加，但是人类的天性会导致这个比例随着收入的增加而不断减小，即著名的边际消费倾向递减规律。

顺应理论变革的需要，杜森贝利（Duesenberry，1949）和莫迪利安尼（Modigliani，1949）同时在 AIH 理论基础上提出了相对收入假说（Relative Income Hypothesis，RIH）。他们将"过去收入"引入消费函数，认为消费者的消费支出受本人当前收入、本人历史收入和周围消费者的行为三者共同影响。相对收入假说假设消费函数可以表示为：$C_t = a + b_1 Y_t + b_2 C_{t-1}$，其中，$C_{t-1}$ 为 $t-1$ 期的消费支出。该理论与绝对收入理论相比显然有很大的进步，至少它开始从消费者行为出发来分析问题。

（二）生命周期和持久收入理论

20 世纪 80 年代，莫迪利安尼、布伦贝格（Brumberg）和安东（Ando）再次对消费理论进行发展，提出了生命周期假说（Life Cycle Hypothesis，LCH），使得消费函数的研究有了很大的进展。该理论把消费与人一生的收入和财产联系起来，认为理性的消费者将根据效用最大化的原则使用一生的收入，安排一生的消费与储蓄，最终使一生中的收入等于消费。根据生命周期假说理论，总消费函数可以表示为：$C_t = b_1 Y_t + b_2 Y^* + b_3 A_t$，其中，$C_t$、$Y_t$、$Y^*$ 和 A_t 分别表示 t 期消费、t 期收入、未来收入和 t 期财产。b_1、b_2 和 b_3 分别是 Y_t、Y^* 和 A_t 的边际倾向。

弗里德曼（Friedman，1957）提出了持久收入假说（Permanent Income Hypothesis，PIH），该理论进一步将收入分解为平均或预期的持久收入和暂时性收入，而消费由持久收入决定（即预期在较长时间内可以维持的稳定的收入流），不会对收入部分中短期变动收入有较大的反应。根据该假说，消费函数可以表示为 $C_t = bY_t^p$，其中 C_t 和 Y_t^p 分别表示 t 期的消费支出和 t 期的持久收入，b 表示边际消费支出。如果将持久收入理解为消费者一生拥有的总资源的年金，那么会发现非常相似于生命周期理论。但二者的研究重点差别很大，生命周期理论的重点在于可以对消费者生命特征变化引起的"急需"

（Modigliani，1986）进行专注研究，而持久收入理论对人口特征的变化对消费收入关系的影响研究较少或者说相比从宏观出发的人口、收入和财富积累之间的关系，它更关注消费的动态行为。

（三）消费函数研究的新动态——不确定等价

不确定等价的理论基础是指消费者的预防性储蓄行为会受到不确定性的强烈影响。不确定等价的经典之一就是由卡罗尔（Carroll，2001）提出的"缓冲存货"，该理论的出发点是消费者行为，认为维持一个固定的储蓄财富比的消费者是同时具备不耐心和谨慎性两种特性的，这种消费者把储蓄作为应对未来收入冲击的缓冲器，如果收入发生正向变动，储蓄财富比会减小，则消费者将增加储蓄量以保持以前的比例。"缓冲存货"模型是众多预防性储蓄研究中理论基础最为完善的一个，也为以后的研究提供了新的思路。

近年来，随着消费者心理学的兴起，从消费心理角度解释不确定等价下理论与数据的分歧成为消费理论的重要研究方向。从消费者心理观点来看，影响消费决策的真正因素可能不是真实的收入波动，而是消费者个体心理上的理性预期。虽然理性预期的研究已经较为成熟，但是理性预期延伸观点现在衍生出许多新的理论和研究热点，例如消费者双曲线偏好、文化和习惯对消费决策偏好的影响等，为进一步研究消费函数拓展了思路。

三、农产品需求的影响因素

（一）农产品自身的价格（P）

根据需求原理，农产品自身价格和其需求量呈负相关关系，即价格提高，需求量减小；价格下降，需求量增大。当然，也有价格和需求量同方向变动的特例，一类是吉芬商品，另一类是奢侈品。

吉芬商品（Giffen Goods）通常是消费者维持最低生活所需的商品。罗伯特·吉芬（Robert Giffen）于1845年在爱尔兰观察到一个现象：当年爱尔兰爆发了大灾荒，导致在饥荒中土豆的价格急剧上涨，但爱尔兰农民反而增加了对土豆的消费。这是因为当时人们本来就非常贫穷，而土豆是其维持生计的食品。当土豆价格较低时，人们还有经济能力消费一些其他的食品。但当价格上涨时，为了维持生计，人们根本没有能力消费和以前同等数量的其他食品，只好转而消费更多的土豆。

奢侈品（Luxury Goods）因为其价格昂贵，非一般人消费得起。消费奢侈品一般是为了炫耀，以显示其身份与地位。当价格很低时，拥有它就无法达到炫耀的目的，需求量反而下降。最典型的奢侈品就是珠宝。当珠宝价格很高时，购买它才足以显示自己的身份和地位，所以此时需求量会增加。

（二）消费者的收入水平（I）

对于大部分商品而言，收入和需求量呈正相关关系，即收入增加，需求量会随之增加；收入减少，需求量减少，这类商品称为正常商品（Normal Goods）。并不是所有商品都是正常商品，收入增加需求量反而减少、收入减少需求量反而增加的商品称为低档商品（Inferior Goods）。低档商品并不是质量差的商品。对于某一消费者是低档商品的物品，对于其他的消费者来说并不一定是低档商品。

☞【小思考】

假设你的工资上涨了，或者税收降低了，从而你的可支配收入增加，你会购买更多的农产品吗？

当人们收入很少、生活水平很低时，收入的很大比例用于购买食物，而且随着收入的升高，购买食物的比例也会增加。但当收入达到一定水平之后，随着收入的增加，人们用于食物消费的比例会越来越小，这就是恩格尔定律（Engel's Law）。图 10-5 说明了恩格尔定律。当收入达到 I^* 时，人们购买的食物已经能维持生存，此时对于人们来说，大部分食物是低档商品，所以当收入增加时，他们更倾向于购买其他商品，如衣服或者汽车。

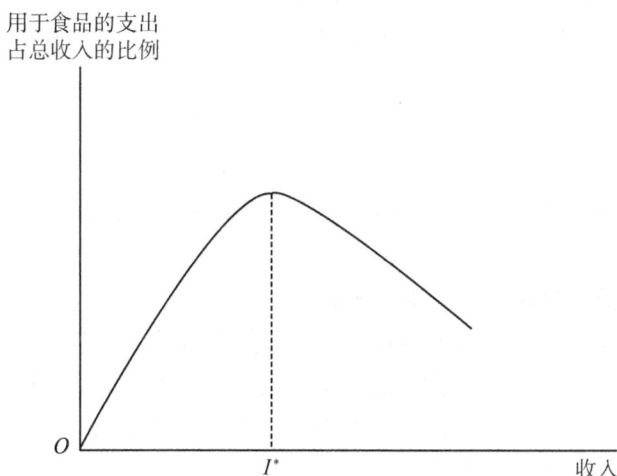

图 10-5　恩格尔曲线

（三）消费人口的数量和结构（N）

在消费水平一定的条件下，消费人口的数量和结构是影响农产品需求的最直接的因素。对于一个在校园里营业的商店来说，当暑假临近的时候，其水果的销量减少，因为学生陆续离开学校，学生数量的减少导致对水果需求量的减少。从长期来看，我国人口数量呈不断增长的趋势，农产品的需求也呈刚性增长。而在某一时点上，消费者的结构，例如年龄结构、性别结构、城乡结构等，也会对农产品的需求产生影响。城镇人口对农产品的需求要高于农村人口，因为大部分农村人口的农产品消费可自给自足。

（四）互补商品和替代商品的价格水平（P_r）

除了农产品自身价格以外，互补商品和替代商品的价格也会影响该农产品的需求量。

在美国，面包圈通常和奶酪一起吃，如果面包圈的价格上涨，需求定理告诉我们，消费者对面包圈的需求量减少，那么消费者对奶酪的需求也会减少，因为它们通常同时消费。所以，当两种农产品是互补商品的时候，一种产品的价格和另一种产品的需求量之间具有负相关关系。而当牛肉的价格上涨，人们就会减少对牛肉的消费，从而转向消费更多的羊肉。所以，当两种农产品是替代商品的时候，一种产品的价格和另一种产品的需求量之间具有正相关关系。

（五）消费者的偏好和消费习惯（F）

决定一个消费者的需求的最明显的因素是偏好（Preference）。消费偏好不仅受经济因素的影响，而且还受社会因素、心理因素等的综合影响。消费者的偏好在受到经济因素、社会因素和心理因素等影响时会发生改变，从而导致对某种产品的需求量的变化。

消费习惯也是影响需求的重要因素。消费习惯的形成往往与所居住的自然环境、社会传统、消费者受教育程度以及文化背景等有关。美国万圣节（Halloween）前，人们对橘黄色的南瓜的需求大量增加，因为美国有在万圣节用南瓜雕制南瓜灯的传统。

（六）消费者对未来的预期（E）

消费者对未来的预期（Expectation）也会影响现在的需求。如果你预期明天苹果的价格会下降，那么你可能不愿意以今天的价格去买苹果，而是等到明天去买。如果你预期下个月的工资会上涨，那么这个月你可能会选择少储蓄，而用更多的收入去购买你所需要的农产品。

（七）其他因素（O）

除以上因素外，还有很多其他因素也影响着人们对农产品的需求，如政府的消费政策、产品品牌的知名度等。随着人们生活水平的提高和消费观念的转变，人们对产品的营养价值和质量安全越来越重视。例如近几年兴起的有机蔬菜，由于在种植、加工等生产过程中不使用农药、化肥、生长调节剂等化学物质，不采用转基因技术，在上市前通过有机食品认证机构全程监督和审查，有着良好的质量保证。这也是超市里的有机蔬菜价格虽较高，但仍然有较高需求的原因。

四、农产品需求弹性

（一）农产品需求价格弹性

前面我们讨论了大部分农产品的需求量和自身价格具有反向关系，那么需求量对于价格变动的敏感程度如何呢？也就是说，当农产品自身价格上涨（或下降）百分之一，需求量会降低（或增加）多少比例呢？这时我们需要引入需求价格弹性（Price Elasticity of Demand）这个概念。需求价格弹性是指需求量变动的百分比与价格变动的百分比的比值，其计算方法可由公式（10.4）表示。由于大部分农产品需求量的变化和自身价格的变化呈负相关关系，所以需求价格弹性是一个负值。

$$E_{dp} = \frac{\Delta Q/Q}{\Delta P/P} = \frac{(Q_1 - Q)/Q}{(P_1 - P)/P} \tag{10.4}$$

式中，E_{dp} 为需求价格弹性；ΔP 和 ΔQ 分别为价格的变化和需求量的变化；P 和 Q 分别为价格的初始值和需求量的初始值；P_1 和 Q_1 分别为变化后的价格和需求量。

通常，我们考察的是需求价格弹性系数 $|E_{dp}|$，即弹性数值的大小。

当 $|E_{dp}| = 0$ 时，需求对价格完全无弹性（Perfectly Inelastic），即当价格发生变化时，需求量不发生变化。通常我们近似认为，大蒜、葱、姜、胡椒粉等用量不多的调味品的需求价格弹性为零。

当 $0 < |E_{dp}| < 1$ 时，需求对价格缺乏弹性（Inelastic），即需求量变化的比例小于价格变化的比例。大部分农产品的需求对价格是缺乏弹性的，因为农产品是人们的生活必需品，而且农产品不耐储藏，所以当价格发生变化时，其需求量变化不大。

当 $|E_{dp}| = 1$ 时，需求对价格具有单位弹性（Unit Elastic），即需求量变化的比例恰好等于价格变化的比例。

当 $|E_{dp}| > 1$ 时，需求对价格富有弹性（Elastic），即需求量变化的比例大于价格变化的比例。

（二）农产品需求收入弹性

农产品需求收入弹性（Income Elasticity of Demand）是描述农产品需求量对于收入变化的敏感程度的指标，即当消费者收入上涨（下降）百分之一，农产品需求量变化的比例。农产品需求收入弹性是需求变动的百分比与收入变动的百分比的比值，其计算方法可以由公式（10.5）表示。

$$E_{di} = \frac{\Delta Q/Q}{\Delta Y/Y} = \frac{(Q_1 - Q)/Q}{(Y_1 - Y)/Y} \tag{10.5}$$

式中，ΔY 和 ΔQ 分别为收入的变化和需求量的变化；Y 和 Q 分别为收入和需求量的初始值；Y_1 和 Q_1 分别为变化后的收入和需求量。

不同种类的商品具有不同的需求收入弹性，在这里我们把商品分为正常商品和低档商品。正常商品具有正的需求收入弹性，即收入上升，需求量增加；收入下降，需求量减少。有时我们把正常商品分为正常必需品（Normal Necessities）和正常奢侈品（Normal Luxuries）。消费者对必需品的需求对于收入缺乏弹性，$0 < E_{di} < 1$，即需求上升（或下降）的比例小于收入上升（或下降）的比例。比如，随着生活水平的提高，当收入上升时，人们对新鲜蔬菜和食用粮食的需求并不会增加很多，这就是我们上面讨论过的恩格尔定律；因此，在一个经济周期中，整个市场对这些产品的需求量是基本稳定的。消费者对奢侈品的需求对于收入富有弹性，即 $E_{di} > 1$，例如，当收入大幅度上升后，消费者会增加对名贵的酒及上等巧克力的购买；而在经济萧条状况下，消费者也会首先减少这类奢侈品的购买。

低档商品具有负的需求收入弹性，即 $E_{di} < 0$。当收入上升时，对低档商品的需求量降低；收入下降时，需求反而增加。以我们在超市见到的冷冻蔬菜为例，冷冻蔬菜的营养价值远不如时令的新鲜蔬菜，其价格也因此比新鲜蔬菜低。当收入下降时，消费者可能就会增加对冷冻蔬菜的购买，而减少对价格相对较高的新鲜蔬菜的购买。

在一个给定的市场经济中，同一农产品的需求收入弹性会因不同的消费者而不同。被收入较高的消费群体视为必需品的商品，可能被收入较低的消费者视为奢侈品。而且，同一商品的需求收入弹性也会随着时间的变化而改变。消费者对于一种产品价值的认知不仅受自身消费偏好的影响，还会受到进入市场的新产品的影响。

第三节　农产品供求平衡

一、农产品供需均衡的形成及其调整

（一）农产品市场均衡价格及数量

现在我们把供给和需求结合起来，分析它们是如何决定某一种农产品的市场价格和销售量的。如图 10-6 所示，某种农产品的市场需求曲线和供给曲线

相交于 E 点，对应的价格为 P_e，对应的需求量和供给量相等，为 Q_e。我们把在某种价格条件下（如 P_e），市场上某种农产品的供给量和需求量恰好相等的状态称为该农产品市场均衡（Equilibrium），这个价格被称为均衡价格（Equilibrium Price），这时的数量被称为均衡数量（Equilibrium Quantity）。在均衡价格下，消费者愿意且能够购买的数量恰好和生产者愿意且能够出售的数量相等，实现了生产和消费的统一。

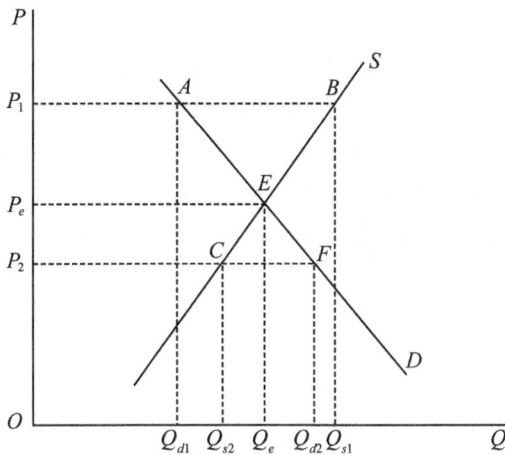

图 10-6　农产品市场均衡

当农产品的市场价格不等于均衡价格的时候会出现什么情况呢？

假设某种农产品的市场价格高于均衡价格，如图 10-6 中的 P_1，此时需求量为 Q_{d1}，供给量为 Q_{s1}，供给量大于需求量。此时该农产品存在过剩（Surplus），即在现行的价格条件下，供给者不能卖出它们想卖的所有农产品，A 点和 B 点之间的距离为超额供给。供给者对于过剩的反应就是降低价格，从而使得需求量增加，供给量减少。价格会持续下降，直到降至 P_e，此时市场达到均衡的稳定状态。

同样，当农产品的市场价格低于均衡价格时，如图 10-6 中的 P_2，此时需求量为 Q_{d2}，供给量为 Q_{s2}，供给量小于需求量。此时该农产品存在短缺（Shortage），即在现行的价格条件下，需求者不能买到他们想买的所有农产品，C 点和 F 点之间的距离为超额需求。供给者对于短缺的反应就是提高价格，从而使得需求量减少，供给量增加。价格会持续升高，直到升至 P_e，此时市场达到均衡的稳定状态。

（二）农产品市场均衡与需求和供给的变动

如果需求曲线或者供给曲线发生移动，即当市场需求或供给发生变动时，均衡价格和均衡数量会发生怎样的变化呢？

1. 农产品市场均衡与需求的变动

我们首先考虑农产品的供给曲线保持不变、需求发生变动（即需求曲线发生移动）的情况。前面我们讨论过农产品供给的特征之一是农产品生产周期长，从而使得农产品的供给在短期内不能得到调整，短期内供给曲线不发生变化。

如图 10-7 所示，供给曲线保持不变，为 S ，初始的需求曲线为 D ，此时的市场均衡点为 E ，均衡价格和均衡数量分别为 P_e 和 Q_e 。当需求增加时，即在任意价格水平下，消费者有意愿购买且能够购买的农产品的数量增加了，需求曲线向右移动到 D_1 ，新的均衡点为 E_1 ，均衡价格和均衡数量分别为 P_{e1} 和 Q_{e1} 。从图中可以看出，新的均衡价格和均衡数量都提高了。

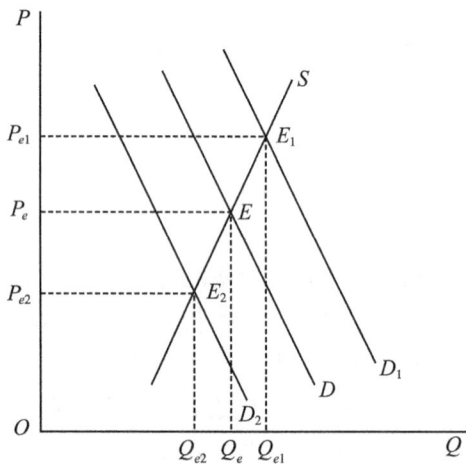

图 10-7　农产品市场均衡与需求的变动

2. 农产品市场均衡与供给的变动

我们现在考虑农产品的需求曲线保持不变、供给发生变化（即供给曲线发生移动）的情况。虽然短期内农产品的供给不会发生变化，但长期内供给会因为农产品的收获、进口等而发生改变。如图 10-8 所示，初始的市场均衡点为 E 。当需求不变、供给增加时，供给曲线向右移动到 S_1 ，新的均衡点为 E_1 ，均衡价格和均衡数量分别为 P_{e1} 和 Q_{e1} 。从图中可以看出，新的均衡价格下降了，而均衡数量增加了。同样我们可以从图中看出，当供给减少时，新的均衡价格（P_{e2}）上升，均衡数量（Q_{e2}）减少。

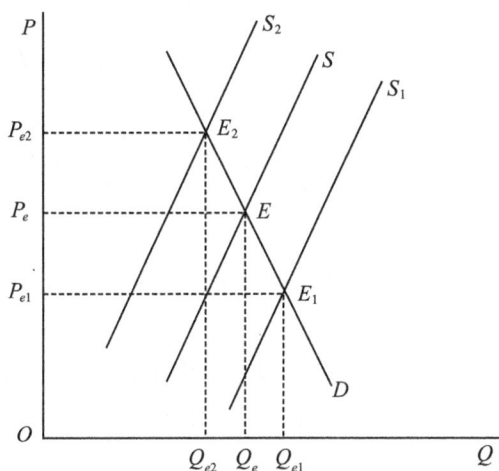

图 10-8 农产品市场均衡与供给的变动

☞【小思考】

农民的收益会如何随着市场均衡的变动而变化？假设今年农民粮食大丰收，那么农民获得的收益就会增加吗？请结合图 10-8，运用弹性的知识解释"谷贱伤农"、"增产不增收"。

3. 农产品市场均衡与供给和需求的共同变动

如果需求和供给同时发生变化，即需求曲线和供给曲线同时发生移动，市场均衡点是如何调整的呢？有四种可能的情况：需求增加，供给增加；需求增加，供给减少；需求减少，供给增加；需求减少，供给减少。在这里我们以需求增加、供给增加为例，分析市场均衡价格和均衡数量的变化。

根据需求和供给变动幅度的相对大小，可能出现两种情况。图 10-9（a）表示需求变动的幅度大于供给变动的幅度，图 10-9（b）表示供给变动的幅度大于需求变动的幅度。通过对比，我们发现两种变动使得新的均衡数量都升高了，但它们对价格的影响是不确定的，前者使新的均衡价格升高，而后者使新的均衡价格降低。通过同样的方法，我们也可以分析其他三种情况对均衡价格和均衡数量的影响。

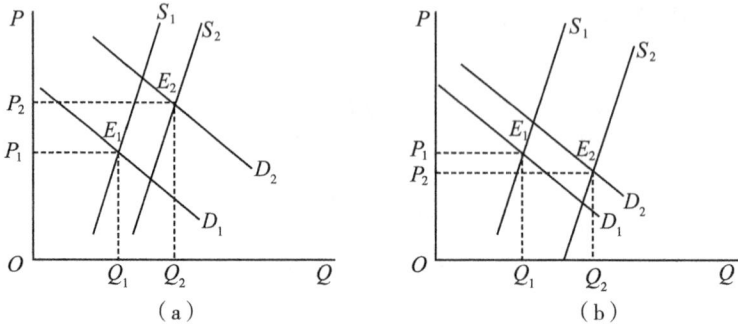

图 10-9　农产品市场均衡与供给和需求的同时变动

通过分析以上所有情形，我们可以总结出在需求变动和供给变动的任意一种组合下，均衡价格和均衡数量变化的预期结果，如表 10-1 所示。

表 10-1　　　　　　　供给和需求变动时，价格和数量的变化

		供给不变	供给增加	供给减少
需求不变	价格	不变	下降	上升
	数量	不变	增加	减少
需求增加	价格	上升	不确定	上升
	数量	增加	增加	不确定
需求减少	价格	下降	下降	不确定
	数量	减少	不确定	减少

二、蛛网理论与动态均衡

在 20 世纪 30 年代运用弹性原理解释某些生产周期较长的商品均衡点随着时间变动的蛛网理论（Cobweb Theory）成为动态均衡分析的经济学理论。其理论的主要观点是随着市场价格的变化，商品的供给量和需求量将围绕最初的均衡点呈蛛网状波动，故被称为"蛛网理论"。由于部分农产品具有较长的生产周期，所以蛛网理论主要应用于对这类农产品做动态均衡的分析。

蛛网理论的基本假定前提有三个，分别是：（1）产品从开始生产到产出

需要一定的时间，并且生产规模在这段时间内无法改变；（2）当期的产量决定当期的价格；（3）当期的价格决定下一期的产量。

（一）蛛网波动的类型

由于农产品供给弹性和需求弹性的不同，导致农产品需求曲线和它的供给曲线在相对陡峭上有着不同的程度，从而使得农产品的产量和价格在波动过程中可以形成三类蛛网：收敛型、发散型和封闭型。

在农产品的供给弹性小于需求弹性的绝对值的前提下，即供给曲线比需求曲线陡峭程度较高时，如果外在干扰使得市场偏离原来的均衡状态，价格和产量会围绕原来的均衡水平上下波动，但波动的幅度会逐渐变小，随后回到初始均衡点，从而形成收敛型蛛网。

如图 10-10 所示，初始均衡点为 E，均衡产量和均衡价格分别为 Q_e 和 P_e。假设在第一阶段某种外在因素干扰了市场均衡，如采用一项新的生产技术，使得农产品的实际产量由 Q_e 增加到 Q_1，根据需求曲线得知消费者愿意支付的价格会从 P_e 降到 P_1；根据供给曲线，在相对较低的价格水平 P_1 下，由于产品生产者积极性的降低导致在第二阶段的产量将减少到 Q_2。于是在第二阶段，根据需求曲线，在产量为 Q_2 的情况下，消费者愿意支付的价格将会升高到 P_2；根据供给曲线，在较高的价格水平 P_2 下，产品在第三阶段的产量将增加到 Q_3。在第三阶段又会发现消费者愿意接受以 P_3 的价格购买数量为 Q_3 的产品，于是实际价格又从 P_2 降到了 P_3，根据第三阶段的价格，生产者又会将第四阶段的产量减少到 Q_4。

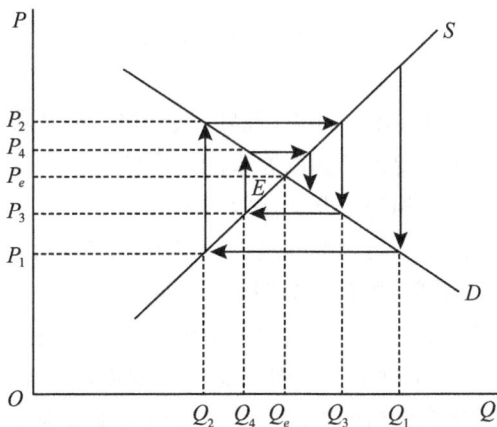

图 10-10　收敛型蛛网

按照这样循环下去，经过若干期波动后我们发现价格和产量的波动幅度逐渐减小直至恢复最初的均衡点 E。即由于外在因素干扰市场，当价格和产量偏离均衡数值后，市场经济供需体系中存在自发的调节，能够使价格和产量恢复到均衡状态。因此，我们认为均衡点 E 是稳定的均衡。

然而如果农产品的供给曲线比需求曲线平缓，即农产品的需求弹性小于供给弹性的绝对值时，如果外在干扰使得市场偏离原来的均衡状态，价格和产量变化的幅度会越来越大，这意味着将会偏离均衡点 E 越来越远，从而形成一个无法收敛的蛛网，即发散型蛛网。正如图 10-11 所示。在这种情况下，均衡点 E 是不稳定的，无法靠市场供需自发恢复到平衡点，因此该平衡被称为不稳定的均衡。

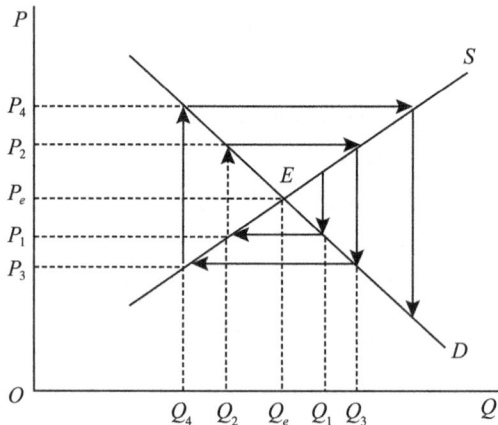

图 10-11　发散型蛛网

此外，还有一种特殊情况，即农产品的供给弹性和需求弹性的绝对值恰好相等时，如果外在干扰使得市场偏离原来的均衡状态，产量和价格围绕均衡点上下波动的幅度也会始终相等，既无法收敛地回归均衡点，又不发散地偏离均衡点，这样形成的蛛网称为封闭型蛛网，如图 10-12 所示。

（二）运用蛛网理论解释我国猪肉价格波动

世界上最大的猪肉生产和消费国就是中国，猪肉是我国肉类农产品消费的重要组成部分。自 1985 年以来，猪肉流通由计划流通体制过渡到自由流通体制，政府逐步放开对猪肉价格的管制。于是在市场供求规律以及其他因素的影响下，中国猪肉价格呈现出周期波动的状态。图 10-13 显示了我国猪肉价格的长期波动规律，大约 3~4 年一个周期。但是近年来猪肉价格波动的周期逐渐

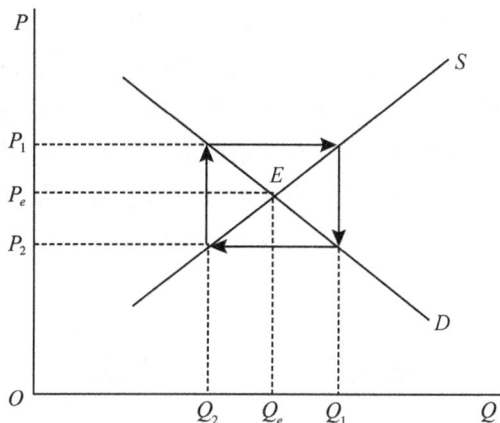

图 10-12 封闭型蛛网

延长，波动的幅度也在慢慢增大。同时也有研究表明，近年来猪肉价格变动的发散型蛛网现象比较明显。

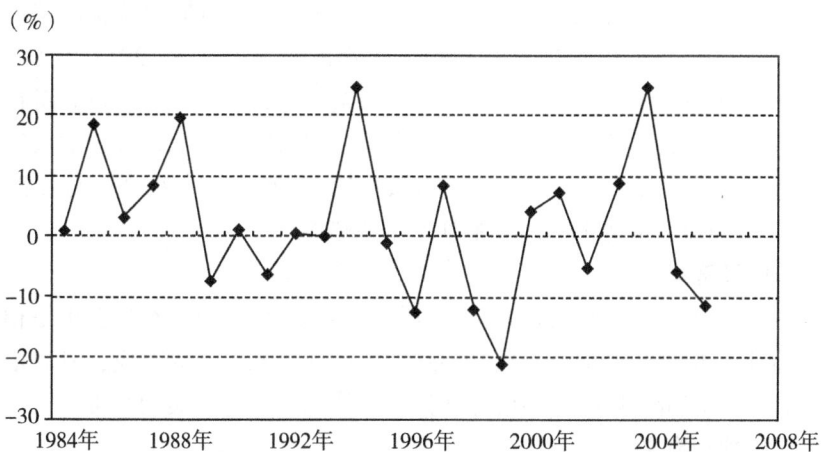

图 10-13 猪肉价格长期波动规律

导致猪肉价格波动较大的原因是多方面的，其中生猪的生产周期和生理特征是主要的影响因素。猪肉生产的一次循环必须经过繁育母猪、产仔和育肥三个阶段才能完成，而这个过程大约需要一年半的时间。而猪肉属于生鲜品，很难通过库存来调节供给。猪肉市场在受到某一外在因素（如疾病）的干扰下，由于供需的不均衡导致猪肉价格暂时上涨时，就会导致养殖户购进仔猪、扩大养殖规模，造成仔猪价格上涨。这一信息又会促进母猪饲养量的增加、减少小母猪的出栏，从而进一步导致市场上肥猪的供给减少，使得猪肉价格进一步上涨。母猪一胎多胎的生理特征会使得下一期仔猪和育肥猪大量增加，致使肥猪的供给大于需求，猪肉价格下降。在此情况下，养殖户又会做出减少养殖数量的决定，如此循环下去，就会表现出猪肉价格的不断波动。除了以上因素，生猪的生产成本、生产结构、疾病以及政府的调控政策等因素也会影响猪肉价格的波动。

第四节 粮食安全

一、粮食安全的重要性

从中华人民共和国成立以来，党和政府都把粮食安全的保障摆在重要的战略地位。2000 年 10 月 9 日召开的中共中央十五届五中全会第一次把"确保粮食安全"写进公报；2003 年，《中华人民共和国农业法》加入有关保障国家粮食安全的内容；2004 年起连续四年的"一号文件"都强调，"确保国家粮食安全是保持国民经济平衡较快发展和社会稳定的重要基础"。2012 年 11 月 30 日，习近平在中共中央召开的党外人士座谈会上指出："要加强和巩固农业基础地位，加大对农业的支持力度，加强和完善强农惠农富农政策，加快发展现代农业，确保国家粮食和重要农产品有效供给。" 2014 年中央"一号文件"强调要"抓紧构建新形势下的国家粮食安全战略"。

（一）经济意义

发展粮食生产、保障粮食安全可以帮助实现农民增收。在粮食价格相对稳定的情况下，粮食产量增长必然会导致农民收入增长。与此对应，发展粮食生产、提高粮食产量可以提供国民经济持续、快速、健康发展的基础。

（二）社会意义

发展粮食生产、保障粮食安全可以帮助推进新农村建设。建设新农村的六个主要任务的首要目标就是"发展农村生产力"，而农业生产力就是农村生产力的重要本质。在发展粮食生产的同时也可达到发展农村生产力的目的。

（三）生态意义

为了解决粮食生产问题，达到保障粮食安全的目的，农民曾大规模毁林开荒，导致了大量的水土流失和土壤退化，严重影响了生态平衡。要处理好粮食生产与保护生态环境的关系，发展生态农业。

（四）政治意义

发展粮食生产、保障粮食安全有利于实现"中国梦"。社会中弱势群体的粮食供给的不安全，不仅会导致社会的不和谐，而且会影响社会稳定。因此，根据马斯洛的需求理论，只有满足社会所有成员的第一生活需要，才能保证社会稳定，因此必须保障粮食安全。

二、粮食安全的标准

联合国粮农组织（FAO）定义粮食安全为：保证任何社会成员在任意时刻都能得到为了保证生存与健康而摄入的能量所需要的足够粮食。该定义强调任何时刻上的粮食供给保障，给出了粮食供给率达到95%的粮食安全评价标准。虽然粮食安全的实现必须以充足的粮食供给为条件，但考虑到国民经济体系中粮食这种战略物资占据的重要地位，单单通过政府政策硬性提高粮食产量势必会导致市场价格信号的扭曲，从大局上影响国民经济的良性发展。同时历史经验也证明，粮食是一种特殊的"不能短缺也不能过剩"的产品：当粮食短缺时会造成社会的不稳定，而粮食过剩时会增加政府负担和影响农民收入，同时又会制约粮食生产的发展，因此粮食生产的周期性波动成为影响中国宏观经济的重要力量。总而言之，要客观地评价粮食安全的现状，一个简单的供给数量指标显然不能作为评价标准，应从粮食综合生产的能力、粮食生产的经济性和粮食生产能力储备来考察粮食体系中各种可能的隐患并进行综合评价。

（一）粮食综合生产能力

粮食综合生产能力是一定时期的一定地区，在一定的经济技术条件下，由各种生产要素综合投入所能够达到的期望产量。由于粮食的产出直接取决于各种生产要素的投入状况，我国常用两类因素指标来评估粮食生产能力：第一类主要包括耕地、资本、劳动科学技术水平等因素指标，例如：劳动力数量、耕地面积、有效灌溉面积、化肥施用量及农机电气化水平等。第二类主要包括耕地保护能力、政策保障能力、产业链延伸和相关财政金融支撑等可以影响生产者积极性的激励机制因素。生产要素的组合方式及其自身的状态取决于所谓的"激励机制"，具体来说就是生产条件和市场环境能否调动生产要素的最大能动性。所以，考察粮食的生产能力除了要考虑要素投入的数量，市场的完善程度也应纳入评价的范围。

（二）粮食生产的可持续发展

粮食安全保障应在科学发展观指导下完成，即在满足人们基本生存权利和社会稳定的前提下，实现资源的高效利用，降低外部成本粮食。从资源优化配置的角度考察粮食生产的可持续发展，根据经济学的基本原理，在产出规模既定的情况下，生产要素的边际产量之比等于其价格之比，就能实现成本的最低。对额外增加一单位生产要素投入对粮食产量的影响是可以测算的，通过对生产要素的机会成本替代我国定价困难的农业资源，我们不仅可以评价当前的粮食提供效率，并且可以通过均衡条件改进生产要素的投入比例及质量，最终实现粮食生产高效性、经济性和可持续发展。

（三）粮食生产能力储备

当前，尽管粮食生产实现"十一连增"，但我国粮食安全的形势仍十分严峻，"人增、地减、粮食消费水平提升"的趋势越发明显，从长期看，粮食的总生产能力必须保持稳定并逐步提高。但从短期来看，由于粮食的生产周期长，价格能够根据产量迅速地调整，而产量对价格的反应滞后，势必形成"蛛网效应"。历年来，我国粮食平衡能力主要依靠政府粮食储备。现行中央储备粮规模相当于市场流通量的 50%，根据每年轮换 20%～30%储备粮的要求，假如储备粮规模达到 750 亿公斤的话，每年需有 150 亿～225 亿公斤储备粮进行轮换，一进一出达到 300 亿～450 亿公斤。同时，如果缺粮区和余粮区、粮食进出口部门逆向购买，就会引发市场的供求关系更大的扭曲。因此，如果要减少供求关系的扭曲，应考虑在粮食生产之前进行生产能力的储备，在粮食供给大过需求的时候应该主动调节粮食生产资源退出粮食生产经营，转向其他作物；而在粮食供给出现缺口时可以迅速调动这部分潜在的生产能力。因此对这部分储备起来的粮食生产能力的定位应该是粮食生产的"机动力量"，这部分潜在的生产能力一方面增强了国家宏观调控的能力，另一方面也有利于提升粮食总体生产能力。

总而言之，一个国家的粮食安全应该是在"生产力提升"、"可持续发展"与"生产力储备"之间寻找一个平衡点，以合理的成本实现基本粮食安全的需要。要想达到这种平衡需要两个方面的帮助：一是政府的宏观调控能力，即政府需要维持总供求和区域间的粮食平衡，并纠正由市场失灵产生的扭曲信号；二是粮食生产能力的可操作空间，即可以根据市场的需求及时调整全国或区域性的粮食生产能力。

三、中国粮食安全形势

单纯从总量上来评价中国的粮食形势，我国的粮食基本上是安全的。但将中国的粮食问题按照经济效率和持续发展的要求进行考察，中国的粮食安全程度就值得商榷了。当前，中国经济发展进入新常态，经济增速放缓，现代农业发展的宏观环境面临趋紧的态势。同时，中国粮食安全同样面临着新形势：一方面，国内农业生产成本持续上升，国内农产品价格高于国际市场价格，中国农业竞争力下降，农民增收难度加大；另一方面，农业资源短缺且开发过度，污染加重，粮食生产受资源环境约束增强，中国粮食安全面临严峻挑战。在此背景下，探索新思路、提出新措施去破解粮食安全问题，仍然是中国农业政策当前面临的一个重大难题。

2014 年，中国实现了粮食产量"十一连增"，但是，影响中国粮食不安全的诸多因素依然存在：一是主要粮食产区北移，粮食产销空间距离扩大；二是粮食生产成本和机会成本迅速提高，农业对农民增收的相对贡献呈现出趋势性减弱；三是国内外农产品市场之间、农产品市场与能源市场或金融市场之间的联动性显著增加，加大"黄箱"支持面临上限约束；四是粮食生产与农业生态环境保护和调控政策失衡导致农业可持续发展能力显著减弱。

四、中国粮食安全战略

粮食安全的基础是一定的粮食供给能力，但是粮食生产能力向粮食产量的转化应该具有伸缩性，可以根据市场的需求及时变更。这使得政府对粮食总量和生产能力的平衡要同时进行调控，使得这部分可以及时地转化生产能力，变成一个缓冲区，通过粮食生产资源的调节来保障粮食安全。由于被转化的生产能力是将这些资源保留在粮食生产的相近领域而不是流失，因此对政府而言，形成一个具有弹性的粮食安全保障体系，可以抵御更多的突发因素和更长期的安全风险。

1. 通过构建、完善粮食的流通和储备制度，形成全国性粮食安全保障体系

从保障供给的角度来分析国家粮食储备的目标，其首要任务应该是粮食安全，其次才是稳定价格，随着现代物流系统的发展，各地储备规模应该适度，应改变现有每个地区都建立自己的储备的模式。因此，国家储备粮规模应逐步降低，粮食储备在全国范围应该优化布局，粮食储备尤其是专项储备，应以粮食主产区为主，只保留必要的周转储备在主销区，通过加强粮食流通体系和市场体系的建设，强化粮食流通能力，减少粮食储备管理单位和储备粮总量，提高调剂的时效，降低管理成本。

2. 合理运用粮食生产能力转化缓冲区功能，减少粮食安全保障的成本
粮食的供给在短期内来看是缺乏弹性的，但是在长期来看弹性却很大。这

种特性显然会对市场价格和粮食生产者产生影响。政府通过流通领域调剂粮食空缺会承担较大的财政负担，为了减轻这种财政负担，粮食生产能力的转化缓冲区功能显得尤为重要：当粮食市场均衡稳定时，一部分生产能力可以利用农业产业结构调整的机会退出粮食生产领域但不退出农业生产领域；一旦市场均衡被打破，粮食需求激增时，这部分生产力可以迅速返回到粮食生产领域。使用粮食生产能力转化策略后可以避免财政承担大量的粮食收购任务，市场自我调节能力也会提升，同时也可以借鉴美国的"休耕计划"，对耕地进行更好的保护以提高生产效率。

3. 利用行政力量强势维持耕地的供给面积，保障粮食的基本生产条件

土地的稀缺性导致中国的土地一直是各个行业争夺的焦点资源，造成土地从粮食生产领域流失的主要原因就是各个行业间的比较优势。而土地作为粮食生产的基本生产要素，也意味着没有土地供给保障就没有粮食的安全保障体系。强化耕地保护意识，加强土地用途管制，增加土地征用的成本等措施都可以保护耕地面积，改善粮食生产的基本条件。

小　结

本章主要介绍了农产品供给与需求的概念和定理，影响农产品供给与需求的主要因素以及农产品供给与需求弹性的相关知识，并在此基础上，阐述了农产品供求平衡的形成和农产品供求平衡的蛛网理论。简述了中国粮食安全的发展现状，并就中国粮食安全形势及战略作了简要分析。

关　键　词

农产品供给　农产品供给函数　农产品需求　农产品需求函数
农产品消费函数　农产品均衡　蛛网理论　中国粮食安全

复习思考题

1. 形成农产品供给和需求的必备条件是什么？
2. 影响农产品供给和需求的主要因素有哪些？
3. 举例说明农产品供给弹性和需求弹性的内涵及类型。
4. 什么是农产品供需均衡？需求和供给的变动是如何影响市场均衡的？

5. 什么是蛛网理论？画图说明蛛网模型的类型。

主要参考文献

[1] 曼昆．经济学原理：微观经济学分册（第 5 版）［M］．梁小民，梁砾，译．北京大学出版社，2009.

[2] 哈尔·R. 范里安．微观经济学：现代观点（第 8 版）［M］．费方域，等，译．格致出版社，2011.

[3] 杰弗里·M. 佩罗夫．中级微观经济学［M］．谷宏伟，等，译．机械工业出版社，2009.

[4] 欧瑞秋，王则柯．图解微观经济学［M］．中国人民大学出版社，2009.

[5] 蔡昉，工德文，都阳．中国农村改革与变迁——30 年历程与经验分析［M］．格致出版社，2007.

[6] 艾利思．农民经济学：农民家庭农业和农业发展（第 2 版）［M］．胡景北，译．上海人民出版社，2006.

[7] 王俊豪．管制经济学原理［M］．高等教育出版社，2007.

[8] 孙礼照．我国农产品蛛网模型发散分析［J］．管理世界，1990（5）.

第十一章 农产品价格

☞【学习目标】

农产品价格对农产品供求关系有重要影响，同时也对农业发展和农民增收产生重要作用。本章介绍了农产品价格形成的理论基础，阐述了农产品价格形成的过程，分析了农产品价格的波动及原因，总结了农产品价格形成的影响因素，探讨了我国农产品价格形成机制的实践；梳理了我国农产品价格制度的演变历程；阐明了我国现行的农产品价格体系。通过本章的学习，应使学生达到以下目标：

（1）掌握农产品价格形成的过程。

（2）理解农产品价格的波动及原因。

（3）掌握我国农产品价格形成的机制。

（4）了解我国农产品价格制度的演变历程。

（5）理解目标价格的含义及构成要素。

第一节 农产品价格的形成机制

一、农产品价格形成的理论基础

价格形成的基本理论长期以来一直是经济学研究中争论的问题。人们对价格形成的解释和认识不尽相同，但是，归纳起来看，有关的理论大致有三个方面：以效用或边际效用来说明价格的决定；用劳动价值论，即包含在商品中的劳动量，来说明价格的决定；以供给与需求的关系来说明价格的决定。

（一）效用决定价格理论

效用是现代经济学的基础范畴。效用是对各式各样的劳动成果作用的抽象概括，即是指各种具体的劳动成果的有用性或使用价值的一般化。

效用决定价格论的核心思想是：效用的多少决定价格的高低。效用是对劳动成果作用一般化的抽象，是劳动成果客观实现的自然使用价值与社会使用价值统一的一般化表现。因此，如果一件农产品的效用越大，则其价格也相应越高；反之，该农产品的效用越小，则其价格也就越低。反过来，在实际中，农产品价格的高低也可以反映其效用的大小，即价格越高的农产品，表示其效用越大，价格越低的农产品，表示其效用越小。因此，价格的实现与效用的实现具有一致性，在市场上表现为价格是对实现效用的量化。

（二）价值决定价格理论

价值决定价格，但价格的高低可以反过来反映价值的大小。农产品作为农业生产活动的主要成果，其价格也是由农产品的价值决定的。从政治经济学的角度分析，农产品的价值是由三部分组成的，分别是在农业生产过程中消耗的农业生产资料的价值，记为 C；农业劳动者为维持和再生产劳动力所创造的价值，也就是劳动报酬，记为 V；劳动者为扩大再生产和为社会所创造的价值，也就是盈利，记为 M。这样，可得到农产品价值 $= C + V + M$。其中，（$C + V$）反映的是农产品在生产过程中需要花费的生产成本，是农产品价值最基本的组成部分，也是农产品最低价格，即农产品成本价格形成的依据。马克思曾经指出，如果某商品的出售价格低于它的成本价格，则在生产该商品过程中耗费的各项成本便不能全部得到补偿，因而会影响该种商品的再生产。因此，对于农产品价格来说，在补偿完全部的生产成本之后，还要有一定的盈利空间，这样农业资本的积累和农民生活水平的提高才有保障。农产品价值中的盈利包括两部分，一部分是税金，另一部分是利润，故农产品价格只有高于其生产成本与税金之和，才能获取一定的利润。

（三）供求决定价格理论

供求决定价格理论认为，市场价格取决于市场供给曲线与需求曲线的结合，市场供给曲线和市场需求曲线的交点，就是市场的均衡点。市场均衡点所对应的价格，称为均衡价格。如果受某项因素的影响，使得市场供给曲线或市场需求曲线发生变动，则原有的均衡价格就会被打破，并会形成新的均衡价格。

尽管以上三种理论都可以说明农产品价格的形成，但结合学者们的研究以及参考其他的教材，本书选择用供求决定价格论来分析农产品价格的形成过程。

二、农产品价格形成的过程

供求价格决定论告诉我们：供求关系决定价格，也就是说在农产品市场中，农产品的价格是由农产品供求曲线的相互作用形成的，如图 11-1 所示。只有在农产品供给曲线 S 与需求曲线 D 的交点 E，农产品的供给量才等于农产品的需求量，此时所对应的价格称为农产品的均衡价格。而当农产品供给量大于需求量时，农产品价格将会下跌；当农产品供给量小于需求量时，农产品价格将会上涨。

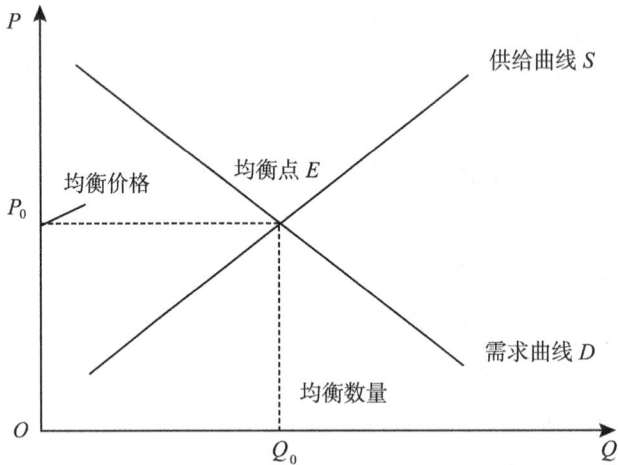

图 11-1　农产品均衡价格的形成

农产品的均衡价格并不是一成不变的。当供给曲线或需求曲线发生变动时，农产品的均衡价格也将随之发生变动，从而形成新的均衡价格。当供给不变而需求增加时，需求曲线就会向右移动，新的需求曲线 D_2 和供给曲线 S 就会形成新的均衡点 E_1，从而形成比原有均衡价格 P_0 更高的新的均衡价格 P_1；反之，当供给不变而需求减少时，就会形成比原有均衡价格 P_0 更低的新的均衡价格 P_1（见图 11-2 和图 11-3）。当需求不变而供给增加时，供给曲线就会向右移动，新的供给曲线 S_2 和需求曲线 D 就会形成新的均衡点 E_1，从而形成比原有均衡价格 P_0 更低的新的均衡价格 P_1；反之，当需求不变而供给减少时，就会形成比原有均衡价格 P_0 更高的新的均衡价格 P_1（见图 11-4 和图 11-5）。

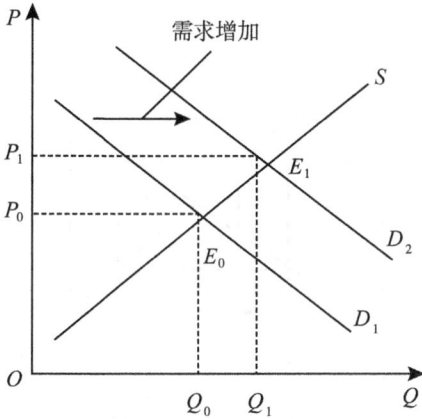

图 11-2　需求增加状态下新的均衡价格形成

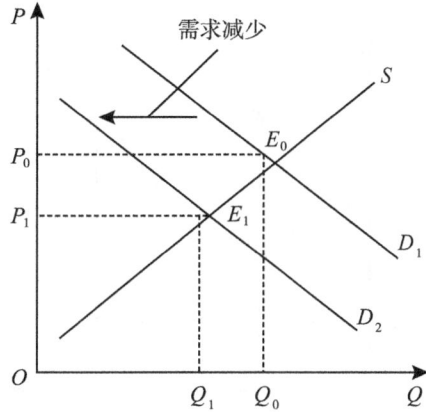

图 11-3　需求减少状态下新的均衡价格形成

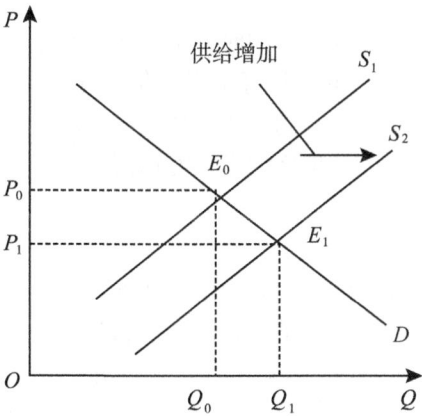

图 11-4　供给增加状态下新的均衡价格形成

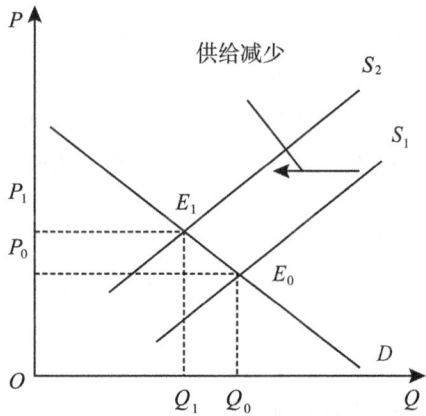

图 11-5　供给减少状态下新的均衡价格形成

三、农产品价格的波动

农业生产具有周期性，农户一般根据当期农产品收购价格作出下一期的农产品生产决策，因此，蛛网模型可以解释农产品收购价自发的周期性波动。蛛网模型理论的假设条件是理性的农户根据上一期的价格来决定下一期的产量和品种，而农产品本期的需求量取决于本期的价格。当供给弹性小于需求弹性时，形成"收敛型蛛网"，当供给弹性等于需求弹性时，形成"封闭型蛛网"（如图 11-6 所示），供需之间的差额保持稳定；供给弹性大于需求弹性时，形成"发散型蛛网"（如图 11-7 所示），供需之间的差额呈发散扩大趋势。

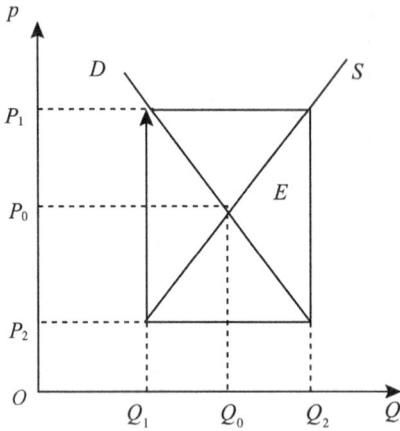

图 11-6　封闭型蛛网　　　　　　　　图 11-7　发散型蛛网

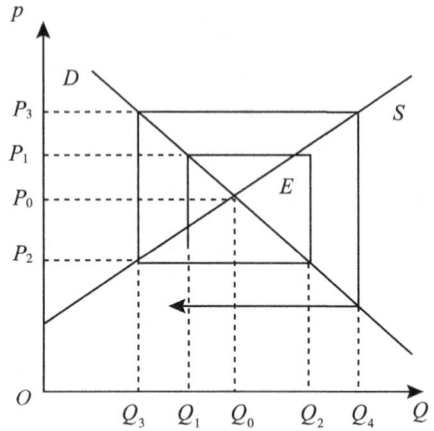

由于多数农产品是生活必需品，需求弹性较小；同时，由于我国农业经营规模较小，农业生产具有趋同性，农产品进入市场具有很强的集中性等原因，使得农产品的供给弹性较大。这两种相反趋势的共同作用，使农产品的供给弹性极易超出消费者的需求弹性，从而形成农产品价格的发散型蛛网波动。

四、农产品价格形成的影响因素

农产品价格主要由供给者和需求者双方的供求关系决定。此外，农产品价格形成还受生产成本、政府调控、市场结构、市场整合程度、信息传递以及国际价格等因素影响。

1. 生产成本

生产成本是农产品价格的重要组成部分，且生产成本是农产品价格的最低界限。农产品的生产成本具体包括土地、劳动力、种子、化肥等传统生产费用。这些传统生产费用的不断上涨，使得农产品价格面临巨大的上涨压力。但随着现代农业的不断发展，农业科技投入在农业生产成本中占的比重越来越大，农业科技投入有助于提高农业劳动生产率，从而降低每一单位农产品的生产成本。因此，农产品价格是上涨还是下降，关键取决于传统生产费用与农业劳动生产率变化带来的生产成本的变化情况。如果传统生产费用的上涨幅度大于农业劳动生产率带来的生产成本的下降幅度，则农产品生产价格将会上涨，反之，农产品价格将会下跌。

2. 政府调控

政府通过价格调控政策，熨平剧烈的价格波动，引导市场形成真实合理的农产品价格。政府调控农产品价格的经济手段可以分为价格支持、农产品储备以及生产补贴和消费补贴。关于价格支持政策（该政策主要针对农产品收购价格），以粮食最低收购价政策为例，当粮食市场价格低于最低收购价水平时，政府指定的粮食收购部门通过入市收购，增加了粮食初级市场的需求量。在供给量不变的情况下，需求量增加，粮食收购价格将上升。关于农产品储备政策，政府在农产品批发市场通过公开竞价招标，实现农产品国家储备的吞吐调节。国家将储备投放市场，从而增加了农产品的供给量，带动农产品价格下降。国家从农产品批发市场吸收储备，增加农产品需求量，从而带动农产品价格上升。关于农产品生产补贴政策，国家通过生产资料补贴或生产直接补贴，增强农民的农业生产积极性，从而引起农产品供给曲线向右移动，继而引起农产品价格下降。关于农产品消费补贴，国家给予农产品消费者补贴，引起农产品需求曲线向右移动，继而引起农产品价格上升。

3. 市场结构

市场结构决定了农产品交易双方在农产品价格形成中的价格话语权。市场结构可以分为完全竞争市场、垄断竞争市场、寡头垄断市场和完全垄断市场。不同的市场结构下，交易双方的地位和接受的价格水平是不同的。在完全竞争市场上，农产品价格由供给和需求的均衡决定，交易双方都是价格的接受者；在完全垄断市场上，具有垄断势力的一方凭借自己的垄断地位抬高或压低农产品的价格，从而形成对另外一方来说不合理的价格。

4. 市场整合程度

农产品市场整合程度是农产品地区差价和不同流通阶段差价形成的基础。市场整合也称"市场一体化"，通常分为不同空间市场、不同营销阶段、不同时间和相关商品的整合。空间市场整合，是指某一市场价格变化对另一市场价格变化影响的程度。营销阶段的整合是指同一商品从生产到批发、零售，再到消费上一环节价格变化对下一环节价格变化的影响程度。相关商品的整合主要是指初级品和加工产品之间的价格影响关系。如果农产品在不同的地区和流通阶段能够自由流通，农产品信息在不同地区和不同流通阶段能够准确、及时地传递，则称市场是完全整合的。在这种情况下，农产品在输入区的单价等于该产品在输出区的价格加上单位运输成本。输出区的价格变化会引起输入区价格的同样方向和同等程度的变化。不同流通阶段的价格满足"下一阶段价格＝上一阶段价格＋营销成本"，这可以很好地解释农产品价格的传导作用。市场整合程度高可以大大减缓价格波动。如果农产品不能自由流通，信息不能准确及时传递，则称农产品市场是分割的。在这种情况下，农产品不同地区或不同流通阶段价格差除了运输成本或营销成本外还会形成额外成本，从而导致农产品输出区价格偏低、输入区价格偏高以及农产品某一流通环节价格偏高。造成市场分割的原因有三：一是价格信息不能够准确、及时地传递；二是交通运输条件的掣肘；三是政府的行政性干预引起的地方保护主义。

5. 信息传递

信息准确及时传递是形成合理价格的前提。农产品生产者、经营者和消费者获得准确的农产品供给信息和需求信息，是他们做出正确的生产决策、经营决策和消费选择的前提，只有生产者、经营者和消费者正确的决策才能形成在竞争市场上形成合理的供给和需求，只有合理的供给和需求才能形成合理的价格。此外，准确的农产品供给信息和需求信息还必须及时反馈到生产者、经营者和消费者那里，他们才能及时调整决策，市场上的供给和需求也才能及时调整，这样农产品价格才能及时做出调整。

6. 国际价格

国际市场上的农产品价格水平会成为国内市场上农产品价格水平的参照。以农产品国际贸易能够自由进行为假设条件，当国际农产品价格高于国内农产品价格时，出口农产品对农产品贸易商来说有利可图。农产品出口量增加会相应增加国内农产品需求量。需求量增加，在供给不变的情况下农产品国内价格会上升直至达到与国际价格相等的水平；当国际农产品价格低于国内农产品价格水平时，进口农产品对农产品贸易商来说有利可图。进口量增加相应增加农产品供给量，供给量增加，在需求量不变的情况下，国内农产品价格会下降，直至达到与国际价格相等的水平。

五、我国农产品价格形成机制分析

目前，我国已经建立起了包括初级市场（又称收购市场）、批发市场、零售市场和期货市场在内的农产品市场体系，产生了包括收购价格、批发价格、零售价格和期货价格在内的不同类型的农产品价格，初步形成了以市场调节为主和政府调控为辅的农产品价格市场形成机制。

根据前面的分析，农产品价格的形成取决于农产品供给和需求的均衡和变化，而农产品供给和需求之间的关系又取决于生产者、经营者（收购商、批发商、零售商以及期货市场套期保值者和投机者）和消费者三种市场主体的选择行为。政府则从农产品价格的决定主体转变为农产品价格的调控者和监督者。

农产品价格形成还存在一系列影响因素。农产品价格市场形成机制是一个完整的系统。农产品生产者、经营者、消费者相互博弈形成农产品的收购价格、批发价格、零售价格和期货价格。除供求关系这一农产品价格决定因素外，农产品价格形成还受一系列因素的影响，这些因素包括生产成本、政府调控、市场结构、市场整合程度、信息传递以及国际价格等。这些因素最终都将影响农产品的供求关系，进而影响农产品价格的形成。因此，这些因素成为农产品价格市场形成机制不可或缺的一部分。我国农产品价格市场形成机制如图11-8 所示。

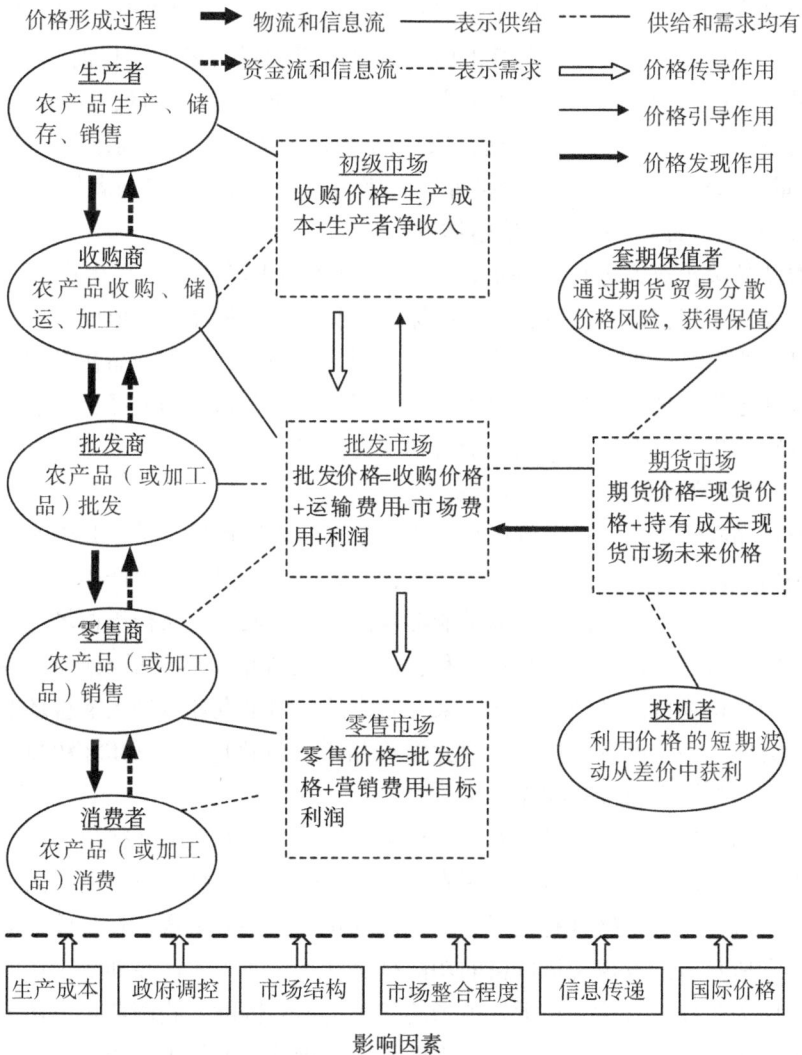

图 11-8　我国农产品价格形成机制

农产品生产者、经营者和消费者相互交易形成农产品各级市场，交易者在市场上交易构成的供求关系形成农产品各类市场价格，同时各农产品价格之间存在传递和引导关系，影响农产品价格形成的因素通过影响农产品的供求关系从而影响农产品价格的形成。

（一）农产品流通体系

农产品价格由农产品供给者和需求者在农产品市场上进行买卖交易而形成。农产品或农产品加工产品从生产领域到达消费领域一般要经历生产、收购、批发（期货交易）、零售和消费这几个环节。这几个环节的参与者分别为生产者、收购商、批发商、期货市场套期保值者和投机者、零售商和消费者。农产品或农产品加工品物流和供给方面的信息（如数量、质量、参考价格等）逐级向下一个环节的参与者传递，农产品或加工品资金流和需求方面的信息（如数量、品种、质量、参考价格等）逐级向上一个环节的参与者传递。

（二）农产品市场体系与价格体系

农产品买卖双方进行交易的场所称为农产品市场。农产品生产者、收购商、批发商、零售商、消费者、套期保值者和投机者相互交易形成的场所分为农产品初级市场、批发市场、零售市场和期货市场。其中农产品初级市场、批发市场和零售市场构成农产品现货市场。交易双方在各市场上经过供求形成农产品收购价格、批发价格、期货价格和零售价格。

（三）农产品价格之间的相互关系

农产品收购价格、批发价格和零售价格存在逐级传导关系。其中农产品收购价格由生产成本和生产者净收入构成，原因是在我国农业生产中农民工资无法计算，农民出卖农产品的前提是能够收回成本。农产品从初级市场进入批发市场，中间有一个运输和储存的过程，因而批发价格自然包括农产品收购价、运输费用、市场费用和利润。接下来，农产品再由批发环节进入零售环节，这其中又会发生一定的管理费用，因此农产品零售价格应在批发价格的基础上，再加上管理费用和目标利润而得出。

农产品期货价格，可以用农产品现货价格加上持有成本而得出。由此我们可以得到，农产品现货价格可以用农产品期货价格扣减持有成本而得出。从这个角度来讲，期货价格具有发现现货价格的功能。一般来说，越是成熟的期货市场，它所具备的发现现货价格的功能越是强大。我国农产品期货市场的运行是以政府为主导，且建立在批发市场的基础之上。因此，我国期货市场上的交易者主要来源于农产品批发市场。因而可以得到这样的结果：我国农产品期货价格主要发现的是农产品批发市场未来的价格，这种未来价格再经过批发市场向初级市场和零售市场传递。

第二节　农产品价格制度的演变

中华人民共和国成立以来，我国农产品价格制度经历了诸多演变。本书分别从改革开放之前、改革开放到2003年、2004年以来三个不同历史时期来分析农产品价格制度的演变。

一、改革开放之前的农产品价格制度

这一时期，在农产品价格制度方面，主要是以计划定价为主。具体可分为两个阶段：

（一）市价、牌价并存阶段（1949—1952年）

中华人民共和国成立后，由于商品经济十分落后，商品严重缺乏，在价格形成方面，实行牌价与市场价格并存，以牌价为主导。1950年3月，我国颁布了《关于统一全国国营贸易实施办法的决定》，指出国营商业、合作社商业和私营商业的统一领导机关是全国中央贸易部，并逐步建立健全各级国营商业行政管理系统，以加强对全国重要商品的价格管理。

（二）计划定价阶段（1953—1978年）

1953年，我国开始实施国民经济发展五年计划，并将经济发展的重心放在工业方面，甚至用牺牲农业的办法来发展工业。因此，这一时期我国农业发展严重落后于工业，农产品市场出现严重的供不应求。国家为了防止农产品出现供销脱节、农产品价格大幅上涨的局面，在农产品价格方面采取了统购统销的政策。于是从1953年下半年开始，国家通过依靠国营企业和合作社对农产品进行统购统销、规定批零差价、消灭私营批发商等措施，将农产品进行计划定价。到1956年底，随着社会主义改造的基本完成，自由市场价格逐渐退出市场，实行高度集中的计划定价体制。

1958年，随着更多管理权限的下放，我国在农产品价格方面出现了由中央政府定价与地方政府定价并存的局面。这一时期的主要特点是中央政府与地方政府定价并存。1958年中央政府和国务院提出要将更多的管理权限下放到地方，并根据不同类型的农产品采取不同的定价方式。具体是对于国家统一收购的农产品的价格由中央与各省、自治区、直辖市共同商议，而其他农产品的价格则更多地由各省、自治区、直辖市进行管理。1961年，中央政府提出收回物价管理的权限，加强物价集中管理。"文化大革命"之后，计划经济体制发展到一个严重集权的程度，对农产品价格的管理更加严格。

二、改革开放到 2003 年的农产品价格制度

随着改革开放的推进，我国对农产品价格的管理也逐步趋于放开。具体可分为以下四个阶段：

（一）调放结合、以调为主阶段（1979—1984 年）

由于长期以来的重工轻农以及计划定价阶段对农产品价格管得过死、定价偏低的问题，党的十一届三中全会决定要大幅度提高农产品价格。1979 年国家大幅度提高了包含粮食、油料、棉花、生猪、鲜蛋在内的 18 种主要农副产品的收购价格，平均提价幅度高达 24.8%。1980 年，国家再次提高棉花收购价格，并提高了桐油、生漆等 8 种农副产品价格，此外还提高了 8 种副食品的销售价格，并给城镇居民发放了补贴。1981 年提高了大豆、豆油、烤烟、南方木材和毛竹收购价。1982—1984 年期间，又对个别农产品价格进行了调整。

（二）调放结合、以放为主阶段（1985—1991 年）

1985 年中央颁布了《关于进一步活跃农村经济的十项政策》，规定除个别品种外，国家不再向农民下达派购任务，并按照不同情况分别实行合同订购和市场收购。对粮食、棉花等农产品，国家取消了统购统销政策，实行按合同订购和市场订购相结合的定价方式。具体是对于合同订购的粮食，按照"倒三七"，即按照三成统购价和七成超购加价计算价格，对于合同订购的棉花，南北方的定价略有差异，北方是按照"倒三七"、南方是按照"正四六"比例计价。而对于订购以外的粮食和棉花，则可以自由上市。同时，放开了除粮食、棉花、油料、糖料、烟叶、蚕茧等少数品种以外的绝大多数农副产品的购销制度，实行市场调节。

（三）放开市场、加强市场调控阶段（1992—1997 年）

1992 年，我国进一步放开农产品的购销价格。除了个别农产品，如粮食、棉花等六个品种的收购价格以及粮食和木材两个品种的销售价格列入政府定价目录管理外，其余全部放开。我国先后在 1991 年和 1992 年两次提高粮食销售价格，以解决粮食价格长期购销倒挂的难题。1992 年放开生猪、猪肉价格，至此副食品购销和价格全部放开。1992 年起在部分地区试点全面放开粮食购销价格，1995 年后实行政策性购销和商业性购销业务分开，两线运行。1994 年和 1996 年两次大幅度提高粮食收购价格，提价幅度分别为 30% 和 41%。1997 年粮食收购价格基本放开。1993—1995 年，先后三次大幅度提高棉花价格，提价幅度分别为 10%，64.9% 和 28.7%。同时，针对农产品价格波动频繁

的特点，国家开始构建主要农产品市场调控体系。1990 年开始建立国家专项粮食储备和粮食保护制度；建立粮食风险基金和副食品价格调节基金；建立健全各类批发市场，畅通农产品流通渠道；建立农业发展银行，加强财政支农力度；建立健全各种社会化服务体系等。

（四）进一步完善农产品价格形成机制（1998—2003 年）

1998 年，我国开展了以"三项政策、一项改革"为核心的粮食流通体制改革，即按照保护价敞开收购农民余粮，国有粮食购销企业实行顺价销售，农业发展银行收购资金封闭运行，加快国有粮食企业自身改革。粮食主产区实行粮食购销市场化改革，购销价格由市场形成；粮食主产区执行保护价敞开收购农民余粮政策。1998 年，国家降低了棉花收购价格，放开棉花销售价格；1999 年建立政府指导下市场化形成棉花价格的新机制，棉花收购价格、销售价格均由市场形成，国家主要通过储备调节和进出口调节等经济手段调控棉花价格。2001 年起，桑蚕鲜茧收购价格和干茧供应价格下放至省级价格主管部门管理，由各省根据实际情况确定，同时放开厂丝出厂价格。

三、2004 年以来的农产品价格制度

（一）最低收购价与临时收储制度

2004 年，我国放开了粮食购销市场，但国家并非放任不管，而是建立了农产品价格调控体系，先后对稻谷、小麦实行最低收购价制度，对玉米、大豆、油菜子、棉花等实行临时收储制度。这些政策都是以国家定价和指定收购主体的方式来调控市场波动，既可以发出刺激大宗农产品生产的价格信号，又利于增加农民种植收入，直接推动了粮食产量的连续增长。

（二）目标价格制度（2014 年至今）

相对于粮食生产成本的逐步提高，粮食市场价格却始终在低价位运行，导致最低收购价政策已不能有效维护农民的利益，因此，从 2014 年开始，我国对农产品价格制度进行进一步改革，逐步实施目标价格制度，如粮食目标价格制度已经在我国一些省份和部分农产品中进行试点，具体是中央决定在 2014 年对东北和内蒙古大豆、新疆棉花进行目标价格补贴试点，探索实施方法、积累操作经验，再稳步推广到其他重点农产品品种，体现了"试点先行、稳步推进"的改革策略。

第三节　我国现行农产品价格体系

我国现行的农产品价格由市场价格、临时收储价格、最低保护价以及目标

价格组成。

一、市场价格

根据我国农产品价格制度的演变过程，我们可以得出：随着时间的推移，我国越来越重视市场在农产品价格形成方面的重要作用，农产品价格形成已从过度集中的计划经济向市场机制转变，表明市场在我国农产品价格形成方面所起的作用越来越大，市场价格成为影响我国农产品供求的重要力量。市场价格，即是由农产品的供给量与需求量相互作用决定的价格。由于本章第一节已经从市场供求方面对农产品价格的形成过程进行了阐述，故这里不再赘述。

实践证明，市场价格对于指导我国农业生产活动，促进农产品市场的有序运行，起到了积极作用。因此，我国目前除了烟叶收购价格实行政府定价之外，其余的农产品基本实行的是市场定价。但市场也有失灵的时候，虽然我国农产品定价是以市场价格为基础，但在必要时政府应当给予适当的调节，这样才能确保农产品产量的稳定和农民收入的增加，以促进我国农业经济的持续健康发展。

二、临时收储价格

临时收储是国家委托粮食企业对部分特定农产品在规定的时间内，在主产区按照规定价格进行收购储存，在市场稀缺时投放储存的农产品，以稳定市场价格，确保社会供给，维护正常的农产品生产经营和交易秩序。临时收储政策的实施主要是由国家发改委会同国家粮食局、财政部、中国农业发展银行等相关部门，每年出台临时收储预案，安排部署国家临时收储工作，确定收储品种、收储区域和收储价格。

目前，我国主要对玉米、大豆、棉花、油菜子、食糖等农产品实行临时收储政策。如在大豆临时收储方面，通过不断提高大豆临时收储价格的方式，稳定国内大豆市场价格，抑制豆价下行空间，以保护农民的利益。据统计，2008—2013年，我国大豆临时收储价格分别为3700元/吨、3740元/吨、3800元/吨、4000元/吨、4600元/吨、4600元/吨，既提高了农民的收入，又稳定了大豆的市场交易价格。

三、最低保护价

农产品价格由市场供求形成，国家在充分发挥市场机制调节价格的基础上对其实行宏观调控。最低收购价是由国家事先确定，每年年初，国家发改委、财政部、农业部、国家粮食总局和中储粮总公司、中国农业发展银行等部门联合确定粮食最低收购价格水平并发布相应的执行预案，对粮食进行托市收购。当市场价格高于最低收购价格时，农民自由销售粮食，各类收购主体按照市场粮价自行收购，不用启动执行预案；当市场价格低于最低收购价格时，启动执行预案，中国储备粮管理总公司及其委托的公司按照最低收购价收购粮食，其他粮食企业仍是随行就市进行收购。最低收购价政策对粮食品种和粮食区域有严格规定，一般是主要粮食品种的重点主产区，如早籼稻主要是湖北、湖南、江西、安徽、广西等省区；中晚稻主要是湖北、湖南、江西、安徽、四川、吉林、黑龙江、广西、江苏、辽宁、河南等省区；小麦则主要是河北、河南、山东、湖北、安徽、江苏等省。同时，粮食最低收购价政策也不是全年实施，而是有时间限制的。在夏粮和秋粮的收获季节，农民可以在此期间内按照最低收购价销售粮食，超过期限后农民只能按照市场供求关系决定的价格销售粮食，不再执行最低收购价政策。如小麦托市政策的执行时间为 6 月初至 9 月底；早籼稻为 7 月中旬至 9 月底；东北三省的粳稻为 11 月中旬至次年的 3 月底，其余各省区为 9 月中旬至 12 月底。

2004 年，国家优先开始对稻谷实行最低收购价政策，到 2006 年，我国小麦供过于求，面临价格下降巨大压力，为保护各小麦主产区农民的利益，国家对小麦开始实行最低收购价政策。2004 年至 2007 年，国家确定的最低收购价格低于市场粮价水平，粮食自由销售，没有启动最低收购价格政策。2008 年受国际金融危机影响，国内粮食生产成本快速上涨，国家一年内提高了两次粮食最低收购价格。自 2008 年至 2014 年政府每年均发布当年最低收购价格及其执行预案，连续提高粮食最低收购价水平，小麦、稻谷最低收购价累计提高 41.7% 到 86.7%。表 11-1 给出了 2004 年以来粮食最低收购价的变化情况。

表 11-1　　　　　　**2004 年以来粮食最低收购价变化情况**（单位：元/50 公斤）

年　　份	早籼稻	中晚籼稻	粳　稻	白小麦	红小麦	混合小麦
2004	70	72	75	—	—	—
2005	70	72	75	—	—	—
2006	70	72	75	72	69	69
2007	70	72	75	72	69	69
2008	77	79	82	77	72	72

续表

年　份	早籼稻	中晚籼稻	粳　稻	白小麦	红小麦	混合小麦
2009	90	92	95	87	83	83
2010	93	97	105	90	86	86
2011	102	107	128	95	93	93
2012	120	125	140	102	102	102
2013	132	135	150	112	112	112
2014	135	138	155	118	118	118

资料来源：根据历年《中国统计年鉴》、《全国农产品成本收益资料汇编》、《国有粮食企业粮食分品种收购、销售情况》整理得出，其中，2013—2014 年数据引用艾格农业数据库（CnAgri Database）相关数据。

从表 11-1 可看出：从 2004 年到 2014 年，我国逐年稳步提高粮食最低收购价。早籼稻由 70 元提高到 135 元，累计提价 92.86%；中晚籼稻由 72 元提高到 138 元，累计提价 91.67%；粳稻由 75 元提高到 155 元，累计提价 106.67%；白小麦由 72 元提高 118 元，累计提价 63.89%；红小麦和混合小麦均由 69 元提高到 118 元，累计提价 71.01%。

四、目标价格

目标价格是 20 世纪六七十年代，欧美国家为解决因"农业价格支持政策造成的价格扭曲"和"日益沉重的农业财政负担"而实行的农产品价格直接补贴。目标价格逐步实现了农产品市场价格形成与政府支持政策脱钩，在稳定农产品价格、保护农民收益和促进农业发展上发挥了重要作用。尽管中国当前的农业发展水平、农业结构特征与这些国家还存在差异，设计并实施目标价格也存在诸多障碍，但是目标价格作用对象的基本特性——农业的基础性和弱质性——在世界各国都是一致的。实施目标价格，按差价进行直接补贴，在保障农民基本收益的前提下，使农产品价格形成与政府补贴脱钩，发挥市场配置资源的决定性作用，是今后中国农产品价格调整的基本方向，符合中国在"WTO 农业规则"下，实行"干预扭曲程度小、市场化导向"的农产品价格的基本要求。

粮食是我国农产品的典型代表，且我国从 2014 年开始试点粮食目标价格。故接下来对粮食目标价格进行重点阐述和分析。

（一）我国实施粮食目标价格的背景

我国现阶段实施粮食目标价格，其背景主要是现行粮食价格支持制度突显"托市困局"。

（1）粮食价格"刚性化"发展。自 2004 年我国逐步启动主要农产品托市收购之后，释放的价格"托底"信号十分显著。图 11-9 给出了 1991—2014 年中国粮食价格与产量的波动情况。

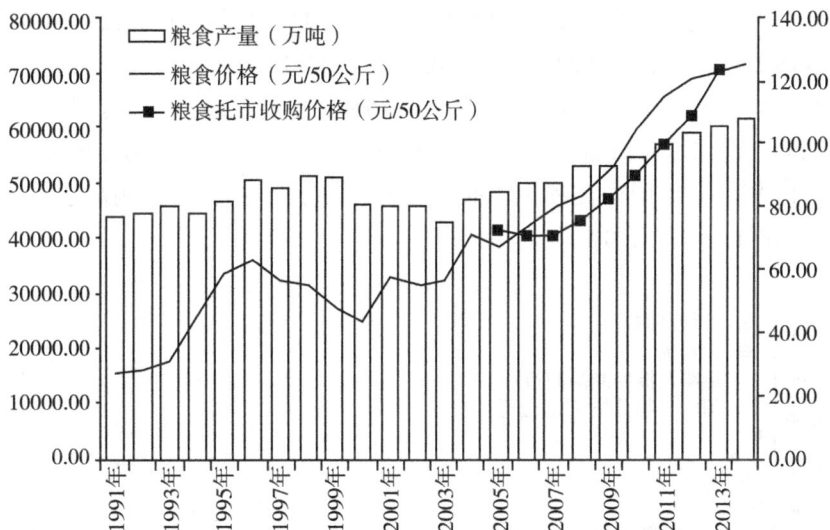

图 11-9　1991—2014 年中国粮食价格与产量波动情况

资料来源：根据历年《中国统计年鉴》、《全国农产品成本收益资料汇编》、《国有粮食企业粮食分品种收购、销售情况》整理得出，其中，2013—2014 年数据引用艾格农业数据库（CnAgri Database）相关数据。

从图 11-9 可以看出，2008—2014 年，中国粮食最低收购价格连续 6 年上涨，直接导致粮食价格上涨。在"托市收购"以及专项粮食储备的共同作用下，粮食的"政策市场"越来越大，但市场调节粮食市场的空间却越来越小。同时，储备粮采用竞价方式顺价销售，进一步强化了"托市价格上调、销售价格跟涨"的局面。

（2）国内外市场粮食价格倒挂

2011 年下半年以来，在"托市"政策的支撑下，国内粮价持续上涨，逐步超过进口粮。中经网的统计数据显示，2014 年 6 月，中国进口谷物税后价格为 1980 元/吨，国内谷物价格为 3040 元/吨，两者价格之差达到 1060 元/吨。由于国内外粮价倒挂，极大地刺激了粮食进口数量的快速增长。2011—2013 年，中国粮食进口量快速攀升，主要谷物进口年均增长率达到 55.80%，谷物净进口量逐年增长的趋势基本形成。

（3）产业链下游加工业受到较大冲击

对于处于产业链下游的粮食加工产业而言，原料成本占生产总成本的比重一般在 75% 以上。由于托市收购价格看涨，企业收购成本居高不下，产业面临"稻强米弱"、"麦强面弱"的不利局面。图 11-10 给出了 2012—2014 年主要粮食加工行业利润累计同比变化情况。从图 11-10 可看出，2012 年以来，谷物磨制、饲料生产与淀粉加工三大粮食作物加工业利润总额同比累计全部呈现下行趋势。特别是淀粉加工业，《全国粮食加工与制造行业监测分析报告》显示，2014 年上半年国内淀粉加工企业亏损严重，亏损企业比例高达 13.9%，行业利润同比下降 11.0%。

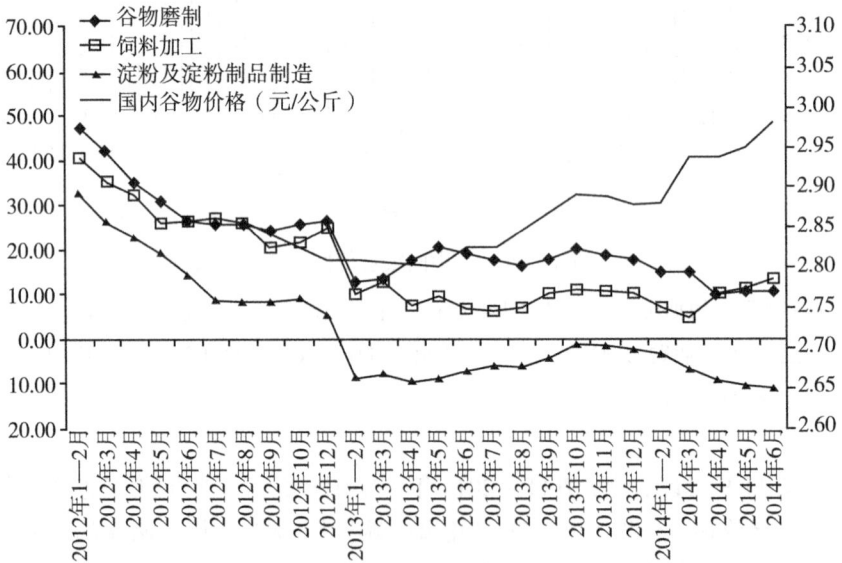

图 11-10　2012—2014 年主要粮食加工行业利润累计同比变化情况

资料来源：根据农业部农产品加工业监测分析与预警系统数据库数据整理得出。

综上所述，"托市收购"政策使粮食国内价格呈现"刚性"增长，并大幅高于进口价格的矛盾愈显突出，下游产业由于原材料成本上涨，利润下降，市场主体活力锐减，市场机制整体倒退，产业整体发展陷入困境。

（二）粮食目标价格的含义及构成要素

1. 粮食目标价格的含义

粮食目标价格是某一国家或地区为稳定粮食生产，保障粮食安全，综合一定时期内种粮成本实际增长和种粮农民合理收益等因素制定的一种政策性参考价格，它有别于最低收购价格和市场销售价格。在这种目标价格体系下，国家可参考当前的市场价格与目标价格的价差，综合市场供求状况，适时调整对农政策。如果市场价格低于目标价格，国家即对种粮农民实施补贴；如市场价格较大幅度高于粮食目标价格，则采取适度加大储备粮投放、扩大进口规模等手段，调控市场供求，平抑价格。这种方式不但操作简便，且不会造成市场价格的失真，能更有效地发挥市场机制自行配置资源的作用，同时能够通过政府补贴，保证农民稳定、合理的收益，从而保证粮食生产的稳定。

2. 粮食目标价格的构成要素

影响粮食目标价格的要素很多，为便于分析，在此把粮食目标价格的要素概括为种粮成本、合理收益及政策取向三个方面。

（1）种粮成本。种粮成本是影响种粮农民预期价格的最直接因素。由于信息不对称的存在，农民往往不考虑供求因素而以投入回报来决定是否种粮、种多少粮。但是，随着工业化和城市化进程的不断深入，农村土地流转、农村劳动力就业面临较大的选择空间，如果农民自有土地和自身劳动力价值得不到补偿和回报，则会影响农民种粮积极性。因此，农民的自有承包土地和自身投入劳动力，应当计入成本，构成粮食生产完全成本体系。

（2）合理收益。合理的种植收益是农民从事粮食生产的内动力。合理的收益应包括当期收益和收益增长预期两部分。如果农民种粮收益不能与从事其他农业生产的收益相衔接，会对农民的种粮积极性产生较大影响。近几年，粮经、种养比较效益不高，与非农收入差距加大。因此，当期收益应以当地近几年农民从事粮食生产收入与非农收入的差距为依据，确定合理的收益水平。合理收益应考虑合理的收益增长率，按人均收入增长水平，参考 GDP 增长和 CPI 水平合理确定收益增长率，确保农民充分享受到经济增长所带来的实惠。

（3）政策取向。政策取向是影响种粮成本和粮食目标价格的重要因素。政府对种粮农民的直接补贴力度越大，农民的种粮成本就越低，测算的目标价格就相对较低；反之，粮食目标价格就会较高。但是，从保障国家粮食安全和保护农民种粮积极性的角度来看，粮食目标价格既不宜过高也不宜过低。因此，为稳定目标价格，国家应综合各方面因素，对种粮农民实行动态补贴，使粮食目标价格稳定在合理水平。

（三）粮食目标价格的性质

粮食目标价格是指国家在一定时期内为实现一定政策目标而依据某些因素制定的政策性上限价格。

1. 粮食目标价格是一种上限价格

经济学原理告诉我们：农产品生产经营活动的决策具有滞后性，即本期的生产经营决策是依据上一期的价格来作出的。但消费者对农产品的需求量则取决于本期的价格，这样就导致农产品的供给和需求的变化在时间上出现明显的差异性，从而对农产品市场的均衡产生严重不利影响。再加上不同农产品供需弹性的不同，导致出现三种类型的蛛网模型，即发散型、封闭型和收敛型蛛网模型。由于粮食的供给弹性大于需求弹性，因此会形成粮食价格和产量偏离均衡的摇摆。粮食价格的过度下行，会使农民当年的收入减少，并在下一年度的生产决策中减少对粮食的生产，严重不利于农产品产量的稳定和农业的可持续发展，为此政府需要构筑最低收购价以阻止粮价的过度下行。粮食价格的过度上行，虽然可以使农民当年的收入增加，但最终也会因为农民的盲目扩大生产而陷入"谷贱伤农"的境地，为此政府同样需要构筑上限价格，以阻止粮价的过度上行。而目标价格就是政府设置的一种上限价格，并希望通过最低收购价和目标价格的共同作用，打破蛛网现象，将粮食价格稳定在一个较为合理的区间，从而有利于农产品产量的稳定和农民收入的增加。

2. 粮食目标价格是一种政策性价格

政策性价格，是指政府为实现一定的政策目标而制定的相机干预市场的价格形式。最低收购价、生产者补贴、经营者补贴、消费者补贴等都属于政策性价格，都是为实现一定的政策干预目标而制定的。而目标价格同样是一种政策性价格。如根据《国务院关于促进生猪生产发展稳定市场供应的意见》（国发〔2007〕22号）规定，当猪粮比价高于9∶1时，商务部门应适时投放政府冻肉储备，平抑肉价，必要时政府向城乡低保对象和家庭经济困难的大中专院校学生发放临时补贴。在这里，比玉米批发价格高9倍的生猪出场价格，便可视为一种政策性上限价格。

（四）粮食目标价格的作用

我国现阶段实施粮食目标价格，主要是因为粮食目标价格符合我国粮食价格支持制度的调整方向。

1. 目标价格具有较高收入转移效率

我国目前的粮食价格支持政策主要是作用于粮食流通环节，即粮食价格支持政策对流通领域的支持效率较高。对于农民来说，在粮食生产领域停留的时间很长，但在流通领域停留的时间很短，因此粮食价格支持政策对农民的支持效率较低。据 OECD 测算，在目前的粮食价格支持体制下，每补贴 1 美元，农民只能得到 0.25 美元，收入支持的效率仅有 25%左右，其余则消耗在了流通和储备环节。与农民从粮食价格支持政策中得到的实惠过少相比，粮贩从粮食价格支持政策中得到的实惠则较多，因为粮贩基本是在粮食流通领域活动。因此，这种政策的实施没有起到很好的支持农民的作用。相比较而言，粮食目标价格制度是以生产者产量或面积为依据，采取差价补贴方式，直接对种粮农户进行补贴，减少了流通环节耗费，从而有利于提高财政补贴效率。

2. 目标价格能有效减少粮食市场的价格扭曲

作为直接补贴的核算标准，目标价格是由政府根据农作物生产成本与合理收益制定并预先公布的预期价格。与最低收购价和临时收储价格不同，目标价格并不直接对粮食市场价格产生影响，而主要是通过给予生产者价格信号引导作用，间接影响农产品市场，从而减少因"托市政策"所造成的市场扭曲，更加符合市场经济的基本要求，有利于农产品市场价格机制的形成。

3. 目标价格可促进粮食产业链上各环节有效运行

实行"托市收购"以后，中央财政用于粮油事务的支出（主要包括最低收购价补贴利息和储备粮油包干费）逐年上升，2012 年达到 727.45 亿元。如果这一政策继续实施，最低收购价格需要维持每年至少 6%~8%的增幅才能弥补执行成本。这将进一步导致粮食产业链陷入"国内外价差持续扩大、国产粮食被大量收储、加工企业原料越来越依赖进口"的畸形状态。如果执行目标价格制度，通过实施"价补脱钩"，将粮食的定价逐步推向市场，可为价格下行提供空间，避免下游企业陷入效益下滑与停产的经营困境。同时，目标价格公布于种植周期之初，对市场价格和粮食生产都具有一定的指导作用，规模农户的优势将进一步突显，从而有利于推动适度规模经营和种植结构调整，促进产业链健康发展。

（五）粮食目标价格的制定原则

一个符合我国国情和农情的粮食目标价格，应该坚持以下几大原则：

1. 科学测算粮食完全成本

制定粮食目标价格，以科学测算粮食生产的完全成本为前提条件。其完全成本主要包括农民家庭用工成本和雇工费用、土地使用成本、农业资源环境补偿成本等方面。种粮人工成本应比照农民工进城务工的日均工价，把缩小城乡差距、工农差别的要求体现到目标价格中。土地成本中的自营地可比照同品种中等水平的承包费净额核算。流转地租金可按照市场形成的实际金额核算。农业资源环境补偿成本要综合考虑保护耕地资源投入和治理环境投入等因素。

2. 合理确定农民种粮收益率

目前我国农业生产已进入高成本时代，高成本导致农业和粮食收益明显下滑。制定粮食目标价格补贴政策，既要保证 13 个粮食主产区和非粮主产区产粮大县内的种粮大户或合作社能够获得社会资本平均收益率，进而吸引工商资本和外资进入农业领域，促进农业生产规模化、集约化；也要考虑普通农户种粮的机会成本，使其能够获得与畜禽养殖、种植经济作物、外出务工等其他途径大致相当的收益水平。

3. 理顺差价和比价关系

在粮食生产和购销过程中，存在着地域因素、质量等级、季节变化等方面差异，制定粮食目标价格尽可能地反映地区差价、质量差价和季节差价。同时，不同粮食品种之间、工农产品之间、粮食与畜禽和经济作物之间还存在着一定的比价关系，这些比价关系变化也是引导农民调整种养结构的重要信号，对此也应一并考虑进去。

4. 适时动态调整优化

粮食目标价格并不是一成不变的，在考虑粮食生产成本费用上升情况的基础上，全面权衡与 GDP 增速、城乡居民收入增速、财政收支情况、CPI 涨幅等重要指标的关系，逐年稳步提高粮食目标价格。与此同时，随着实施粮食目标价格政策的品种范围和地域范围不断扩大，各品种在成本收益测算上可能有所差异，对目标价格测算方法也应根据试点中发现的问题及时调整优化。

（六）实施粮食目标价格的措施

1. 收入成本相结合原则确定目标价格

在存在着连续性的价格调控政策情况下，前期市场价格是农产品生产费用、需求水平、需求结构及短期供求关系的综合反映，是国家力量与市场力量共同作用的客观结果，基本上体现了资源优化配置的要求和倾向，可以作为确定目标价格的基础。收入增长率差是当年预期农村收入增长率与当年农村实际收入增长率的差额。根据增加农民收入，均衡城乡收入差距原则预先确定当年城乡居民收入增长率差额，该差额加上城市居民收入增长率即得到农村居民预期收入增长率。例如，若当年城市居民收入增长率为 3%，为了缩小城乡收入差距，农村居民收入增长率应高出 5 个百分点，那么农民收入增长率应为 8%。按实际发展水平，当年农村居民收入增长率达不到预期增长率时，二者的差额部分就要靠目标价格补贴来解决。成本调整额是指根据生产资料价格变化对农民生产成本增加额的补贴，也就是若当年的粮食生产资料价格相对上涨，将上涨差价全额补贴给生产者。目标价格＝上一年的市场价格×（1+收入增长率差）+成本调整额。

2. 借鉴国外经验创新补贴方式

美国、日本、韩国等国都实行了农产品目标价格制度，日本、韩国的目标价与市场价的差额补贴是根据不完全产量方式来确定，以免出现产量过剩问题；美国的差额补贴额采取产量、面积并重再乘以合理比例方式确定。我国实行农产品目标价格制最重要的意义在于切实保障农民利益，促进农民增收同时不扭曲市场机制，可首先根据经济发展情况按照均衡城乡收入差距原则确定预期农民收入水平，以当年预期农民收入水平与实际收入水平差额确定补贴总额，将农业补贴政策由价格转为收入补贴；再借鉴美国、日本、韩国的经验，根据"补贴总额＝（目标价格−当年市场价格）×当年产量×生产面积×R"来确定补贴比例R，即可得单个生产者补贴额＝（目标价格−当年市场价格）×单个生产主体当年产量×单个生产主体生产面积×R。以面积和产量为依据的复合补贴方式既不会刺激产量过剩，又能保证粮农获得应有补贴收益以稳定粮食的生产和供应，可以较好地实现政策目标。

3. 加快农业生产规模化经营步伐

大力培育家庭农场、种植大户、农业生产经营公司等新型经营主体，鼓励农民将土地承包或出租给新型经营主体，通过土地流转将农村有限的小块土地进行整合，实现农业生产规模化经营，促进分散农业生产者的聚集。根据已有新型经营主体土地承包情况，承包土地一般不少于13.3公顷，有些地区甚至达66.7公顷。按每个新型主体承包20公顷土地保守估算，全国1.2亿公顷耕地约只需600万个生产单位，不足原来分散农户数量的4%。实现农业规模化经营后，在全国耕种面积保持不变同时政府所面临的目标价格补贴主体在数量上少了很多，在生产经营上规范了很多，将大大减轻政府对粮食生产面积和产量的统计工作，降低统计成本，为单个生产者补贴额的确定和补贴资金的发放提供了便利。而且，直接针对承包主体的补贴提高了补贴的精准性和指向性，补贴资金全部流向真正从事粮食生产的农户，防止了计税面积补贴中没有种粮的农户得到补贴而一些种粮大户却没有得到应有补贴的问题，从源头上保证了种粮者的收益，提高了资金补贴效率。此外，实行规模化经营的新型主体一般都是懂生产、善经营、会管理且具有较强市场嗅觉的高素质劳动者，相对于分散的生计型小农他们能够及时获取并分析市场信息，有效克服小生产与大市场的信息不对称问题，降低生产决策难度。

4. 进一步完善和健全粮食期货市场

期货市场最基本的功能之一就是价格发现。一个发展成熟、运作良好的期货市场可以反映未来的供求状况，提供远期的价格参考，从而指导农民优化种植行为，锁定经营利润，规避价格风险，摆脱蛛网模型困扰，通过"订单+期货"模式，提高订单农业的履约率，促进粮食生产的市场化和产业化。但目前我国粮食期货市场由于规模小、交易不规范等问题束缚了期货市场的价格发现功能，需要进一步完善健全粮食期货市场体系，充分发挥其价格发现功能，为粮食生产主体的生产决策提供信号，解决目标价格可能带来的粮农生产决策难问题，稳定粮食生产和供应，为目标价格制的实行提供良好的市场条件。

5. 建立消费者补贴机制

各地区经济发展水平不同，消费水平和消费者的承受能力也大不相同。因此，对低收入消费者补贴应当视地区不同而分别对待，可以实行省级负责制，由各省在中央统一指导和监督下建立相对独立的消费者补贴机制。首先，各省根据历史数据和当年经济发展情况确定农产品零售价格指数变化幅度，当实际价格指数变动超过这一幅度且粮食市场价高于目标价时执行对低收入消费者的补贴政策。其次，各省区以地市一级行政单位为范围，根据当地物价水平确定居民为维持日常基本生活所需要的支出（C）。同时，由各地居委会会同税务机关、银行建立居民收入水平登记制度，对每一个家庭建立家庭汇总收入账户，当家庭汇总收入低于按家庭人口计算所需的基本生活成本时，对其差额进行全额补贴并通过该账户将补贴资金直接发放给消费者，家庭补贴额＝家庭总收入－人口数×C。由于个人收入需要征收个人所得税，会同税务机关的登记可以防止为获取消费者补贴而出现的谎报贫困问题；按照家庭收入总量与消费总量差额的补贴可以防止高收入家庭中赋闲在家的消费获得补贴，提高补贴资金使用效率；按照基本生活支出来补贴既可以保证低收入群体的基本生活又能避免过重的财政负担，使得目标价格制可以长期执行下去。

小　结

本章首先从效用决定价格论、价值决定价格论以及供求决定价格论三个方面说明了农产品价格形成的理论基础。效用决定价格论指出：农产品价格的高低是由农产品的效用大小决定的。价值决定价格论认为：农产品的价值是决定其价格的主要因素。供求决定价格论指出：农产品的价格是由农产品的供求关系决定的。

其次，从供求决定价格论出发，阐明了农产品价格形成的过程，并根据供给曲线和需求曲线的变化，分析了均衡价格的变动。在此基础上，通过将农产品的供给弹性与需求弹性进行比较，分析了农产品价格的波动。

再次，从改革开放之前、改革开放到 2003 年、2004 年以来三个历史时期，阐明了我国农产品价格制度的演变历程。表明随着时间的推移，在我国农产品价格形成中，市场发挥的作用越来越大，但市场也有出现失灵的情况，因此政府有必要对农产品价格进行宏观调控和管理。

最后，介绍了我国现有农产品价格体系。在我国现有农产品价格体系中，主要包括市场价格、临时收储价格、最低收购价以及目标价格四种农产品价格。其中，目标价格是我国在 2014 年开始进行试点的一种比较新的农产品价格类型。因此，这里以粮食目标价格为例，对目标价格进行了重点阐述和分析。

关 键 词

农产品价格　农产品供求　农产品价格制度　农产品价格体系

复习思考题

1. 农产品价格是怎样形成的？
2. 农产品价格的影响因素有哪些？
3. 简述我国农产品价格制度的演变历程。
4. 什么是粮食目标价格？其构成要素有哪些？
5. 实行粮食目标价格有何难点？
6. 实行粮食目标价格有哪些可行措施？

主要参考文献

［1］蒋和胜. 农产品价格机制论［M］. 四川大学出版社，1997.

［2］谭砚文. 美国 2008 新农业法案中的棉花补贴政策及其启示［J］. 农业经济问题，2009（4）.

［3］王姣，肖海峰. 中国粮食直接补贴政策效果评价［J］. 中国农村经济，2006（12）.

［4］王益松. 论农产品市场定价机制的缺陷及完善措施［J］. 农业经济问题，2000（5）.

［5］武翔宇．农户粮食储备行为研究［J］．农业技术经济，2007（9）．

［6］辛贤，谭向勇．中国生猪和猪肉价格波动因素测定［J］．中国农村经济，1999（5）．

［7］邢孝兵，徐洁香．完善我国粮食价格及形成机制的思路［J］．价格月刊，2003（3）．

第十二章　农产品市场

☞【学习目标】

学习本章后，应当掌握如下内容：

(1) 农产品市场的含义和分类。

(2) 农产品物流的分类与特征。

(3) 了解农产品期货的基本知识。

(4) 了解农产品国际贸易政策变迁。

第一节　农产品市场概述

一、农产品市场的含义与分类

(一) 农产品市场及其要素

农业商品经济发展的客观产物就是农产品市场，一般来说有狭义和广义的区分。进行农产品交换的场所就是狭义上的农产品市场。生产者出卖自己生产的农产品和消费者购买自己所需的农产品，要有供他们进行交换的场所，这种交换农产品的场所就形成了农产品市场。我国自古至今对市场有不同的称呼，如将定期市场称为"墟"，不定期市场称为"市"或"市井"，即所谓"墟有墟期"，"市无常日"；按照交易地点，"在城曰市，在乡曰圩"，靠江河码头的市场称为"埠"。此外，农产品市场还有"集"、"场"等各种称呼。随着商品经济的发展，我国农产品市场已遍布全国城乡。

农产品流通领域交换关系的总和称为广义上的农产品市场。除了各种具体的农产品市场，还包括了农产品交换中的各种经济关系总和，如商品农产品的交换原则与交换方式，人们在交换中的地位、作用和相互联系，农产品流通渠道与流通环节，农产品供给和需求的宏观调控等。经济学研究的市场是广义的抽象的市场，而不只是个别的、具体的交易场所。但广义的市场运动规律，要在具体的市场上体现出来。因此，研究广义市场必须从考察具体市场入手。

农产品市场构成要素组成有：

（1）市场主体，指构成市场供求力量的运营要素总和，包括买方和卖方，有的市场还有中介人的加入。市场主体之间的商品交换带动整个市场客体要素的合理流动，构成了市场运行的基础。市场主体的活动，一方面离不开运行场所——市场，另一方面又不断拓展市场，完善市场体系、市场机制和市场功能。

（2）市场客体，指指在市场运行过程中，处于从属地位的客观的物的要素总和，包括商品、货币和流通中的各种基础设施。市场客体虽然受制于市场主体，但在一定程度上却又常常改变着市场主体的行为。

（3）调控管理，政府的经济职能是调节市场，组织市场，不是在市场中运行，而是在市场上运行，因此是调控主体，而不是市场主体。它通过一定的管理机构、市场法规，使市场有序地、正常地运转。除了政府进行宏观调控外，市场内部机制也将发挥作用，对市场进行自觉或自发的调节，这是市场的内在属性。

从不同的角度去划分农产品市场可以得出不同的分类。如：按产品种类，可分为种植业产品市场、林产品市场、畜产品市场、水产品市场等；按地域空间，可分为地方市场、区域市场、全国性市场和国际市场；按农产品流通的空间距离，可分为产地初级市场、中心集散市场和销地市场；按市场所处的位置可分为乡村市场、集镇市场和城市市场；按产品交易的交割方式，可分为现货市场和期货市场；按供求状况，可分为买方市场和卖方市场，等等。

（二）农产品批发市场

改革开放以来，我国已经基本形成了由批发市场和农贸市场占主导地位的农产品市场流通体系。农产品产地批发市场的功能是：顺畅产地农产品的流通；用产地市场指导农业结构的调整；运用市场力量提高农产品质量。销地市场或者说农产品销地批发市场是以大中城市为依托兴建的消费性市场，在"菜篮子"市长负责制的推动下得到迅速发展，其主要功能是解决城市居民的"菜篮子"供应，稳定关系居民生活的重要农产品价格。

我国农产品批发市场历经20世纪90年代的快速发展，此后进入市场布局调整、经营品种结构调整和市场基础设施改造升级、市场管理向规范化和现代化迈进的新阶段。据国家工商行政管理总局统计，自2001年以来，全国农产品批发市场数量稳定在4100~4300个，而单体市场的交易规模明显扩大。另据农业部2009年不完全统计，全国共有农产品批发市场3606个，年交易总额14488.9亿元，平均每个市场年交易4亿元。在这些农产品批发市场中，按经营农产品种类分：粮油类 212 个，蔬菜类 992 个，水果类 390 个，畜禽类 320 个，水产品类 182 个，特产类 216 个，综合类 1264 个（见图 12-1）。按市场性质分：产地（含产销结合）型市场 2631 个，占农产品批发市场总数的 72.9%；销地型市场 975 个，占 27.1%。市场 1151 个、销地市场 558 个。随着城乡居民生活水平日益提高，人们更加关注农产品和食品的质量安全问题。在这样的农产品供给与需求背景下，我国农产品批发市场经过 10 多年快速发展，基本构建起以批发市场为中心的市场体系，批发市场建设发展由数量扩张为主转入以稳定数量、优化布局结构、提升质量档次为重点的新阶段。

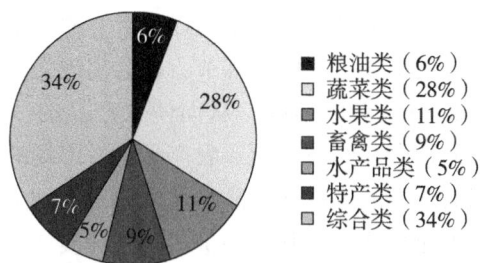

图 12-1　2009 年全国农产品批发市场按主营品种分类比重图

资料来源：农业部市场与经济信息司（2010）。

（三）农产品零售市场

农产品零售市场又称为农产品消费市场，是通过零售方式直接为消费者提供农产品服务的最终交易场所（流通的最终环节），反映着农产品的生产者、加工者、经营者和消费者的多方面经济关系。农产品零售市场主要以露天市场、农贸市场和超市的形式存在。农产品集贸市场是主要进行农副产品零售交易的场所，是农民直接进入流通、销售农产品的主要渠道。农产品集贸市场是在一定区域范围内，以农产品的生产者和消费者互通有无为目的，以当地农产品为交易对象，以零售为主要形式的现货交易场所。

随着收入水平的提高，人们对于品质的诉求越来越高，相对于农产品流通企业来说，超市在市场销售方面更具优势，而且食品安全质量相对较高，因此，在农产品零售市场上，全国各地围绕流通模式展开了积极探索。"超市+专业合作社+农户"模式是目前"农超对接"支持发展的主要模式。商务部也会同其他单位积极推进"农超对接"试点工作。对于"农超对接"做出了如下发展定位：（1）全面推进农超对接，有利于搞活流通和扩大消费，促进农产品市场繁荣和居民消费能力提高；（2）有利于减少流通环节，降低流通成本，稳定市场价格和保障市场供应，促进农产品成交价格和数量维持基本稳定；（3）有利于提高农业生产组织化程度和增加农民收入，促进农民专业合作社的发展；（4）有利于保障食品安全和改善民生，对加快构建社会主义和谐社会也具有重要意义。

二、农产品市场的功能与作用

（一）农产品批发市场的功能

（1）商品集散功能。一家一户的农民生产出来的农产品需要迅速销售出去，以实现其价值。而农产品消费也主要是以一家一户为单位，规模小而且分散。如果没有农产品批发市场这一中间环节，就会出现交易次数极多、批量极小、交易成本极高、效率极低的情况，从而使农产品的"卖难"和"买难"交替出现，造成严重的社会和经济问题。农产品批发市场的强大生命力就在于它能够吸引和汇集四面八方的客户和商品，然后再发散到全国各地甚至世界各地，使农产品的价值迅速转移，使其使用价值顺利让渡。

（2）价格形成的功能。批发市场建立之后，由于它具有在较大范围内集散农产品的功能，来自全国各地的商品同场竞争，同一种农产品就可以通过比较按质论价，有利于反映商品价值和供求关系的价格迅速形成。批发市场所产生的价格比较真实，这种比较真实的价格能在一定程度上起到稳定农产品市场价格的作用。

（3）信息中心的功能。由于批发市场连接着产需两头，信息来源比较多，加之批发市场拥有多样化的信息传递手段，因此它是一个良好的收集、整理、发布信息的场所。

（4）调节供求的功能。农产品市场是完全按照经济规律来调节农产品供求的。批发市场的大批量、大规模集散农产品的特点使之对农产品供求产生重要影响。此外，批发市场还可以通过价格等信息服务来协调产销关系，通过建立农产品货源基地来指导均衡上市。

（5）综合服务的功能。这是指批发市场通过自身的运营为交易者提供各种方便交易服务的功能。交易者进入批发市场后，需要提供交易场地、通信、邮电。结算、信息、停车、装卸搬运、食宿、卫生、包装、加工、分级、贮藏等各项服务。批发市场是否能提供全面、周到的服务，是批发市场能否兴旺发达的关键因素。批发市场的各项服务可以由批发市场本身提供，也可以吸纳一些企业单位进场提供。

（二）农产品批发市场的作用

（1）对于发展农产品生产的作用。具体表现在：商品性农产品生产的发展促进了农产品批发市场的发育，批发市场的建立和发展又反过来进一步促进农业生产的发展。农产品批发市场的建立和发展，促使农产品流通实现多渠道、少环节、开放式经营，货畅其流，充分调动农民的生产积极性。

（2）对于保护生产者和消费者利益的作用。由于批发市场上经营与价格全部放开，能够使价值规律充分发挥作用，农产品价格基本上能够反映其价值，实现等价交换，稳定农产品价格，从而有利于保护农产品生产者和消费者的利益。

（3）对于推动流通体制改革和流通组织创新的作用。批发市场的建立和发展，对于旧的流通体制冲击最大。因为批发市场的各项功能的发挥使它逐步成为我国农产品流通的中心。首先，从全国来看，通过批发市场流通的农产品占的比重越来越大，是其他渠道无法比拟的。其次，批发市场形成的价格被人们认可，并对零售价格及产地直销价格起决定作用，农产品批发市场"价格形成中心"的地位得以确立。再次，由于各大批发市场实现了计算机联网，使市场信息能够迅速传递，农产品批发市场也逐步成为农产品流通的信息中心。此外，由于批发市场上各种经济成分的经营者共同从事农产品流通，具有很强的开放性，开放有利于公平竞争，公平竞争又带来了高效益。随着农产品批发市场成为我国农产品流通的中心，国有和合作的农产品流通企业面对的就不再是政府的计划，而是广阔的农产品市场，这就迫使它们转换机制，参与农产品市场竞争。一些国有和合作的商业批发机构顺应改革潮流，把自己的工作转移到支持和参与农产品批发市场的建设和经营上来。

农产品批发市场的发展也呼唤着农民流通组织的创新。随着农产品批发市场交易规模的不断扩大，显露出一个深层次的问题，这就是代表农民整体利益的流通组织没有发育起来。农产品生产者进入批发市场的组织化程度太低，竞争力弱，大量利润不合理地流入中间商手中。只有创新农民流通组织，并让代表农民整体利益的组织进入市场、参与竞争，才能帮助农民把市场风险内部化，才能使农民的利益从根本上得到保护。我国现在有少数地区已经成立了农民"运销合作社"，把农民组织起来，以增强其市场竞争力，收到了很好的效果。

（三）我国农产品批发市场的类型

我国农产品批发市场从形成方式上划分主要有两大类：一类是由政府有关部门参照国外经验进行规范设计而建立起来的农产品批发市场；另一类是在城

乡集市贸易基础上自发形成，有关部门加以引导建设而成的批发市场。

政府建立的批发市场有系统的、严格的管理，得到政府的支持，但需逐步完善经营机制，增强活力，提高经济效益。自发形成的批发市场具有广泛的社会经济环境和坚实的经济基础，但需加强引导和规范管理，使之健康发展。

（四）农产品期货市场的功能

农产品期货市场是农产品市场的重要构成部分，我国农产品期货市场刚刚起步，其基本功能主要有：

（1）指导生产与流通。农产品期货市场的价格开始成为生产和流通企业经营的主要参考。我国一些主要农产品交易所的期货成交价格在这方面发挥了重要作用，并为国际期货界所重视。

（2）稳定企业经营。利用期货市场套期保值，能够稳定企业经营。例如，粮食购销企业运用期货市场进行套期保值，把储备粮投入流通领域周转，同时，在期货市场上购进数量相当的期货合约，当价格合适的时候，再做反向交易，较好地回避和分散了卖出现粮后价格波动的风险。这不仅解决了粮食经营部门资金紧张、占用农产品收购款、向农民打白条等问题，而且降低了粮食储备费用，减少了持有成本，获得了赢利，给国家、企业和农民都带来了利益。

（3）降低交易成本。在期货市场上，买卖双方公平竞价，直接成交，简化了流通渠道，减少了许多中间环节，降低了交易成本。

（4）促进农产品进出口贸易。利用国际期货，可有效地促进农产品进出口贸易的发展。国际信息业和期货业在迅速发展，国际商品价格和汇率变化等信息的传递速度在加快，而农产品对外贸易运转周期则相对缓慢，存在很大的行业风险。为了减少这种风险，中国外贸企业从 20 世纪 50 年代开始就在美国、英国、日本、马来西亚等市场做套期保值业务。农产品出口保值，降低了经营风险，保证了出口与收购工作的正常进行。多年来套期保值运作效果很好，有力地促进了农产品进出口贸易的发展。

（5）稳定现货与金融市场期货市场。对稳定现货市场与金融市场发挥着一定的作用。期货市场上占用大量资金，直接减少对现货市场的压力，使现货价格上涨的幅度受到一定的限制。同时，期货交易中使用的资金，相当部分是通过银行存储、流通与结算拨付的，其中，如会员会费、席位费、风险基金等一般较长时间存于银行账户上，银行可视具体情况用于融资、周转，对缓解信贷资金紧张起到一定作用。另外，由于期货实行保证金与交割结算制度，有利于加速社会资金周转。

（五）市场中介组织的功能

农村市场中介组织，是联结农业与其产前、产后部门，联结农民与其他市场主体，联结政府与农民，充当农民进入市场的桥梁和纽带，为农村市场经济的发展提供各种服务，并具有法人地位的经济组织。农村市场中介组织具有以下主要功能：

（1）价值实现功能。农村市场中介组织促使农业与有关工商部门联为一体，以减少农产品流转的中间环节，缩短流通过程，使产销或产加销畅通，最大限度地减少或避免农产品在流通领域的损失，从而保证其价值的顺利实现。

（2）经济组织功能。农村市场中介组织根据市场经济的客观要求，引导农民按照自愿互利和专业化协作的原则，以各种形式在生产和流通领域组织起来，调整生产结构，形成产品优势，开展综合经营，实现加工增值，扩大交易规模，降低交易成本，增强竞争实力，提高经济效益。

（3）信息传播功能。农村市场中介组织的重要功能之一，就是通过广泛的市场调查，搜集大量的市场信息，并对所获得的信息进行加工、整理和分析，对各种农产品的市场供求状况及其变化趋势做出判断和预测，并及时地提供给农民，指导农民做出符合市场需求的生产决策。

（4）科技转化功能。农村市场中介组织一方面将广大农民组织起来，兴办各种科研实体，向农民普及科学知识，推广农业适用技术；另一方面，将农业教育、科研、推广、生产连为一体，加强农业科技人才的培养，提高农民的科学技术水平，促进农业科技成果的商品化和有偿转让，消除农业技术推广的中间梗阻，缩短农业科学技术成果转化为现实生产力的时间和空间距离。

（5）要素组合功能。农村市场中介组织在各农户之间、农工商各产业之间，以及各地区、各部门之间，按照市场机制组织广泛的经济交流与协作，促进生产要素的流动与合理配置，实现资金、劳力、土地和原材料等生产要素的优化组合，使有限的生产资源发挥最大的经济效用。

（6）经济核算功能。农村市场中介组织可根据农户的需要，向他们提供经济核算服务，帮助他们分析生产经营过程的盈亏原因，总结经验，寻求增产节约、提高经济效益的途径，并为其咨询策划，协助他们制订出切实可行的生产方案，使其生产经营活动能更好地适应市场经济的客观要求。

（7）法律服务功能。通过向农民提供系列的法律服务，从总体上提高农民知法、守法，在经济生活中严格依法办事，并善于运用法律手段进行自我保护的能力。

（8）政策传递功能。国家对农民的各项优惠政策及其具体措施，可以直接通过农村市场中介组织落实到农民，对发生在各个环节的违背、折扣政策的行为，农村市场中介组织可进行干预或向有关部门报告，以确保国家政策畅通有效地贯彻执行，从而提高宏观调控的力度和效果。

第二节 农产品物流市场

农产品物流，指农产品从生产领域向消费领域转移的过程中所经过的各个环节。农产品离开生产领域后，进入不同的流通渠道，农产品在这些流通渠道中，需要经过某些环节，逐步地向消费领域转移，才能完成其实体的转移和价值的实现。

农产品流通的主要环节，一般包括收购、销售、贮藏和运输四大环节。在流通过程中，这四大环节彼此存在内在的联系。在市场经济条件下，农产品空间位置的转移运动（运输和贮藏）总是以农产品所有权的转移（收购和销售）作为前提条件的。也就是说，农产品运输和贮藏总是随着农产品收购和销售工作的进行而发生的。因此，四大环节中，起主导作用的是收购和销售。然而，运输和贮藏也是不可缺少的条件，没有运输和贮藏，收购和销售很难进行。有些农产品，还应包括加工这一重要环节。例如粮食，粮食部门收购的粮食，基本上是原粮，而广大消费者购买的一般是成品粮，在原粮等级既定的情况下，成品粮质量取决于加工质量，加工对粮食流通影响很大。粮食通过加工，还可以增值，提高粮食流通过程中的经济效益。

此外，农产品流通还有一些必要的辅助环节。从技术角度考虑，由于农产品是生物产品，许多农产品生产出来以后，常常要经过检验、整理、分级、包装等环节；有些农产品还必须经过必要处理，以延长保鲜期和防止病虫危害。

一、农产品物流分类

农产品物流通道，是指农产品从生产领域进入流通领域衔接消费的通道，即农产品从生产者手中转移到消费者手中所经过的途径。农产品流通渠道可以从以下不同角度去划分：

1. 依据农产品的销售形式，划分为直接流通渠道和间接流通渠道

直接流通渠道是指农产品由生产者直接转入消费者手中的一种流通渠道，如农民向消费者直接出售自己的产品；农业原料生产基地与加工企业签订产销合同，直接向加工企业销售农产品原料等。间接流通渠道是指农产品由生产者转移到商人，再由商人转移到消费者手中的一种流通渠道，它是随着商品经济

和社会分工的发展而出现的一种流通形式。

2. 依据专业分工情况，划分为专营商业渠道、兼营商业渠道和产销结合渠道

专营商业渠道是指专门从事农产品购销经营活动的一种流通渠道。兼营商业渠道是指以经营其他商品为主，附带经营农产品的一种流通渠道。产销结合渠道是指农产品生产单位通过自己的商业组织销售本单位产品的一种流通渠道。

3. 依据农产品流通的管理形式，划分为计划调节性流通渠道和市场调节性流通渠道

计划调节性流通渠道是指按国家政策规定，采取计划购销的农产品流通渠道。市场调节性流通渠道是指在计划调节以外，采取议购议销和自由购销的农产品流通渠道。

目前，国内学术界对农产品物流的研究还处在初级阶段，不同的学者对农产品物流的概念有不同的理解。借鉴 2001 年 8 月 1 日我国正式实施的《中华人民共和国国家标准物流术语》和美国物流管理协会对物流的定义，结合农产品运销特征，本文把农产品物流界定为：为了满足客户需求，实现农产品价值而进行的农产品、服务及相关信息从产地到消费者之间的物理性经济活动。它包括高效率、高效益的农产品及其信息的正向和反向流动及储存而进行的计划、实施与控制过程。具体来说，农产品物流就是农产品的运输、储存（常温、保鲜和冷藏）、装卸、搬运、包装、流通加工、配送和信息处理等环节的有机组合。包括一系列物质运动过程、相关的技术信息组织和处理过程以及各个环节上的物流管理活动。在这一活动过程中创造了时间价值、场所价值和部分加工价值。因此，从概念上看农产品物流是农业物流的重要组成部分。

农产品物流根据分类标准的不同可以有不同的分类方式。依据农产品物流系统的性质，可以划分为社会化专业物流和企业物流；按照农产品物流系统的空间范围划分的话，可分为国际农产品物流、国内农产品物流和地区性农产品物流；按照农产品物流业务是否外包可分为自营物流和第三方物流；按照农产品物流系统作用的对象划分，则分为粮食作物物流、经济作物物流、水产品物流、畜牧产品物流、林材木及林产品物流和其他农产品物流。

相对于工业而言，农业是自然再生产和经济再生产交织在一起的再生产过程，农产品的生产、流通存在着非人力能控制的风险，再加上许多农产品是人们生活必需品，需求弹性小，这些特殊性使农产品物流表现出明显不同于工业品的特征：

（一）农产品物流运作的相对独立性

由于不同地区的气候、土壤、降水等存在差异，各地适宜种植品种不同，农产品生产呈现出明显的季节性和区域性特征，而农产品的消费则是全年性的，这就决定了农产品物流过程中需要较大量的库存和较大范围的调度或运输；营养性、容易感染微生物而腐败变质，从而对物流设备和工作人员提出了较高的要求；安全卫生性，对其生产和贮运提出了更高要求，如加工中要求无菌，产品配送过程中不能和有其他气味的商品混运，容易造成窜味，还应注意配送中微生物和重金属的交叉污染等问题，对温度和湿度作出严格的规定等；而且产品的交货时间有非常严格的期限性，即前置期有严格的标准；鲜食品和冷链食品在食品消费中占有很大的比重，所以食品物流必须有合适的冷链、保鲜链，甚至是气调链；由于绿色食品、绿色消费的日渐盛行，对绿色物流提出了更高的要求。

（二）农产品物流量大

农产品的生产基地在农村，而广大的农产品消费者生活在远离乡村的城市之中，为满足农产品消费在不同时空上的需求，就必须将农产品从农村转移到城市，准确、快捷地传送到消费者手中，以实现农产品的最终价值。因此，农产品物流面临数量和质量上的巨大挑战。2007 年，我国粮食产量 50160.3 万吨，糖料 12188.2 万吨，棉花 762.4 万吨，油料 2568.7 万吨，蔬菜瓜果 64068 万吨，烤烟 217.8 万吨，茶叶 116.5 万吨，水果 1836.3 万吨，肉类总产量 6865.7 万吨，水产品 4747.5 万吨。这些商品除部分农民自用外，大多成为商品，需要物流，数量之大，品种之多，都是世界罕见，发展农村物流是服务"三农"、服务新农村的重要内容，然而，目前我国农村货运的特点是货源分散、运力分散、经营分散、管理粗放，这些极大地制约着农村物流的发展。如何打破"瓶颈"，形成了巨大的农产品物流。

（三）农产品物流技术要求高、专业性强、难度大

农产品自身的生化特性和特殊重要性，使得农产品流通过程中保鲜、储存、加工等环节具有重要的地位并具有很强的生产性。而且，有些农产品为了方便运输和贮存，在进入流通领域之后，还需要进行分类、加工、整理等活动。比如，粮食储存在仓库中，必须定期进行通风、烘干，以控制粮食水分，使粮食的使用价值得到保证；活猪、活牛、活鸡等进入流通，必须进行喂养、防疫，如果收购后进行屠宰，还需要进行冷冻、冷藏处理，这就要求有特殊的加工技术和相应的冷藏设施。可见，农产品在运输贮存过程中，各自要求的输送设备、运输工具、装卸设备、质量控制标准各有不同，使得农产品物流比工业品物流更具生产性，且要求根据农产品各自的物理化学性质安排合适的运输工具，从

而保证农产品的性质和状态稳定，以确保农产品品质、质量达到规定要求。

（四）加工增值是发展农产品物流的重要环节

农产品不同于工业品的最大特点是农产品的加工增值和副产品的综合利用。这部分价值是在农产品离开生产领域后，通过深加工和精加工，延长产品链而实现的增值。比如粮食深加工和精加工、水果加工、畜牧产品加工及海洋水产品加工等，一般来说，其增值环节主要包括以下几个方面：一是农产品的分类与包装增值服务二是农产品适度加工增值服务。比如通过对粮食的研磨、色选、细分或者规格化等生产加工工序，以一定的商品组合开展农产品促销，能够促使农产品流通的顺利进行；三是农产品社区配送增值服务；四是特种农产品运输、仓储与管理增值服务。

（五）农产品物流风险大

农产品生产的分散性、季节性，使得农产品物流的风险增大。农产品生产点多面广，消费地点分散，市场信息更加分散，使得人们难以全面把握市场信息，容易造成供给不适应需求的状况；而且，由于农作物有生长过程，牲畜亦需经过发育成长期，故农产品生产受季节性限制明显，难以连续不断地生产，无法依农产品价格的高低短期内有所增减，供给难以在短时间内对供给进行有效的调节，导致市场价格波动大。过大的流通风险会降低物流经营者的预期利润，往往会使经营者更多地采取短期的机会主义行为，不利于形成有序的市场竞争和培育市场主体。

（六）分散—集中—分散的物流节点特征突出

我国农业生产中最为突出的矛盾之一是小规模经营与大生产、大流通矛盾。规模小是指农产品生产、经营、流通普遍零碎化，没有规模效益；大群体指参加农业生产的主体众多，离散性强，缺少联合，组织化程度低，导致生产盲目性，容易造成农产品买难和卖难的交替出现。这种农产品的"小生产"和"大市场"的矛盾决定了农产品流通过程呈现出由分散到集中再由集中到分散的基本特点。一家一户就其农业生产的单体资源配置、生产能力、生产规模、农产品的产出量和商品量等而言其水平都是较低的。这就决定了农产品生产的"小生产"的基本特征。而农产品的消费却遍布全国城乡。这种"小生产"和"大市场"的矛盾还会存在一个时期。这种情况决定了农产品物流会在较长时期呈现出由分散到集中再由集中到分散的基本特点。

（七）政治含义的商品特征尤为明显

农产品作为附带着社会政治含义的商品，使得各国政府在其生产与流通中都有不同程度的介入。一是农产品的需求收入弹性通常小于1，这意味着随着经济增长和人均收入的提高，就占总消费的份额而言，农产品需求的增长趋于下降，不利于农民收入的增加；二是农产品需求价格弹性也小于 1，农产品价格下降所产生的追加需求只能带来比以前更少的收入。这两个因素对发展中国家农民收入有突出的影响，因此，许多国家都不同程度地采取干预政策以保护农民的利益。三是从食品供给安全的角度考虑，政府的干预更是无可避免。

二、国外农产品物流发展模式

从世界农产品流通体制和农产品市场体系看，各国农产品物流运行模式由于受到社会体制、农业生产、经济发展水平、技术水平等的影响，各具特色。目前，世界具有典型代表意义的农产品物流模式主要有三种模式：一是以美国、加拿大为代表的北美模式。由于北美农业生产者规模较大，经销农产品的大型超市发展又很快，因此批发市场的部分功能逐渐受产销一体化物流组织的冲击而被削弱，出现了市场外流通规模不断扩大的趋势。二是以荷兰、法国为代表的欧盟模式。在欧盟模式中，批发市场流通比例较小，而且大多数大型批发市场仍然坚持公益性原则，如法国就指定了全法的 23 所批发市场为国家公益性批发市场。而且农产品直销比例呈现出不断上升趋势，进出口产品在批发市场中也占据一定比率。三是以日本为代表的，包括韩国以及其他一些亚洲国家和地区在内的东亚农产品物流模式，由于这些国家和地区的农产品生产者生产规模普遍较小，因而这些国家和地区的农产品是经由批发市场进入流通领域的，从而创造了一条东亚特色的能够有效解决小规模的农业生产和大市场、大流通的矛盾的路子。

（一）北美"合同"一体化物流模式

第二次世界大战后，随着现代物流的发展和农业科学技术的进步，美国、加拿大以"合同制"为基础，把农产品的生产、供应、销售有机地结合起来的农产品一体化物流模式已成为美、加农产品物流的主流形式。从 1960 年到1980 年，这种一体化的农产品物流组织所创造的产值在美国农业总产值中的比重由 25%上升到 31%。这种"合同制"的农产品物流模式中最为重要的是农业"合同"联合体物流模式和农场主合作社物流模式和农商联合体物流模式。

1."合同"联合体物流模式

"合同"联合体是北美国家农产品物流普遍采用的形式，实质上就是把农产品产供销的所有环节或其中的几个环节置于统一的领导之下，也称为垂直的综合企业。它一般是由一体化的产前和产后部门尤其是食品加工部门构成的市场部门，通过与农场主签订协作合同，将产、销联合为一个有机的整体而形成的产供销一体化合同销售模式。一般来说，合同制农产品物流组织主要盛行于那些专业化、集约化程度较高、产品易腐又不易运输或产品用于大规模工业加工的农业部门。大体来讲，畜牧业合同化组织程度高于种植业。而在种植业中，用于工业加工的易腐的又不便运输的蔬菜、水果、马铃薯、甜菜和甘蔗等经济作物生产的合同化组织程度又较谷物种植业水平高。"合同"联合体物流采用期货交易模式，其主要特点是：（1）农场主与私人工商企业均保持经济上、法律上的独立性，农场主与私人工商企业通过合同方式明确双方的权利和义务，构成合同制契约组织。（2）农产品生产的合同销售从本质上讲属于期货交易，通常是农场主根据合同决定种植或养殖什么品种，多大面积或数量。（3）合同内容规范、标准。一般情况下，合同都会明确规定商品的品种、数量、种植或养殖的要求、价格、交货时间与地方、交易方式等。农场主依合同生产出的农产品直接由签合同的加工企业或批发市场等收购。农场主通过合同方式明确与农业合作社之间、与私人公司之间、与各种行业管理委员会之间的权利和义务，以保证农产品的销路或收购。这在相当程度上避免了农场主生产的盲目性，增强了市场交易运行的有序性，能够有效地保证农产品供需平衡和价格稳定，从而减少农场主、农产品加工和销售者的市场风险，因而这种模式成为美国、加拿大农产品物流运行的有效模式之一。

2. 农场主合作社物流模式

美国、加拿大是典型的人少地多、家庭农场占绝大多数的国家。1982年，美国个人或家庭经营的农场占美国农场总数的89%，如果把其他形式的家庭经营计算在内，以家庭为单位经营的农场占农场总数的95%。加拿大2006年农场总数约为25.4万个，其中91.5%是个人及家庭所有。为了解决单个农场难以办到的问题，就需要各种非营利的合作社提供各种服务，有效沟通农户与政府之间、农户与市场之间的关系，以降低产品生产成本。这种合作社的经营目标不是获取合作组织的利润最大化，而是通过为其成员服务，使参加者从合作经营中获取最大收益。其主要特征有：一是以销售和加工合作社为主。如美国2001年共有3229个农业合作社，其中约有2000个是农产品销售合作社；加拿大2006年有农业销售合作社169个，萨斯客彻温省的小麦销售合作社就拥有6万名社员，其销售的小麦占全省小麦总产量的60%。农产品销售合作社的主要功能是提供农产品加工和销售服务，同时为家庭农场主提供市场价格信息服务。它们在各个地区都拥有大量的谷物转运站（仓库），专门负责玉米、大豆、小麦等农产品的储存、加工和销售；同时，农产品合作社每天向各地的转运站发布现货基差和收购价格信息，而转运站则通过网络为每个家庭农场主提供现货和期货的价格信息服务。因此，农产品合作社是农场主参与农产品物流、走向市场的重要依托。二是专业性强、实力雄厚。如美国农田产业公司拥有遍及美国 19 个州、占全美农户总数 1/5 的成员，同时负责成员 25%～30% 的谷物销售；拥有 16 个专门用于出口周转的大型现代化粮库，在美国中、西部还有 150 个粮食仓储中心，收购的粮食占美国粮食总产量的 12%，出口量占美国粮食出口量的 30%；加拿大共有各类合作社 7683 个，合作社企业 146755 个，涉及农业、消费、金融、信用、保险、医疗和住宅等诸多领域。在加拿大 2730 万的总人口中，有 1530 万是合作社社员，合作社生产的牛奶占国内市场的 66%，乳制品占 20%，谷物和种子占 51%，牲畜、家禽占 48%，食品占 51%。三是政府的政策支持。为支持农产品合作社的发展，美国政府在法律、财税、金融及组织方面给予了各种优惠和扶持。如，建立了专门向农场主和农业合作社提供信贷支持的农业信贷合作体系，而且为大多数农业合作社提供赋税的各种减免待遇等。在加拿大，联邦政府还设立了专门分管合作社事务的合作社秘书处，在投资、税收方面给予合作社优惠政策；设立投资局，对合作社投资项目提供需要的资金支持。在政府政策支持下，美国、加拿大的农场主合作社发展迅猛。

3. 农工商联合体物流模式

美国、加拿大农工商联合体物流模式，是在 20 世纪 50 年代以后随着农业生产专业化和社会化的发展而形成的。通常是工商资本直接介入农业，通过农业生产与农业生产资料的制造与供应（产前部门）、农产品储运及农产品加工和销售（产后部门）等环节有机的结合，形成纵向一体化的综合经营模式。这种模式被称为综合农产品物流模式，也叫垂直一体化物流模式。其典型性特征是：单一经济实体能够提供集仓储、包装、运输、装卸、流通加工、配送和信息处理等多种功能服务，减少了中间环节，加快了农产品进入加工领域和投放市场的速度。这类企业数量不多，但拥有自己的庞大销售集团和网络系统，资本集中度相当高。如美国的嘉吉公司，其经营范围涉及农用生产物资的供应，粮食的生产、加工、销售。嘉吉公司与大陆粮食公司、邦济公司、路易斯·德莱福斯公司、安德烈公司和加纳克粮食公司等五家大粮食私营贸易公司的粮油出口就占了全美的 60% 左右。1974 年美国农业普查资料表明，当时农工商联合体企业仅占全美农场总数的 1.7%，但用地面积却占了 10.6%，农产品销售额占 18.2%。到了 1982 年，美国农业普查资料显示上述三个指标分别提高到 2.5%、16.3%、23.9%。为了保护家庭农场，防止垄断，美国很多州通过立法限制这种公司从事农产品物流活动。

(二) 荷兰农产品物流运行模式

荷兰是"通往欧洲的门户"，位于欧洲的中心地区，具有为欧洲地区巨大的食品和农产品市场提供物流服务的优越地理位置和良好的物流基地设施。充分利用这一有利条件，积极发展农业物流的荷兰人，成功运营了极具荷兰特色的农产品"拍卖市场"物流模式。

1. 以"拍卖市场"为中心的农产品物流运营模式

国际上享有盛名的拍卖市场在荷兰农业一体化经营中发挥着非常重要的作用。拍卖市场与农户的连接是荷兰农产品物流一体化经营最富特色的模式，在荷兰农产品物流发展中发挥着非常重要的作用，在国际上也享有盛名。荷兰的农产品拍卖历史久远，起源于19世纪，20世纪获得了长足发展，目前，荷兰80%的蔬菜、82%的水果和90%的鲜花都是通过拍卖市场销售，马铃薯、水产品等也大多通过拍卖市场销售，且拍卖市场具有专业性，即一个拍卖市场只拍卖一类产品。"拍卖市场"的具体运作程序是：农户按照农产品质量标准规定将其生产的产品进行分类、分级和包装，经检验合格后送入拍卖大厅，大批发商按规则进行竞价，以高价成交。成交后，由市场内部系统进行货款的自动结算和商品的配送。如作为世界上最大的花卉拍卖市场——荷兰的阿斯米尔拍卖行，就是由农民合作社组织控制的，这家拍卖行约有5000家经营花卉、盆栽植物的公司。在阿斯米尔参与拍卖的花农，生产的鲜花，必须全部通过拍卖市场拍卖。经销商要买最好的花，必须通过拍卖，并在公开的竞争下提出最好的价格。每一年所有荷兰花农和花卉大盘商，还会拨出营业额的1%作为全球花卉推销基金，由花卉协会专职负责运用基金，行销全球。

2. 以"农业合作社"为主体的农产品物流运营模式

在荷兰，农业合作社遍及农产品生产经营、储藏运输、加工销售等各个领域，农民可以选择在某个环节或多个环节上加入各种类型的合作社，以提高他们农产品生产、经营的抗风险能力，实现增加收入的目的。荷兰的农业合作社大体上可分为：①供应合作社。主要从事农具、种子、肥料、饲料等生产资料的联合批量采购和统一供应，降低农产品生产成本。②信用合作社。可以为农民发展生产，购买生产资料、更新设备等提供及时而又充足的资金保障。如荷兰拉博银行（Rabobank），就是从农业信用合作社发展起来的，现已发展成欧洲最具实力的银行之一。③农产品加工合作社。主要是负责农畜产品的加工、销售。④销售合作社。一般是通过农民合作组建拍卖市场，由拍卖市场负责农产品大批量的市场销售。⑤服务合作社，荷兰的农业机械公司、农业科技试验推广部、农产品仓储基地、救济服务中心、农业管理辅导站等服务合作社，能够为农民提供各种各样的优质服务。随着荷兰农业合作社规模的逐渐扩大，专业化、市场化水平的不断提高，自 20 世纪 50 年代以来，荷兰农业合作社的数量逐渐减少，但市场占有率却大幅度上升。如 1949 年荷兰有 18 个花卉拍卖市场合作社，到 1997 年却仅剩下 7 个，但其市场占有率却由 60% 增至 96%。荷兰农业合作社有很强的独立性和自主性，具备独立的法人地位，不受政府干预。一般情况下，农民以缴纳会费形式自愿入社，而且可以同时参加 3~4 个合作社。随着农产品需求量的不断增加，农产品出口市场的拓展，荷兰有相当一部分合作社通过合并与重组，组建大型合作社，并建立统一的农产品储存、加工以及新产品的开发，农产品附加值大幅提高。

3. 集散中心运营模式

荷兰是世界上重要的农产品出口国，其生产的奶制品、鲜花、水果等享誉世界为了保证农产品的合理配送、及时运输，荷兰在农产品市场附近建立了各种各样的农产品和食品集散中心。通常，农产品是先集中到各集散中心，集散中心收到货物后，根据具体的情况、条件和规范要求，对农产品进行分类、调制、分割、包装和储藏，并及时配送到各个客户。如，经营农产品、鱼、肉、水果等货物运输的鹿特丹物流中心，专门从事进出口可可豆的阿姆斯特丹港、经营水果批发的弗拉辛港等，这些专业化产品分工不同的物流中心等。

4. 虚拟农产品物流供应链运营模式

为了满足消费者对产品的新鲜方便、品种多样化的要求，荷兰人发展了新式的电子交换式信息和订货系统。比如荷兰的花卉和园艺中心就已建立了新式的电子、交换式信息和订货系统，这种新型电子互联网系统首先瞄准国际市场上的公司对公司的电子商务模式，通过互联网将花卉、园艺等产品的供应商、生产商、种植主、批发商、零售商连接起来，在全球许多国家向广大客户和消费者提供服务，在此基础上，荷兰人建立了电子虚拟的现代农产品物流供应链管理体系。在这种虚拟农产品物流模式中，网络访问者可以共享供应链信息，农产品信息透明度、准确度和及时性普遍得到提高，农产品供应链更加活跃，而及时改进农产品物流计划、管理、调配等操作也变得更加现实。

（三）日本农产品物流模式实践

日本农产品物流是一种典型的以农协为主体，以批发市场为主渠道，以拍卖为手段的模式。这种模式有利于买卖双方扩大运销规模和交易空间、节省交易成本，是解决小规模农产品生产与大市场、大流通之间矛盾的有效运营模式。日本农协，全称为日本农业协同组合，是根据 1974 年国会通过的《农业协同组织法》，由农户自愿联合组织起来的、拥有强大经济力量的、遍及全国的半官半民的农民经济组织。它是组织日本农民进入农产品物流领域的关键组织，在农产品物流的各环节，如组建批发市场和集配中心，组织物流、商流、信息流及组织结账等方面发挥了不可替代的作用。日本农协的组织体系分为三个部分：农协的全国性组织、农协的县级组织和基层农协。以农协为主体的农产品物流运行流程是：生产者——农协——批发市场——中间商（大宗交易者）——零售商——消费者。它通常是以基础农协（基层农协分为以农户为服务对象的综合农协和以特定农业生产者为服务对象的专业农协）为单位，基层农协一般都建有农产品集贸所，负责把单个农户生产出来的农产品集中起来，然后经过统一的品质检验和分类之后，再由农协统一组织上市。目前，日本农协系统共有集货所近 3000 个。此外，农协系统还有全国运输联合会，下设众多运输组织，能够充分保证农产品以高保鲜度迅速运到批发市场。其具体运行模式主要有：

1. 农协生鲜食品"集配中心"模式

20 世纪 60 年代后期，为了降低农产品物流成本，进一步减少中间商的盘剥，提高所售农产品的质量，日本农协开始采取直销方式销售农产品，并在全国建立多个生鲜食品"集配中心"。食品"集配中心"建有低温和常温仓库、包装加工设施等，其货源全部来自农协系统，通过"集配中心"做进一步的加工、小包装分解、分等分级、包装，开展电子商务、配送、配套备货等业务。"集配中心"不采取批发市场委托出售的形式，而是采取预约订货、交易双方议价等方式，直接向超级市场、生活协同组合和各种小规模生鲜食品零售店提供农产品。从"集配中心"进货的各超级市场、生活协同组合和各种小型零售店都与"集配中心"签订契约。近年来，日本农协进一步扩大了物流配送的范围，设立了更多、更广泛的物流集配信息中心，整个配送过程更加合理化。通过消减运送经费、裁员等方式大大降低了运送成本，在全国范围内构筑了新的农产品物流配送网络框架。

2. 生活协同组合模式

日本生活协同组合是城市消费者为维护自己利益，避免中间商盘剥依法共同出资建立的一种消费合作社。在农产品物流中，地域生协的作用最大。生协组织物流的方式主要有四种：一是以"班"的形式预约共同采购，预约共同采购即商品的预约以班组（近邻三户以上人家）为单位进行，一星期后以班组为单位送货，这种无店铺经营，直接送货上门的形式不仅成本低，方便会员，而且食品保鲜好，基本无库存；二是直接利用生协开设的商店；三是利用电子商务方式；四是利用个人配送方式。生协作为消费者自己的组合，对农产品安全性要求很高，其品质管理部对农产品负有检查责任。

3. 产地直销模式

产地直销物流是日本农产品批发市场外物流的一种形式。在日本，农产品直销形式很多，如早市、直销所、农户地头、合同、特约店、超市专柜销售等方式，其中早市和直销所销售是主要方式。按照农产品物流运营主体不同，早市和直销所物流可划分为几种类型：一是农协核心型，即农协承担了从组织运营到实际销售等全部物流作业；二是生产者核心型，即参加的农户承担了从组织运营到实际销售等全部物流作业；三是生产者与农协合作型，即价格决定和销售由参加的农户承担，组织运营由农协配合。

4. 连锁超市模式

日本大型连锁超市的农产品采购，既有来自批发市场的，也有来自市场外的。批发市场外的采购渠道主要有农协配送中心、生产者、产地集货组织、从事进口业务的商社等。由于大型连锁超市规模大、资本雄厚，可以大批量地直接从各加工厂或农协组织进货，减少了流通环节，加速商品运转，因而物流费用比一般零售店低，加上无人售货，节省了售货人员的工资支出，成本低，商品售价比一般零售店低，而且由于超级市场品种齐全，便于挑选，深受家庭主妇的欢迎。

三、国内农产品物流发展模式

我国地域广阔，农产品种类繁多、属性各异，再加上各地区自然条件、经济结构和发展水平的不同，我国农产品物流运营模式发展较为缓慢。目前主要有以下自营物流和第三方农产品物流两种发展模式。

自营物流是指农产品生产者、农产品加工者、农产品流通配送企业根据自己的经营实力和经营习惯，通过建设全资或控股物流子公司，完成企业物流的配送业务。在这种模式下，作为农产品物流活动的主体，可以向仓储企业购买仓储服务，向运输企业购买运输服务，但是这种服务的购买仅限于一次或一系列分散的物流功能，且具有临时性、纯市场交易的特性，即物流服务与企业价值链之间的联系是松散的。由于农产品物流运作主体的不同，自营物流模式可以有多种形式选择。

第三方农产品物流模式是指由农产品生产者和加工者以外的第三方负责完成农产品运输、仓储、配送、流通加工等一系列物流活动的运作过程。随着农产品市场化程度的提高，一些专门从事农产品储运、配送及流通加工的第三方物流组织逐渐出现。在这种模式中，第三方农产品物流企业不拥有商品，不参与商品买卖，作为主导者联结着农产品生产和加工者、各级批发商、零售商、中介组织，并为顾客提供以合同为约束、以结盟为基础的系列化、个性化、信息化物流代理服务。

第三节　农产品电子商务市场

一、农产品电子商务的概念

电子商务源于 Electronic Commerce，简写为 EC。顾名思义，其包含两方面，一是电子方式，二是商贸活动。一般来说是指利用电子信息网络等电子化手段进行的商务活动，是指商务活动的电子化、网络化。广义而言，电子商务还包括政府机构、企事业单位各种内部业务的电子化。电子商务可被看作一种电子化的商业和行政作业，这种方法通过改善产品和服务质量、提高服务传递速度，满足政府组织、厂商和消费者降低成本的需求，并通过计算机网络加快信息交流以支持决策。电子商务可以包括通过电子方式进行的各项活动。随着信息技术的发展，电子商务的内涵和外延也在不断充实和扩展，并不断被赋予新的含义，开拓出更广阔的空间。

电子商务将成为 21 世纪人类信息世界的核心，也是网络应用的发展方向，具有无法预测的增长前景。电子商务还将构筑 21 世纪新型的贸易框架。大力发展电子商务，对于国家以信息化带动化的战略，实现跨越式发展，增强国家竞争力，具有十分重要的战略意义。

2006 年商务部实施了 13 项重点工程，其中之一就是以促进农村信息化和流通业发展、增加农民收入和提高农民信息应用能力为目标的"农村商务信息服务"工程。此项工程被列入 2007 年中央"一号文件"后，在全国各地各级农业部门的引导下，涉及农业的电子商务如雨后春笋般发展起来。有数据显示，目前全国涉农网站已超过 3 万家。但是我国农产品电子商务领域还刚刚起步，商务模式、体制等仍不完善，因此我国的农产品电子商务在现阶段不可能实现全部取代传统的商务模式，我国的农产品电子商务发展必然是一个渐进的过程。

二、农产品电子商务的优势

不同的农产品电子商务模式，解决或缓解了目前农产品贸易中存在的不同的问题，因此有不同的网络适应性：价值链整合和第三方交易市场能有效地解决农产品交易环节过多的问题；信息的畅通、透明能够规范交易各方的行为，网上商店、电子采购、价值链整合、第三方交易市场四种模式中规范的交易流程、科学的交易方式能够减少传统交易中存在的交易不规范的顽疾；农产品电子商务的七种主要模式都具备信息的收集、发布功能，并且采用这些模式的企业为了聚集人气和提供完善的服务，都加强了信息的服务能力，使参与者能得到比较全面的相关交易信息，在一定程度上消除信息不对称性；信息中介模式能有效降低农产品交易中收集信息的成本；电子商店、电子采购、价值链整合、第三方交易市场能分别不同程度地减低交易成本；第三方交易市场模式，通过有效的网上交易手段及和约交易，能够减少交易的波动幅度；同时，针对农产品交易量大、生产的季节性和区域性特点，农产品电子商务也有不同的模式适应性。

三、农产品电子商务市场运营模式

(一)"公司+农户+电子商务"

该运营模式借鉴"公司+农户"的思路。"公司+农户"的运营模式是农产品流通由计划经济向市场经济转变的必然结果，让很多的企业也尝到了甜头。利用电子商务来拓展公司的销售渠道，将电子商务的特点与传统的产品相结合，积极掌握供需的双向信息，将农产品放置于网络平台进行 24 小时不间断的运营，扩大销售渠道让全国乃至全球的采购商或消费者掌握农产品的供应信息，这也为公司更好的提供了市场信息，增加了销售的渠道，延长交易时间，获取更多的交易对象，给企业带来巨大的销售空间，这就是"公司+农户+电子商务"。

由于农户的知识和技术能力的限制，农户在该营销体系中并未直接参与电子商务，而是与公司进行接触，进入"公司+农户"体系；由公司负责农产品的电子商务化运作，负责电子商务平台上的交易信息发布、交易订单处理等；最终，通过电子商务平台，公司将农产品销售给采购商（消费者），而采购商（消费者）利用网络银行将款项付给公司，完成交易。

(二)"政府组织+农户+电子商务"

目前在农业方面涉及的政府组织大致有：农业部（农业厅）等行政管理部门、农业科学研究院、农村专业合作社、农技站等服务协调部门。政府的这些组织在农业的发展中扮演了不可或缺的角色，在过去的农业发展中起到了极大的推动作用。在电子商务发展的背景下，政府组织当然也可以借助新型的手段来推动农业的发展、推动农产品的营销。

（三）"政府组织+农户+电子商务"

"政府组织+农户+电子商务"即农户借助政府组织的技术、物力和财力等来实施农产品营销的电子商务化。应用"政府组织+农户+电子商务"的渠道后，农户将各自的供应或需求信息告知政府的相关农业组织，由组织的技术人员负责将农户的供需信息发布到电子商务平台，向农户反馈市场动态信息，并负责与采购商沟通、处理农户的订单，直至交易的最终完成。政府组织在这里起到了承上启下的作用。

（四）"农产品中介组织+农户+电子商务"

政府的资源在一定程度上来说是有限的，随着市场经济的变化及农业的发展，政府组织将不能完全满足农户的需要，在这个情形下农产品中介组织就可以很好的介入到农产品电子商务中来，替代政府组织的部分功能。"农产品中介组织+农户+电子商务"即把农户集合到农产品中介组织，由该中介组织提供技术支持来实施农产品营销的电子商务化。农产品中介组织目前还非常的少或由个人充当，农产品中介组织可以是一个技术较好的、集网站开发和管理维护于一体的电子商务类企业，也可以是单一的应用、管理型组织，如：浙江省目前实施了"千镇连锁超市、万村放心店"，其实这些资源就可以整合成一系列的中介组织，很好的应用于该营销体系。

第四节　农产品期货市场

金融衍生产品通常是指从原生资产（Underlying Asaets）派生出来的金融工具。金融衍生产品的共同特征是保证金交易，即只要支付一定比例的保证金就可进行全额交易，不需要实际上的本金转移。合约的了结一般也采用现金差价结算的方式进行，只有在期满日以实物交割方式履约的合约才需要买方交足贷款。因此，金融衍生产品交易其有杠杆效应。保证金越低，杠杆效应越大，风险也就越大。根据产品形态，金融衍生产品可以分为远期、期货、期权和掉期四大类。远期合约和期货合约都是交易双方约定在未来某一特定时间、以某一特定价格、买卖某一特定数量和质量资产的交易形式。期货合约是期货交易所制定的标准化合约，对合约到期日及其买卖的资产的种类、数量、质量做出了统一规定。远期合约是根据买卖双方的特殊需求由买卖双方自行签订的合约，因此，期货交易的流动性较高，远期交易的流动性较低。掉期合约是一种为交易双方签订的在未来某一时期相互交换某种资产的合约。期权交易是买卖权利的交易。期权合约规定了在某一特定时间、以某一特定价格买卖某一特定种类、数量、质量原生资产的权利。期权合同有在交易所上市的标准化合同，也有在柜台交易的非标准化合同。

一、期货商品

一般来说，并不是所有商品均适合在期货市场上交易，只有具备下列属性的商品才能成为期货合约交易的标的物。第一，价格波动大。只有价格波动大的商品，市场交易主体才有规避风险的动机。换句话说。计划经济条件下或者垄断市场情况下，市场参与主体往往不需要发展期货。第二，商品本身供需量大。期货市场发挥功能是以商品供需双方广泛参与交易为前提的，只有现货交易量大而且更多经济参与主体在更大范围内充分竞争，才能形成权威价格。供给方或需求方数量相对较少，或者市场参与主体少，市场则不活跃，或者交易规模小，本身也容易被少数经济主体垄断。第三，易于分级和标准化。与现货市场交易和远期交易不同的是，期货合约已经对交割商品质量和标准作出了明确规定。第四，易于储存、运输。期货商品一般都是远期交割的商品，因此需要商品易于储存、便于运输，保证期货商品交割顺利进行。目前，我国上市的农产品期货商品主要集中在郑州商品交易所和大连商品交易所，具体产品如表12-1所示。相对来说，国外期货商品非常丰富，几乎涵盖了所有大宗农产品，粮食类有玉米、燕麦、小麦等。畜产品有活牛、活猪、猪腹肉等。其他还有大豆油、棉花、可可、干茧等。

表 12-1　　　　　　　　　　　我国主要期货商品

交易所名称	上市品种	网　　址
郑州商品交易所	小麦（包括优质强筋小麦和硬白小麦）、棉花、白糖、精对苯二甲酸、菜籽油、早籼稻、甲醇	http：//www.czce.com.cn
大连商品交易所	玉米、黄大豆1号、黄大豆2号、豆粕、豆油、棕榈油、线性低密度聚乙烯、聚氯乙烯和焦炭	http：//www.dce.com.cn
上海期货交易所	黄金、白银、铜、铝、锌、铅、螺纹钢、线材、燃料油、天然橡胶	http：//www.shfe.com.cn/

资料来源：根据网站资料整理。

二、期货合约

期货合约是由期货交易所统一制定的、规定在将来某一特定时间和地点交割一定数量和质量的商品的标准化合约。一般包括合约名称、交易数量和单位条款、质量和等级条款、交割地点、交割月份、最小变动价位等具体规定，如表 12-2 和表 12-3 所示。交易单位是指每手期货合约代表的标的商品的数量，比如，玉米期货合约的交易单位是 10 吨/手，郑州商品；交易所普通小麦期货合约的交易单位是 50 吨/手。涨跌停板幅度是期货交易所规定的某种期货合约在每个交易日的最大允许涨跌幅度。设置涨跌停板制度的目的是防止价格波动幅度过大，也是为了保护期货参与主体在市场价格剧烈波动中免受经济损失。为了控制风险，期货交易所在进行交易之前必须缴纳保证金，期货合约的保证金一般是由期货交易所根据不同的期货商品品种决定，其金额通常为期货合约的 5%~10%。比如，玉米期货合约的最低交易保证金为合约价值的 5%。具体例子如表 12-2、表 12-3、表 12-4 所示。标准化的期货合约方便了交易的各个环节，也使得交易能够更加顺利地进行。

表 12-2 　　　　　　　　　**大连商品交易所玉米期货合约**

交易品种	黄玉米
交易单位	10 吨/手
报价单位	元（人民币）/吨
最小变动价位	1 元/吨
涨跌停板幅度	上一交易日结算价的 4%
合约月份	1、3、5、7、9、11 月
交易时间	每周一至周五上午 9:00—11:30，下午 1:30—3:00
最后交易日	合约月份第十个交易日
最后交割日	最后交易日后第二个交易日
交割等级	大连商品交易所玉米交割质量标准（FC/DCE D001-2009）（具体内容见附件）
交割地点	大连商品交易所玉米指定交割仓库
最低交易保证金	合约价值的 5%
交易手续费	不超过 3 元/手（当前暂为 1.5 元/手）

续表

交割方式	实物交割
交易代码	C
上市交易所	大连商品交易所

表 12-3 **郑州商品交易所硬白小麦期货合约**

交易单位	10 吨/手
报价单位	元（人民币）/吨
最小变动价位	1 元/吨
每日价格最大波动限制	不超过上一交易日结算价的±3%
合约交割月份	1、3、5、7、9、11 月
交易时间	上午 9:00—11:30，下午 1:30—3:00
最后交易日	合约交割月份的倒数第七个交易日
交割日期	合约交割月份的第一个交易日至最后交易日
交割品级	基准交割品：三等硬白小麦符合《中华人民共和国国家标准——小麦》（GB 1351-2008）；替代品及升贴水见《郑州商品交易所期货交割细则》
交割地点	交易所指定交割仓库
交易保证金	合约价值的 5%
交割方式	实物交割
交易代码	WT
上市交易所	郑州商品交易所

表 12-4 **郑州商品交易所普通小麦期货合约**

交易品种	普通小麦
交易单位	50 吨/手
报价单位	元（人民币）/吨
最小变动价位	1 元/吨
每日价格最大波动限制	上一个交易日结算价±4%及《郑州商品交易所期货交易风险控制管理办法》的相关规定

最低交易保证金	合约价值的 5%
合约交割月份	1、3、5、7、9、11 月
交易时间	每周一至周五（北京时间法定节假日除外） 上午 9:00—11:30，下午 1:30—3:00
最后交易日	合约交割月份的第 10 个交易日
最后交割日	仓单交割：合约交割月份的第 12 个交易日 车船板交割：合约交割月份的次月 20 日
交割品级	符合《中华人民共和国国家标准——小麦》（GB 1351-2008）的三等及以上小麦，且物理指标等符合《郑州商品交易所期货交割细则》规定的要求
交割地点	交易所指定交割仓库及指定交割计价点
交割方式	实物交割
交易代码	PM
上市交易所	郑州商品交易所

三、期货交易制度

1. 交易所实行每日无负债结算制度

在每日交易结束后，交易所按当日结算价结算所有合约的盈亏、交易保证金及手续费、税金等，对应收应付的款项实行净额一次划转，相应增加或减少会员的结算准备金。

2. 涨跌停板制度

涨跌停板是指期货合约允许的日内价格最大波动幅度，超过该涨跌幅度的报价视为无效，不能成交。

3. 强行平仓制度

当会员、客户出现下列情况之一时，交易所有权进行强行平仓：（1）结算准备金余额小于零且未能在规定时间内补足的；（2）持仓量超出其限仓规定的；（3）进入交割月份的自然人持仓；（4）因违规受到交易所强行平仓处罚的；（5）根据交易所的紧急措施应予强行平仓的；（6）其他应予强行平仓的。

4. 保证金制度

在期货交易中，任何交易者都必须按照其所买卖期货合约价格的一定比例（通常为 5%～10%）缴纳资金，作为其履行期货合约的财力担保，然后才能参与期货合约的买卖，并视价格确定是否追加资金，所交的资金就是保证金。

5. 限仓制度

指期货交易所为了防止市场风险过度集中于少数交易者和防范操纵市场行为，对会员和客户的持仓数量进行限制的制度。依制度规定了会员或客户可以持有的、按单边计算的某一合约持仓的最大数额，不允许超量持仓。

四、主要交易方式

（一）期货交易的基本概念

期货交易就是指在期货市场上建立交易部位。如买入期货合约则被称为"买多"或者"多头"，也叫建立多头部位或者多头交易；如卖出期货合约则被称为"卖空"或者"空头"，也叫建立空头部位或者空头交易。完整的期货交易包括建仓和平仓两笔交易。开仓包括买入期货合约，也可以卖出期货合约。在没有平仓之前都叫持仓。部分概念如下：

（1）开仓：开始买入或卖出期货合约的交易行为称为"开仓"或"建立交易部位"。

（2）持仓：交易者手中持有合约称为"持仓"。

（3）头寸（交易部位）：等同于持仓的一种说法。期货合约买方处于多头部位，期货合约卖方处于空头部位。

（4）平仓：交易者为了了结手中的合约，进行反向交易的行为称为"平仓"或"对冲"。

（5）开盘价：开市前几分钟集合竞价产生的价格。

（6）结算价：当天某商品所有成交合约的加权平均价。

（7）涨跌幅：某商品当日最新价与昨日结算价之间的价差。

（8）追加保证金：当客户的持仓保证金超过该账户的总权益时，期货经纪公司在当日结算后向客户发出追加保证金通知书。

按照交易主体交易目的不同，期货交易分为三类，即套期保值交易、投机交易和套利交易。

(二) 套期保值

套期保值交易是指买入 (卖出) 与现货市场数量相同但交易方向相反的期货合约,以期在将来某一时间通过卖出 (买入) 期货合约来抵偿因现货市场价格变动带来的实际价格风险。套期保值交易可以分为买入套期保值交易和卖出套期保值交易。买入套期保值交易是指通过买入期货合约以防止因现货价格上涨而遭受损失的行为,卖出套期保值交易是指通过期货市场卖出期货合约以防止现货价格下跌而造成的损失的行为。套期保值交易的目的是把正常经营活动所面临的价格风险转移出去。影响套期保值效果的因素有很多,包括:(1) 时间差异影响:因为购买或出售的时间难以确定。然而期货价格与现货价格的差异随时间变化而变化,并且对冲常常需要在合约的到期日之前进行,从而导致期货价格并不收敛于现货价格。(2) 地点差异影响:不同地区的现货价格存在差异,并且现实中还存在致使现货价格与期货价格背离的因素。(3) 品质差异影响:期货合约交割对商品质量作出明确规定,可能与交易者手中的现货有实质性区别。(4) 手续费、佣金、保证金的影响,这些费用都会对最终套期保值效果产生影响。

对于套期保值交易者而言,他们的目的是付出一定的成本以回避可能发生的风险或者损失。相对于套期保值,他们往往承担一定的风险并获得相应的风险补偿。期货市场投机是指通过买卖期货合约,待价位合适时对冲平仓以获取利润的投资行为,也可以分为多头投机和空头投机。一般而言,投机交易往往具有四个方面的特征:(1) 承担市场风险,获取风险利润;(2) 交易规模较大,交易活动频繁;(3) 持有时间短,信息含量大,时空覆盖广;(4) 经常利用对冲技术,一般无需进行实物交割。投机者是期货市场的重要组成部分,投机交易者增强了期货市场的流动性,承担着套期保值交易转移的风险,是期货市场正常运营的保证。

【案例 1】

2007 年 12 月某玉米贸易商企业通过自有粮库开始在产区收购玉米,进入 2008 年 3 月份以后发现此时卖出玉米期货套期保值不仅可以防止玉米后期价格回落给企业造成损失,而且还可以抓住市场上企业价格与现货价格的不利价差,于是企业进行了卖出套期保值操作。4 月份随着企业现货销售完毕,企业平仓 (见表 12-5)。

表 12-5 卖出套期保值

	日 期	长春现货价格 (元/吨)	大连现货价格 (元/吨)	期货合约	数 量
建仓	2008-03-03	1420	1718	C0805	卖出 2000 手
平仓	2008-04-02	1400	1623	C0805	买入 2000 手

注：企业期货市场平仓利润为（1718-1623）×2000×10＝190 万元，现货市场损失为（1420-1400）×10＝40 万元，再减去交易手续费 4000×5＝2 万元。企业此次套期保值不仅弥补了现货市场价格下跌的损失，还获得了基差利润 148 万元。

资料来源：大连商品交易所（2009）。

【案例 2】

饲料企业买入玉米锁定采购成本

2008 年 3 月份下旬，某饲料企业发现国储在产区大量收购玉米，造成收购价格逐渐上升，东北地区传统的运输瓶颈使得企业采购运输困难。整个玉米的销售区域库存减少。该企业判断玉米现货价格将持续上涨，但是由于运输问题，企业却无法采购，为了规避企业以后采购高价玉米的风险，于是企业决定在期货市场上买入玉米套期保值。企业分两次买入玉米 600 手。进入 5 月份，企业发现期货市场的涨幅大大超过现货市场，企业在现货市场买入玉米进行正常生产，同时平掉期货头寸，不仅顺利锁定了采购成本，还抓住了期现市场的基差发生的有利变化，从而获得了超额利润（见表 12-6）。

表 12-6 买入套期保值

操作	日 期	上海现货价格 (元/吨)	大连期货价格 (元/吨)	期货合约	数 量
建仓	2008-03-31	1780	1780	C0809	买入 300 手
	2008-04-01	1780	1756	C0809	买入 300 手
平仓	2008-05-05	1780	1826	C0809	买入 300 手
	2008-05-07	1790	1825	C0809	买入 300 手

注：采购 6000 吨玉米，企业虽然在现货市场多支付了（1790-1780）×3000＝3 万元，但是在期货市场的平仓盈利（1826+1825）×300×10-（1780+1756）×300×10＝34.5 万元。减去手续费 1200×5＝6000 元，企业获利 33.9 万元。现货市场签订合同要 30% 的定金而期货市场 C0809 合约只要 5% 的保证金，企业还减少了资金费用，增加了流动资金。

资料来源：大连商品交易所（2009）。

3. 套利

套利交易是期货市场上的一种特殊交易方式，它利用期货市场上不同月份、不同市场、不同商品的期货合约的相对价差。同时买入和卖出不同种类的期货合约，以此来获取利润。

套利交易的假设前提是：（1）套利者具有信息优势；（2）市场常常发生扭曲；（3）市场具有复原功能；（4）套利影响市场走势；（5）套利者厌恶风险。套利交易一般可以分为四类，即期现套利、跨市套利、跨期套利、跨商品套利，如表 12-7 所示。期现套利是指同一会员或投资者以赚取差价为目的。在同一期货品种的不同合约月份建立数量相等、方向相反的交易部位，并以对冲或交割方式结束交易的一种操作方式。跨期套利属于套利最常用的一种。实际操作中又分为牛市套利、熊市套利和蝶式套利。跨市套利是指利用同一商品在不同交易所期货价格的不同，在两个期货交易所同时买进和卖出同一交割月份的同种商品期货合约，以期在有利时机分别在两个期货交易所对冲手中的合约获利的交易行为。值得指出的是，目前国内三家商品交易所的上市品种都不一样，也就无法开展国内跨市套利，但是国内外铝、铜、大豆等商品可以开展跨市套利。跨商品套利是指利用两种不同的但相关性很强的商品之间的期货价格的差异进行套利，即买进（卖出）某一个交割月份的某一种期货合约，同时卖出（买入）另一种相同交割月份的期货合约或另一类关联的期货合约，以期在有利时机对冲手中期货合约来获利。跨商品套利需要满足三个条件：（1）两种商品之间具有关联性或相互替代性；（2）交易价格受到相同的一些因素影响；（3）买进或卖出期货合约通常应在相同的交割月份。根据商品之间关系的不同，跨商品套利可以分为两种。一种是相关商品间的套利。比如谷物中大豆和玉米、金属中铜与铝，它们之间都存在一定的替代性，价格相互关联，如果现行价差异大，则可以买进低价格合约、卖出高价格高合约，等到价差缩小时获利。另外一种便是原料和成品之间的套利，典型例子便是大豆与其加工品（豆粕和豆油）之间存在套利行为，如果彼此之间价格出现异常，偏离了正常范围，就可以在原料和加工品之间进行跨商品套利。

表 12-7   **四种不同的套利**

类　　型	特　　点
期现套利	期货市场和现货市场，交易者为现货商人
跨市套利	不同的期货交易所

类　　型	特　　点
跨期套利	同一交易所同一商品的不同交割月份期货合约
跨商品套利	不同合约在价格变动上表现出较强的联动性

（三）我国农产品期货市场建设

我国农产品期货市场建设，应重点做好以下工作：

（1）改造交易所的组织形式，实行非营利性的投资会员制。交易所是市场交易组织，更明确地说是专门承担供交易者买卖期货合约，并提供其他必要服务的场所。交易所这种经济组织，既不是社会福利组织与社会公共产品的分配组织，也不是政府专门用来调节经济的机构，它不应由政府来投资并行使所有权的管理，而应由组建和参加期货交易的会员作为投资主体。同时，交易所作为流通服务组织区别于商品流通的中介商，如经纪组织，也不同于为卖而买的专门买卖活动，并借此取得利润的商业组织，而是不以赢利为目的的会员制的集体自我服务组织。改造试点期间，交易所的交易会员制向非营利性的投资会员制过渡，是我国期货市场建设的一项重大任务。尽快地完成这一改造，有利于加强交易所的自律管理和风险控制，有利于交易所按照"公开、公平、公正"的原则组织交易，使我国期货交易在规范化的道路上跨进一大步。

（2）规范上市品种。农产品期货市场的品种，以小品种为主，必然引起一系列不易解决的矛盾。从长远看，应当尽快让大品种入市。这里的关键问题是从发展生产入手，增加对农业的投入，加速农业技术改造，促进优质高产农产品的发展，提高商品率。与此同时，要改善运输条件，合理设置交割仓库，便利实物交割。

（3）大力发展套期保值。就我国情况而言，发展套期保值，必须采取以下措施：①积极培育参加期货市场套期保值的主体；②推行实物交割制，加强期货市场与相关现货市场的沟通和联系；③探索开展基差交易和期货转现货交易；④建立有利于开展套期保值的期货市场运行机制。

（4）严格控制风险，保障期货交易正常发展。控制期货市场的风险必须从多方面按一定程序进行。交易所、经纪公司与国家期货监管部门各有应负的职责。应当指出，期货市场必须控制风险，但一定的风险是客观存在的。因此，风险要有承担者。承担风险的无疑应有客户、会员单位或经纪公司，还有交易所。在一定条件下，国家期货管理部门也应当是风险承担者，如国家期货交易政策的突然变化，给客户、会员或经纪公司与交易所带来的损失。

（5）积极培育参加农产品期货市场的交易主体。培育参加农产品期货市场交易的主体，应对两类不同交易主体采取措施。首先是培育农民作为期货市场的主体，积极组织农业生产者参加套期保值，以回避市场风险。其次，对于国有农产品购销和加工企业以及进出口公司，应当大力协助它们进入期货市场开展套期保值业务，锁定成本，回避风险。

（6）建立健全期货交易管理体制，实现管理规范化逐步完善三个层次的期货交易管理体制。首先要进一步加强证监会对全国期货交易的管理工作。在行业协会方面，要建立健全全国期货协会。在交易所方面，必须规范交易所的自律管理。

（7）加快期货市场管理的法制建设。期货市场法律法规体系应与我国期货市场的三个层次管理体制相适应，即应按三个层次来设定：①国家级法律法规。包括两个方面：一是由全国人民代表大会制定的关于期货市场的立法；二是由国务院制定的有关期货市场管理的行政法规。②行业协会自律规则。全国期货行业协会章程必须明确规定协会的性质、宗旨、职责、组织结构、会员条件和权利义务、交易纠纷和违规事件的仲裁等。同时还要制定一系列旨在维护和规范行业自律管理的配套规则，如风险监察制度、经纪人资格考试制度等。③期货交易所和期货商的自律规则。与期货法律法规体系相对应，要设置相应的期货司法和行政执行机构。期货交易所设立自己的仲裁委员会和执行机构，行使其对交易所会员之间的纠纷进行调解仲裁的权力。在全国期货行业协会设立仲裁机构，接受和处理协会会员之间和会员与客户之间的纠纷和争议。国务院证监会设立的证券期货仲裁机构和人民法院专设的证券期货审判庭，对重大期货案件及上诉期货案件进行审理和裁决。

（8）全面培训提高期货人员的素质。农产品期货交易是现代农产品市场的交易方式，需要高素质的交易人员、管理人员、执法人员和其他服务人员，要通过多种途径，全面提高期货交易人员的素质，尤其要重视对农民进行农产品期货交易基本知识的教育，使他们逐步适应和积极参与这种现代农产品市场的交易方式。

第五节　农产品国际贸易

20世纪70年代之后受世界经济发展的推动，农产品国际贸易的数量、规模以及种类大幅度增长，许多国家通过采取促进农业生产的政策，支持本国农产品的出口贸易。但是随着 20 世纪 80 年代，由于世界经济整体的增速放缓，世界农产品贸易严重萎缩，其中西方发达国家通过进口限制以及出口补贴等保护措施，导致了农产品价格的大幅度下跌。发展中国家受发达国家的影响，农产品的出口额大幅度减少，进口农产品的购买力下降。世界贸易组织成立之后，通过对农产品国际贸易的相关规定，在一定程度上使农产品国际贸易有所回暖，但贸易的增长速度相比于 20 世纪 70 年代，仍有较大的差距，整体情况仍不尽如人意。

一、农产品国际贸易的演变

（一）农产品国际贸易格局的演变

历史上亚洲、非洲、拉丁美洲和北美是农产品出口地区，而西欧是世界农产品的主要进口地区，但是近 30 年来，这种格局发生了变化。亚洲部分国家与地区经济发展迅速，农产品贸易变化很大。非洲与拉丁美洲等许多发展中国家由于政治体制的不稳定，经济基础薄弱，农产品的国际贸易长期停滞不前，欧盟的建立与扩大，由于其农业贸易政策的统一性，使得西欧的农业得以迅速发展，不仅实现本地域的自给，还有大量的剩余农产品可供出口，从而使得西欧地区成为世界农产品贸易的中心。北美由于欧盟的竞争，出口主导的地位受到了一定的影响。大洋洲主要以畜牧产品出口为主，近年来增加了谷物的出口。

以上贸易格局的演变反映了传统的世界农产品贸易格局的演变，发达国家在世界农产品贸易中的地位不断得到增强，而发展中国家的地位相对而言不断被削弱。

农产品国际贸易的重心不断向发达国家转移。以往的国际贸易的格局主要表现为发达国家主导工业品的出口，而发展中国家则以农产品的出口为主。近30 年以来，发达国家依靠雄厚的资本积累与先进的科学技术大力发展农业，通过规模化种植与合作社经营等方式，极大地提高了本国农产品的产量与质量，在提高农产品自给率的同时还有大量的剩余农产品可供出口。此外，发达国家的经济水平与收入水平不断提高，对高档次农产品的需求更多，农产品的进口贸易相对增长。

发展中国家的农产品贸易地位不断被削弱。近年来一部分发展中国家重视发展工业，农业发展缓慢，同时对粮食与主要农产品的进口需求不断增加。进口多于出口，农产品贸易顺差不断缩小，发展中国家在世界农产品贸易中所占的比例逐渐下降。

（二）农产品国际贸易的品种结构演变

世界农产品贸易品种相比于 20 世纪 70 年代变化很大，粮食和农业原料贸易量的比重相对减少，高价值的生鲜产品与农业的加工品的贸易量有较大的增长。

（1）农业原料贸易增长趋缓。随着世界化学合成纤维工业发展增速，天然棉、麻、丝的生长加工与贸易发展趋于缓慢。另外，世界农产品贸易的半成品化加工成为潮流，大量的发展中国家利用本国廉价的劳动力从事加工行业，减少了原材料的出口。

（2）世界谷物贸易增长从快变缓。第二次世界大战以来，各国都充分重视粮食的供给的绝对安全，目标是实现本国粮食的基本自足。世界各国通过技术与资本的诸多手段，提高本国粮食的自给率。

（3）畜牧业产品与水产品贸易不断扩大。随着经济增速的提高，世界各国膳食结构的改变，普遍提高了动物性食品的比重，市场上肉类与水产品需求旺盛，肉蛋奶和水产品消费量迅速扩大。

（4）世界水果蔬菜贸易有可喜的增长。随着运输条件与保鲜技术的不断提高，为新鲜蔬菜与水果及其相关产品的扩大贸易提供了基础，蔬菜水果的贸易不仅只限于邻近国家与地区之间的贸易，远洋贸易也日益兴起。

（5）新的加工食品与饮料日益增多。20 世纪 60 年代以来，第一产业与第二产业、第三产业融合加速，深度加工的农产品迎合了高消费国家（地区）消费者的要求。将初级农产品进行深加工，打造出满足消费者需要，受消费者欢迎的深加工农产品，是未来世界农产品贸易发展的方向。

（三）农产品国际贸易的特点

农产品国际贸易的特点和工业品相比，有很大的区别。第一，农产品生产受自然条件影响巨大，与气候、季节、土壤等有很大的相关性；第二，农产品是人民日常生活的必需品，需求弹性较小；第三，农产品大多是有机体，水分多、量大，不易运输且不耐储藏，农产品贸易的成本相对较大，风险相对较高。在国际市场上，农产品国际贸易主要有下述的重大特征：

1. 贸易商品相对集中

在农业欠发达的国家与地区，这种情况非常普遍。例如，在巴西，出口产品主要是咖啡；加纳的主要出口产品是可可；孟加拉国和印度主要出口黄麻；橡胶是马来西亚的主要输出物资。总而言之，欠发达国家的贸易主要依靠于这几种农产品。

2. 价格波动幅度大

315

农产品或初级产品波动的幅度非常高，巴西咖啡的统计数字表明，在纽约贸易市场，每月的价格波动很大。相对欠发达国家的其他农产品也表现出类似的波动情况，因此欠发达的出口收入水平在某种确定情况下也是波动的。在国际市场上，欠发达国家往往是价格的接受者，而不是价格的决定者。

3. 农产品国际贸易的时间性很强

人们对农产品的需求时间是十分严格。在国际贸易的过程中，从国家市场到本国的时间应该越短越好，否则就会影响社会经济的正常运转以及社会的稳定。另一方面，因农产品易受腐蚀的特点，农产品的保鲜运输受时间的要求极大。

4. 农产品国际贸易更有利于发达国家

一般来说，粮食与肉类的出口国主要是发达国家，特别是美国和欧盟。其中，粮食的需求弹性在农产品中最不充分的，且粮食的进口国主要是发展中国家。反之，发展中国家主要出口的农产品是经济作物或热带作物。由于科学技术的进步，可替代性越来越大，需求弹性较大，价格不免趋跌，这样对发展中国家显然是不利的。自从世贸组织成立以来，由于非关税壁垒显著提高，要么发展中国家所生产的农产品达不到发达国家的卫生安全标准从而被拒之门外，要么为满足发达国家的安全卫生的要求大幅度增加成本，导致发展中国家的竞争力与利润率大幅度下降。

二、中国农产品国际贸易

（一）中国农产品国际贸易格局的演变

中国是世界上最大的农产品生产国和消费国，但是除了个别商品之外，中国并没有积极参与农产品的国际贸易，在农产品国际贸易中所占的比重却只有2.5%左右。近20年来，中国农产品贸易的规模有所增长，但与工业品贸易相比，在贸易总额中的比重逐年下降。

中国农产品国际贸易的规模变化具有以下特点：一是农产品贸易增长速度快。1990—1995年，我国农产品进口额和出口额年均增长速度分别达到了24.5%和11.5%，而同期世界农产品进口额和出口额的年均增长速度分别为5.8%和5.6%。二是在世界农产品贸易总额中所占的比重逐步增大，自身在世界农产品贸易格局中的地位正不断提升。三是农产品进出口贸易由原先的顺差转变为如今的逆差。1999年前，我国农产品国际贸易一直保持顺差状态，但2000年以来一直处于逆差状态，并有扩大的趋势。2008年我国农产品贸易逆差达到了181.5亿美元。

（二）中国农产品国际贸易的产品结构

农产品出口结构：1990 年在各种农产品规模较小的情况下，蔬菜类、纺织纤维类、肉类和动植物原料类的出口贸易比重较高，分别达到 17.78%、10.68%、8.0% 和 8.2%。随着我国农产品国际贸易的发展，近年来蔬果类、肉类、水产类以及动植物原料类农产品的出口规模不断提高，其出口占到农产品出口额比重不断上升。我国主要的出口农产品已转变为畜禽类、水产类、果蔬类。近年来，我国出口农产品的集中度有了显著提高，出口规模向少数几类农产品集中。

农产品进口结构：我国主要的进口农产品已由原先的谷物类、糖类、纺织纤维类转变为油籽类、植物油类、纺织纤维类和水产类。其中，水产类农产品进口贸易比重上升较快，由 1990 年的 1.8% 上升为 2005 年的 10.1%。谷物类农产品的进口比重下降最明显，由 1990 年的 40.5% 下降到 2005 年的 5.2%。

（三）中国农产品国际贸易的地区结构

1990 年以来，我国农产品的出口市场的分布结构相对稳定，始终以亚洲国家和地区以及美国为主要的出口市场。前六大主要出口市场是日本、美国、韩国、德国、俄罗斯和我国香港地区。这前六大市场所占的贸易比重从 1990 年的 63% 增加到 2005 年的 65.8%，主要出口市场的规模不断增强；主要进口市场的分布结构变化很大，除北美国家和澳大利亚的进口份额保持较高以外，从巴西的进口增长较快，从欧洲和亚洲国家（地区）的进口逐渐减少，前六大进口市场所占的贸易比重从 1990 年的 64.8% 减少到 2005 年的 52.1%，主要进口市场的规模呈下降趋势。

中国农产品贸易的顺差主要来自亚洲地区，而贸易逆差则主要来自北美地区。

（四）加入 WTO 对中国农产品国际贸易的影响

进入 20 世纪之后，伴随着我国经济社会的快速发展，我国的经济总量已居于世界第二。农业的现代化程度逐步提高，农业产业化链条不断得以完善。在 2001 年，中国正式加入世界贸易组织。在遵循 WTO 非歧视、自由贸易、公平竞争的原则之下，中国农产品国际贸易越来越担负起改善人民生活水平与保障国家安全的战略责任。具体的措施有以下三个方面：

（1）进一步降低关税水平。中国已经履行了入世前对减免我国农产品关税的承诺，2011 年农产品简单平均实施税率仅为 15.6%。这对于中国处于弱势地位的农业产业而言是巨大的让步。例如，我国农产品关税的简单平均税率从 1995 年的 39.38% 降到 2011 年的 15.6%，加权平均税率从 1995 年的

15.24%降到 2011 年的 11.7%。中国在减免农产品关税上做出了极大的努力。农产品关税的任何削减都堪称实质性的行动。

（2）数量贸易限制。①取消数量限制和进口限制。②扩大大宗农产品的关税配额的管理，逐步扩大到 2009 年的 4 大类 11 小类，并在逐步完善农产品配额管理制度，逐步扩大管理范围。③取消了所有我国农产品的出口补贴，但这一举措在一定程度上造成对中国农业利益上的损伤。

（3）对进出口动植物产品使用更为科学的检验检疫标准。目前我国已构建以《中华人民共和国进出口商品检验法》、《中华人民共和国食品安全法》、《中华人民共和国进出境动植物检疫法》、《中华人民共和国进出境动植物检疫法实施细则》等法律法规为核心的进出口动植物检验检疫管理体系。我国就曾对部分牛羊猪肉进行进口限制、对美国柑橘和西太平洋小麦进行进口限制。

三、后 WTO 时代的中国农产品贸易

2005 年之后，我国加入世贸组织后的过渡期基本结束，进入了 WTO "后过渡期"。我国农产品市场的开放程度达到了一个前所未有的高度，我国的农产品市场成为世界上最开放的农业市场之一。随着我国入世后的农业承诺的逐步兑现，我国可以更好地参与到世贸组织的活动中，享受会员国待遇和贸易自由化，一步步置身到经济全球化的浪潮中。但身处后 WTO 时代，对我国农产品贸易的一些深层次的不利因素将会体现出来，农产品进口贸易压力将持续增大，面临更多的出口贸易壁垒，国际竞争日益激烈。竞争同样意味着机遇，入世在给我国农产品国际贸易带来很多不利因素的同时，也同样带来了机遇。如何在新的环境中抓住机遇、认清挑战，找出解决问题的合理对策，是一个值得我们关注的问题。

（一）后 WTO 时代中国农产品贸易所面临的机遇

1. 世界农业贸易的稳步增长提供了稳定的外部环境

目前世界农产品贸易也保持着较快的增长势头。2003 年、2004 年、2005 年世界农产品贸易年均增长率分别为 11.6%、14.8%和 8.8%。据 IMF 等国际经济组织预测，世界经济增长率将维持在 3%左右。尽管 2008 年全球性的经济危机爆发以来，对我国的农产品贸易带来负面影响，但是我国经济增长的势头没有变，从长远来看，伴随着社会生产力的提高，人均收入的增加，必将伴随着更多的农产品消费，也必然会为我国带来更大的农产品出口空间。2005 年之后，伴随着我国大规模关税调整的完成，我国农产品进口关税水平已大幅度降低，远低于美国、日本、欧盟等发达国家，平均关税额仅为世界水平的1/4，

基本消除非关税壁垒，取消了出口补贴，努力构造一个公平竞争的贸易格局。在这种局面下，我国农产品进出口规模大幅度增加，使我国农业加快了融入世界贸易体系的步伐。世贸组织也为我国的农产品提供了一个更为广阔的国际市场和发展空间，使得一些具有比较优势的农产品如水果、蔬菜和水产品等的出口量较大幅度的增长，给我国的农产品出口带来很大的机会。同时，面对的竞争与压力也会更大。

2. 国际合作带动农业科技进步，提高了农产品质量

我国的农产品生产成本相对较低，但是落后的农业科技与小农经济的生产模式严重制约了我国农产品在国际市场上的竞争力。入世后，我国形成了良好的投资环境，大量的外资被吸引到农业上来，同时在国内市场也引入了国外先进的农作物品种。后 WTO 时代的到来，使得我国农产品市场得到深度开放，带动了我国农业科技技术的不断创新，国际科技领域的合作不断拓宽，使得我国培育出了一批拥有自主权的优良的农作物品种，使我国主要农作物的良种覆盖率达到很高水平。

（二）后 WTO 时代中国农产品贸易面临的挑战

2005 年以后，我国农产品贸易面临入世过渡期的结束，我国进入后 WTO 时代，这就意味着农业作为国民产业中的薄弱环节，一些影响中国农业发展的深层次的不利因素就会显现出来，我国的农产品贸易面临着诸多的挑战。

（1）国际农产品的贸易环境更为复杂。进入后 WTO 时代，我国农产品的关税降至入世承诺的最终水平，仅为世界农产品平均关税水平的 1/4，远远低于美国、欧盟、日本等发达国家和地区。加入 WTO 后我国便取消了农产品出口补贴，而一些农产品的主要贸易国对本国的农产品贸易却给予了不同程度的补贴，这就使得我国农产品贸易处于不利地位。与此同时，一些国家为我国农产品出口设置反倾销、技术壁垒、特殊保障条款等重重障碍，贸易摩擦将会在今后频频出现，这些都将给我国农业发展带来巨大的压力。

（2）农产品进口压力增大，贸易逆差成为常态。入世以来，我国农产品贸易总量在持续增加，而进出口总额的增长幅度变化较大，贸易顺差逐渐减少。2004 年，农产品贸易由去年的 23.50 亿美元顺差转变 48.83 亿美元的逆差，这是首次出现贸易逆差的局面。据商务部统计，2005 年我国农产品进出口总额 558.32 亿美元，贸易逆差 14.64 亿美元。到 2007 年农产品贸易总额增长到 781.00 亿美元，农产品贸易逆差由 2005 年的 14.64 亿美元增加到 40.80 亿美元，增长幅度达 178.7%，而 2006 年的农产品贸易逆差为 9.60 亿美元，从以上数据来看，近几年我国农产品贸易逆差处于波动期，短期内逆差程度能

得到遏制，但发展趋势不会改变。

（3）国内农产品的生产和出口支持水平不足。农业作为国民经济的基础性产业，其自身有着基础性和弱质性的特点，农产品的国际贸易有着巨大的市场风险和自然风险，这就需要政府给予农业相应的保护和支持。后 WTO 时代的到来，我国已经履行了入世承诺，市场开放程度显著提高，如何在这种背景下最有效地支持我国农业的发展便成为急需解决的问题。

按照 WTO《农业协议》的分类标准，农业国内支持政策包括"绿箱政策"、"黄箱政策"和"蓝箱政策"。按照规定，"绿箱政策"是指由政府提供的、其费用不转嫁给消费者，且对生产者不具有价格支持作用的政府服务计划。这些措施对农产品贸易和农业生产不会产生或仅有微小的扭曲影响，成员方无需承担约束和削减义务；"黄箱政策"是指政府对农产品的直接价格干预和补贴，这些措施对农产品贸易产生扭曲，成员方必须承担约束和削减义务。但是发展中国家成员的一些"黄箱"政策可列入免于削减的范围；"蓝箱政策"是指按固定面积和产量给予的补贴，对贸易和生产具有严重的扭曲作用。

我国农业在入世过渡期间的实际补贴率为 2%~3%，大大低于 8.50% 的入世承诺。与发达国家相比，这将会影响到我国农业的健康发展，十分不利于我国农产品在国际市场上的竞争。我国的农业支持政策与发达国家相比还存在一定的问题。在"绿箱政策"中，我国并没有对增加农业科技投入、增加农业基础设施建设引起足够的重视，目前使用的"绿箱政策"也只有六项，即一般农业服务、粮食安全储备、粮食援助补贴、自然灾害救济、农业环境保护计划和地区援助补贴，且还有六项有利于增加农民的收入的政策并未投入财政资金，包括：市场促销、收入保险、脱钩的收入支持与安全网、资源停用补贴以及结构调整补贴。在"黄箱政策"方面，按照 WTO《农业协定》，政府提供价格支持的对象应该是农产品生产者。可是我国用于农产品的政策性补贴是通过流通渠道间接进行的，主要补给了流通部门，没有直接补助给农业生产者，补贴的资金大量流失，支持水平与发达国家相距较大。在"蓝箱政策"上，虽然此项政策只是对农产品价格在一定程度上给予支持，但是欧盟采用了这种政策，而我国并未采用，这种单方面的使用便会给我国农产品贸易带来负面影响，扭曲世界各国的农产品生产及贸易。

总的来看，我国农业支持结构很不合理，"黄箱"比例大，"绿箱"比例小，"黄箱"补贴占整个农业补贴的 70% 左右，重视流动环节而忽视了生产环节。这必然使我国农产品贸易处于不利地位，不利于扩大农产品的出口，降低了我国农产品在国际市场上的竞争力，是导致贸易条件恶化的原因之一。

（4）以技术壁垒为核心的新贸易壁垒出现。随着世界经济一体化、贸易自由化进程的加快，传统的贸易壁垒被逐渐弱化，以技术壁垒为核心的新贸易壁垒给我国农产品的出口带来越来越大的困难，日益成为主要的非关税壁垒。

我国的相关产品并未受到国外相关标准的约束，缺乏必要的质量安全认证，此外，我国的部分出口农产品的检疫并未加入国际检疫组织，企业在产品检疫方面缺少必要的资金与技术的投入，这方面我国与发达国家差距明显。入世后，我国部分劳动密集型农产品在价格上具有一定的比较优势。但是由于受到世贸组织农业协议的约束，发达国家不能随意对我国的农产品实施高关税壁垒，于是便以维护国家及地区安全、不得危害生态环境和人类健康为由，不断采用技术法规、标准、合格评定程序等手段，提高进入市场的技术标准，利用自身技术方面的优势对我国农产品出口贸易设置壁垒。而我国出口商品市场又多为欧美日等发达国家，因此技术壁垒对我国农产品出口的阻碍作用不断加强。

（5）农产品贸易主体规模小，缺乏国际竞争力。近年来，我国的农业产业化水平得到很大的提高，出现了大批具有一定规模和相当实力的龙头企业。但从总体上看，我国的农业生产主体仍然是以个体农业种植户为主。受我国国情的影响，小农经济具有其存在的必然性，这就决定了大部分出口农产品仍然是以一种家庭为单位的传统经营方式生产出来的。这种生产方式与发达国家的集团化、契约化的经营方式相比，将很难适应国际市场的需要。

到 2007 年，我国农产品贸易额为 781 亿美元，我国依靠众多的农产品出口企业已经成为世界第四大农产品进口国和第五大农产品出口国。据商务部统计，2006 年 1—11 月，国内农产品出口企业已达到了 2.02 万家，较去年同期增长 16.8%。然而在新增加的 2905 家企业中，出口额在 1000 万美元以上的龙头企业只有 96 家，出口龙头企业很少，绝大多数企业的发展都还是处于小规模，没有实力阶段。伴随着后 WTO 时代的到来，我国的农产品市场更为开放，国际农产品贸易更为复杂，而大部分的出口企业进入国际市场的时间短、经营规模小、信息渠道不畅通、抵御出口市场风险和突破技术壁垒的能力不强，国际竞争力的缺乏容易导致恶性竞争，破坏农产品国际贸易良性循环，影响我国农产品国际贸易的进一步发展。

（三）后 WTO 时代促进中国农产品贸易发展的措施

发展农产品贸易对我国农村经济的发展具有深远的影响，其对带动农村就业、增加农民收入、调整优化农业产业结构、推动农业现代化建设的进程都有着积极的作用。与此同时，对"三农"问题的解决和社会主义新农村的建设也有着重大意义。因此，我们要沉着面对新环境及其所带来的挑战，从根本上促进我国农产品贸易的发展，提高农产品竞争力，抓住机遇，制定有效的对策措施以应对挑战。

（1）提高主体经营能力，根本上扩大农业的竞争力。由于农产品的生产和销售是通过人来完成和实现的，因此最终还是由农产品市场主体的整体素质的高低来决定其在国际市场上竞争力的强弱。长期以来，我国农产品进出口企业存在经营规模小、实力弱、抵御风险能力不强等问题，其整体素质与发达国家相比，有很大的差距，提高农产品国际贸易主体的竞争力是一个亟待解决的问题。

首先，要改变传统的以家庭为单位的个体经营方式，促进农产品国际贸易主体通过一种契约化、集团化的经营方式，以努力实现规模经济效益，有效抵抗千变万化的国际市场存在的风险。与此同时，针对大型跨国公司的竞争，国内那些具有一定实力的龙头企业应转变思路。要以市场为导向，通过兼并、联合等方式组建规模较大的企业集团来参与国际竞争。其次，要鼓励农产品企业大胆地走出去，创造自主品牌。一些具有较强实力的龙头企业应做好调研和分析，以选准目标市场。依靠自身的比较优势，加快实施农业"走出去"战略。要鼓励企业大胆创新，敢于开创自主品牌，并利用品牌效应带动出口，扩大国际市场占有率。同时，要改变单一的农产品营销方式。通过扶持一批现代营销公司，对农产品的形象进行包装和规划，并加大网上宣传力度，采用一种较为现代的国际市场营销手段，以提高农产品国际竞争力。最后，各级政府和相关部门还要加大对农产品出口信息的发布力度，运用多种形式对国内外市场环境、产品需求、法律法规、贸易风险等信息进行公布，使企业及时了解国际市场的最新动态，减少不必要的贸易摩擦。

（2）积极应对农产品国际贸易中出现的新贸易壁垒。首先，要加强农产品质量标准国际化。政府部门应增强标准化意识，积极规范农产品质量标准化工作，研究并制定与国际化标准相一致的农产品标准体系。在环境质量标准、生产技术标准、包装运输标准、产品安全标准等方面逐步达到国际化标准，并对已建立的标准化体系进行监督和管理，以尽快适应国际贸易发展的要求。其次，要改进农产品出口政策。我国农产品出口贸易的地区结构应有所改变，提高对东南亚、非洲、南美等国家和地区的出口比重，将贸易风险分散到全球，而不是像过去那样集中在欧美日等一些发达国家，而这些国家也是对我国农产品贸易应用壁垒最多的国家。换一个思路，我国企业也可以进行海外投资，直接在出口国建立厂房，也可以通过收购当地企业或参股等方式来绕开贸易壁垒，减少与农产品进口国的贸易摩擦。最后，企业与政府之间要保持良性的沟通机制。企业在进行对外贸易的同时，也要注意自身出口的产品是否破坏了生态环境，是否威胁到人类健康，进口国是否存在这方面的贸易壁垒。通过与政府间的沟通，企业可以将有关遭受贸易壁垒的情况向政府部门反映，以弥补我国法律、法规、相关政策等方面的漏洞，也有利于推进与国际接轨的技术法规和标准体系的建立。在一些问题上，政府也可以通过参与国际谈判，在贸易壁垒的制定和实施上给我国出口企业争取到有利条件。

（3）在不违反 WTO 原则的前提下，构建强有力的农业支持政策。首先，要完善补贴结构，加大补贴力度。我国农业补贴主要集中在农产品流通销售环节，主要包括农业生产资料补贴和粮棉流通补贴两大类。前者是对低价销售农业生产资料的价差进行补贴，后者是实施保护价收购政策，以及通过支持国有粮食企业的经营来间接支持农民的生产，这些都属于"黄箱"政策补贴。

面对当前的补贴结构，需要扩大"绿箱"补贴的范围并逐步提高其补贴水平，对农业基础设施建设需加大补贴力度，并逐渐完善农业社会化服务体系，增加农业服务支出以及加大农业科研的投入补贴；另一方面，在 WTO《农业协议》中，允许使用的 12 项"绿箱"措施中，我国仅利用了 6 项，其应用程度远远不足。而"黄箱"补贴的支出仅占到农业产值的 2%～3%，距我国承诺的 8% 利用上限还有很大的提升空间。其次，直接补贴应该成为主要补贴方式。目前，我国对农业的补贴多在流通领域，属间接补贴方式。不仅受到《农业协定》在使用程度上的限制，而且补贴效果也低于直接补贴，农民并没有从中得到实惠。

针对这种情况，应将补贴资金直接投放到生产领域，除去不必要的中间环节，能够使农民直接得到补贴资金，强化激励效果，很好地提高了农民的生产积极性，提高生产效率。再次，建立和完善农业保险补贴。我国是一个自然灾害多发的国家，农业的生产和农民的收入将受到直接影响。为了稳定农民收入，保护农业生产持续发展，需要建立农业保险体系。要把建立农业保险制度提到政府农业宏观政策的议程上来，重点对粮油棉等敏感性的，以及蔬菜、水果、海产品等具有出口比较优势的农产品进行保险补贴；加大农业保险立法，使之得到法律的支持；建立农业保险基金，以弥补我国农业财政资金补助的缺陷，建立符合我国国情的农业保险体系，充分发挥其在支持农业发展方面的作用。

（4）积极参与农产品贸易谈判，维护本国利益。在多边贸易体制下，每个国家的农产品贸易政策都会受多边贸易规则的约束和限制。对此，各国都积极利用拥有的参与制订国际贸易规则的权利，在多边贸易谈判中维护和实现自身权益。加入世贸组织，意味着我国已经拥有了参与到世界贸易规则的制定和修改当中去的合法权利。多哈回合谈判是我国加入世贸组织后，首次以规则制定者的身份参与的谈判，该谈判涉及众多领域，其中农产品问题是多哈回合的焦点。

然而，由于各国在谈判议题上特别是农产品议题上，存在很大分歧。在经历了长达五年的谈判期后，由于未能就相关问题达成一致，最终导致多哈回合谈判的无限期中止，谈判的失败给 WTO 各成员国尤其是发展中国家带来了沉重的打击。在多哈回合谈判中，发展中国家强烈要求在今后的多边贸易中应充分考虑他们履行 WTO 规则的能力问题，要求纠正现行的 WTO 规则中存在的不公平、不合理的贸易规则，同时也要求马上纠正由发达国家所导致的，在农产品贸易领域存在的严重贸易扭曲现象。但遗憾的是，这些要求都未能引起足够重视。在经济全球的背景下，多哈回合的中止不会一直延续下去。作为一个农业大国，世界上最大的发展中国家，在今后的多哈回合谈判中，我国应采取更为积极有效的措施。作为一个起决定性作用促成谈判的顺利进行的力量，我国应更好地参与到贸易谈判中去，不断提高我们的谈判技巧和能力，应善于运用谈判策略，培养一些能够掌握并熟练运用 WTO 规则的专家，并充分运用这些人才，让他们有更多的机会参与到多边贸易规则的制定和谈判中去，进一步提高谈判能力，以更大程度地维护本国的利益不受损失。

小　　结

农产品市场是整个农业政策的核心部分，政府往往运用各种市场和价格进行宏观调控来引导、干预农业生产。这里仅介绍了农产品市场的相关知识，包括现货市场和期货市场。现货市场包括批发市场和零售市场，农产品期货市场主要交易有套期保值、套利和投机。

农产品物流，指农产品从生产领域向消费领域转移的过程中所经过的各个环节。农产品离开生产领域后，进入不同的流通渠道，农产品在这些流通渠道中，需要经过某些环节，逐步地向消费领域转移，才能完成其实体的转移和价值的实现。

农产品流通渠道可以从以下不同角度去划分：依据农产品的销售形式，划分为直接流通渠道和间接流通渠道。依据专业分工情况，划分为专营商业渠道、兼营商业渠道和产销结合渠道专营商业渠道是指专门从事农产品购销经营活动的一种流通渠道。依据农产品流通的管理形式，划分为计划调节性流通渠道和市场调节性流通渠道。

相对于工业而言，农业是自然再生产和经济再生产交织在一起的再生产过程，农产品的生产、流通存在着非人力能控制的风险，再加上许多农产品是人们生活必需品，需求弹性小，这些特殊性使农产品物流表现出明显不同于工业品的特征。电子商务将成为 21 世纪人类信息世界的核心，也是网络应用的发展方向，具有无法预测的增长前景，2006 年商务部实施了 13 项重点工程，其中之一就是以促进农村信息化和流通业发展、增加农民收入和提高农民信息应用能力为目标的"农村商务信息服务"工程。此项工程被列入 2007 年中央一号文件后，在全国各地各级农业部门的引导下，涉及农业的电子商务如雨后春笋般发展起来。有数据显示，目前全国涉农网站已超过 3 万家。同时，针对农产品交易量大、生产的季节性和区域性特点，农产品电子商务也有不同的模式适应性，公司+农户+电子商务，"政府组织+农户+电子商务"，"农产品中介组织+农户+电子商务"，我国农产品期货市场建设，应重点做好以下工作：

（1）改造交易所的组织形式，实行非营利性的投资会员制，交易所是市场交易组织。

（2）规范上市品种农产品期货市场的品种，以小品种为主，必然引起一系列不易解决的矛盾。

（3）大力发展套期保值。就我国情况而言，发展套期保值，必须采取以下措施：①积极培育参加期货市场套期保值的主体；②推行实物交割制，加强期货市场与相关现货市场的沟通和联系；③探索开展基差交易和期货转现货交易；④建立有利于开展套期保值的期货市场运行机制。

（4）严格控制风险，保障期货交易正常发展，控制期货市场的风险必须从多方面按一定程序进行。

（5）积极培育参加农产品期货市场的交易主体，培育参加农产品期货市场交易的主体，应从两类不同交易主体采取措施。

（6）建立健全期货交易管理体制，实现管理规范化逐步完善三个层次的期货交易管理体制。

（7）加快期货市场管理的法制建设，期货市场法律法规体系应与我国期货市场的三个层次管理体制相适应，即应按三个层次来设定：①国家级法律法规。包括两个方面：一是由全国人民代表大会制定的关于期货市场的立法；二是由国务院制定的有关期货市场管理的行政法规。②行业协会自律规则。全国期货行业协会章程必须明确规定协会的性质、宗旨、职责、组织结构、会员条件和权利义务、交易纠纷和违规事件的仲裁等。同时还要制定一系列旨在维护和规范行业自律管理的配套规则，如风险监察制度、经纪人资格考试制度等。③期货交易所和期货商的自律规则。与期货法律法规体系相对应，要设置相应的期货司法和行政执行机构。

（8）全面培训提高期货人员的素质。农产品期货交易是现代农产品市场的交易方式，需要高素质的交易人员、管理人员、执法人员和其他服务人员，要通过多种途径，全面提高期货交易人员的素质，尤其要重视对农民进行农产品期货交易基本知识的教育，使他们逐步适应和积极参与这种现代农产品市场的交易方式。

我国农产品国际贸易先后经历了计划经济时期的"封闭式"贸易、开启改革后的"开放式"贸易、全面改革后的"市场化"贸易和入世后的逐步"自由化"贸易四个发展阶段。技术性贸易措施主要是指世界贸易组织《技术性贸易壁垒协定》（简称《TBT协定》）和《实施卫生和植物卫生措施协定》（简称《5YS协定》）所管辖的各种形式的非关税壁垒措施，包括采取技术法规、标准与合格评定程序。标准和技术法规各自遵循着一定的原则来发挥其作用。当今世界国际贸易趋势主要表现为方式多元化、对象高技术化、协调贸易化、市场垄断化和规则规范化。农产品国际贸易的前景良好，绿色壁垒和技术壁垒日益增多，自由化程度和竞争策略也有所发展。对于我国来说，农产品国际贸易逆差将继续存在，同时我国农产品对外贸易结构也将在竞争中得到优化。

关　键　词

农产品市场　批发市场　零售市场　农产品网络营销　农产品期货市场
农产品国际贸易

复习思考题

1. 农产品市场包括哪些要素？它们在农产品市场中的地位和作用是什么？
2. 农产品批发市场的功能和作用是什么？
3. 农产品期货市场的作用是什么？我国农产品期货市场建设应重点做好哪些工作？
4. 农产品批发市场的存在有什么作用？试从流通机构的角度分析其特点。

5. 什么是农产品网络营销？农产品网络营销的优势是什么？

6. 我国农产品国际贸易经历了哪些历史阶段？

7. 什么是技术性贸易措施？

8. 简要介绍 TBT 措施与 SPS 措施，并分析其在国际贸易中的作用。

9. 简述标准与技术法规各自的定义、实施原则和作用。

10. 当前农产品国际贸易的发展趋势是什么？

主要参考文献

［1］陈池波. 中国农村市场经济发展论［M］. 中国财政经济出版社，2003.

［2］汪发元，王文凯. 现代农业经济发展前沿知识和技能概论［M］. 湖北科
　　 学技术出版社，2010.

［3］苏群. 农业经营学［M］. 科学出版社，2011.

［4］刘慧娥等. 农村经济学［M］. 中国农业出版社，2005.

第四编　农业发展编

第十三章　农业支持与保护

☞【学习目标】

在本章学习过程中，需要掌握以下内容：

（1）农业支持与农业保护的概念、内涵、功能、区别和联系。

（2）了解农业支持与保护的理论依据，以及其他发达国家和发展中国家的农业支持与保护政策经营。

（3）最后熟悉中国农业支持与保护政策的演变过程。

第一节　农业支持与保护概述

一、农业支持与保护的概念与内涵

（一）农业保护的定义

什么是农业保护？保护（Protection）意为庇护，使其不受伤害、欺负，常常与幼小、软弱的对象相联系。因此，农业保护的含义就是政府为了避免国内农业遭受国内其他产业或国外农业冲击，确保国内农产品市场供求平衡和价格稳定，通过采取国内价格干预、边境控制等措施，以刺激国内农业生产、维护国内农业利益的行为。农业保护产生的一般前提是市场机制对农产品供需调节失灵，主要表现为农产品价格低迷，农业生产者难以获得合理的投资回报，造成农业生产日益萎缩，而一旦农业产出水平低于一定水平后，又会出现价格大幅上扬，带动全社会物价上涨，对国民经济和人民生活产生严重影响。

政府对农业实施保护的主要思路是利用行政的或法律的强制力量对农产品市场进行干预：一是以政府定价替代市场定价，防止单纯由市场机制决定农产品价格时出现的消极后果；二是通过外贸壁垒使国内农产品价格的形成与国际市场农产品价格相脱节，避免国内价格保护效应外泄和国外受补贴农产品对国内市场的冲击。

农业保护的作用在于：当国内农产品供给大于需求时，价格保护可以确保

331

农民的生产收益高于由市场均衡价格所决定的收入水平；边境保护可以有效防止国外农产品进口进一步加剧供需失衡。当国内农产品供给小于需求时，价格保护可以通过高于市场均衡状态下的价格刺激农民增加产出水平，缩小供需缺口，以维持国内农产品的基本供给。因此，农业保护有助于维护国内农产品市场的稳定，维护农业的经济利益，为农业发展创造良好的环境。

(二) 农业支持的定义

什么是农业支持？支持（Support）意为帮助，使其更强大，虽然经常与幼小、弱质的对象相联系，但更强调为其创造条件，夯实基础，使其健康发展。因此，农业支持的基本含义是指政府从改善农业生产、流通和交换的基本条件入手，通过改善农业科技、教育、水利、环保、基础设施等环境，建立健全农产品市场流通机制，从而增强农业的市场竞争能力，促进农业及国民经济的持续、协调、快速发展。农业支持是农业保护在新形势下的发展和延伸。长期以来，农业保护措施不但造成了价格扭曲，影响了农业资源的有效配置，而且效率不高，在改善农业竞争能力方面没有明显进展。农业支持就是针对以上农业保护的不足所采取的农业政策调整。

农业支持改变了以往直接维护农业利益的做法，按照"授渔"而非"授鱼"的基本思路，通过改善农业生产条件，特别是自然再生产条件，夯实农业发展基础，提高劳动生产率，以此增强农产品竞争力、增加农民收入。如开展农田水利基础设施建设、加强病虫害控制和生态环境治理、调整农业产业结构、支持农业科技研发与推广，改善农产品流通条件和环境等。

农业支持由两大部分组成：一是改善农业基础条件；二是改善或提高农业生产要素质量，如优良品种的引进和使用、农业科技教育和农民培训等。与农业保护常常会扭曲市场机制相比，农业支持对贸易不产生扭曲后果或将扭曲降低到最低程度。

(三) 农业支持与保护的内涵

农业保护和农业支持既有区别又有联系，具有不同的作用和时效，农业政策的选择必须立足于各国不同的经济发展阶段。从农业政策的发展调整历程来看，20 世纪 40—70 年代，农业保护是世界各国主流的农业政策；进入 20 世纪 80 年代以后，农业保护的弊端越来越明显，而农业支持则为许多国家所采用，农业保护逐步向农业支持转变。然而在实践中，农业支持与农业保护两个概念经常被同时使用，两个概念也经常相互转化，世界各国并没有只采取农业保护而不采取农业支持，或只采取农业支持而不采取农业保护，同一经济发展时期，两者经常共同使用以促进农业生产，只不过主次不同而已。

我国目前正处于经济转型的关键时期，财政实力大增但各项社会公共开支急剧扩大；粮食供需形势正在由供不应求转向供需基本平衡；工业、农业都面临着加速发展的历史机遇，需要国家给予必要的政策扶持，因此，现阶段的农业政策既需要运用农业保护，进行有理有节的自我保护，也需要运用国内农业支持政策，推动农业产业的可持续发展，任何放弃保护只讲支持，或只要保护忽视支持的观点都有失偏颇，只有综合利用农业支持和农业保护的政策措施，才能提高政策效率，推动农业加快发展。

理解农业支持与保护要把握四个基本要点：第一，在开放的经济条件下实施的农业支持与保护，一方面要符合我国建立和完善社会主义市场经济体制的目标要求，充分发挥市场机制作用，减少对市场调节信号的干扰和扭曲；另一方面要顺应国际规则和惯例，遵循 WTO 基本要求。第二，农业支持与保护要符合国家经济社会总体发展规划目标，发挥和维护农业的基础地位。衡量农业是否健康发展的标志不是农业发展速度的快与慢，而是是否与国民经济发展相协调，能否促进国民经济持续发展。适度调节工农收入分配，确保城乡关系的和谐和全社会的稳定也是国民经济发展和社会进步的重要保障。第三，我国长期以来对农业"负保护"，农业的历史"欠账"多，因此，今后的农业支持与保护要以政府投入为主，不断加大投入规模；同时要加强政策倾斜，引导其他资金投向农业，建立健全资金投入体系，提高农业综合生产能力。第四，按照农业发展需要，综合采取农业支持和农业保护措施。既要保留必要的价格支持、出口补贴等保护措施，又要树立长远眼光，在农业科技研发、推广，农产品市场主体培育，质量标准体系、检验检测体系、信息服务体系、社会化服务体系建设等方面完善政策体系，形成覆盖生产、加工、流通各个环节的农业支持保护机制，全面提高农业的综合竞争能力。

二、农业支持与保护的功能

市场经济条件下，农业支持与保护具有弥补、调节、强化和引导四大功能。

（一）弥补功能

政府应主动地、自觉地对农业采取适度的支持与保护，弥补、纠正和克服"市场失灵"给农业带来的不利影响，避免农业遭受更大的损失。市场经济的功能性缺陷主要表现为市场无法主动承担公共性、公益性社会职能，不能解决公共产品供给和经济外部性问题；市场失灵导致农业的比较收益下降，农业资源过分向非农产业转移，致使农业缺乏合理的资源配置，粮食安全难以保障；

市场调节的盲目性和滞后性造成农业生产不稳，物价忽高忽低，社会生活动荡。农业支持与保护发挥其弥补功能，可以减少因市场功能性缺陷及市场失灵给农业带来的不利影响。

（二）调节功能

通过农业支持与保护实现政府对农业的有效引导和调节，使农业的发展不仅符合国民经济的整体规划，同时也需适应市场需求及其变化趋势，使农产品供求总量和供求结构达到基本平衡状态；适度调节各经济部门之间的经济利益分配，防止国民收入初次分配过程中过度向第二、第三产业倾斜，避免工农、城乡间收入差距的失衡，保证农民劳有所得，促进农业的长期和稳定发展。

（三）强化功能

应通过实施支持与保护政策，不断提高人们的重农意识，加大农业基础设施投入，加强农业科技研发、推广和培训力度，提高农业竞争力，提升农业的综合生产能力和农产品的质量水平，促进农业和农村经济的稳定发展，更好地发挥农业在衣食供给、产品提供、要素贡献等方面的基础作用，实现国民经济的健康发展与社会的和谐进步。

（四）引导功能

农业支持与保护政策在降低农业生产经营成本、生产经营投入方面具有作用，可以实现信号传递，减少农业经营者生产风险，促进他们形成合理的收入预期，激励、引导他们不断提高农业生产供给水平，增加农业投入，从而夯实农业发展基础。

三、农业支持与保护的区别和联系

（一）农业支持与农业保护的区别

农业支持与农业保护既有千丝万缕的联系，又有内在的本质上的区别。二者的区别主要表现为以下几个方面：

（1）二者产生的时代背景不同。农业保护政策往往是经济发展到一定程度后的产物，伴随着从农业孕育工业到工业反哺农业的转变；而随着经济由低级阶段发展到较高阶段，农业支持将在农业保护的基础上产生，农业支持政策往往与经济发展的高级阶段相适应。农业支持与农业保护也与一个国家的粮食供求状况有密切的联系，如在粮食短缺时期，农业保护往往居于主导地位；反之，在粮食丰裕时，农业支持上升到主导地位，农业保护则下降到次要位置。

（2）二者的构成要素不同。农业保护主要包括以关税与非关税壁垒为中心的贸易保护、以财政支持与信贷贴息为中心的出口补贴以及以价格支持为中心的生产补贴；而农业支持则主要涵盖以农田保护、水利建设、生态环境、结构调整、科技推广、素质培训、食物安全等为对象的财政公共投资与多样化的绿色补贴。

（3）二者的着眼点不同。农业保护的着眼点在于价格的实现，主要表现为政府通过一定措施，确保农产品以较高的价格实现其价值，农业从业者获取较高的生产回报。农业支持则着眼于价值的提升，力图通过改善农业生产条件或增加农业生产公共物品投入，提高单位农产品价值或降低单位农产品的生产成本，即提高从业者单位时间内创造产品的价值总量，从而达到提高农业的收益回报和农产品的竞争能力的目的。

（4）二者的着力点不同。农业保护更强调需要由政府来发挥作用，需要以政府为主体，制定和实施一系列政策措施，保障一个国家或地区的农业生产和发展；农业支持则要求政府与市场的"双轮驱动"，要求政府的政策支持符合农业发展本身的内在规律要求，充分尊重市场，政策支持应以市场运行机制作为支撑。

（5）二者的时效性不同。农业保护政策在政府行政力量作用下，往往能够立竿见影，在比较短的时间里实现预期目标，政策时效性较强。农业支持政策依靠市场机制，政策传导周期长，时效性较弱。如农业科技从创新到推广应用，农业教育对农民素质的提高，农业基础条件的改善以及生态环境的改善等都非短期内所能见效。

（6）二者的成本承担主体不同。农业保护政策多以价格保护为核心，虽然生产要素投入品价格补贴和农产品出口补贴是财政转移性支付，但是与农产品价格保护所造成的消费者支出相比毕竟是次要的，政策成本最终往往转嫁到消费者身上。农业支持政策多以政府投入为主，由于财政收入来源于纳税人，因此，农产品支持政策成本由所有纳税人承担。

（7）二者实施后果不同。农业保护过分倚重于政府的权威与力量，没有充分调动农业系统本身的自我保护能力，是一种封闭式的消极保护，往往以市场机制迟钝和市场价格扭曲为代价，与农产品国际贸易自由化的趋势背道而驰。在粮食短缺条件下，农业保护政策在总体上是利大于弊的；在粮食供求均衡、略有节余的情况下，农业保护政策的负面作用就会格外突出。作为积极地扶持农业发展的政策措施，农业支持是建立在市场机制有效运作的基础之上的，充分尊重了农业生产发展的内在规律，将对农产品价格的扭曲降低到了最低程度，有利于农业资源在农业支持的前提下，按照市场要求实现最优配置，最大限度地释放农业自身生产潜力，增强农产品的国际竞争力。

（二）农业支持与农业保护的联系

农业支持与农业保护的联系主要可以归结为以下几个方面：

（1）政策实施的经济背景相同。无论是农业支持还是农业保护，其诱因有三种：一是农业相对于第二或第三产业的竞争力不强，吸引资本或资源的能力弱化，影响到经济社会的健康发展，需要借助一些外力刺激农业生产；二是本国农业面对国外农产品的竞争，缺乏必要的竞争能力，导致国外农产品随时有大量涌入国内市场，冲垮国内农业的可能，短期内会造成经济社会秩序混乱，并违背国家长期利益，需要采取必要措施为国内农业生产、销售和消费创造稳定的国内环境；三是本国农业需要借助国外市场释放国内的生产能力，以实现农业生产良性循环，但农产品走向国际市场还需一定的外部力量推动。

（2）政策目的和出发点相同。农业支持和农业保护政策共同的前提是农业竞争能力弱，影响到农业乃至整个国民经济的健康运行。因而，二者具有共同的目的，就是通过政策扶持，增强其市场生存和发展能力，避免农业生产出现大的波动，确保整个国民经济发展有更加稳定的环境，这是二者最根本的出发点，也是其核心目标。农业稳定的影响因素有很多，故而农业支持和农业保护政策的直接目标有增加农民收入、确保粮食安全、保护生态环境等多个方面。

（3）政策实施的主体相同。由于事关全体人民的生活需要，影响到整个国民经济的健康运行，因此，农业支持和农业保护都是由代表国家权力和公共利益的政府，通过行政或经济的手段，主要在国民收入的再分配过程中，借助国家的财政力量加以实施，因而都是政府行为。

（4）政策的作用对象相同。各国政府在制定农业支持政策或农业保护政策时，都是针对影响农业竞争能力的各个因素，分别在产前、产中、产后不同的阶段，围绕农业扩大再生产过程中的生产、交换、流通、消费等环节，采取有针对性的措施，以弥补市场失灵造成的损害。因此，农业支持和农业保护政策具有相同的政策对象。

第二节 农业支持与保护的理论依据和现实基础

为什么需要对农业进行支持与保护？怎样才能实现对农业的支持和保护？其理论依据在哪里？又有怎样的现实基础？经济学家们指出：首先，由于农业存在弱质性，如果缺乏外部政策的支持与保护，完全依靠市场机制进行资源配置，会使农业部门资源不足，损害其发展，这就是"农业弱质性理论"。其次，农业部门本身在国民经济中具有重要的贡献和地位，如果农业发展受损，将不仅影响到粮食安全，还会对整个国民经济发展带来阻碍，所以对农业加以支持和保护，将不仅使农业部门受益，还能对国家经济发展作出重要贡献，这是"农业贡献理论"。最后，关于应该如何对农业进行支持与保护，世界银行提出"以农业促发展"议程，构建政策钻石模型，来讨论农业支持与保护的政策目标，并给出相应的政策框架，这成为发展中国家制定农业支持与保护政策的重要依据。

一、农业弱质性理论

农业的弱质性，是指在完全的市场机制作用下，与工业等非农产业相比，农业的相对效益低，农业投入要素，如劳动力、资金等资源有外流趋势，这导致农业自我积累和发展能力降低。这是由农业的产业特点所决定的。农业的弱质性特征是世界各国包括发达国家和发展中国家对农业进行支持与保护最基本的理论依据。

农业生产的特点是自然再生产与经济再生产交织在一起，这决定了农业天生的弱质性。具体体现在以下几个方面：

第一，农业以动植物为生产对象，有其特定的生长发育规律，对外界环境要求比较严格，而外界环境又变化无常，易遭受自然灾害侵袭，因而农业首先要面临的是其他产业所没有的自然风险，导致农业生产具有明显的不稳定性和脆弱性，从农业中得到的收益也存在着很大的不稳定性和不可预见性。

第二，农业的经济再生产过程决定了它必须依赖于人力、资金、技术等要素的投入。由于受生物特性与生命运动规律等因素的影响，农业生产周期长，决定了农业生产部门的资金周转速度慢，投资于农业的生产资源，如土地、资金和劳动力等，所获得的平均利润和平均劳动报酬率较低。这导致了农业部门不但吸引不了外部资金，甚至还难以阻止本来就稀缺的农业资源流出。

第三，农产品主要用于满足人们的饮食需要，对农产品的需求受到人们生理的限制。农产品的这种特性决定了农产品的需求价格弹性和收入弹性都比较低。农产品的需求价格弹性小，容易导致农产品价格大起大落，而且由于供给价格弹性大于需求价格弹性，这种波动在完全竞争市场条件下是一个发散性蛛网，波动的幅度会越来越大，致使农业生产面临着巨大的市场风险；农产品的需求收入弹性小，导致农业比较效益低于其他产业，农业在国民经济中比重趋于下降。

第四，农业科技进步速度慢于非农业产业的技术进步，导致农业在产业发展越来越依靠科技进步的大环境中处于不利地位。一是与工业科学研究相比，农业科学研究既需要把握经济再生产过程的特点，也需要把握动植物生命有机体的自然生长规律，而对生物体进行的技术革新，相对而言不确定性更大，发展更为缓慢，在同样长的时间内，农业中产生新的科学技术的数量也相对更少。二是农业技术推广受到农业生产的季节性和地域性的制约，使一项革新技术的长期推广和大面积推广比非农产业难度大，而且应用的风险也较大。三是农业支持与保护的可行性劳动生产率低得多。

可见，不论是在发达国家还是在发展中国家，农业都是市场经济中的弱者，都需要得到政府的支持与保护。

二、农业贡献理论

农业是国民经济的基础，农业对于经济增长和经济发展具有重要贡献。著名经济学家西蒙·库兹涅茨把农业对于经济增长和经济发展的贡献归纳为四个方面：一是产品贡献，即农业能够为非农业部门提供食品，也能为制造业提供原料；二是市场贡献，主要是农村作为工业日用品和生产资料市场的贡献；三是要素贡献，即农业资源向其他部门的转移，这一贡献包括资本贡献和劳动力贡献；四是外汇贡献，即农产品出口创汇。在广大发展中国家，上述四种贡献表现十分突出，即使是在农业份额已经降到很低程度的发达国家，上述四种贡献也依然存在。

农业的重要贡献首先体现在粮食安全上，粮食安全是国家安全的重要组成部分。国家安全理论认为，自由贸易结果使得各国生产的专业化程度越来越高，这必然会使某具体的国内产业萎缩到处于战略性考虑的规模之下，从而使本国对外国的经济依赖性大大增强。虽然和平与发展已成为当今世界的主旋律，但国际敌对势力和强权政治始终存在，《罗马宣言》发表后，世界粮食安全形势趋于乐观，但不能完全排除在特殊条件下某些国家将粮食作为政治筹码的情况，一旦发生战争或国家间的关系紧张、贸易停止，就有可能对国家的安全形成威胁。因此，立足自给，关系到国家安全的一些重要战略物资比如粮食、石油等，必须以本国生产为主，不能依靠进口，并且当生产这些商品的行为面临国际市场竞争时，政府应采取农业支持措施对这些产品的生产给予支持。政府有确保本国人民粮食安全的基本责任，为避免粮食短缺危机，政府部门需采取预报系统、粮食储备等措施做好准备。此外，政府应通过积极政策，提高农民购买力水平。

除粮食安全外，农业还是国家发展的基础，是社会分工和国民经济其他部门成为独立的生产部门的先决条件。从产业发展历史来看，先有农业，后有工业和其他产业；没有繁荣的农业为前提或与之共存，则工业和其他产业就丧失了发展的基础，工业化就不可能成功。在世界经济史上，从来不存在撇开农业的经济发达。因为作为现代经济发展主题的工业化，其推进速度取决于生产要素供给结构和产品需求结构这两类因素的变化，而这两类因素的变化又取决于农业发展状况和农民收入水平。

三、"以农业促发展"政策框架

世界银行在《2008 年世界发展报告》中，将"以农业促发展"作为主题，为发展中国家的农业支持与保护构建了政策钻石模型，包括四个政策目标，如图 13-1 所示。

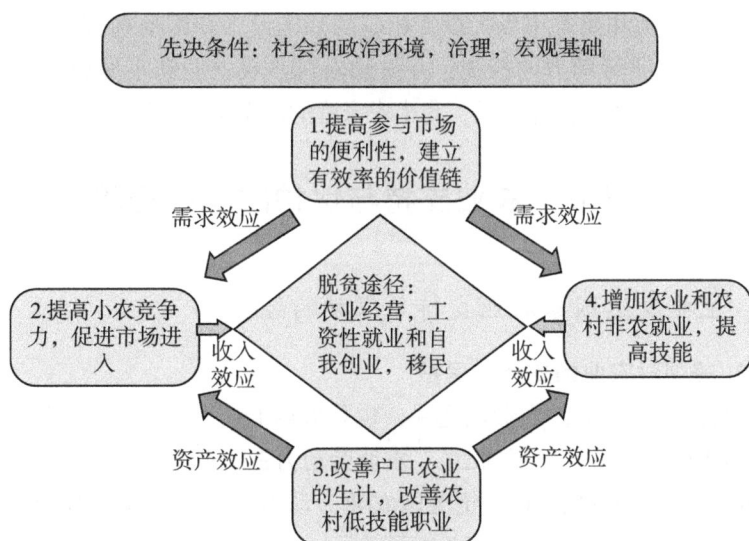

图 13-1 "以农业促发展"政策钻石模型

资料来源：世界银行 . 2008 年世界发展报告 . 2008，http：//www. un. org/chinese/esa/economic/review08/docs/wdr. pdf.

世界银行专家认为：发展中国家的农业支持与保护政策需要以四个目标组合所构成的政策钻石模型为基础，而这四个目标要得以实现，其先决条件是国家本身具有相对和平、稳定的社会和政治环境、适当的治理以及其他适宜的宏观基础。对于农户家庭来说，不同的农业支持与保护政策组合能够从需求效应、收入效应和资产效应这三方面来发挥作用，帮助家庭成员充分利用其不同技能、分散风险。农村家庭能够在政策支持下，从不同路径实现脱贫，包括：提高小农耕作的收益，增加农业或非农经济中的工资性就业，开展自我创业，以及从农村向城镇移民等。其脱贫路径取决于不同资产的获得和流动性约束。

中国在世界银行报告中被列为"转型中国家"，农业不再是经济增长的主要源泉，绝大多数贫困人口却仍然滞留在农村，促进这部分农村居民脱离贫困，缩小城乡收入差距，对"转型中国家"的发展至关重要。同时，这类国家在制定农业支持与保护政策时，也应注意避免陷入"补贴和保护陷阱"，由于非农收入不断提高，农业收入与非农收入间的差距扩大，而仅仅依赖补贴解决城乡间的收入差距，将导致财政支出负担，并使得提供公共品和农村必需品具有较为高昂的机会成本。因此，在这类国家，需要重视人力资本对农业发展的作用，考虑其在劳动和管理密集型产业中的比较优势，增加农业系统的多样化，扩张园艺、禽类、鱼类和奶类市场，投资相应的基础设施和因地制宜的技术，提高当代和下一代农业劳动力的技能，并鼓励农村非农就业和小城镇发展，同时，还需要构建有效的风险保障体系，为小农家庭的转型决策营造安全网。

第三节　农业支持与保护的国际经验

一、主要发达国家农业支持与保护的经验

（一）美国对农业的支持与保护

美国是世界上最大的农业国之一，也是世界上最大的农业出口国。虽然美国农业占 GDP 比重较低，不到 2%，农业劳动力占就业人口比重也只占 1.6%，但农业劳动生产率极高，2013 年美国农业劳动力创造的人均增加值近 7 万美元，比高收入国家的平均水平（2.4 万美元）还要高出一倍以上，同期世界平均水平仅有 1377 美元。

美国发达的现代农业得益于其高投入的农业支持和保护体系。通过制定中长期农业永久法，以及利用农业法案对农业永久法相关条款进行有期限的修改，美国保障了农业支持政策的稳定性和时效性。在 2014 年通过的美国农业法案中，规定从 2014 年到 2023 年财政年度，联邦政府将直接支出 9560 亿美元，平均约每年 1000 亿美元，而这还是削减了部分补贴项目后的支出。具体来说，美国对农业的支持和保护，最大的投入是对消费者进行食物援助的食品券和营养品项目，在 2014 年农业法案中预算为 7560 亿美元，占整个预算的

79%；其次是农作物保险项目，预算为 898 亿美元，占比 9%；此外还有自然保护项目和农业商业化项目，占比合计约 11%，以及其他农业项目，如贸易、信贷、研发与推广、林业、园艺、能源、农村发展等，投入占比仅 1%。

在农业补贴方面，2014 年的农业法案减少了对农业的直接干预，终止了每年约 50 亿美元的直接补贴项目，但保留了目标价格补贴和目标收入补贴，允许农民从价格损失保障和农业风险保障中二选一，以此来替代过去的反周期支付补贴项目和农作物平均收入补贴项目。其中，价格损失保障是一种目标价格补贴制度，在市场价格低于参考价格时启动，主要针对大宗粮食作物，包括小麦、水稻、饲料用谷物、油用作物及豆类等，生产者可以选择需要加入补贴项目的农产品。而在风险保障方面，允许生产者选择加入县农业风险保障或是个人农业风险保障，前者基于生产者所在县的平均收入，当其低于县基准收入的 86% 时启用；后者则基于个人农场收入，当其低于个人基准收入的 86% 时启用。

在取消直接收入补贴的同时，新的农业法案增加了较多农作物风险项目，包括补充保障选择计划、叠加收入保护计划、灾害风险援助项目、未保险农作物援助计划等。保险服务主要由私营保险公司来提供，美国农业部的风险管理机构负责对保险公司进行再保险并支持保险产品，管理和批准保险费率、保险费以及补贴。

（二）日本对农业的支持与保护

2013 年，日本人均耕地面积仅为 0.03 公顷，远低于世界平均水平（0.2 公顷），虽然努力保障了接近 100% 的大米自给率，但大多数农产品依然需要进口，根据日本农林水产省的报告，在 2012 年，其热量自给率仅有 39%，根据产量计算的农产品自给率也只有 68%，日本现在已经成为全球最大的农产品进口国。日本一直面临着农业收入相对较低、农业劳动力不足和老龄化、弃耕面积增加等困境，因此，日本农业支持与保护政策的核心目标是增加农民收入、保护本国农业产业。

由于 WTO《乌拉圭农业协议》框架的约束，日本取消了过去实施的农产品价格保护政策，改为实施直接补贴，2010 年，日本开始实施"户别收入补贴制度"，2010 年的示范事业预算就达 5618 亿日元，占该年度农业财政预算总额的 22.9%，其中，针对食用大米的收入补贴占到一半以上，补贴标准包括根据生产成本和全国平均销售价格之差计算的固定金额，以及附加的价格变动补贴，总额可达 2.5 万到 3.1 万日元/10 公亩。同时，为防止水田弃耕和抛荒，对其他粮食作物的生产者也会按面积支付固定金额的补贴。

户别收入补贴的实施者是民主党，而在自民党重夺政权后，随着 TPP 谈判的推动，这一补贴政策也出现了方向上的巨大变动，从 2014 年开始降低补贴标准，不再鼓励生产者种植食用大米，反而提高了饲料用大米享受的补贴额度，2014 年 6 月，日本内阁通过的《日本再兴战略》中，要求削减大米生产成本，并推动农地的集中经营。新的政策补贴框架中，有 30% 以上的补贴将用于农业基础设施建设、农业技术研发和推广，接近 30% 的比重用于收入补贴，20% 用于农业结构调整、土地流转和农业就业，10% 用于市场价格支持和经营收入稳定，其余 10% 则包括农业产业化、促进出口、农村建设、食品安全等方面的内容。

（三）韩国对农业的支持与保护

韩国在第二次世界大战后从低收入国家跃升为高收入国家，但在工业化和城市化的快速发展过程中，城乡居民收入差异扩大、城乡发展失衡的现象较为严重，20 世纪 70 年代，韩国政府倡导实施了新乡村建设运动，以财政投资和融资作为支撑，推动农村综合开发、改善农村环境、增加农民收入，取得了一定的成效，并为中国的社会主义新农村建设运动提供了有益的经验。

从政府投资来看，从 1970 年开始新乡村建设运动到 1980 年，韩国政府投资达 27521 亿韩元，用于农村基础设施投资，而在金融体系改革方面，则充分发挥农协的作用，鼓励其吸收农民存款，并为农业经营者提供资金支持，从而在一定程度上缓解了农业融资难困境，并避免了农业资金向非农领域的流失。同时，在农协中央会还设置了农林水产业者信用担保基金，为生产经营出现困难的农民提供担保。

此外，由政府和民间协会共同出资设立一系列基金项目，包括由政府部门主导的农业开发资金、新农村综合开发事业资金、营农资金、水利资金、农村住宅资金、扶持贫困农民自立事业资金等涉及农业和农村经济发展、基础设施建设的专项资金；以及保护农民利益、提高农业技术的稳定农产品价格基金、营农后继者育成基金、促进农业机械化基金、农渔村地域开发基金等；此外，还有由民间团体主导的农地基金、畜产振兴基金、振兴农水产品基金、蚕业振兴基金、农药管理基金等专项基金。

韩国的农业支持和保护政策还注重与文化相关的内容，倡导开发农民精神。在新乡村建设运动中，政府并不大包大揽，而是鼓励农民自己发挥主观能动性和创造力，制定奖勤罚懒的政策，将全国的 35000 多个村庄分为基础村、自助村和自立村三种类型①。同时，以政府为主导，成立新村研修院，并举办

---

① 成绩最好的划为自立村，最差的划为基础村，政府只向自立村和自助村提供援助物资。

各类培训班培育骨干农民、新鲜村建设指导员等，合计培训学员约 16.5 万人。

（四）欧盟对农业的支持与保护

欧盟共同农业政策（Common Agriculture Policy，CAP）始于 1962 年，最初是为了在欧共体六个创始国之间建立统一的农产品市场、促进内部农产品自由交易，同时构建对外统一的出口征税、进口补贴政策，从而协调内部的农业不均衡问题并提高农民生产积极性，增加整体对外的国际农产品份额。

随着时代的发展和欧盟的历次扩张，共同农业政策也经历了不断的改革和发展，整体来说，趋势是逐步削减价格补贴水平和农业支付规模，增加欧盟共同农业政策的覆盖内容，同时促进各成员国的均衡发展和支付平等。

共同农业政策的开支在欧盟财政总预算中占比极高，1980 年曾经一度达到欧共体总支出的 73%；经过一系列改革后，在 1982 年到 1995 年期间，每年共同农业政策的预算开支依然占据了一半以上的欧盟总预算。目前，共同农业政策中的农业补贴占欧盟总预算比重约 40%，但农村发展政策的预算开始逐步增加。

在欧盟内部的不同国家之间，由于农业比较优势和经济结构不同，各个不同国家从共同农业政策中的受惠程度不同。以法国和德国为例：由于法国是欧盟最大的农业生产国，每年能够从共同农业政策中得到近 100 亿欧元的农业补贴，占欧盟财政总支出的 9%；相反，德国经济中农业所占比重较小，其承担了欧盟预算的 30%，却只能得到 15% 左右的农业支持，是欧盟农业财政的主要贡献国。

最新的共同农业政策改革方案 CAP2020，是欧盟整体发展规划"欧盟2020"的重要组成部分，总预算约 3627.9 亿欧元，占欧盟 2014—2020 年多年度财政框架预算的 37.8%。CAP2020 的目标是实现可靠的粮食生产、自然资源可持续管理和平衡的区域发展。其预算将主要用于农民直接补贴和农村发展项目，其中直接补贴 2778.5 亿欧元，农村发展项目占 849.4 亿欧元。

具体来说，直接补贴占总支出的 70%，目标是用于稳定农民收入，包括三个强制补贴计划：基本补贴计划、绿色补贴计划和青年农民计划，欧盟成员国必须按照规定金额比例执行。基本补贴上限不得超过直补总额的 70%，且各成员国必须把本国直补金额的 30% 用于绿色补贴，不遵守将受到欧盟削减直补金额的处罚。此外还有四个自愿补贴计划：重新分配直补、自然条件恶劣地区直补、重要农产品挂钩直补、小农场直补，各成员国可选择是否执行。

除直接补贴以外，CAP2020 还将提供约 5% 的资金用于市场支持，并减少了公共干预和私人存储的农产品品种，废除食糖、乳品和红葡萄酒的产量限制，建立约 4 亿欧元的危机储备资金，欧盟委员会可在发生严重市场失衡时，授权生产者组织及其分支机构采取退市、私人存储等措施来稳定市场。

最后，CAP2020 资金中约 25% 的比重将用于农村发展计划，核心是促进农村可持续发展和地区间的平衡发展，并应对气候变化和实现环境目标。欧盟要求成员国必须将 30% 的农村发展资金用于土地管理和应对气候变化，同时可以从欧盟的措施目录中选择设计各国自己的农村发展项目，包括知识转化和创新、增强农林业竞争力、供应链组织发展、生态系统保护、资源效率和低碳经济、社会包容、减贫和经济发展等。

二、WTO 协议中的农业支持与保护空间

农业支持与保护应最大限度地采用符合市场规律、与市场经济兼容的手段。WTO《农业协议》旨在建立一个公平、公正、以市场为导向的农产品贸易体制的协议，主要涉及四个领域，即市场准入、出口补贴、国内支持、卫生和植物检疫。WTO《农业协议》可以认为是农产品国际贸易的市场规范。为了进一步完善农产品贸易规则，推动世界范围内的农业政策改革和贸易开放，2001 年 11 月开始启动新一轮多边贸易谈判，称为多哈回合。WTO 多哈农业谈判是乌拉圭回合农业谈判的继续，主要涉及市场准入、国内支持、出口竞争三大支柱领域，其中，国内支持是三大支柱的核心。从总的趋势上看，更加强调农业政策市场化，即国内支持"绿箱"① 化。中国农业支持与保护也要顺应这一潮流，把"绿箱"政策作为 WTO 框架下农业支持与保护的主要手段，尽可能少采用"黄箱"② 政策，而充分利用"绿箱"政策。

三、国外农业支持与保护对中国的启示

（1）从整体趋势来看，美国、日本、欧盟等传统的农业补贴大国，在对生产者的价格支持政策和直接补贴政策方面都更加精准化，目标价格补贴逐渐取代过去的直接补贴方式，这对国际粮食贸易可能带来较大影响，也会对中国粮食生产者形成更大的压力，迫使我们积极应对，改变过去较为粗放的农业支

---

① "绿箱"政策是用来描述在乌拉圭回合农业协议下不需要作出减让承诺的国内支持政策的术语，是指政府通过服务计划，提供没有或仅有最微小的贸易扭曲作用的农业支持补贴。"绿箱"政策是 WTO 成员方对农业实施支持与保护的重要措施。

② 根据《农业协议》，将那些对生产和贸易产生扭曲作用的政策称为"黄箱"政策措施，要求成员方必须进行削减。"黄箱"政策措施主要包括：价格补贴，营销贷款，面积补贴，牲畜数量补贴，种子、肥料、灌溉等投入补贴，部分有补贴的贷款项目。

持与保护方式，更好地维护农民利益，提高农业生产者的积极性。

（2）构建完善的农业保障网络，提供更为丰富的农业保险项目，提高农民参保比例，减少农业自然灾害风险和市场波动风险。美国 1938 年就颁布了《联邦作物保险法》，依法建立联邦作物保险公司，并对农业保险提供补贴，在最新的农业法案中，更是进一步增加了农业保险的覆盖范围和项目。农业保险项目能够更好地应对风险、保障农民收入，同时相对于农业生产补贴来说，会较少地扭曲市场资源的配置，是比较适宜未来农业长期发展的支持政策。

（3）加大财政支持力度，构建信贷扶持体系。尽管沉重的财政负担，迫使各国开始削减农业财政支出，但整体而言，越是经济发达、农业生产发达的国家，其政府部门对农业的财政投入力度越大，其中日本的农业财政支持占GDP 的比重甚至超过了农业产值的占比，可以说，日本农民的收入，绝大多数来源于财政补贴。这种支持力度是发达国家保护农民收益、提高农业生产者积极性、推动农业持续进步的基础，同时也使这些国家在国际贸易中占据较大优势，对发展中国家的农业生产者形成冲击。此外，在信贷体系构建过程中，各国也通过国家级农协组织、农业信用公司、各类基金会等，为农业和农村发展、农业和农村基础设施建设、农业研发投入和推广、农业人力资本积累等提供信贷支持。

第四节　中国农业支持与保护的政策演变

一、改革开放前的农业支持与保护政策

农业补贴政策在我国的实施开始于 1950 年，最早出现的形式是国营拖拉机站的"机耕定额亏损补贴"，后来渐渐扩展到贷款贴息、价格补贴、用电补贴等方面。在改革开放前，我国几乎没有针对个别问题而制定的具体补贴政策，对于农业的补贴支持集中在农业科技和农田水利建设上。农业科技主要包括能够为农业生产或者农产品加工服务的技术。农田水利建设主要包括修建水利设施，为农田服务（如灌溉、排水、除涝和防治盐、渍灾害等），从而使农田能够旱涝保收、高产稳定。

二、改革开放后至加入 WTO 前的农业支持与保护政策

（一）奖售政策

最早的奖售政策出现在 1961—1964 年，通过向农民奖励饲料粮来鼓励生

猪收购，销售一头肥猪的奖励为 50~70 斤饲料粮，也有一些地区会奖励棉布或日用工业品，但从 1965 年开始，奖售标准逐步降低，奖售日用工业品基本停止。

改革开放初期，奖售标准再次提高，化肥也成为奖售品，1985 年，取消生猪派购后，奖售粮食随之取消。

（二）"三挂钩"政策

所谓"三挂钩"政策，是指化肥、柴油供应和粮食合同挂钩，1987 年 2 月，《关于粮食合同定购与供应化肥、柴油挂钩实施办法》规定，每订购 50 公斤粮食奖售 20 公斤化肥、5~7 公斤柴油。中央按照分配的粮食合同订购任务和规定的挂钩标准，将化肥、柴油等下拨给各省、市、自治区包干使用。各地根据实际情况来签订粮食订购合同，预付一部分挂钩物资，保证不误农时。预购定金按合同订购粮食价款总数的 20% 发放，预购定金在农民交粮时扣还，由中央财政来负担其利息。

奖售政策和"三挂钩"政策，其实施的历史背景都与计划经济时代农业生产能力较低，对柴油、化肥等生产资料以及日用工业品的需求较高，且缺乏市场发挥价格调节作用密切相关。这些政策的制定和实施，与国家的农产品统购统销政策密切相关，也随着统购统销政策的取消而消失。

（三）粮食保护价收购政策

1990 年中国粮食产量达到历史最高水平，由此导致粮食价格下跌的担忧，当年国务院发布的 44 号和 55 号文件相继要求各地方政府制定最低保护价和最高限价，以保护农民的正常收入。同时，1993 年颁布的《中华人民共和国农业法》，明确规定对粮食以及关系重要农产品的价格进行保护。关于保护粮食价格的具体细则、实施方式和资金来源，在 1993 年国务院 12 号文件以及《粮食风险基金管理办法》中做了规定。

然而，虽然制定了相关法律和政策，但由于政策配套设施不够健全，也缺乏中央财政资金的支持，地方政府缺乏粮食价格保护的积极性。事实上，在 1996 年以前，粮食保护价并没有得到真正的实施。国务院在 1997 年再次明确强调必须依照保护价收购农民余粮。1998 年，得益于新一轮粮改的推行，开始依照保护价收购农民余粮。但从后续来看，这一政策的实施造成了极为严重的财政负担，且并没有真正提高种粮农民的积极性。

从 1998 年到 2003 年，中国粮食作物播种面积经历了连续 5 年下降，从 11.3 万公顷降至 9.9 万公顷，2003 年粮食产量降至 43069.53 万吨，不仅远远低于 1998 年的水平（51229.53 万吨），甚至低于整个 90 年代的最低水平

（1991 年，43529.30 万吨）。农业危机的浮现，以及中国加入 WTO 所提出的现实要求，促使政府部门开始重视农业支持与保护政策，从 2003 年开始，通过每年出台的中央"一号文件"，逐步构建起中国的农业支持与保护体系。

三、加入 WTO 以后的农业支持与保护政策

（一）增加农业补贴力度

中国农业补贴包括农作物良种补贴、种粮农民直接补贴和农资综合补贴这三项补贴，以及农机具购置补贴、农业保险补贴等。

从 2003 年开始到 2012 年的中国农业补贴项目及金额变化情况如表 13-1 所示，从 2003 年到 2012 年，补贴项目不断增加，补贴力度有了较大的提升，对中国农业发展产生较为显著的影响。

表 13-1　　　　　　　　　农业补贴额的投入水平　　　　　　　（单位：亿元）

	2003 年	2004 年	2005 年	2006 年	2007 年	2008 年	2009 年	2010 年	2011 年	2012 年
良种补贴	3	28.5	38.7	40.7	66.6	120.7	198.6	204	220	184
粮食直补	—	116	132	142	151	151	151	151	151	151
农机具购置	—	0.7	3	4.1	20	40	130	155	175	215
农资综合补贴	—	—	—	120	276	638	716	835	860	1078
农业保险	—	—	—	—	20.5	60.5	79.8	103.2	94.06	98.9

其中，良种补贴开始于 2002 年，最初的对象仅包含大豆。2003 年开始，良种补贴的范围开始逐步扩大，补贴品种扩大到优质小麦，补贴标准为每亩 10 元，主要落实区域为河北、山东、河南、安徽、江苏、黑龙江六省的 47 个县（市、农场）。2004 年，良种补贴的范围进一步扩大，包括大豆、小麦、玉米及安徽、湖北、湖南、江西四省的所有早籼稻。补贴标准是每亩补贴 15 元，总投资达到 28.5 亿元。2005 年国家继续实施良种推广补贴项目，进一步支持

粮食主产区农民种植优质专用粮食品种，提高种粮效益。良种推广补贴项目重点安排在 13 个粮食主产省，兼顾非主产省的主产区域。2007 年开始，油料作物和棉花也进入良种补贴的覆盖范围，2009 年，开始对马铃薯原种生产、能繁母猪、母牛、绵羊种公羊、天然良种橡胶等农产品进行良种补贴；2010 年开始对花生和青稞实施良种补贴。

粮食直接补贴方式改革 2002 年率先在安徽省天长市和来安县进行。2003 年全国 13 个粮食主产省（区）陆续开始进行直接补贴改革。2004 年国家贯彻落实对农民进行直接补贴的政策，从粮食风险基金中拿出百亿资金，用于对主产区农民的直接补贴。同时其他非主产区也开始对种粮农民实行直接补贴。

农机具购置补贴开始于 2004 年，2005 年资金规模增加到 3 亿元，这一补贴规模到 2009 年迅速上升到 130 亿元，并维持了递增趋势，补贴资金由农业部和财政部共同组织实施，农业部负责项目组织管理，财政部负责预算资金落实与监督管理。

2006 年在柴油、化肥、农药、农膜等农业生产资料价格提高影响农民种粮收益的背景下，国家出台了农业生产资料综合直接补贴政策，以保障种粮农民利益，确保农民收入。中央财政共安排农资综合直补资金 125 亿元，地方财政安排相应配套资金 0.35 亿元。2007 年中央"一号文件"提出用六个现代化的设备促进农业的发展，从而提高农业水利化、机械化和信息化水平，由于这一措施，2007 年的农资综合直补成为我国最大的一项收入性补贴，高达 276 亿元。2008 年中央"一号文件"提出要加强农业基础建设，这一政策在帮助农民抵御生产成本上涨方面作用显著，同时中央又提出财政支持农业投入，2008 年农资综合直接补贴增加到 678 亿元，到 2012 年，中央财政安排的农资综合补贴已经达到 1078 亿元。

从 2007 年开始，财政部对省级政府开展特定农作物品种的保险业务，按照保费的一定比例，为参保农户提供补贴，此后补贴额度逐年增加，到 2010 年达到顶峰，超过 100 亿元。

（二）减免农业税

2004 年全国人大十届二次会议通过"年内取消农业特产税，五年内逐步取消农业税"这一决议。一些地方政府开始进行农业税减免改革试点，部分地区全部免征农业税，11 个粮食主产区农业税税率降低 3%，随正税同步降低的还有"农业税附加"，其他地区农业税税率降低 1%~3%。

2005 年颁布《关于进一步加强农村工作提高农业综合生产能力若干政策的意见》，文件强调要进一步扩大农业税免征范围，并且在牧区开展取消牧业税试点，进一步深化农村改革，继续调整农村的经济结构，切实加强农业综合生产能力建设，把各项支农政策落实好。

2005年12月29日发布的第46号主席令，宣布全面取消农业税，这一决定标志着延续了2600年的农业税不复存在。农业税被全部取消，这是中国农业支持与保护政策体系中一个历史性和标志性的变动。自古以来，正因为历朝历代都靠着农民的税赋维持运转，所以农业税也成为农民的最大负担，几千年的农业税从此彻底被废除，大大减少了农民的负担。

（三）未来农业支持保护制度的进一步健全

2015年11月，由中共中央办公厅和国务院办公厅印发的《深化农村改革综合性实施方案》中，为中国未来进一步健全农业支持保护制度提出了新的要求："以保障主要农产品供给、促进农民增收、实现农业可持续发展为重点，加大农业支持保护力度，提高农业支持保护效能，完善农业生产激励机制，加快形成覆盖全面、指向明确、重点突出、措施配套、操作简便的农业支持保护制度。"

具体来说，未来的农业支持保护制度将包括稳定的农业农村投入增长机制、完善的农产品价格形成机制和农产品市场调控制度、连续和稳定的农业补贴制度、创新的农田水利建设管理机制和农业科技体制改革以及农业可持续发展机制和农村金融保险制度。

在农业农村投入稳定增长机制方面，中央将把农业农村作为财政支出的优先保障领域，中央预算内投资继续向农业农村倾斜，在确保农业农村投入只增不减的同时，进一步优化财政支农支出结构。此外，还将转换财政资金投入方式，通过政府与社会资本合作、政府购买服务、担保贴息、以奖代补、民办公助、风险补偿等措施，带动金融和社会资本投向农业农村，发挥财政资金的引导和杠杆作用。同时，也将清理、整合、规范涉农转移支付资金，整治"小、散、乱"及效果不明显的涉农专项资金；整合目标接近、投入方向雷同的涉农专项资金。将地方具有管理信息优势的涉农支出，划入一般性转移支付切块下达，由地方统筹支配，落实监管责任。在制度建设方面，建立规范透明的管理制度，提高涉农资金投入绩效，合理划分中央与地方的支农事权，明确政府间应承担和分担的支出责任，推进各级政府支农事权规范化、法律化。

在完善农产品价格形成机制和农产品市场调控制度方面，中国未来将完善农产品价格形成机制。"分品种施策、渐进式推进"，改进并继续执行稻谷、小麦最低收购价政策。按照"价补分离"的思路，继续实施棉花和大豆目标价格改革试点，完善补贴发放办法。改革、完善玉米收储政策。同时，改进农产品市场调控方式，避免政府过度干预，搞活市场流通，增强市场活力。完善农产品收储政策，坚持按贴近市场和保障农民合理收益的原则确定收储价格，降低储备成本，提高储备效率。加强粮食现代仓储物流设施建设，积极鼓励引导流通、加工等各类企业主体参与粮食仓容建设和农产品收储，规范收储行为，培育多元化市场主体。创新农产品流通方式，强化以信息化为支撑的农产品现代流通体系建设，发展农产品流通新型业态，发挥电子商务平台在联结农户和市场方面的作用。

农业补贴方面，将保持农业补贴政策连续性和稳定性，调整改进"黄箱"支持政策，逐步扩大"绿箱"支持政策实施规模和范围，提高农业补贴政策效能。开展农业补贴改革试点，将现行的"三项补贴"（农作物良种补贴、种粮直补、农资综合补贴）合并为"农业支持保护补贴"，优化补贴支持方向，突出耕地保护和粮食安全。保持与现有政策的衔接，调整部分存量资金和新增补贴资金向各类适度规模经营的新型农业经营主体倾斜，合理确定支持力度。拓宽财政支农资金的渠道，突出财政对农业的支持重点，持续增加农业基础设施建设、农业综合开发投入，完善促进农业科技进步、加强农民技能培训的投入机制，强化对农业结构调整的支持，加大对农业投入品、农机具购置等的支持力度。健全粮食主产区利益补偿机制。健全快捷高效的补贴资金发放办法，鼓励有条件的地方探索对农民收入补贴的办法。

在农田水利建设管理新机制的构建过程中，积极推进农业水价综合改革，对农业用水实行总量控制和定额管理，配套完善供水计量设施，建立有利于节水的农业水价形成机制。建立农业用水精准补贴制度和节水激励机制。鼓励社会资本参与农田水利工程建设和运营维护。

在农业科技体制改革方面，推进农业科研院所改革，打破部门条块分割，整合科技资源，建立协同创新机制，促进产学研、农科教紧密结合。完善科研立项和成果转化评价机制，强化对科技人员的激励机制，促进农业科研成果转化。扶持种业发展，建设"育繁推"一体化的大型骨干种子企业。完善基层农技推广服务体系，探索公益性农技推广服务的多种实现形式。

在建立农业可持续发展机制方面，推广减量化和清洁化农业生产模式，健全农业标准化生产制度，完善农业投入品减量提效补偿机制。发展生态循环农业，构建农业废弃物资源化利用激励机制。实施耕地质量保护与提升行动，加强重金属污染耕地治理和东北黑土地保护。深入推进退耕还林还草、还湿还湖、限牧限渔。完善森林、草原、湿地、水源、水土保持等生态保护补偿制度。建立健全生态保护补偿资金稳定投入机制。

在加快农村金融制度创新方面，结合商业性金融、合作性金融、政策性金融、健全政策支持、公平准入和差异化监管制度，扩大农村金融服务规模和覆盖面，创新农村金融服务模式，全面提升农村金融服务水平，促进普惠金融发展，加快建立多层次、广覆盖、可持续、竞争适度、风险可控的现代农村金融体系。健全金融机构农村存款主要用于农业农村的制度，完善政策性金融支持农业开发和农村建设的制度。完善中国农业银行"三农金融事业部"的管理体制和运行机制，全面提升服务"三农"和县域经济的能力和水平。稳定农村信用社县域法人地位，完善治理结构。鼓励邮政储蓄银行拓展农村金融业务。鼓励组建政府出资为主、重点开展涉农担保业务的县域融资担保机构或担保基金。完善农村信贷损失补偿机制，探索建立地方财政出资的涉农信贷风险补偿基金。稳妥开展农村承包土地的经营权和农民住房财产权抵押贷款试点，创新和完善林权抵押贷款机制，拓宽"三农"直接融资渠道。坚持社员制、封闭性原则，在不对外吸储放贷、不支付固定回报的前提下，以具备条件的农民合作社为依托，稳妥开展农民合作社内部资金互助试点，引导其向"生产经营合作+信用合作"延伸。在农村金融体系完善过程中，金融监管部门负责制定农村信用合作组织业务经营规则和监管规则，地方政府切实承担监管职责和风险处置责任。完善地方农村金融管理体制，推动地方建立市场化风险补偿机制，有效防范和化解地方金融风险。推进农村信用体系建设，开展新型农业经营主体信用评级与授信。完善农业保险制度，支持有条件的地区成立农业互助保险组织，扩大农业保险覆盖面，开发适合新型农业经营主体需求的保险品种，提高保障水平。深入开展农产品目标价格保险试点。研究完善农业保险大灾风险分散机制。

小　　结

当前，我国正处于经济转型的关键时期，在加入 WTO 的大背景下，农业面临着加速发展的历史机遇和日趋激烈的国际竞争。农业生产的弱质性特征及基础性地位，要求国家给予必要的政策支持。在市场经济条件下，农业支持与保护具有弥补、调节、强化和引导四大功能，通过这些功能的有效发挥，可以降低农业生产过程中所面临的自然灾害风险、价格波动风险、供需变化风险及国际竞争风险，从而全面提高农业产业的综合竞争力，维护农业的基础地位，保证国家粮食安全。

关　键　词

农业支持　农业保护　理论依据　政策演变

复习思考题

1. 农业保护的定义和作用是什么？
2. 简述农业支持与保护的主要功能。
3. 试述农业支持与农业保护的区别和联系。
4. 简述农业支持与保护的基本原则。
5. 试述我国加入 WTO 后的农业支持与保护政策。

主要参考文献

［1］叶堂林．世界贸易组织规则下我国农业保护政策研究［M］．中国经济出版社，2011.

［2］漆向东，崔俊敏，赵翠红．新农村建设的理论与实践［M］．经济科学出版社，2008.

［3］黄亚林，李明贤．对农业支持与保护的国际借鉴［J］．农业经济，2007（1）．

［4］赵红．农业发展与国际借鉴［J］．农业经济，2007（1）．

［5］李晋国，金瑛．韩国建设新乡村运动的成功经验［J］．当代韩国，2006（2）．

［6］陈波，吴天忠．WTO 框架下我国农业保护政策［J］．贵州财经学院学报，2008（2）．

［7］张彩霞．农产品贸易新格局下的我国农业支持及保护问题研究［J］．农村经济，2008（10）．

［8］陈池波，郑家喜．加强农业支持力度的制度创新和政策调整对策研究［M］．湖北人民出版社，2014.

［9］张慧琴，吕杰．欧盟农业支持状况演变及其政策改革分析［J］．世界农业，2015（5）．

［10］李国祥．我国农业支持制度改革创新探讨［J］．新视野，2015（5）．

［11］班毛展．健全农业支持保护制度的新思考［J］．农业经济，2015（1）．

［12］王东辉，张然，田志宏．美国农业国内支持政策及其对中国的启示［J］．世界农业，2015（7）．

［13］张朝华，陈池波．基于 BRICS 比较的我国农业支持政策取向［J］．中国科技论坛，2014（4）．

［14］黄斌全，熊启泉．发达国家农业保护政策形成的政治经济分析［J］．华南农业大学学报（社会科学版），2014（3）．

第十四章　农业现代化与现代农业

☞【学习目的】

学习本章后，你应当掌握如下内容：

(1) 农业的发展阶段。

(2) 农业现代化的基本内涵和主要特征。

(3) 农业现代化的目标和内容。

(4) 农业现代化的历程与制约因素。

(5) 现代农业的基本战略。

第一节　农业的发展阶段及其特点

农业起源于没有文字记载的远古时代，是人类发展史上最为古老的重要产业。史学家认为，农业起源于距今 1 万年左右的新石器时期，其发展模式前后经历了原始农业、传统农业和现代农业三个阶段。农业的产生是人类历史的重要转折点，未来农业的发展在广度和深度上也必将影响人类的生活。

一、原始农业：由"攫取经济"向"生产经济"的转变

从农业起源地来看，农业主要是起源于西亚、中南美洲和东亚。中国是东亚农业起源的中心，其农业的起源能够追溯至 1 万年以前。在当时，原始农业的生产模式是非常粗放的，主要是利用人力、使用石器及木质农具等从事农业生产经营活动。原始农业的产生，使得人类社会实现了从"攫取经济"向"生产经济"的历史性转变，即通过无差别的人类劳动使得天然产品增值，从而改变了整个人类社会经济的面貌；在人类活动的干预之下，动植物也改变了原始自生自灭的生长状态，开始朝着有利于人类社会的方向发展。

中国是世界上农业发展最早的国家之一，农业的发端能够追溯到没有文字记载的史前时代。中国农业经济从产生时开始，主要是以种植业生产为中心。先民们在长期的采集生活中，对各种野生植物的利用价值和栽培方法进行了广

泛试验，逐渐选育出适合人类需要的栽培植物。神农氏的传说，正是这一时期中国农业的反映。[1] 由于中国的国土广阔，农业生产的自然条件也千差万别，每个地区原始农业的生产也就富有各自不同的特征。但是从总体上来看，中国的原始农业生产活动大概是在四个不同区域分别展开：一是黄河流域农耕区，主要种植粟、黍等作物；二是长江流域农耕区，主要种植水稻；三是长城以北和西部地区游牧区，主要是以狩猎为主；四是南方和滨海地区，当地人们主要是从事采集和渔猎活动。

二、传统农业："精耕细作"推动生产力的发展

传统农业起始于石器时代的末期和铁器时代的初期。在发达国家，这种农业生产经营方式一直被延续到 18 世纪 60 年代。传统农业是基于原始采集农业生产模式和游猎农业发展的基础上发展而来，它是在人类走进定居时代后发展起来的第一个产业部门。

原始农业向传统农业的转变是世界农业发展的重要进程，当然，这种转变在时间上也存在很大的差异。其中，中国的传统农业最具有代表性。我国传统农业和国外传统农业之间存在着很大的差别，例如在种植业方面，我国在很早之前就形成了北方以生产粟[2]黍[3]农作物为主、南方以生产水稻农作物为主的基本格局。西亚地区则不同，其主要是以种植小麦、大麦农作物为主，中南美洲地区主要以种植玉米、马铃薯和倭瓜为主。

中国传统农业起源于春秋战国时期，在秦汉时期得以发展，唐宋时期得以定型，明清时期得以深化。通过几个时期的不断发展，中国的传统农业形成了一套完整的、成熟的体系。这套体系实行土地私有形式的制度安排，男耕女织的经营方式，具有精耕细作的技术特点，因此在整体上较西方国家更具有优越

---

　① 冯开文，李军. 中国农业经济史纲要［M］. 中国农业大学出版社，2008：7-8.
　② 粟，俗称小米（学名：Setaria Italica），中国古称"稷"。脱壳制成的粮食，因其粒小，直径 2 毫米左右，故名。原产于中国北方黄河流域，中国古代的主要粮食作物，所以夏代和商代属于"粟文化"。粟生长耐旱，品种繁多，俗称"粟有五彩"，有白、红、黄、黑、橙、紫各种颜色的小米，也有黏性小米。中国最早的酒也是用小米酿造的。粟适合在干旱而缺乏灌溉的地区生长。其茎、叶较坚硬，可以作饲料，一般只有牛能消化。粟在中国北方俗称谷子。西方语言一般对粟、黍、御谷和其他一些粒小的杂粮有统称，非农业专家一般不分，如英语均称"Millet"。
　③ 黍：亦称"稷"、"糜子"，是汉族最早用于耕作的植物之一。古代专指一种子实叫黍子的一年生草本植物（Broomcorn Millet）。其子实煮熟后有黏性，可以酿酒、做糕等。

性。中国传统农业的根本目的主要是丰衣足食，基本特点是耕织结合、农桑并举。精耕细作是中国传统农业体系的技术核心，这种核心技术在世界农业范围内达到了高峰。据史学记载，精耕细作这一技术特点在春秋战国时期就已经孕育形成，铁制农具和牛耕的出现是其主要标志。在此后，精耕细作技术在黄河流域和长江流域农业生产中得到了不断的积累和发展，并且形成了丰富的传统农业生产技术体系。

三、现代农业：科技进步带动农业新飞跃

伴随着农业技术的不断发展，在西欧和美国技术革命的推动下，农业发展实现了由传统农业向现代农业的转变。自20世纪30年代起，欧美等工业发展国家基于机械技术、生物技术和管理技术等方面的创新，对传统农业进行了技术改造和升级，实现了传统农业向现代农业的飞跃。

现代农业的主要特点是拓宽了农业的生产范围，加强了横向、纵向上与农业经济之外的其他经济活动的联系，有效改变了在传统农业生产过程中产前、产中与产后分割的局面，最终塑造了"从田间到餐桌"的完整产业链。随着科技的不断发展，现代农业取得了跨越式发展，且随着现代农业科技的不断突破与创新，现代农业产生新的飞跃。

从资本主义产业革命发展到20世纪初期，尤其是在第二次世界大战之后，现代农业基本特点是实现物质与能量的开放式循环，通过投放大量农业以外的能源与物质，加速了农业生产的快速发展。在现代科学技术的基础上，现代农业以现代工业为依托，遵循现代市场条件发展大农业。现代农业是一种"五高"农业（即科技含量高、资本投入高、产出效益高、商品率高和社会化程度高），通过"五化"（即集约化、机械化、设备化、资金化、化学化）等多种手段获取大量的农产品，从真正意义上实现了农业产业革命。但是，现代农业同样也存在诸多缺陷，如掠夺式经营、农业与无机肥的大量投入、环境污染和报酬递减等。据相关数据统计，传统农业的消耗系数是4∶1，而现代农业的消耗系数为10∶1，产出与资源消耗比例极不合理。基于农业可持续发展的基本原则，现代农业发展严重破坏了生态环境。

第二节　农业现代化的内涵与目标

一、农业现代化的基本内涵

农业现代化是指从传统农业向现代农业转化的过程和手段。在这个过程中，农业日益用现代工业、现代科学技术和现代经济管理方法武装起来，使农

业生产由落后的传统农业日益转化为当代世界先进水平的农业。实现了这个转化过程的农业就叫作农业现代化的农业。

农业现代化是一种过程，同时，农业现代化又是一种手段。农业现代化的内涵可以从两个方面进行概括：

第一，农业现代化是农业动态发展的过程，即从传统农业向现代农业转变的过程。从某种意义上说，农业现代化主要包括两个方面的内容：一是从以手工工具和直观经验的传统农业向采用集约化、现代科技和现代经营管理方法指导的现代农业转变的过程；二是农业现代化是从传统的自给自足农业生产向商品农业生产的逐渐转变的过程，也是农业生产率不断提高和农业市场不断完善的过程。

第二，农业现代化是一种推动农业发展的手段，也就是传统农业部门向农业部门与工业化发展相适应转变过程中采取各种措施的综合。换言之，就是传统农业向现代农业这一转变过程中所需要的各种手段。所以，农业现代化可谓一种农业重大发展战略。从根本上讲，农业现代化既是传统农业向现代农业转变的过程，同时也是加快这一转变过程所使用的各种政策措施的总和①，它是一个综合的概念。

农业现代化是一个世界性、综合性、历史性的概念，具有特定的内涵及其标准。农业现代化是否实现，必须要与世界先进的农业生产水平及农业技术水平进行比较才能予以确定。总的来说，传统农业的改造、实现农业现代化，其实就是要把以手工工具与直接经验为基础的传统农业转变为以集约化、现代技术和现代管理方法为基础的现代农业，创建一个高产、优质、高效、生态、安全的农业生产体系和高转换率的农业生态系统。

二、农业现代化的阶段划分

(一) 经典农业现代化

经典农业现代化是农业现代化进程的初级阶段。从时间来看，经典农业现代化出现在 19 世纪 40 年代，经历 20 年的发展，实现了由传统农业向现代农业的转变；从技术来看，经典农业现代化是以良种化、机械化、电气化、水利化和化学化为特征，也就是所谓的"石油农业"；从市场层面来看，经典农业现代化是从自给自足的无序市场向商品率高的有序市场的转变过程。

---

① 宣杏云，等. 西方国家农业现代化透视 [M]. 上海远东出版社，1998：8.

（二）后现代农业现代化

纵观欧美等西方国家的农业现代化发展经验，可以看出，早期的农业现代化依赖的并不是传统农业的人力和土地，而是石油及其他工业用品的大量投入。然而，这种农业现代化发展会严重破坏农业资源、产生严重的环境污染和危害人畜的健康发展。因此，后现代农业现代化得以产生。

后现代农业现代化不单纯追求农业发展的经济效益，同时也十分注重社会效益、经济效益和生态效益的综合效益，不单纯是反映改造自然和征服自然的能力，同时也反映人与自然和谐发展的程度。后现代农业现代化并不是农业现代化发展的最高阶段，而只是农业现代化发展过程中的一个阶段，仅仅能够代表当代农业发展的水平标准。

（三）新农业现代化

后现代农业现代化并不能从根本上解决农业生产过程中资源和物质投入、人与自然的矛盾，必定会出现农业现代化的新形势对其进行不断完善。新农业现代化的产生就是在此前基础上进一步使农业现代化向前发展，具体形态主要有精准农业、太空农业、基因农业、蓝色农业和互联网农业等。

21 世纪是知识经济的时代，知识将成为农业发展和世界各国推进农业现代化建设的重要因素。当前，在知识经济影响下，新农业现代化具有知识武装农业、农业生产要素智能化、农业经济活动信息化、农产品高级化、资源和资本利用高效化和环境与经济可持续发展的基本特征①。

三、农业现代化的目标内容

（一）农业现代化的目标

1. 农业生产手段现代化

运用先进的农业生产设备代替手工劳动，尤其是要实现农业生产产前、产中和产后广泛采用机械化作业，大大降低从事农业劳动者的体力强度，不断提高农业劳动生产率。

2. 农业生产技术科学化

把先进的科学技术运用到农业领域，不断提高农业生产中的科技水平以及农产品的科技含量，提高农产品的品质，增强农产品的国际竞争力，降低农业生产成本，保证粮食安全和食品安全。

3. 农业经营方式产业化

---

① 单玉丽，刘克辉. 知识经济与中国农业现代化[J]. 农业现代化研究，2000（2）.

大力发展农业的产业化经营，促进农业增加方式的转变，使得农产品生产、加工和流通等主要环节有机结合，建立圈种养、产供销、工农贸一体化的经营格局，增强农业抵抗自然风险的能力，不断提高农业经营效益。

4. 农业服务社会化

农业现代化促使形式多样化的农业社会化组织的形成，以至于农业生产经营过程中每个环节都会有社会化服务组织能够提供专门的服务。

5. 农业产业布局区域化

充分利用国际、国内两个市场，根据各地自身的地理、环境和资源条件，发挥能动性，打造具有特色且有一定规模的"拳头产品"和特色农业支柱产业，逐步构建具有优势的农产品产业带，不断提升农产品的市场占有率和市场竞争力。

6. 农业基础设施现代化

农业基础设施现代化是推进农业现代化建设的基础条件，大力推进农业现代化，加快实现农业基础设施现代化，有利于提高农业抵抗各种灾害的能力，提高农业资源的利用效率，增强农业发展后劲。

7. 农业生态环境现代化

在推进农业现代化的同时促进农业生态现代化，运用各种现代化的措施保护生态环境。坚决抵制农业生产过程中破坏生态环境的行为，同时也要大力发展休闲农业、旅游观光农业，在推进农业现代化的进程中也使得农业生态环境实现现代化。

8. 农业劳动者现代化

农业现代化不断发展能够提高农业劳动者的整体素质，尤其是思想道德素质和科技文化素质，使得农业劳动者掌握有关农业生产的政策法规，拥有 2~3 项农业生产使用技术，不断增强农业劳动者的技能水平，从而适应农业现代化发展的需要。

9. 农民生活现代化

不断提高农业产出，提高农民收入水平，使农民不论是在物质生活还是在精神生活上都过得更加美好，这是推进农业现代化发展的一个重要目标。

（二）农业现代化的内容

为了又好又快地实现农业现代化的目标，就必须对以手工劳动为主的传统农业进行整体的、全方位的改造。农业现代化涉及农业发展的方方面面，有着广泛且丰富的内容。

1. 农业生产手段的机械化与电气化

农业现代化发展就是要把以手工工具、人畜力为基础的传统农业转变为以机械动力为主导的现代农业，在农业生产过程中，用机械设备操作代替手工操作。农业生产的各方面要全面使用机器操作，只有实现农业生产的机械化和电气化，才能够打破人类自然能力的限制，提高征服自然环境的能力。现代农业科学技术应用于农业生产中，为推进农业现代化发展提供了必不可少的物质条件。

2. 农业生产技术的科学化

农业生产过程中，在种子、肥料或饲料等直接物质要素上，在耕作栽培、饲养繁殖、饲料技术等方面，要普遍使用现代生物科学技术和其他农业高新技术，促使农业生产的各个环节和各项技术都建立在科学的基础上，尽最大的努力提高农业资源和各种原材料的利用率和转换率。

3. 农业生产的专业化与区域化

各农业区、各农业企业从"小而全"的经营方式转变为专门从事某种或某几种农产品生产，或是从事农业生产过程中的某一环节的农业生产活动，实现农业生产的专业化和区域化。它是建立高产、优质、高效、生态、安全的生产体系的重要条件。

4. 农业生产结构的最优化

农业生产结构是否合理在一定程度上决定了农业现代化进程的快慢。农业生产结构不合理就会影响到农业现代化各项目标，资源利用、农业生产效率和生态平衡等问题也会受到影响。因此，在推进农业现代化进程中要优化农业生产结构，在兼顾社会效益和生态效益的前提下，追求最大的经济效益。

5. 农业生产经营管理的现代化

随着农业经营规模的不断扩大、社会化程度不断提高，为了更好地推进农业现代化稳定向前发展，急需建立现代农业生产组织管理科学体系。在农业生产组织管理工作中，要运用现代化的管理手段及科学有效的管理方法，从而使得农业生产组织更加科学。如果农业生产不能科学地组织管理，农业现代化就不能顺利进行，先进的科学技术和生产手段应用在农业生产中势必会受到阻碍，不会达到预期的效果。

第三节　中国农业现代化的历程与制约因素

一、研究与推进中国农业现代化的历程

中华人民共和国成立 60 多年以来，中国经济社会发展大体上可以划分为改革开放前的计划经济和改革开放后的市场经济两个时期。在这两个时期内，从研究与推进农业现代化的主要目标、发展的侧重点出发，农业现代化发展历程可以划分成四个阶段。

（一）第一阶段：20 世纪 50—70 年代

此阶段主要是以"四化"为中心来研究与推进农业现代化发展。在 20 世纪 50 年代初期，中国完成"土改"之后，紧接着毛泽东主席提出第一步实现集体化，第二步实现农业机械化和电气化的"两步走"的指导思想和路线；随后又提出"水利是农业的命脉"、"逐步增加化学肥料"等口号。1954 年 9 月 23 日，周恩来总理在第一届全国人大一次会议上的《政府工作报告》中指出，要建设强大的现代化的工业、现代化的农业、现代化的交通运输业和现代化的国防。这是在我国政府文件中第一次提出建设"现代化的农业"的内容。1964 年 12 月，周恩来总理在第三届全国人民代表大会上再次提出，要在一个不太长的历史时期内，把我国建设成具有现代农业、现代工业、现代国防和现代科学技术的社会主义强国。同时，他还指出，必须从各方面支援农业，有步骤地实现农业的机械化、水利化、化肥化、电气化。这是第一次明确将此"四化"作为农业现代化的内涵。在 1977 年，中国农林科学院按照上级领导提出的"按农业'八字宪法'研究提出农业现代化概念"的要求，完成了土、肥、水、种、密、保、管、工八个字的现代化内涵。并在此基础上，提出了"实现我国农业现代化，必须发扬精耕细作的传统，用先进科学技术和现代化装备武装农业，实现大地园林化、操作机械化、农田水利化、品种良种化、栽培科学化、饲养标准化和公社工业化"的农业现代化概念。

（二）第二阶段：20 世纪 80 年代

此阶段是根据现实国情来研究与推进农业现代化发展。1979 年 9 月，党的十一届四中全会通过《关于加快农业发展若干问题的决定》，系统地阐明了我国实现农业现代化的方针政策及其发展途径与前景。1980 年 12 月 25 日，邓小平同志在中央工作会议上的讲话中指出，我国的农业现代化，不能照抄西方国家或前苏联等国家的办法，要走出符合社会主义中国实际的道路，从而极大地促进了对农业现代化理论与实际问题的研究，并将农业现代化的试点和学术活动推向高潮。中国农业科学院根据中央领导的指示，组织有关专家，开展了"加速我国农业现代化建设"课题研究，在总结了我国农业生产发展及基本特点的基础上，研究提出我国农业现代化建设的目标，即产品产量指标、主要生产条件和技术管理、成效指标；我国农业现代化的途径，即原则、进行步骤和主要途径；实现我国农业现代化建设的改革（措施）意见。为了更好地借鉴国外农业现代化的经验和教训，整理编写了美国、前苏联、日本、法国、联邦德国等国农业现代化的主要经验和问题的综合材料。其后，各有关方面进一步就与农业现代化有关的一些问题开展专题研究，如规模经营、农村工业化、剩余劳动力转移、农业投入、工农关系、社会化服务、农业科技进步等。

（三）第三阶段：20世纪90年代

此阶段是从宏观经济角度来研究与推进农业现代化发展。1992年，党的十四大明确提出我国经济体制改革的目标是建立社会主义市场经济体制。农业和农村经济是国民经济的重要组成部分，农业现代化的发展既是中国市场经济发展的有机组成部分，客观上又受到市场经济发展内在规律的制约，因而加强了从宏观经济角度研究推进农业现代化。1993年1月至1995年12月，中国农业科学院组织全国有关专家，开展了"中国农业现代化建设理论、道路、模式研究"。通过分析中国近半个世纪的农业发展，并借鉴国际经验，研究提出了中国农业发展建设道路和农村工业与农业发展相关性分析及其阶段划分、农村市场经济体制建设的构想、农业现代化建设12个主要模式、农业现代化建设指标体系以及工农关系与城乡关系、农业与农村产业结构、农业技术改革、农业投入、农村劳动力转移、农业持续发展等方面的政策。与此同时，农业部软科学委员会还组织开展了农业规模经营，传统农区实现农业专业化、商品化和现代化的一般模式，沿海发达地区率先基本实现农业现代化的途径，农业机械化的经济评价和社会效益，粮棉主产区农业机械化发展的道路与制约因素，农用生产资料生产与流通等方面的研究工作。

（四）第四阶段：21世纪初至今

此阶段是以全面、协调、可持续发展观为指导，研究与推进农业现代化发展。目前我国已处在工业化中期，经济实力和综合国力显著增强，"工业反哺农业、城市支持农村"的条件已经成熟。2002年，党的十六大提出全面建设小康社会，加快推进社会主义现代化。2007年，党的十七大要求走"中国特色自主创新道路"、"中国特色新兴工业化道路"、"中国特色农业现代化道路"、"中国特色城镇化道路"、"中国特色政治发展道路"。2012年党的十八大的报告提出要"坚持走中国特色新型工业化、信息化、城镇化、农业现代化道路，推动信息化和工业化深度融合、工业化和城镇化良性互动、城镇化和农业现代化相互协调，促进工业化、信息化、城镇化、农业现代化同步发展"。2014年中央"一号文件"指出，"推进中国特色农业现代化，要始终把改革作为根本动力，立足国情农情，顺应时代要求"、"努力走出一条生产技术先进、经营规模适度、市场竞争力强、生态环境可持续的中国特色新型农业现代化道路"。2015年中央"一号文件"指出，要"主动适应经济发展新常态，按照稳粮增收、提质增效、创新驱动的总要求，继续全面深化农村改革，全面推进农村法治建设，推动新型工业化、信息化、城镇化和农业现代化同步发展"。2015 年 10 月 29 日《中共中央关于制定国民经济和社会发展第十三个五年规划的建议》指出，要"着力构建现代农业产业体系、生产体系、经营体系，提高农业质量效益和竞争力，推动粮经饲统筹、农林牧渔结合、种养加一体、一二三产业融合发展，走产出高效、产品安全、资源节约、环境友好的农业现代化道路"。

二、中国农业现代化的主要制约因素

尽管中国农业现代化建设取得了显著成绩，但立足实际，从农业现代化发展要求来看，仍然存在着很多制约因素。

（一）城乡二元经济结构依旧存在

许多发达国家尤其是已经建立了现代农业的国家，是在比较成熟的市场经济体制下，推进农业现代化建设，农业发展的体制机制比较完善。而我国长期以来采取重工轻农的发展战略，出现了工农业产品不等价交换、财政支农水平不高、农村资金过多转移、农民承担较多无偿劳动等现象，造成农业和农村发展明显滞后于工业和城市发展，城乡之间在收入水平、公共产品供给和公共资源分配等方面差距过大。为了应对这种紧张局面，国家开始实行粮食统购统销制度，后来又实行了严格的城乡户籍制度。19 世纪 80 年代为了纠正制度偏差，推出"蓝印户口"试图解决城乡户籍问题，但是第二次工业化所兴起的乡镇企业，重点是解决本地农业劳动力的就业问题。因此，提出了虽然可以离开故乡，但不能离开农业建设的战略政策。农民工虽然先后涌进沿海发达地区，获得了在城市就业的机会，但是却没能在城市安家落户，就此形成了流动于城乡之间的大批流动人口。目前，我国社会依然面临着经济社会结构的转型，以及明显的城乡二元结构的约束。

（二）农业发展的资源约束条件日益突出

我国耕地呈现出的特点是资源总量大，人均少，质量不高，分布不均，一直面临着人均耕地少、优质耕地少、后备耕地资源少等突出问题，以及土地沙化、土壤退化、"三废"污染等严重问题。尽管我国耕地面积总量很大，但由于我国人口众多、对耕地养护不够等，我国人均占有耕地数量有限，而且耕地区域分布不均衡，与水土资源匹配不协调，2009 年底，全国耕地 20.31 亿亩，其中，有 8474 万亩耕地位于东北、西北地区的林区、草原以及河流湖泊最高洪水位控制线范围内，还有 6471 万亩耕地位于 25 度以上陡坡。其中，相当部分需要根据国家退耕还林、还草、还湿和耕地休养生息的总体安排作逐步调整；有相当数量耕地受到中、重度污染，大多不宜耕种；还有一定数量的耕地因开矿塌陷造成地表土层破坏、地下水超采，已影响正常耕种。①

（三）农业劳动生产率低

我国农业的土地产出率与美国、日本等已经实现了农业现代化的国家相比，水平差不多，但劳动生产率则相差悬殊。即使与世界平均水平相比，我国的农业劳动生产率也很低。按每个劳动力生产的谷物计算，我国只相当于世界平均水平的70%。我国每个劳动力生产的肉类只及世界平均水平的85%。

我国农业需要被进一步重视，提高生产率，提高机械运作水平，把科技运用到现代农业中来，促进农业的长足发展，为第一产业的发展提供长期的支持，继续缩小工农劳动生产率的差距，农业现代化才能加速发展。农民的受教育水平、科学文化素质都会影响到劳动生产率，而当前农民的整体素质较低，缺乏足够的现代科学文化知识，尤其是现代农业生产知识和现代农业生产经营技能，市场意识和竞争意识还比较缺乏，职业农民比重较小，这些对我国农业现代化建设造成了不可低估的阻滞作用。农民是建设农业现代化、建设新农村的主体，加快农业科技进步，最终要靠提高农民的科技素质，提高他们承接、运用科技成果的能力。

（四）农业科技支撑不足

从整体来讲，中国农业技术落后的状况并没有得到根本的改变。主要表现为：一是农业科技推广、应用落后于农业科学研究，许多农业科研成果仍然停留在实验室，无法在生产中应用转化，科研成果转化率低，覆盖面小。二是农业科技自主创新能力低，现阶段我国农业科技创新存在不足，具有自主知识产权的农业科技创新产品缺乏，品质好的品种几乎还是依靠进口，缺乏自己的品牌，农业科技重大突破性成果比较少，真正能运用到生产上的成果更少，农业生产科技含量低，科技储备不足，制约主要农产品生产稳定发展。三是现有的农业科技进步贡献率偏低，肥料、水、农药利用率仅为30%～35%，只有国际先进水平的一半左右。四是基层农业科技特派人员的工作条件差、很多科研设备都不完善，而且待遇低、活动经费少，影响了农业科技工作者的积极性和队伍的稳定性。五是农业科技人员少，组织机构不健全。这些情况说明，我国农

---

① 国土资源部，国家统计局，国务院第二次全国土地调查领导小组办公室. 关于第二次全国土地调查主要数据成果的公报，http：//www.qianhuaweb.com/content/2013-12/31/.

业科技对现代农业的引领和支撑作用还十分有限，科技进步还不适应发展现代农业、推进新农村建设的需要，提升农业科技创新和应用水平的任务还相当繁重和艰巨。

（五）农业生态环境日益恶化

因人口的压力，对资源的开发盲目无度，使这些年来中国的生态环境受到了严重破坏。水土流失严重，截至 2013 年底，全国水土流失面积达 356 万平方公里，占全国国土面积的 37%，年均土壤侵蚀量高达 45 亿吨。沙漠化继续扩大，2009 年，全国荒漠化土地总面积 262.4 万平方公里，全国约 90% 的天然草地存在不同程度的退化。目前全国沙漠化土地每年以 1000 多平方公里的速度在扩展，且退化的趋势严重威胁着耕地的数量和质量。森林资源危机，2013 年全国森林面积 2.08 亿公顷，森林覆盖率 21.63%，森林蓄积 151.37 亿立方米。国家林业局有关人士表示，我国森林覆盖率远低于全球 31% 的平均水平，人均森林面积仅为世界人均水平的 1/4，人均森林蓄积只有世界人均水平的 1/7。森林覆盖率低，植被破坏，生态恶化，自然灾害频繁，已严重威胁农业生产。农田污染日益加重，土地盐渍化、土壤肥力衰退，农田生态环境受到极大破坏。总之，环境恶化，生态失衡，农业持续发展面临严峻的挑战。

（六）农业社会化服务体系不健全

农业现代化的大发展，需要完善现有的社会化服务体系。只有建立一套科学、发达的服务体系，才能促进我国农业的快速发展。虽然我国早就有农业合作组织，但是早期的合作社是由于生产工具不能满足劳作的需要，农户自发组织起来形成的互助，没有能力为广大农民提供更多的服务，更缺乏技术指导。就是当前我国大部分地区的社会化服务体系也还不够健全，发育滞后，没有发挥出农民专业合作社应有的作用，缺乏发展现代农业的服务条件。

农业社会化服务体系当前存在的问题主要有：一是服务跨度还不能全覆盖。不仅不能涵括所有农户，而且服务项目也单一。特别是我国西部不发达地区，经济水平不高，农业技术人才短缺，在农业的生产服务项目上只停留在基础的部分，比如耕地、灌溉、除草等。由于服务体系的不健全，新的生产技术得不到有效推广，农民的劳作效率低，并且缺乏对农民的生产服务指导，完全不能满足农户多样化、多层次的需求。二是服务信息不完全。由于一些地方还比较落后，还没有通信设施或是通信设施还不健全，很多农民根本不懂网络，更不知从何处获取农业信息，农业的经济、科技、市场信息不畅通，每年的生产耕作都是凭借自身的经验。再加上当前的农业网络信息系统还在建设中，农业生产的各个环节联系性差，从播种到加工再到销售，没有形成全面的产业链。总之，我国的农业社会化服务体系还不健全，还存在服务不专业、效率低等问题，制约了农业商品化的发展。[1]

三、中国推进农业现代化的制度与政策创新

立足国情农情，适应新形势、新目标、新任务，推进中国特色农业现代化，既需要在规范和调整决定资源配置的制度层面不断创新，引导资源优化配置，也需要政府行为导向在宏观管理和调控层面完善相关政策措施。[2]

（一）制度创新

1. 土地制度

未来一段时期，可行的思路是在坚持农村土地集体所有的前提下，对土地承包经营权进行分解，将承包经营权分解为独立的承包权和经营权，实现承包权和经营权的"两权"分离。一是保障农户承包权，发挥其财产功能。保障承包农户的土地财产权利，使其在土地流转和征收时能够获得资本收益，拓展增加农民财产性收入的渠道。二是放活经营权，推动土地优化配置。通过健全土地流转市场、规范流转中介服务、强化流转合同的法律保护等措施，稳定土地经营权主体的预期，使土地资源向最有效率的经营者集中。

2. 经营制度

经营制度创新，目的在于对农业生产关系进行调整和变革。一是坚持家庭经营的基础性地位。既要考虑到农户小规模兼业状况的普遍性和长期性，也要顺应农村劳动力分工分业的趋势，通过制度创新培养专业大户、家庭农场等新型家庭经营主体，打造升级版的农业家庭经营组织。二是大力发展农业社会化服务组织。在农户普遍小规模经营条件下要实现农业现代化，社会化服务是不可或缺的中介和纽带。要深化基层农业公共服务机构改革，支持发展各种为农服务的经营性组织，建立多元化的农业社会化服务体系。三是发挥集体经营、合作经营、企业经营的功能和作用。充分发挥不同类型组织在对接市场、引入现代生产要素和创新经营模式等方面的比较优势，使各类经营组织各尽所能、各展所长、各得其所。

3. 科技体制机制

---

[1]　张玲娜. 中国农业现代化进程中存在的问题及对策研究［D］. 西华大学学位论文，2014.

[2]　张红宇，张海阳，李伟毅，等. 中国特色农业现代化：目标定位与改革创新［J］. 中国农村经济，2015（1）.

面向农业现代化的农业科技体制机制创新，重点在于完善两个方面的制度。一是建立有利于先进实用科技成果涌现的制度。立足产业需求，推动农业科技创新由侧重技术研发向注重研发、推广、应用相融合转变，由注重提高土地产出率向提高土地产出率、资源利用率和劳动生产率并重转变，由注重单一的农业生产技术向农业生产与农业多功能发展相统筹转变。通过集中投入、联合攻关，大力开发具有重大应用价值的突破性科技成果。积极培育多元化的农业科技创新组织，充分发挥企业在农业科技创新中的主体作用。二是建立有利于技术成果推广应用的制度。大力推进农业科技大联合、大协作，建立产学研用深度融合机制，形成科技与生产紧密衔接、优质科技资源与优势产区无缝对接、中央与地方科研力量上下贯通、不同区域和不同学科专家协同创新的农业科技发展格局。

4. 金融制度

现代农业经营主体的金融需求具有额度较高、周期较长、类型多样等特点。要以满足新型农业经营主体的需求为重点，深化农村金融制度改革。一是推动农村金融体制创新。建立商业金融、政策金融、合作金融有机统一、协调高效的农村金融体系，完善金融支农的激励约束机制，以多元化渠道满足不同主体的金融需求。二是明确不同农业产业金融创新的突破口。针对粮棉油糖生产、农作物制种、园艺作物生产、畜牧业、渔业、农机服务等不同产业的特征，有针对性地创新金融产品与金融服务方式。三是创新农村抵押担保机制。积极培育涉农担保组织，建立和完善农村产权交易市场，完善农村抵押资产变现处置机制，克服涉农信贷担保瓶颈。四是完善政策性农业保险制度。健全农业保险管理体制，提高农业保险相关利益方的有效参与度，加大财政投入力度，增加保费补贴品种，提高农业保险的风险保障水平，建立财政支持的农业大灾风险分散机制。

5. 人力资本制度

农业领域的人力资本表现形式包括有知识、有创新精神的农民，称职的科学家和技术人员队伍，有远见的公共行政管理人员和企业家，人力资本存量是决定农业生产率的重要因素之一。就中国而言，除了培养高水平的农业科技人员和建立高素质的农业宏观调控管理队伍，当务之急是以加快培育新型职业农民为重点，把劳动力资源优势转变为人力资本优势。一是实行职业农民准入制度。制定新型职业农民标准，出台相应的扶持政策，使农业真正成为进入有要求、经营有效益、收入有保障、职业有尊严的行业。二是强化职业农民教育培训。制订新型职业农民教育培训规划，以家庭农场主、农民合作社负责人和返乡创业人员等为重点，加大财政投入，实行免费的职业农民教育培训。三是建立高素质人才回流农村机制。引进高层次专业人才从事农业，支持农业科技人员、大中专院校毕业生、返乡创业人员投入现代农业建设。

（二）政策突破

在政府行为导向方面，要秉承两项原则，进一步完善农业政策框架。其一是随着国家经济实力的增强和工农关系、城乡关系的变化，坚持不断加大农业支持保护力度，健全和完善强农惠农富农政策体系的基本方向；其二是在中国农业与世界农业竞争加剧、融合加快的大背景下，要更加关注国际因素，采取符合 WTO 规则、与国际惯例接轨的政策工具。其重点是三个方面：

1. 农业投入政策

聚焦于强化农业基础设施和农业基本公共服务，大幅增加农业农村基础设施建设投入，建立农业投入稳定增长的长效机制。启动一批拉动内需作用大、经济社会生态效益明显的农业农村建设项目，尽快改变城乡基础设施状况反差巨大的局面。大力实施高标准农田建设规划，整合财政投入，统一建设标准，提高建设效果，确保到 2020 年建成 8 亿亩高标准农田。以耕地整治、农田水利为重点，建立耕地质量建设与管护的长效机制，确保耕地质量与主要水利设施永续利用。加强农业面源污染防治，采取综合性措施，防止城镇和工业污染向农村转移和扩散。

2. 农产品价格政策

目前，中国主要粮食品种最低收购价格和大豆、棉花临时收储价格已经远高于同等进口产品到岸完税价格，农产品价格政策到了必须调整和完善的时候。完善农产品价格政策，重点是探索实行"价补分离"的目标价格补贴政策，这样既能充分发挥市场在农产品价格形成中的决定性作用，又能保障农业生产的合理收益。2014 年，中国政府启动了东北和内蒙古大豆、新疆棉花的目标价格补贴试点。下一步，要鼓励地方积极探索蔬菜、生猪等农产品的目标价格保险试点。要在总结试点经验的基础上，逐步扩大目标价格政策覆盖的产品和区域范围，不断完善农产品价格形成机制。

3. 农业补贴政策

通过多年实践，中国已经初步构建起新时期农业补贴制度框架。下一步要延续增加农业补贴的趋势，进一步健全和完善补贴政策工具和操作办法。一是继续增加补贴总量。随着国家经济实力增强，增加农民补贴规模、扩大补贴覆盖范围是大势所趋。二是普惠性补贴数量不减少。农业补贴政策具有刚性特征，以往按照农户承包耕地面积发放的各项补贴不能减少或取消。三是重点增加生产性专项补贴。调整和充实补贴政策的内容，重点增加农田水利设施建设、农业投入品、农业灾害救助、技术应用与推广、资源和生态保护、农民培训等方面的补贴。四是提高补贴政策的针对性。新增农业补贴资金，重点向从事粮食生产的专业大户、家庭农场、农民合作社等新型农业经营主体倾斜，并研究出台专门针对新型农业经营主体的补贴项目，使优惠政策向更有效率的生产者集中。五是完善补贴操作办法。整合资金渠道和补贴项目，将一些政策目标、发放渠道、实施对象比较接近的补贴项目归并，提高政策实施效率。①

第四节　中国现代农业的发展战略

现代农业发展是一个复杂的系统工程，在实际推进过程中，要以市场为导向，以农业不断增效、农民不断增收为目标，以现代科学技术、现代经营管理方法和现代工业机械装备武装农业为重点，大力推进农业结构创新、技术创新、组织管理创新和制度创新，切实提高农业综合生产能力。

一、土地资本化战略

农业最基本的物质生产资料就是土地，其具有位置固定性、数量有限性等特征。当前，土地制度也具有局限性，主要表现在以下两个方面：在土地产权方面，由于其产权的不明晰，不利于生产方式做出调整，直接对农民的利益造成了损害；在土地分配方面，不能进行规模经营。土地产权不清晰和土地资本化无法实现是农村土地制度安排最根本的局限，不仅不利于现代农业的发展、农业经营效益的提升，而且导致农民深陷相对贫困的尴尬境遇。所以，对土地制度进行进一步的革新，是实现土地资本化、农业现代化和提升农业生产水平的有效途径。

（一）"农民所有"

实现现代农业最有效的解决方案就是实施"农民所有"，即农民拥有土地的所有权，实现"耕者有其田"。事实证明，完整的产权具备极高的经济效益。农业现代化的问题不仅能够得到解决，土地经营者或农民的短期行为也能够克服；农业生态环境的改善，水土流失的治理，农业和农村生态的可持续发展可以得到实现。然而这种制度变迁和改革所遇到的阻力也很大，需要与之相

---

① 张红宇，张海阳，李伟毅，等．中国特色农业现代化：目标定位与改革创新[J]．中国农村经济，2015（1）．

应的改革和配套举措。

（二）"永佃制"

"永佃制"也就是"田底权"，就是土地的最终所有权是被国家或者集体所拥有，可进行单独转让又不对"田面权"造成影响；"田面权"是指农民可以永久使用土地，可以进行出租、转让或者继承。"永佃制"的最大优势就是稳定的产权界定，创造实现土地资本化的有利条件。"永佃制"的改革在当前的土地制度下进行较为容易。但它仍然是不完善的土地产权制度，存在现行土地制度中的一些弊端会陆续出现。因而，一系列的配套改革也必须在"永佃制"改革时实行。

（1）家庭承包责任制要实现由行政化转向法制化的轨道，地方政府的行为就必须通过立法进行约束和规范。农户的切身利益和地位得到法制保护，使得产权界定更清晰、权责利关系更对称，因此，资源配置效率、制度经济绩效在产权缺乏的背景下仍然能得到提高。

（2）建立完善的土地流转机制。实践证明，单个农户小规模耕作的生产方式不能让农业获得集约化、规模化经营的效益，也不能较大幅度地提高农业生产效率。土地经营权流转权限的明确规定，使得土地这一生产资料的组合得到很大程度的优化，推动了高效率、适度规模的农业生产方式的实现。土地经营权流转的主体包括原始出让人、原始受让人、再转让人和再受让人。以法律的形式对土地经营权流转程序和流转主体的权利、义务进行界定，这是顺利实现农村土地经营权流转的保证。同时对于流转机制而言，应该提升其效率，使流转成本降低。因而，政府部门应该积极地引导和建立流转服务机构，提供一些专门化的服务，如土地经营权法律文书、价值评估、公证等，来推进土地流转的顺利实现。

二、农业剩余劳动力市民化战略

要深化户籍制度改革，拆除壁垒，加快农民向市民转变。在我国，每一块农业土地上都承载着大量的农业人口，因为我国采取的是独特的户籍制度和人口政策。在部分自然环境差、土壤贫瘠的地方，大量的农业人口也无法从当地流出，从而致使自然资源条件、农业生产环境和农民的生存状况都进一步恶化，农业的生产经营效益、土地产出能力也不断下降。同样，大量的农业人口会阻碍一些自然资源条件较好地方的农业规模经营，农民的收益不断降低。因而，要想过多农业劳动力从农村地区流出，为城镇居民到农村创业营造条件，就必须使农民市民化，这样就可以为流入农村地区的技术人员提供保障，使他们可以自由地流回大中城市，即"来回自由"。对务农者而言，这为他们弃农从商、从政、做工提供了制度上的保障，从而使农业在真正意义上成为社会分工中的一类行业，不再是公民自由流动的枷锁。当前，彻底的人口自由流动在我国大部分地区是不可能一步到位地实现，依据我国农村劳动力过剩的实际状况，在今后几年内，将会把人口 100 万人以下的中小城市作为对象，与农村地区一起实施整体的户籍管理制度，即贯彻按照职业登记的统一户籍政策。在这样的户籍政策下，人们既可以带着技术、资金、资源等进城，也可以在农村大力发展符合国家政策的项目或工业，实现公民自由流动。在其基础之上，对于 100 万人口以下的地区而言，可以建立城乡统一的劳动力就业市场。在该市场上，不管是农村的还是城镇的居民，可以享受同等的就业政策，并进行公平竞争。而对于 100 万人口以上的大中城市而言，应该率先将部分劳动密集型行业的就业市场放开和扩展，实行非歧视的就业政策，吸引大量农村剩余劳动力流入城市就业。在时机成熟的时候，全面推进 100 万人口以上的大中城市城乡一体化户籍管理制度的改革。因此，基于农民的视角，在城乡户籍制度改革下，他们可以获得和城镇居民同样的发展机会。

除此之外，应该有相应的配套改革来彻底处理城乡人口的双向流动，推进城乡工业一体化的顺利发展。

一是打破城乡分割体制，变城乡分开的"就地转化"政策为以"异地转化"为主，"异地转化"和"就地转化"相结合的政策。依据人口城市化内涵进行推测，农村劳动力"就地城镇化"与"异地转移城镇化"相比，效果不显著。"异地转化"的农村人口，尽管不能立刻斩断与农村的关系，但是他们毕竟身处大城市，不断受到城市生活方式的影响，因而农村对他们的影响将被不断削弱。我国大部分城市有必要也有能力吸收农村剩余劳动力，却受制于很低的城市化水平、低城市规模和未完全发挥的城市积聚功能和规模效应。要想进一步推动城市的发展，城乡统一是必然趋势和要求。因而，政府应该采取以向大中城市"异地转化"为主，"异地转化"和"就地转化"相结合的政策。

二是加快资本市场化改革，应积极引导国有商业银行以及非国有银行，进入农村拓展金融业务，支持这些银行在农村设立营业机构，开展存贷款活动。依据市场化的原则，国家应该适度对农村企业贷款利率的浮动范畴进行放松。与此同时，积极寻求符合农村企业特征的操作程序和经营管理的制度，来鼓舞和帮助农民或城镇居民在农村地区大力发展一些劳动密集型的产业和农产品加工业。还应该对外资企业、城市企业到农村投资实行一些优惠政策，使它们投资于农村的劳动密集型产业和农产品加工业。

三是取消乡镇一级财政设置，将该级的财权和事权上收至县级财政。在事权和财权不断上移的同时，应对乡镇一级政府部门进行改革，势必将其打造成县一级的派出机构，如裁员、删减重叠机构等。县级财政体制的重建和巩固必须依据财权、事权相对称的原则进行。根据这些举措，使管理农业的成本不断下降，将过度榨取农民和农业剩余价值的体制温床移除。在我国经济实力不断加强的背景下，农业为工业进行资本积累的功能将不断弱化，并应转变国家财政分配对城市偏斜的趋势，要不断地提升国家财政向农业的支出总量和支出比重，推进农业生产资料和农民生产环境的不断改善，帮助农业产业结构的不断调整，使城乡差距不断缩减。

三、农业科技产业化战略

农业科技成果产业化是指对先进、成熟、能推动农业生产力发展、有较高经济效益的科技成果进行集约化、规模化、专业化的商品性生产和网络化营销的技术经济活动，它由成果条件、生产条件和市场条件三方面要素构成。农业科技成果产业化是农业生产产业化的重要组成部分，是实施科教兴国战略、促进科技与经济紧密结合的有力措施。

将农业生产活动与农业科研、农业技术开发推广有机连接在一起，并将农业科研成果立即转化为农业发展所需要的产品、技术或者促进农业新产业的形成，可以在很大程度上推动农业产业化进程。以市场需求为导向，以科技成果为内容，以产品研发、技术研发、市场开发和生产能力开发为手段，实现农业运行机制的转变，推进农业科技成果转化为生产力。农业科技成果的产业化又反作用于农业科技、教育，以更高的要求推进高水平的人才和科技成果的产出，进而使农业科技教育得到较大提升。农业科技成果产业化有科研开发经营型、进入企业集团型、科企联合型和科技企业型几种模式，在其产业化的过程中，现有的科研机构将实现多元化的发展。

对于农业企业而言，它不仅是农业科技的受体，也是农业科技产业化的主体。以企业为主体和处于企业之中的科研机构的科研成果实现物化、商品化，这将进一步推进农业科技产业化。由于科研机构位于企业之中，从而越过了农业科技转化为市场商品的许多中间环节和障碍，由此产生了一条便捷的农业科技产业化通道，使农业科技转化为商品的距离大大缩短。纵观国外农业科技产业化企业，大多设有自己的科研机构。例如，杜邦公司的研发中心，集中了各类科研精英 2000 多人，源源不断地研究开发新产品，并使之迅速产业化。

企业对培育农业科技产业化至关重要。即使科研机构处于企业之中，也只是省略了农业科技产业化的很多中间环节，但是对于农业科技产业化的过程而言，其仍然是一连串经济行为组合和对接的繁杂过程。各级政府、开发园区、经济开发组织和大企业作为企业孵化器的主办单位，各孵化器不尽相同。农业科技产业化的小企业通常寄于经济开发组织、开发园区的企业和政府创办的企业创新之中；大企业的孵化器是其企业内部的农业科技产业化项目。

应运用现代科技装备农业，促进农业科技产业化，进而推动农业现代化的实现。农业科技具有公共物品的特性，对于国家而言，要实现农业科技成果顺利转化为生产力，实现传统农业向现代农业的转变，就必须为农业科技的研发、创新、推广提供全面的保障。同时要用足用好"绿箱"政策，如在 WTO 的规划中，对农业教育和科技的补贴属于允许实施的"绿箱"政策。但我国此方面的平均支持水平（1999—2001 年）仅占整个"绿箱"政策总支持水平的 0.13%，远低于发达国家和有些发展中国家。因而，农业保护政策体系的建立要与国际经贸惯例相符，贯彻"绿箱"政策，对农业科研、推广加大投入，扩大政策实施的空间。在加入 WTO 的大背景下，对我国农产品质量、品种、安全等方面要求更高，农业及农村所承受的竞争压力逐步增大。对农技推广人员而言，要想对其知识、技术的结构进行调整，就必须加大对基层农业管理人员、现有农技人员、农业大户的教育和培训。要建立多元化农业投入体系，尤其是引导和支持私人部门（农户、农业企业）对农业科研、推广服务的投资，可以以技术供给成本为对象建立补偿政策，通过技术交易市场化、企业内部创新等手段，促进技术创新激励机制的形成。与此同时，以资本运作来建立农业风险投资机制。鉴于农业技术尤其是高新技术某些不确定因素的存在，因而，要从制度上成立农业高新技术产业发展的融资担保资金，为农业高新技术的发展提供风险担保，其来源主要为政府拨款、定向募集、金融保险和社会捐赠。

除此之外，需要构建与之相应的配套政策体系。如：（1）税收优惠政策。经过省级部门认定的自主研发新产品和新品种，可减免相关所得税、增值税及附加税。（2）农业技术推广补贴政策。由于农业技术、农业推广服务存在公共物品性，对农业推广作出显著贡献的企业、个人、科研单位等可得到政府相关补贴。（3）农业知识产权的管理和保护。依据《中华人民共和国科学技术进步法》和《农作物新品种保护条例》，对农业科技产业化过程中的市场行为进行规范，使农业科技创新者的合法权益得到切实的保护。通过相关法律宣传、培训、普及工作的开展，指引知识产权管理制度在农业科研单位、企业和高校构建和完善。（4）农业科技人员技术入股。农业科技人员可以在科研机构转制为股份制企业时，以技术要素入股，并参与收益分配。

四、农业合作组织化战略

基于发展中国家的视角，尤其是对中国而言，农业现代化过程中出现了多样化组织创新形式，日本及欧洲模式比美国模式更具借鉴意义。在农业现代化的进程中，农业经济合作组织发挥了关键功能。欧洲作为世界合作社的起源地，历经百年实践，使得农业合作经济组织渗入其农村经济的各个区域。在日本，"农协"在其组织结构方面，形成从中央到地方各个层次的完备的组织体系；在其经营范围方面，涵盖各个领域，具有极高的综合性。日本"农协"与欧洲"农业合作社"本质上是一致的，可以将其统称为农业社会化服务体系或者农业合作经济组织。日本及欧洲大陆的农业合作经济组织的产生和完善，区别于美国的一个特殊原因，即稀缺的土地资源形成人地制约因素，从而形成小规模土地经营。对于分散的小规模土地经营的农户而言，面临着较大的经营风险、抵抗风险能力及与外部经营主体谈判能力较弱。在这样的形势下，小规模经营的农户如果想要获取技术指导、生产资料购买和社会化销售等服务，一是依靠外部经营主体，任人摆布，二是自己团结起来，以自愿合作、相互扶持为原则，建立合作社，积极参与市场竞争，获得自己应得的利益。

在中国，由于农业现代化进程加快和社会主义新农村建设的启动，必须实现两大突破。就农业运行而言，要实现"自给型方式"转变为"市场型方式"，农业日益增产、市场份额的扩大是其必须完成的重要任务；就农业运行体系而言，要摒弃以低级要素为基础的农业运行体系，构建高级要素农业运行体系，即吸收外源式的融资、人力资本、农业科技等社会资源中有利于农业产业发展的高要素。这两大突破是农业运行过程逐渐有序化的标志，因而农业经济组织的创新无疑是其有序化的根本。简言之，适应农业发展需要而产生的组织创新将成为现代农业发展的顽强的"内生"动力。农业运行体系可以吸收高级要素，颠覆依靠外生性的困境，从而不断优化农业产出结构。这不仅表现为传统产品的升级换代，而且更重要的是表现为引导消费潮流的农业产业将不断涌现，"产业分化"必将改变农业被动适应市场需求的局面而呈现出发展"强势"。

农业现代化，不仅仅是现代农业发展的关键内容，也是农业进步过程的展现。在宏观层面，农业现代化将极大地提升农业土地产出率和农业劳动生产率，削减对自然资源的依赖性，使一国农产品供给能力和人们日益增长的食品需求、工业快速发展的需要相适应，为国家全面现代化的实现创造了必要条件；在微观层面，以家庭农场、公司农场和合作农场为经营的主体，将在农业现代化过程中，以经营现代商品农业、提升农产品市场竞争力为手段来获取利润，增加收益。农业现代化中，土地资本化、农民市民化、农业科技产业化和农业合作组织化等组织、制度、要素的改革和创新，将在很大程度上推动我国农业现代化的发展，从本质上解决"三农"问题，使中国经济发展中的二元经济结构矛盾得到缓解，它也是我国农村改革的根本方向之一。

小　　结

1. 回顾农业生产的历史进程，可以将农业划分为：原始农业、传统农业、现代农业。要积极发展现代农业，就要不断推进农业现代化。

2. 农业现代化就是从传统农业向现代农业转变的过程，是现代集约农业和高度商品化农业相统一的发展历程。根据不同阶段的特征，可将农业现代化划分为经典农业现代化、后现代农业现代化、新农业现代化。

3. 由于各国的国情差异，农业现代化的目标和内容不一样。自 1949 年以来，我国就不断研究和推进农业现代化，但是，还面临诸如城乡二元经济结构依旧存在、农业发展资源约束条件日益突出、农业劳动生产率低、农业科技支撑不足、农业生态环境日益恶化、农业社会化服务体系不健全等制约因素。

4. 在进一步推进中国现代农业发展的过程中，应处理好各种关系，积极实行土地资本化战略、农民市民化战略、农业科技产业化战略、农业合作组织化战略等。

关　键　词

原始农业　传统农业　现代农业　农业现代化　目标　内容　制约因素
发展战略

复习思考题

1. 简述农业现代化的内涵、目标与内容。
2. 农业现代化可划分为哪几个阶段？各阶段的主要特征是什么？
3. 简述我国研究和推进农业现代化的历程。
4. 在我国推进农业现代化的过程中，面临哪些制约因素？如何创新农业现代化的制度与政策？

5. 试述我国农业现代化发展战略。

主要参考文献

［1］曹俊杰，高峰. 工业化和城镇化背景下的农业现代化问题研究［M］. 中国财政经济出版社，2013.

［2］辛岭. 中国农业现代化道路的制度困境与创新［M］. 中国农业科学技术出版社，2014.

［3］黄佩民. 中国农业现代化的历程和发展创新［J］. 农业现代化研究，2007，28（2）.

［4］谭国雄. 我国农业现代化进程应处理好六大关系［J］. 农业经济，2005（1）.

［5］朱光凯. 发达国家在农业现代化进程中的政府行为［J］. 全球科技经济瞭望，2006（5）.

［6］王锋. 制度变迁与我国农业现代化的实现［J］. 经济学家，2015（7）.

［7］张红宇，张海阳，李伟毅，等. 中国特色农业现代化：目标定位与改革创新［J］. 中国农村经济，2015（1）.

［8］周迪，程慧平. 中国农业现代化发展水平时空格局及趋同演变［J］. 华南农业大学学报（社会科学版），2015（1）.

［9］王俊，李佐军. 推进工业化、城镇化与农业现代化——再读《农业与工业化》的启示［J］. 西北农林科技大学学报（社会科学版），2015（1）.

［10］李克强. 以改革创新为动力　加快推进农业现代化［J］. 求是，2015（4）.

［11］徐维祥，舒季君，唐根年. 中国工业化、信息化、城镇化和农业现代化协调发展的时空格局与动态演进［J］. 经济学动态，2015（1）.

［12］金伟栋. 城乡一体化背景下农业现代化路径研究［J］. 农业现代化研究，2014，35（6）.

［13］王栓军. 我国现代农业发展路径的产业融合理论解析［J］. 农业经，2015（10）.

［14］王建忠，王斌. 发达国家现代农业服务业能发展特点及趋势［J］. 世界农业，2015（1）.

［15］李国英.产业互联网模式下现代农业产业发展路径［J］.现代经济探讨,2015（7）.

［16］谈镇,华桂宏.农业现代化进程的内在规律性［J］.唯实,2006（3）.

［17］蒋和平,黄德林.中国农业现代化发展水平的定量综合评价［J］.农业现代化研究,2006,27（2）.

第十五章　农业国际化与中国农业"走出去"

☞【学习目标】

通过本章学习，应当掌握以下内容：

（1）农业国际化与中国农业"走出去"的内涵。

（2）中国农业国际化发展的路径。

（3）中国农业"走出去"的战略原则与思路。

（4）中国农业"走出去"的战略政策与措施。

第一节　农业国际化发展与农业"走出去"概述

一、农业国际化发展的内涵

（一）农业国际化的内涵

当今世界是一个开放的世界，农业作为国民经济的基础产业，自然无法避开国际市场的竞争。随着全球农业生产力的不断提高，各国农业的发展速度加快，经济全球化成为一种必然趋势，农业国际化发展则是其中重要组成部分之一。

农业国际化发展是在农业领域中，经济全球化的具体展现，自20世纪90年代以来，农业国际化与经济全球化伴随着出现。进行理论研究的学者从多角度对其做出阐述，表达了众多内容不尽一致的概念。以下为具有代表性的几种：

农业国际化是在世界范围内对农业资源进行配置转换，依据比较优势原则进行地域分工，并据此整合国内农业资源，提升农业资源的利用效率，达到资源与产品的国内国际市场双向流动的状态，进入国际经济大循环，以实现保障农产品供给与农民增收的双重目标。通过交换商品和劳务、资本流动、转让技术等国际合作方式，形成互相依存、互相联系的全球经济体系。①

农业国际化指将国内农产品市场和世界市场接轨，缩减与消除各种关税与非关税壁垒，避免政府对生产者进行强制性干预。其内容应涵盖开放国内农产品市场、农业国际分工、农产品的国际交换、在世界范围内促进农业资源的流动与配置，以获得农产品国际贸易的利益。

农业国际化借鉴国际国内两个市场、两种资源全面利用的思路，将农业融入世界经济当中，进行国际分工与合作，达到优势互补的效果，提高农业的外向度和竞争力。这是农业发展到一定阶段的必然趋势，也是农业产业化深化、升级的必然要求，更是农业对外开放、参与国际竞争与协作的必要途径和经营方式。

美国艾奥瓦州立大学斯蒂芬·塞普博士指出，农业全球化是指农民对全球进出口货物及服务依赖程度的加大以及世界范围内贸易规则的标准化过程。

简言之，农业国际化指的是充分利用国际、国内农业资源及农业市场，进行农产品国际分工与交换，以实现农业资源配置的优化，保障农产品有效供给增加，农民收入的增加，达到农业可持续发展的目标。

（二）农业国际化发展的基本内容

（1）生产和竞争国际化。在经济全球化趋势下，农产品市场是逐渐开放的国际化大市场，面临的竞争压力日益加大。农业生产的国际化，指农业生产过程本身超过一国范围，在国际范围形成各国生产相互依赖、相互补充的格局，它是生产的社会化超越国界向国际发展的表现。农业国际化要求不同国家按照国际、国内的市场，两种资源全面利用的原则，把生产过程的各种要素、各个环节放到全球范围内综合考虑，选择最佳地点、最佳方式，按照国际标准组织生产加工与销售，将农业融合到世界经济之中，同时，参与国际分工与协作，以实现优势互补。②

（2）市场和销售国际化。农业国际化的主要标志是市场及销售的国际化程度。市场及销售国际化，即在全球市场销售商品，体现出商品的国际价值，促使农业生产要素在世界各国间流动，提升农业生产力与农产品的竞争力。农业国际化要求各个国家，既按照国际市场需求与质量标准开展种养、加工，使自己本国农业尽快与国际接轨，还要在农业上扩大深化与各国的交流及合作，提升本国农产品的质量水平、工艺技术与国际竞争力。

---

① 季明川．农业国际化的特征与发展趋向 [J]．山东经济发展战略，2002（6）．
② 杨文钰．农业产业化概论 [M]．高等教育出版社，2005．

(3) 投资和金融国际化。投资和金融国际化，是指农业领域广泛利用国际资本市场，既要积极创造条件在国际资本市场融资，又要以有效的方式吸引大的跨国公司来本国投资农业，推动农业项目的国际合作。

（三）农业国际化发展的特点

(1) 农业国际化发展与国际惯例接轨。农业国际化判断的标准不单纯是国际市场准入一方面，而是全方位地和国际惯例接轨。指的是在转变农业结构、农业制度与组织、农业生产的标准化与农产品国际贸易等领域均符合农业国际化的要求，依据国际化的标准组织农产品产、供、销环节。

(2) 农业国际化发展作为推动农业向现代化发展的系统工程。一国农业发展的终极目标是通过实现农业现代化，提升农业生产力水平，达到富国强民的目标。农业国际化是一个整体推动农业与农村向现代化发展的系统工程。通过对传统农业进行改造，打造特色农业、创汇农业、绿色农业，依据比较优势原则调整生产结构，进而推动农业现代化进程。

(3) 农业国际化发展的过程是循序渐进的。"化"本身就体现出其是一个过程，农业国际化更是一个崭新的过程，或者说是一个没有完结的过程。世界农业不断发展，农业经济不断变化，因而，农业国际化也是一个没有止境的过程。应把生产标准化、加工规模化、农业组织化、农村城市化、市场全球化，这一系列的"化"组合起来，促使农业国际化朝着更高层次、更广领域发展。

二、农业"走出去"的含义

（一）我国农业"走出去"的概念和意义

广义上，农业"走出去"包括农产品出口、农业对外合作、农业对外援助、农业直接投资等内容。狭义上，农业"走出去"为我国企业在政府的政策指导下，以营利与合作为目的，以平等互利为基础，利用资本、技术、产品和劳务输出等不同方式，对国外直接进行投资，不受额外干扰地开展合法农业生产与经营。

实施农业"走出去"战略既是经营主体自身发展的要求，还是我国农业可持续发展的需要。第一，我国在农作物种植管理、农业技术应用等方面具有较强优势，而土地资源相对匮乏。亚洲一些发展中国家和非洲一些国家的土地资源则十分丰富，气候条件适宜。如柬埔寨、老挝等国土地资源丰富，但土地整体开发程度较低；非洲可供开发的耕地面积超过一亿公顷，但实际利用不到四分之一，拥有巨大的土地开发潜力。第二，我国农业经历改革开放三十多年来的发展，温饱问题已基本解决，农业可持续发展是接下来面临的问题，离不开拓展国内外两个市场,利用国内外两种资源。第三,对于营造和平的国际环境,加快实施农业"走出去"战略具有重大意义,对促进发展中国家充分利用土地资源优势、发展农业经济、提高人民生活水平起到重要作用。

(二) 中国农业"走出去"的形势

1. 国际形势

从 20 世纪 90 年代至今,以生产、贸易、科技和金融全球化为核心内容的经济全球化,借助世界不同国家市场化改革的契机来实现全球市场化。跨国公司是经济全球化中主要的推动者。在农业国际化发展的同时,农业跨国公司对各国农业的控制程度日益提升,在农业国际贸易谈判中的话语权日趋增强,以孟山都为例的农业跨国公司也大力参与到关税及贸易总协定、世界贸易组织多回合的谈判中,逐渐增大对母国与东道国农业政策制定的影响,发挥着十分重要推动作用。当前,大部分发达国家的农业生产、流通、加工、运销等环节大体由跨国公司经营,如美国 87% 的牛肉为 4 家农业跨国公司生产经销,世界近 2 万亿美元的农业食品贸易被 10 家跨国公司控制,世界粮食交易量的 80% 都由 ADM (Archer Daniels Midland)、邦吉 (Bunge)、嘉吉 (Cargill)、路易达孚 (Louis Dreyfus) 等大型跨国公司垄断性地控制。对于一些发展中国家与地区,农业跨国公司加快速度进入当地市场,大大增强了对当地农业生产、流通的影响。

2. 国内形势

(1) 国外农业跨国公司对我国农业的主导作用明显增强。近年来,农业跨国公司渗透到我国种子业、农产品 (小麦、玉米、大米、大豆、大蒜、生猪) 的生产、收购、批发、流通、加工各环节。外资基本控制了中国的大豆产业,世界粮油新加坡丰益国际有限公司投资的"益海嘉里"粮油项目正式落户中原粮仓;以"ABCD"(ADM、邦基、嘉吉和路易达孚) 四大国际粮商为代表的外资企业,通过并购、参股、合资等方式,控制了中国约 60% 的油脂企业;在入股中国肉联巨头企业——双汇集团后,高盛于 2008 年 8 月又斥资 3 亿美元,在湖南、福建等生猪养殖的重点地区全资收购了十多家专业养猪场,2008 年 8 月,德意志银行宣布以 6000 万美元的价格收购上海宏博养猪场 30% 的股份。近年来,国际粮商也开始大规模掌握我国粮源,在不同地区建立或收购面粉厂和大米加工厂,对粮食购销网络进行巩固,打开粮食消费市场。中国农业在世界经济全球化日益加速的进程中,若单单依靠农产品对外贸易参与国际经济合作与竞争,已无法适应市场的发展,通过农业"走出去"直接掌握国际粮源,打造稳定的国际粮食供应链,阻断跨国公司风险转移链条,才能在一定程度上能够保障国内粮食安全。因此,"走出去"是我国顺应潮流而制定的一项重大战略措施。

(2)中国农业不平衡的对外开放格局。既"引进来",又"走出去"的双向开放才是完全意义的对外开放。"走出去"与"引进来"作为对外开放政策相辅相成的两个方面。理论上,中国经济实力与市场竞争能力的增强的为农业实施"走出去"战略打下了基础;国际竞争力的不断提高和市场经济体制的不断完善,促使中国农业开始在世界范围内发挥其比较优势,参与国际竞争。实践上,中国农业"走出去"战略与预期的效果仍有较大差距。在谈及"走出去"战略时,人们常把其定格在工业制造业而忽视农业。这与目前农业的"走出去"在很大程度上仅为劳务输出,而极少在资本输出与海外创业领域走向国际有关。

(三)我国农业"走出去"的特征

(1)投资主体多元化。早期的农业"走出去"主体单一,主要是由政府主导,参与主体种类也不多,如中国农垦集团总公司、中国水产集团总公司与中牧集团等大型国有农业企业。目前主体趋于多元化,除大型国有企业和农业科研院之外,国内越来越多的民营企业与个人也加快了"走出去"的步伐。

(2)投资区域广泛化。不少农业企业在俄罗斯、东南亚、中亚和拉美等地区先后建设了大豆、粮食等生产基地与剑麻、木薯、天然橡胶、油棕等稀缺资源的开发基地。例如,在俄罗斯远东地区,黑龙江农垦从2004年开始租地种粮食,截至2007年底,种植面积超过4.23万公顷,之外还投资设立了粮食预处理中心与叶面肥加工厂,其开发的产业链条也不断延伸。

(3)投资领域扩大化。现在,中国农业"走出去"已经从最初的渔业拓展到不同行业与领域,涵盖粮食与油料作物种植、森林资源开发与木材加工、园艺产品与橡胶产品生产、农畜产品养殖和加工、水产品生产与加工、仓储与物流体系建设、设施农业、远洋渔业捕捞、农村能源与生物质能源等。整体来看,较大发展规模、较快发展速度的产品与行业都集中在中国国内需求较为旺盛、国内生产比较优势不强的种植业与远洋渔业。

(4)投资形式多样化。中国企业初始是以独资方式开展境外投资开发等活动。而从实践来看,独资方式具有较大风险,容易发展成东道国的攻击对象,项目成功率不高。当前,企业探索出不同形式来共同进行开发,效果较为理想。农业企业以独资、合资或参股等不同形式,通过租赁土地发展种养业、购买捕捞许可证、设立生产与加工基地、农业资源开发、农产品贸易等各种方式在境外进行农业开发及合作。

三、农业国际化发展与农业"走出去"的关系

1. 农业"走出去"是农业国际化发展的必然选择

近年来，国际农产品市场不确定性持续加大，发达国家对国际农产品市场控制和全球农业资源的争夺进一步加剧。同时，国内主要农产品供给安全形势不容乐观，增加粮食供给和保障粮食安全的成本不断提高，农业"走出去"的形势更加紧迫。实施农业"走出去"战略是新时期我国抓住历史机遇做出的巨大决策，对于拓展我国农业的发展空间、保障粮食等主要农产品供给安全、打破发达国家对全球农业产业的垄断控制格局以及赢得农业资源全球化配置的自主权和话语权具有重大的战略意义。

2. 农业"走出去"是农业国际化发展的重要环节

与发达国家相比，我国农业"走出去"战略尚处于初步探索阶段。"走出去"的规模小，层次低，实施农业"走出去"仍面临着一些关键问题，例如：农业企业融资困难、农产品出口秩序混乱、跨国经营人才缺乏等。我国作为农业大国，实施农业"走出去"战略，不仅可以很好地利用国内、国外两个市场的资源，而且对提升我国国际地位、履行国际义务、营造和平的国际环境也发挥着重要作用。

第二节　中国农业国际化发展道路

农业是国民经济的基础。经济全球化是世界经济发展的主流，农业国际化是经济全球化发展带来的不可避免的趋势。在全球化大背景下，中国农业面临着严峻的挑战和重大的发展机遇。

一、农业国际化发展道路的选择依据

随着世界各国联系日益紧密，经济全球化和农业国际化的趋势日益增强。中国要实现农业及农产品贸易持续发展，必须积极参与经济全球化与农业国际化进程，只有通过主动参与全球化与国际化，才能应对机遇和挑战，做到趋利避害。在30多年的改革开放历程中，为了适应经济全球化、农业国际化的发展趋势，尤其是自加入WTO以来，中国农产品贸易政策、贸易管理体制包括管理方式都发生了深刻的变化，在平衡国内农产品供需、优化农业资源配置与保障粮食安全方面，农产品进出口贸易的积极作用不可小觑。

（一）国内现状

农业是最古老的产业。中国自古以农立国，具有上万年的农业发展历史。中国自然资源总量丰富，农业劳动力人口庞大，农业资源得天独厚，小农经济始终占据国民经济的主导地位。过去60多年，尤其是改革开放以后近40年的时间里，中国在农业发展上取得了举世瞩目的成就。中国人口虽然增加了2.5倍多（从1949年的5.4亿增加到2014年的13.6亿），但农业的增长速度超过了人口的增长，使食物的可获得性得到了很大的改善。

1949年以来，中国农产品进出口贸易经历了依附型贸易阶段，进入了自主贸易发展阶段，进出口贸易取得了巨大的进步，特别是改革开放以来，伴随着中国经济高速增长和中国对外开放的持续深化，农产品进出口贸易在得到快速发展的同时，农产品进出口格局也发生了明显变化。

（1）农业进出口贸易规模加速增长。随着中国农业生产水平和农业市场化程度的不断提高，中国农产品贸易规模不断增长。从进出口贸易额的统计数据来看，1950年中国农产品进出口总值为5.98亿美元（其中：出口5.01亿美元、进口0.97亿美元），到2013年中国农产品进出口贸易总值达1866.9亿美元（其中：出口678.3亿美元、进口1188.7亿美元），进出口总值增长312倍（其中：出口增长135倍、进口增长1225倍）。从进出口贸易规模的发展进程来看，1955年突破10亿美元，1965年突破20亿美元，1972年突破30亿美元，1978年发展到81.34亿美元，1979年突破100亿美元大关，1989年突破200亿美元大关，2004年突破400亿美元，2008年突破900亿美元，达到985亿美元，2012年突破1600亿美元，2013年达到1866.9亿美元，已经接近2000亿美元。1949年以来，中国农产品进出口贸易突破100亿美元用了29年，从100亿美元到200亿美元用了20年，从200亿美元到400亿美元用了15年，从400亿美元到800亿美元用了4年，从800亿美元到1600亿美元也用了4年。

（2）农产品进出口贸易具有重要的国际地位。中国作为世界第一人口大国，其潜在的巨大消费市场早已引起世界贸易伙伴的重视。事实上，在世界贸易中中国发挥着日益重要的作用，中国贸易额与贸易量在世界贸易中的比重与地位得以不断提高，其农产品贸易在国际市场具有重要影响。中国农产品贸易额在快速增长的同时，在国际市场的地位和影响力也越来越重要。1987年中国农产品进出口额占世界农产品贸易额的2.83%，到2011年为5.78%，其中进口比重从2.29%上升到6.95%，出口比重从3.44%上升到4.57%。中国的谷物贸易量接近全球贸易量的10%，近年来大量进口食用植物油、油籽、棉花及棉纱、食糖、畜产品等农产品，同时出口价值不菲的水产品、蔬菜、水果，在国际农产品市场上具有举足轻重的作用。

（3）农产品贸易在国家外贸中的比重明显下降。目前，中国已经成为世界第一大贸易国、世界第二大经济体。伴随着中国经济及对外贸易的快速发展，中国农产品贸易得以发展，其在中国对外贸易总量中的比重即农产品在中国对外贸易中的地位却呈现出明显下降的趋势。1950 年，中国农产品进出口总额占中国对外贸易进出口总额的比重共 52.9%，1963 年这一比重高达57%，之后多年持续下降，到 1987 年下降到 20% 以下，1993 年又下降到 10% 以下，2013 年更下降到 4.5%。分阶段考察可以发现，在 1950—1977 年间，中国农产品进出口总额占中国对外贸易进出口总额的比重，基本上在 40% 以上；1978—1983 年，这一比重在 30%~40%；1984—1986 年，这一比重在 20%~30%；1987—1992 年，这一比重在 10%~20%；1993—1999 年这一比重在 5%~10%；2000 年以来，中国农产品进出口总额占中国对外贸易进出口总额的比重下降到 5% 以下，在 4% 左右波动。①

（二）国际形势

全球经济一体化范围不断扩大，程度逐渐加深。随着实体经济的发展和区域合作的推进，世界各国农业合作的深度和宽度逐步扩展，这给农业国际化形成了较为稳定的外部条件。促进农业发展，农产品市场的开放，降低保护程度，增强农业国际交流，已成为各国农业发展的共识。中国农业不可能游离于国际大家庭之外，中国更需要农业国际化，因为只有在农业国际化过程中，中国的大国优势才能充分显现出来，其不足的要素和产品才能得到补充。

二、农业国际化发展的经验借鉴

（一）主要国家农业国际化发展的典型做法

由于国情的差异，世界各国出现了不同特色的农业模式。如强化市场保护与农户合作的日本农业模式；强调政策扶持、生态环保与绿色食品的欧盟农业模式；突出现代化与规模化的美国农业模式；以农立国、重视合作与投入的巴西农业模式等。

（1）日本农业经济国际化模式。日本农业经济的发展模式是选择让工业进入农村，引领农村第二、第三产业起飞，从而完成农村城乡一体化的目标，

---

① 孙东升. 中国农产品国际贸易回顾与展望[J]. 海外投资与出口信贷，2015（1）.

推动农村非农化和小城镇的发展。第二次世界大战之后，随着第二、第三产业的发展，日本农业在产值中所占到的比重快速减少。为了避免农业劳动力大量外流，缓和大城市的就业压力，日本通过工业向农村小城镇分散的手段。农村经济把工业化作为起点，带动服务业发展，同时逐步向第二、第三产业转移劳动力，促使人口和第二、第三产业相对集中的农村向小城镇转变，同步实现国民经济工业化和城镇化。

（2）欧盟农业经济国际化模式。一是利用农业扶持政策，稳定农业生产与保障农民收入增长；二是在政府引导下，有机地结合农业发展和生态环境保护；三是制定农业法律措施，引导农产品的生产与消费，保证食品安全，普及绿色食品消费理念。面对农产品严重过剩与对农业财政开支过多的局面，欧盟国家在 2000 年开始实施"2000 农业议程"，其中提出了构建新欧洲农业模式的设想，主要是将"共同农业政策"转变成：共同农业、乡村发展、生态保护、环境绿化。

（3）美国农业经济国际化模式。美国的农业作为目前世界上最发达的现代化农业，其农业经济模式的运行方式为：现代的科学技术发展为动力，引入自由市场经济的竞争机制，构建农业经济的产业体系。其运行特点为：瞄准社会消费需求的变化，农场主为代表的企业家为骨干，完善市场体系，以发达的科技教育作为支撑，政府职能的准确定位为保证，并确保循序渐进的经济发展规律得到遵守，使美国的农业经济长期处于世界农业的先进水平。①

（4）巴西农业经济国际化模式。巴西作为新兴经济体，是一个农业大国，农业在国内生产总值中比重较大。在全球化背景下，鉴于其农业的基础地位，巴西政府非常重视农业的发展，巴西根据本国的具体国情，采取了相应的改革措施，走出了一条特色的农业国际化道路，其农业支持政策的总体目标是促进农业发展和提高农民收入。政府对农业实行支持和保护政策，巴西农业政策的重点是要通过信贷政策、农产品最低保证价格政策和农业保险制度来保护农民的权益，降低风险投资，促进农民增收，发挥比较优势，鼓励创汇农业。例如：为了获得比较便宜的小麦，用咖啡、玉米与甘蔗等具有优势的农产品出口去换取。此外，重视农业资金投入，引进外资进行农业开发；发挥合作社的作用；充分利用科技创新成果，加快技术推广和成果转化。从"绿色革命"开始，巴西不断加大对农业科技的研发，现在已经建立了一套完整的科研与推广

---

① 雷兴长．当今农业经济国际化的几种模式综述［J］．新疆财经，2002（2）．

体系，形成了教学、科研和生产三位一体的科研兴农模式。①

（二）主要国家农业国际化发展的经验启示

尽管上述国家的农业经济模式各有不同的特点，但是其中大多与如今世界流行的现代农业运行模式一致，都离不开现代化农业经济结构、现代化农业科学技术、现代化农业经营管理、现代化农业基础设施、现代化农业资源环境与现代化农民生活消费的建立。从这些国家实现农业现代化和国际化的实践经验分析，尽管它们之间的国情、国力不相同，与我国农业发展的状况也不尽相同，但从其农业发展的过程中，我们仍获取到很多值得深思的启示。

（1）调整宏观政策，加强支持力度。制定"以工促农"，工业反哺农业、城市支持农村的政策，使农业与农村经济在资源配置及国民收入分配中，长期处于不利地位的状况得以改变。充分运用经济手段与行政措施，把农业作为一个特殊行业，对农业加强扶持和保护，增强公共财政支农力度，使公共服务真正惠及农民。

（2）加大农业投入，引入支农资金。为了建立财政支农资金稳定增长机制，国家需要把财政支持向农业、向中西部地区等粮食主产区倾斜。在今后的发展中，国家应扩大补贴范围、增加补贴总量，持续支持基础设施建设，扩宽农民的增收与就业空间，减少农民生产、生活的成本和风险。同时，还要增加农业贷款和扩大农业投资，以提高农业基础设施装备水平；加大信贷资金投入，建立农业保险，加快农村信用社的改革，发挥中国农业发展银行的支农作用，为农业发展提供充足的资金支持。

（3）推进农业产业化，完善流通体系。增强我国农业国际竞争力的必要条件之一，就是实行农业产业化经营。世界各国农业经济大多经历着农业产业化经营的发展，农工贸一体化的农业联合企业的建立，原料生产、原料加工和制成品销售的一体化，农业的综合开发和利用等过程。通过推动农产品加工企业的重组和技术改造，重点扶持与培育龙头企业，对农产品流通体制进行改革，构建农产品生产、加工与销售一体化的产业化经营体系。除此之外，要建立健全农产品经营领域的交通运输业、商业和其他服务性行业的制度，完善农产品流通体系，提高农业的社会化服务水平。

（4）紧密结合市场，提高竞争力。要与国际大市场接轨，我们不能忽视比较优势的作用，增强农产品竞争力，抢占市场份额。畜禽、果品等农产品是

---

① 高京平，吴亚超．巴西农业国际化经验及对我国的启示［J］．中共山西省直机关党校学报，2014（2）．

我国的优势产业，应发展规模经营，鼓励出口。与此同时，还要发展农民合作经济组织，提高农民的谈判力量和信息获取能力，不断开拓和占领市场；利用农村丰富的劳动力资源，发展创汇农业；通过加工、出口等方式延长农业产业链，促进农业收入增长，增加农民实际收入。

（5）依靠科技进步，提高综合效益。劳动生产率是决定农业发展快慢的根本原因，而农业科技进步是影响劳动生产率的重要因素。我国农产品出口遇到最大的障碍是技术壁垒，因此，我国农业国际化要把质量当作生命线常抓不懈。与此同时，要重视科研和新产品开发，鼓励农业技术与经营人才的培养，保障农业技术与农业新兴产业的开发，通过技术创新及其成果的应用，使农业达到高产、高质、高效、高创汇的要求。

三、中国农业国际化发展的路径

目前，全球农业生产条件日益恶化，粮食和食用油价格不断上涨，人类正面临着农产品短缺或供不应求的严重问题。在世界经济一体化与区域经济协作化的大背景下，世界各个国家有进一步联合，进行深化发展的愿望，特别是现代农业的合作发展，以实现互惠互利。

中国农业国际贸易的发展，仍存在一些问题与不足。因此，急需加强中国农业的国际化合作，实现优势互补，互惠互利。单靠零碎的技术交流与贸易合作，中国农业走向国际化的发展是十分艰难的，需整体科学推进，真正发挥各国资源优势互补的作用，站在战略的高度来研究合作途径。

（一）双边合作路径

以中国和埃及双边合作①为例，埃及是世界上最大的食品进口国之一。小麦和大米是埃及人的主要粮食，埃及每年需进口小麦900万吨。主要出口农产品为棉花、马铃薯和大米，棉花质量很高，是世界上主要棉花生产国和出口国。小麦、玉米、棉花、大米、大豆和苜蓿这6种主要作物耕种面积占埃及总耕种面积的80%。埃及的可耕地面积虽然仅占土地面积的3.5%，但劳动生产率不低，农业吸纳了全国1/3的就业人口。埃及与中国同为文明古国，人多地

① 双边合作是指在国际交往中，国家间为寻求共同利益而建立的一种合作关系。"双边"是指两个国家一对一的关系；"多边"一般指参加同一国际组织或某个活动的多个国家之间的关系。友好建立两国双边关系既体现了双方的战略利益，又为各国发展找到了合作的新起点，也制定合作条约，将成为今后双方关系发展的行动指导方针，对双边关系会带来深刻影响。

少，水资源都比较紧缺，开展农业合作与交流，对两国的农业发展会起到促进作用。

埃及作为非洲第一个与中国建交的国家，特别是自 1999 年建立中埃战略合作关系以来，双方在多领域进行互利合作，并不断拓展与深化。近年来，在中非合作的大框架内，以中非合作论坛为平台，中埃两国在经贸、教育、科研、经济技术援助等各领域的合作都保持了快速健康的发展势头。为发展农业，两国不断出台了许多优惠政策，为深化中埃两国农业领域合作创造了条件。中埃两国农业具有互补性，埃及可以引进中国的资金、先进的技术设备，结合本国的技术和优良品种提高农业产量和质量，实现其粮食的自给，甚至达到提高其在国际市场上竞争力的效果。而中国可以注重品种引进和适应性培育，丰富种质资源，开发与推广高品质、高价值的农产品，优化农产品的贸易结构，提高出口产品的质量，把中国农产品劳动密集型低成本的优势，与技术创新、结构升级的核心竞争优势结合起来，保证中国农产品出口持续稳定发展与动态比较优势的形成。①

（二）多边合作路径

以中国和东盟为例，中国—东盟自由贸易区②的启动，打造出世界贸易的新版图、新格局，为正大力实施"走出去"发展战略的中国农业带来新的发展机遇。大湄公河次区域（以下简称 GMS）合作③是指湄公河流域的中国、越南、缅甸、老挝、泰国、柬埔寨 6 个国家，在亚洲开发银行的协调支持下，开展的旨在促进各国社会经济发展的区域合作。目前，中国参与 GMS 合作主要倚重位于西南边陲的云南、广西两省，特别是云南省，因为参与时间较早以

---

① 王钊英，张家喜．埃及农业机械化发展现状分析及合作建议［J］．世界农业，2010（9）．

② 中国—东盟自由贸易区，缩写 CAFTA，是中国与东盟十国组建的自由贸易区。中国和东盟对话始于 1991 年，中国 1996 年成为东盟的全面对话伙伴国。2010 年 1 月 1 日贸易区正式全面启动。自贸区建成后，东盟和中国的贸易占到世界贸易的 13%，成为一个涵盖 11 个国家、19 亿人口、GDP 达 6 万亿美元的巨大经济体，是目前世界人口最多的自贸区，也是发展中国家间最大的自贸区。

③ 大湄公河次区域（缩写 GMS）是指湄公河流域的 6 个国家和地区，包括柬埔寨、越南、老挝、缅甸、泰国和我国云南省。1992 年，在亚洲开发银行的倡议下，澜沧江—湄公河流域内的 6 个国家和地区共同发起了大湄公河次区域经济合作机制，以加强各成员国间的经济联系，促进次区域的经济和社会发展，实现区域共同繁荣。亚洲开发银行作为参与方和出资方，主要负责为有关会议及具体项目的实施提供技术和资金支持。该区域总面积 256.86 万平方公里，总人口约 3.2 亿。

及独特的区位优势，更是成为我国参与次区域合作的重心。而云南省与 GMS 国家农业发展既有共性，又有资源禀赋和发展水平的差异，这都为云南农业企业参与 GMS 农业合作带来较好的机遇与条件。目前，农业合作已成为 GMS 经济合作九大优先领域之一，合作的形式以贸易与投资为主。贸易涉及的商品种类也日渐增多，其中进口农产品包括橡胶、热带水果、优质大米、木材和畜产品等，出口农产品主要集中在温带水果、饲料、种子、化肥、农药、农机具等农用生产资料方面。①

（三）地区合作路径

跨国公司是农业国际化地区合作之间的主要推动力。在世界跨国公司 500 强中，50 家以上是把农业作为主营业务或涉及农业产业领域。跨国公司生产和经营的农产品在农产品全球贸易中所占份额达到 40%~90%。农业跨国公司为了拓展自身的经营业务，大力开展合资合作与独立投资建厂，国际农业资源和市场的流动和整合得到进一步加强，农业资源与国际市场的联系更为紧密，为各地区之间农业资源、技术、贸易往来的相互合作提供了桥梁。

第三节 中国农业"走出去"战略

一、中国农业"走出去"的战略意义与目标

（一）农业"走出去"的经济意义与目标

我国资源丰富，但人口众多，所以人均占有量较少。我国耕地人均占有量仅为世界平均水平的 40%，水的人均占有量也不及世界平均水平的 25%。我国主要能源资源的人均占有量，都远低于世界的平均水平。改革开放以来，我国经济得以较快发展，随之而来的是，各种能源资源的消耗量也增长迅速，人口增长与经济增长是我国正面临的双重压力，更为严峻的是能源资源形势。面对这种国情，我国迫切需要在战略考虑时，将能源资源的发展纳入进去。在这一块，除了制定多元发展、节约高效、科技先行等措施外，还应当大力地推进农业"走出去"战略。

第一，实施"走出去"战略，有利于促进我国的农产品出口。当今市场开放是相互的，市场竞争难有例外，特别是在全球一体化的时代。借助于协作

---

① 彭牧青，胡电喜.GMS 农业合作背景下云南民营企业国际化发展研究［J］.时代金融，2013（12）.

网的建立与运行，弄清农产品进口国家的需求与准入政策，确保我国农产品质量安全，增强我国产品及企业的竞争力，打开国外市场，提供更多的商机给中国的企业与产品。通过协作网示范效应和带动作用的发挥，使农产品的出口质量得到提高、农产品的进口安全得到保障，从而使经济效益、生态环境效益和社会效益整体实现最大化。

第二，实施"走出去"战略，有助于提升我国经济国际竞争力。自 20 世纪 90 年代至今，一个全球性的社会化大生产网络已经形成，跨国公司在此基础上形成，且其在世界经济活动中发挥的作用与日俱增。跨国公司是经济全球化的主要载体之一，还是全球化时代资源配置的主体，更是不同国家参与国际经济竞争的主力军。这种趋势表明，各国跨国公司之间的竞争，在某种程度上就是国与国之间的经济竞争，跨国公司的实力和竞争力代表着一个国家的经济实力和国际竞争力。通过培育一批有国际影响力的跨国公司，有助于我国获得重要的国际市场份额，拓宽我国经济发展的空间，增强我国经济的国际地位。

第三，实施"走出去"战略，能助力我国技术开发与自主创新能力的提高。改革开放以来，我国通过吸收外来资金，学习与借鉴国外的先进技术与管理经验，在增强企业的技术开发和自主创新能力等领域取得了不小的成就。通过国外先进技术的吸收，既利于我国在更广阔的空间调整农业结构，也利于我国在国际农业分工中地位的提升。

（二）农业"走出去"的政治意义与目标

第一，农业"走出去"有利于缓解粮食安全危机。投资农业还需要占领农业技术制高点，在农业生产技术、农业机械、良种种业等科技含量高的领域占领高地，要不然很容易被农业巨头们打败。当然，农业竞争导致产量上升，提高全球粮食供应能力，降低粮食成本。我国粮食战略的目标不仅要解决我国 14 亿人口吃饭问题，而且要解决全世界人口吃饭问题。这从根本上抑制了某些利益集团利用粮食来制造全球粮食危机，从而控制全人类的目的。

第二，农业"走出去"有利于保障我国能源安全。能源资源作为物质生产的基本生产要素，既是现代经济社会发展的基础，也是经济社会发展的关键制约因素。我国为了在全球范围内获取能源资源，在国际分配中争取获得更有利的战略态势，农业就必须"走出去"。

（三）农业"走出去"的社会意义与目标

农业"走出去"是新形势下确保国家粮食安全与重要农产品有效供给的战略需求。今后 10 至 20 年，随着人口持续增长，收入提高引起的食品消费结构不断升级、工业化、城镇化进程的加快，中国农产品消费需求仍将继续呈刚性增长态势。与之相反的是，中国农业资源紧张的矛盾今后将愈发严峻，尤其是耕地资源与水资源的约束持续增强，农业比较优势长期下降，资源要素配置朝高效率、高效益非农部门转移的趋势也愈发明显。换而言之，国内农产品产量增长有可能滞后于消费需求增长，若今后粮食等农产品自给自足的实现完全依靠国内，既不可能，也不现实。

研究表明，若中国不进口任何农产品，仅仅依靠国内生产来保证农产品供给，需要至少30亿亩的农作物播种面积，但现在国内可提供的农作物播种面积不足24亿亩，即存在约20%的缺口，且目前的农业资源与技术水平难以弥补这一缺口。因而，如果无视中国人均资源匮乏这一基本国情，一味去强调仅依靠国内资源就能保障所有农产品供给，难以避免会付出极大的资源、环境与经济代价。从战略上看，保障国家粮食安全、确保主要农产品有效供给，利用境外农业资源、进口国外农产品是必然的选择，要抓紧谋划实施全球农业战略，构建安全、稳定、持续的全球农产品供应网络。

(四) 农业"走出去"的国际意义与目标

第一，中国为了逐步扩大农业对外开放，国内外两种资源、两个市场能实现统筹利用，将农业"走出去"作为其战略选择。中国的工业化、城镇化正以较快速度发展，国家实行的更为积极、主动、开放的战略部署，其重要组成部分之一就是进一步扩大农业对外开放。中国需要以更积极主动的姿态，不断拓宽农业开放领域，调整开放的结构，注重开放的质量，使农业对外开放的广度及深度得到有序提升。实施对外农业投资和合作在内的全球农业战略措施，既能发挥全球农业资源优势，符合以发展中国家为代表的农业资源丰富国家的战略利益，还能对全球粮食市场的稳定、贫困的消除、粮食和农业发展新秩序的建立产生深远影响。

第二，农业"走出去"有助于各国比较优势的充分发挥，国际粮食危机有效缓解。今后全球农业资源开发和农业技术进步的增产潜力仍然较大。据FAO的测算结果，全球可耕地资源总量不少于14亿公顷，其中适合种植稻谷、小麦、玉米、大豆的面积均超过10亿公顷，其增产潜力达8%~10%，小麦的增产潜力大多来自发达国家与转型经济体，稻谷、玉米与大豆的增产潜力大多来自发展中国家。可以看出，中国实施全球农业战略、深化境外农业资源开发利用，对国际粮食生产能力的提高具有重大意义。

二、中国农业"走出去"的战略原则与思路

(一) 农业"走出去"的战略原则

第一，强化农业"走出去"的政策支持力度。西方发达国家之所以能培育大量有实力的农业跨国企业，在某种程度上是与国家的大力支持分不开的。因此，中国政府也需要从政策层面采取切实可行的措施，鼓励农业"走出去"，推动农业进行国际化经营。

第二，以市场为导向、以企业为主体。企业需要吸引与培养国际化人才，高素质的人才对于农业企业制定与实施跨国战略、熟悉国际市场的法律规则与民族风情、确定分公司的投放方式与场所、开展跨国经营发展效益预算等方面来说，都需依靠其才能确保跨国经营的顺利实施。除了政府的努力外，企业吸引与培养国际化人才也应有所作为。大型企业凭借吸引与培养这两种方式来搭建自身的国际化人才体系。主动吸引其他农业跨国企业与知名高校培养的"会外语、懂管理、精贸易"的复合型人才，同时农业企业自身也需要培养具有企业责任感的高层次复合型人才，形成国际化的人才培养体系。

第三，形成有效的国外分公司监管机制。国际市场复杂多变，企业"走出去"的目标市场也面临着多重不确定性，如金融危机、政治风波、文化冲突和自然灾害等。所以中国农业在"走出去"的同时，政府需要助力国内总公司对国外分支机构加强监督与管理，防止国外分公司出现舞弊行为。既要保证国外分公司的独立运作，也要提升对其的远程控制能力。

第四，整合优势资源、形成农业企业的国际战略联盟。对于大多数中国农业企业来说，其通常缺乏充足的资金、人才与跨国经营的经验等有形、无形资源，无疑战略联盟是顺利"走出去"的一种较为理想的途径。战略联盟从形式可以划分为：跨国研发联盟、跨国人才管理联盟、跨国资本联盟企业及国际化网点联盟等。战略联盟作为企业国际化的重要模式之一，重新组合不同企业的优势资源，共同组建成为大型的战略联盟，更好地发挥出各自的优势，企业在国际舞台上的主导力也得到增强。同时，中国的企业如能携手合作，在共同的市场上，面对主要的竞争对手，也能一定程度遏制企业在"走出去"后形成恶性竞争。中国企业国际化战略联盟仍处于初级阶段，当前主要的战略联盟多集中在金融、资源领域，并且以跨国并购为常见手段，在农业领域鲜见战略联盟的出现，这应是今后中国农业实现"走出去"的主要途径之一。

第五，培育一定数量的大型涉农跨国企业。制约农业"走出去"的主要原因之一就是产业集中度低与企业规模小。研究发现，一些大型的农业跨国企

业，并购是其发展壮大的重要手段。如今中国农业企业虽然数量众多，但经营规模小、产业集中度差、产业竞争能力弱、单个企业市场占有率低、产业组织分散化。当面对国外跨国公司的冲击时，国内农业企业往往处于被动局面。所以，应该创造一切有利条件，鼓励农业企业兼并重组，支持优秀企业强强联合，将它们整合成规模更大、经营更加多元化的企业集团，使其发展成为具有自主研发能力的龙头企业，在整个产业链条中承担核心的研发和生产任务。

第六，遵循优势互补、互惠共赢的原则。根据企业国际化战略和动机，适时修正和选择"走出去"模式。考察当今许多大型跨国公司成长历程可以发现，国际化战略和动机是这些公司迅速扩张，并且拥有国际竞争优势的主要战略之一。因为战略和动机是企业国际化的航标，制定出周密、合理的国际化战略，才能很好地把握国际化的进程和方向。企业的战略目标和动机也是随着企业掌握海外市场信息多少、企业竞争优势、海外市场产品的销售规模、产业竞争程度而动态调整的。换而言之，根据内外部情况的变化，企业不断修正战略目标和动机，修正、选择"走出去"模式的时机也是由战略目标与动机的变化决定的。如果企业的海外发展战略和目标不是十分明确时，应采用渐进的国际化发展模式，初期先通过向目标市场出口，考察产品于东道国市场的竞争力，判断东道国的市场潜力，了解其市场环境，构建营销网络，积攒经营经验。接下来，成立拥有经营控制权的销售机构，使得销售服务环节能够进入东道国市场。最后，若得出东道国市场有继续发展潜力的结论，社会经济环境也相对稳定，就可在当地进行投资，把生产的产品在当地市场或利用东道国销往第三国。

（二）农业"走出去"的思路

第一，提高国内粮食生产能力，构建现代粮食市场体系。采取必要的调控措施，以进一步完善粮食支持保护制度为核心，以加强和优化粮食储备体系为关键，以健全农产品进口调节机制为补充，确保国内实现稻谷和小麦等主粮的基本自给，形成"立足国内、全球供应"的国家粮食安全新构架。

第二，大力实施农业"走出去"战略，鼓励多元化贸易合作。通过各类企业对境外农业投资力度的加大，使中国参与到国际农业贸易及合作中，并探索建立多元化的农产品进口调节机制，打造一个安全、稳定、持续的全球农产品进口供应体系。

第三，深化农业国际合作，重视对发展中国家的农业援助。合作开发农业资源，重点集中在增强发展中国家农产品的自给能力以及出口供应能力等方面；对于农业资源十分富裕的发达国家，加强与其投资与贸易的合作，这些国家进行农业综合开发与全球供应链的建设时，应积极主动参与，通过不同渠道来保障全球农产品有效供给；对"全球责任"的食物权利保障理念应大力倡导。作为农业资源大国与农产品出口大国，则应承担与之匹配的责任和义务，稳定农业生产与农产品供给，减缓生物能源对全球农产品市场供求与价格形成的冲击，保障不同国家人口获取基本食物的权利。

第四，提高农业技术水平，增强农业发展自主创新能力。科技水平是农业国际竞争力的关键，没有一流的农业技术水平，无论国家如何支持农业"走出去"都是空谈。从长远来看，无论是与国际农业资本集团争夺定价权，到拥有富余农业资源的国家开发海外农业，还是到非洲开拓农业战略空间都是以先进的农业技术水平作为支撑，农业技术水平是我们农业"走出去"能否成功的决定性因素。

三、中国农业"走出去"的战略政策与措施

（一）农业"走出去"的战略政策

第一，立足国情、科学规划。根据中国的国情粮情，充分考虑发展中国家人口大国粮食安全的重要性与复杂性，以及农业资源缺乏的现实约束；立足国内，保障粮食基本自给，充分利用国内国际两个市场、两种资源，保证主要农产品的有效供给。要对中国农产品供需前景及进口趋势进行研判，站在全球视野的战略高度，对境外农业投资、国际农业合作、国际农产品贸易进行全局谋划与部署，研究制订专项全球农业战略规划，促使不同方面参与到开发利用全球农业资源与建设全球农产品的供应网络中来。

第二，着眼长远、循序渐进。当前中国国力有限，拥有较强竞争力与抵御风险能力的企业仍不多，在全球范围内大规模进行农业援助与境外农业投资的条件尚不具备。因此，在统筹国内国际两个市场、两种资源时，不仅要立足当前，还要着眼长远、量力而行、循序渐进、逐步拓展，服从与服务于国家的发展战略、外交战略、对外投资及援助战略等，相互协调、相互促进，最大限度地维护国家利益。现阶段应把发展稳定的农产品贸易、对发展中国家农业援助作为主要工作，中长期则应以境外农业投资与国际农业合作为主。

第三，统筹兼顾、重点突出。根据中国实际需要，统筹国际农产品贸易、境外农业投资与国际农业合作等，打造稳定、安全、持续的全球农业产业链与农产品进口供应网络，保障国家粮食安全与主要农产品有效供给。以中国当前及今后可能大量进口的农产品，如大豆、棉花、油脂油料、食糖、玉米等为重点，与发展中国家就农产品贸易、农业投资加强合作，投资或参与当地的农业

基础设施建设、种养、加工、物流和营销等重要环节，使得发展中国家农产品的供给能力稳步提高。

第四，市场导向、政府扶持。鼓励与扶持中国企业综合国内外市场需求，依据市场规律，进行市场化运作，加快"走出去"的步伐。采取国际农产品贸易、境外农业投资等方式，积极投身于全球农业供应链建设，探索农业跨国经营。政府可给予融资担保、信息服务、税收税费、关税配额、风险应对及国有贸易经营权等方面的政策倾斜与支持。

第五，全球合作、互利共赢。全球粮食安全问题的解决，离不开国际农业合作。一方面，切实帮助发展中国家增强农产品的供给能力，控制生物能源的发展，大力实施农业援助等，这是发达国家应履行的与其国际地位相匹配的责任与义务；另一方面，发展中国家自身也需强化农业基础，提高农产品生产与供给能力，保障产品质量安全，加快农业发展，立足国内，争取实现主粮的基本自给。

（二）农业"走出去"的措施

第一，梳理政策体系，建设支撑机制。农业"走出去"需要强有力的政策支持，这需要从国内到国外，从财政、税收、保险、金融等政策层面提供必要的保障和支持，包括加大财政支持、完善税收管理、健全外汇政策、提供融资便利、增强保险支持等。首先，建立补贴制度和专项基金，用于农业企业开拓国际市场的各种补贴、贴息和紧急援助，制定促进我国农业"走出去"的各种管理措施和优惠政策，为农业国际化提供各种支持。其次，建立和完善保险体系。非农企业参与国际化经营比在国内经营要承担更多的风险和压力，鼓励社会团体和民间组织发展，提升信息服务范围和深度，为农业"走出去"当好"智囊团"。最后，放宽融资条件，完善税收优惠政策，打造农业"走出去"战略支持平台。

第二，发挥比较优势，培育战略资源。首先，优化引导非农企业"走出去"的战略空间布局，在以后战略实施过程中，还应该将东南亚、南美洲、中东欧、非洲等地区作为我国"走出去"开发的重点区域。其次，强化"大农业"海外投资的力度，培育一批具有一定国际竞争力的大型跨国企业。整合优势资源，形成农业企业的国际战略联盟。

第三，提高科技含量，保证质量效益。农业"走出去"作为农业国际合作的重要组成部分，应立足于保障国内农产品供给、立足于发展现代农业，推动相关工作深入开展。为此，应本着统筹农业"走出去"和"引进来"的基本思路，在不断提升农业"走出去"质量的同时，服务"引进来"工作，通过企业带动引进国外先进技术、装备、品种资源等，为保障国内农产品供给、促进现代农业发展提供有力支持。

第四，加大人才培养，立足自主创新。国际化的科研人才和经营管理人才是农业顺利"走出去"的关键因素。相关领域和专业的人才是我国农业"走出去"效益实现的保障。因此建议政府加大相关人才的培养力度，设立相关培训基金和培训专门机构，为农业"走出去"提供人才保障。

随着全球化的发展和我国改革开放的深入，实施"走出去"战略是我国改革开放的重要发展方向和必然选择。但是，我国农业走出去的发展并不顺利，我国农业"走出去"建立在援外基础上，目前整体上规模较小，投资回报较低。同时，我国农业"走出去"的目标并不清晰，因此应将与当地建立"稳定的战略合作关系"作为战略目标，并在此目标下追求投资收益最大化。基于这一出发点，本书认为，应从战略目标、空间布局、投资模式、产品营销、盈利模式等方面对我国农业"走出去"进行重构。最后，本书认为，政府应该重视农业"走出去"，把农业"走出去"提到国家的战略高度，从政策、法律、财政和人才等多方面建立支持体系，优化布局，提高科技含量，充分发挥我国农业的比较优势，充分调动有关企业和主体的积极性，实现我国农业"走出去"又好又快地发展。

小　　结

1. 农业国际化就是充分利用国际、国内农业资源和农业市场，参与农产品国际分工与交换，以实现优化农业资源配置，保障农产品有效供给，实现农业可持续发展的目标，具体包括生产和竞争国际化、市场和销售国际化、投资和金融国际化。

2. 中国实施农业"走出去"战略不仅是企业自身发展的要求，也是我国农业可持续发展的需要，具有投资主体多元化、投资区域广泛化、投资领域扩大化、投资形式多样化的特征。

3. 农业"走出去"的战略政策包括：立足国情、科学规划；循序渐进、着眼长远；统筹兼顾、突出重点；市场导向、政府支持；全球合作、互利共赢。

4. 农业"走出去"的措施包括：梳理政策体系，建设支撑机制；发挥比较优势，培育战略资源；提高科技含量，保证质量效益；加大人才培养，立足自主创新。

关　键　词

农业国际化发展　农业走出去　双边合作路径　多边合作路径　农业国际合作　农业跨国公司

复习思考题

1. 农业国际化的内涵及特点是什么？
2. 简述我国农业走出去的现状与特征。
3. 中国农业国际化发展有哪些路径？
4. 如何理解我国农业走出去的思路？
5. 我国农业走出去的措施有哪些？

主要参考文献

［1］王芳．潍坊市农业国际化问题研究［D］．山东大学学位论文，2005.

［2］尹成杰．农业跨国公司与农业国际化的双重影响［J］．农业经济问题，2010（3）.

［3］陈伟．中国农业"走出去"的现状、问题及对策［J］．国际经济合作，2012（1）.

［4］翟雪玲．中国农业"走出去"特点、问题及发展思路［J］．跨国经营，2013（7）.

［5］陈前恒．农业"走出去"现状、问题与对策［J］．国际经济合作，2012（1）.

［6］倪国华．对农业"走出去"战略的认识［J］．世界农业，2014（4）.

［7］张冷然．加快我国农业"走出去"的战略思考［J］．企业研究，2014（10）.

［8］张彩霞，肖望喜．农业国际化、FDI与我国农产品区域对外贸易［J］．学术论坛，2014（11）.

［9］金鑫．国际化趋势下中国农业生产效率的提升路径研究［J］．内蒙古社会科学，2014（2）.

［10］徐雪高，张振．政策演进与行为创新：农业"走出去"模式举证［J］.

改革，2015（3）.

［11］徐明，宋雨星，郭丽楠.中国农业"走出去"面临的新形势与新问题探析［J］.世界农业，2015（3）.

第十六章　农业可持续发展与绿色农业

☞【学习目标】

学习本章后，你应当掌握如下内容：

(1) 可持续发展的概念与本质。

(2) 农业可持续发展的基本理论基础。

(3) 农业可持续发展的主要模式。

(4) 绿色农业的内涵与特征。

第一节　农业可持续发展的理论基础

一、可持续发展的概念

可持续发展是 20 世纪 80 年代提出的一个全新概念，是人类对经济社会发展的认识达到一个新境界的标志。但是，对于可持续发展的具体内涵，各个领域的专家、学者都从不同角度给出了各自的定义。目前，具有代表性的、影响较大的关于可持续发展的定义主要有以下几种：

(1) 从自然的角度定义可持续发展。这一观点认为，可持续发展就是切实保护和加强生态系统的自我更新能力，即可持续发展是不能超越生态系统再生能力和承载力的发展方式和模式。

(2) 从经济的角度定义可持续发展。代表性的观点包括：①可持续发展就是在保护生态资源的质量和生态系统所提供的服务功能不断增强的基础上，使人们在促进经济发展过程中的净利益能实现最大化。②可持续发展是当代人的生态资源使用不应以减少后代人的实际收入为代价。③可持续发展是不以降低生态环境质量和破坏生态系统基础为代价的经济发展模式。

(3) 从社会的角度定义可持续发展。可持续发展是人类为了改善生活品质和质量，但不以超出生态系统的承载能力和环境的消纳能力为前提，从而创造出美好的生活环境作为人们社会活动获得的价值取向。

（4）从科技的角度定义可持续发展。可持续发展是在经济社会发展过程中使用更高效、更清洁的科学技术，大力促进"零排放"或"封闭式"的工艺和方法的应用，尽可能减少对能源和其他生态资源的消耗。

为人们普遍接受和认可的可持续发展概念是，挪威前首相布伦特兰夫人在《我们共同的未来》中提出的定义。即可持续发展是指，既能满足当代人的需要，又不损害后代人满足其需要能力的发展。虽然对"可持续发展"的解释不尽相同，但人口、资源、环境和经济、发展等无疑是其中最重要的因素，其中，人口是中心，经济是基础，资源环境是前提，发展是最终目的。可持续发展理论中最核心的内涵是，寻求人口、经济、资源与环境的全面、协调发展。

概括而言，人类的可持续发展可以理解为综合了经济、社会和环境资源三个方面的可持续发展观。（1）经济可持续发展。就最终目标而言，可持续发展是要不断满足人们的需求和愿望。因此，可持续发展的核心内容是保持经济的持续发展。（2）社会可持续发展。可持续发展实质上是人类如何与大自然和谐共处的问题。一方面，要全面提高人们的可持续发展意识，认识人类的生产活动对环境造成的影响，提高人们对当今社会及后代的责任感；另一方面，人口数量也应该保持可持续发展。（3）环境资源可持续利用。生态资源与环境是保证可持续发展的前提，没有资源的永续利用和环境的持续保护，就不可能有真正意义上的可持续发展。由此可见，可持续发展实质上是经济、社会、自然三大系统相互作用、协同发展，共同实现生态效益、经济效益和社会效益。换言之，可持续发展就是在生态系统可承受的范围之内，进行可持续生产和消费，同时通过更多的公众对环境以及发展决策的参与，保护生态多样性，保障人类后代的利益。①

二、农业可持续发展的内涵

（一）农业可持续发展思想的演变

农业是人们的衣食之源、生存之本。农业的发展不仅是社会分工的前提，而且是国民经济其他部门发展的基础。农业生产过程需要人力资本、自然资本、物质资本和社会资本等要素的投入。由于各自的效用不同，这些资本要素之间一般很难相互替代，但为了实现可持续的农业经济增长，理论上要求这些要素必须以相对均衡的增长率投入。而在现实中多是扭曲的或不均衡的投入，

---

① 阮爱君，洪伟荣．可持续发展治理：概念、分析框架和模式［J］．特区经济，2008（4）．

各个要素也是不均衡增长的，即物质资本增长速度较快，人力资本增长速度缓慢，自然资本却逐渐枯竭，这种格局就加剧了农业经济增长的波动性，同时对农业可持续发展也提出了新要求，而且对农民的损害尤其巨大。因为农民赖以生存的最重要的生产资料是土地和自然环境，没有任何一个行业像农业那样依赖土地和自然环境。因此，在推进新型工业化和城镇化的进程中，如何确保农业及整个国民经济通过有序的资本积累和平衡增长，从而保证农业可持续发展，是当前经济社会发展面临的重要课题。

农业可持续发展是人类对以"石油农业"为代表的不可持续农业发展模式产生的种种弊端进行深刻反思的结果。1985 年，美国加利福尼亚州议会通过了《可持续农业研究教育法》，并第一次提出了"可持续农业"的概念。1987 年，世界环境与发展委员会在《我们共同的未来》报告中，提出了"2000 年转向持续农业的全球政策"。20 世纪 80 年代末，农业可持续发展的思想集中反映在一些主要国际组织发布的相关文件和报告中。1987 年，世界环境与发展委员会发布了《2000 年粮食：转向农业持续发展的全球政策》报告；1988 年，联合国粮农组织（FAO）制订了《农业持续发展：对国际农业研究的要求》计划；1989 年，联合国粮农组织通过了有关促进持续性农业发展活动的决议，进一步强调在推进经济与社会发展的同时，要切实维护和提高农业综合生产能力；1991 年，联合国粮农组织在荷兰召开了农业与环境国际会议，发表了"丹波（DEN—BOSCH）宣言"和具体的行动纲领。"丹波（DEN—BOSCH）宣言"首次将农业可持续发展与农村发展结合起来，并力图把各种农业可持续发展要素整合到一个系统中，使其更具有实践性和可操作性。

（二）农业可持续发展的内涵

按照"丹波（DEN—BOSCH）宣言"中的定义，农业可持续发展是指："采取某种使用和维护自然资源基础的方式，以及实行技术变革和体制改革，以确保当代人及其后代对农产品的需求不断满足。这种可持续的发展（包括农业、林业和渔业）旨在保护土地、水和植物遗传资源，是一种优化环境、技术应用适当、经济上能维持下去以及社会能够接受的方式。"从这一定义来看，强调了三个基本目标：一是农业发展要以生态资源和生态环境得到有效保护为基本前提；二是提高农业综合生产能力，满足人们对农产品的消费需求；三是农业生产措施在技术方面是易接受的，在经济上是可行的。从总体来看，农业可持续发展的目标具有综合性，既要追求社会公平与和谐，也要保证农业的综合效益不降低，实现持久永续的发展。因此，农业可持续发展可定义为：

以农业生产要素和生态资源的合理利用，农业生态环境得到有效保护为目标的高效、低耗、低污染的农业发展模式和方式。

《中国 21 世纪议程》将中国农业可持续发展进一步明确为：保持农业生产率能稳定增长，提高食物供给水平，保障食物安全，促进农村经济发展和农民收入增加，切实保护和改善农业生态环境，合理、永续地利用农业自然资源，特别是农业生物资源和可再生资源，以满足日益增长的国民经济发展和人们生活的现实需要。因此，农业可持续发展就是合理利用一切农业生产、生态要素，协调农业生产、生态要素之间的发展关系，使农业生产、生态要素在时间和空间上实现优化配置，达到农业资源的永续利用，使农产品供给能够不断满足当代人和后代人的需求。农业的可持续发展作为整个社会可持续发展大系统的一个子系统，正日益为全世界所重视。

根据可持续发展的定义，农业可持续发展的基本含义可以界定为：在满足当代人农业发展和农产品需要，又不损害后代满足其相应需要的前提下，推广采用不会耗尽农业生态资源或危害农业生态环境的发展方式，实行农业技术变革和体制机制改革，减少农业发展对生态环境的依赖和破坏，维持土地、水、生物等农业生产要素不减少，确保农业生态环境不退化、农业科学技术运用适当、经济上可行性强，以及社会能普遍接受的农业发展模式和方式。不造成农业生态环境退化是指人与自然环境之间、社会与自然环境之间能和谐相处；科学技术上运用适当是指农业生态经济系统的良性运营并不主要依靠高新技术的运用，而是以最为适用、合理的农业科学技术为导向；经济上可行是指要控制农业发展的投入成本，提高农业经济效益，避免国家财政难以完全维持和农民难以承受的局面；能够被社会接受则是指农业生态环境变化、农业技术革新可能引起的社会反响，应当控制在人们可以承受的范围内。

三、农业可持续发展的特征

（一）经济持续性

农业可持续发展的经济持续性主要关注农业经营者的长期经济利益，尤其是农业产量的持续性。土地质量退化和其他生态环境问题将改变农作物的生长条件，从而影响农业产量。因此，农业可持续发展的经济持续性将经济关注与生态关注联系在一起，但这主要着眼于未来农业生产率和产量，而不是农业自然资源本身。同时，农业可持续发展的经济持续性也强调农业经营的经济表现与可获利性。在市场经济条件下，如果农产品价格持续偏低，则产量难以提高，农业生产成本上升，导致农业经营者不能创造足够利润，农业会因此不能实现自我持续。要实现农业持续发展，就必须保证农业经营者能有利可图。事实上，农业可持续发展的经济持续性与农业生态持续性紧密相连，如土地质量退化是生态问题，其相应后果自然也会在经济方面有所反映。

（二）社会持续性

农业可持续发展的社会持续性强调满足人们基本的衣、食、住等需要和较高层次的社会文化需求。能持续不断地提供充足的食物以满足社会的消费需求，这是持续农业发展的一个非常重要的目标。在广大发展中国家和地区，较为紧迫的任务一般是解决温饱、避免饥荒，这就是粮食安全问题。在发达国家和地区，满足需要一般意味着既能提供充足而多样的农产品，以满足消费者的多样化需求和偏好，又能确保安全可靠的食物供给。

各个国家都普遍重视粮食自给问题，这就要求各个国家不仅要生产出足够的粮食来满足国内的需求，而且意味着粮食供给要立足于自身已有的或潜在的农业生产基础和能力，以降低国际农产品市场上供给不确定性或价格波动所带来的相应风险。不仅如此，还应更多地关注食物长期供给的充足性，完善的食物生产与供给系统与不断增长的需求相衔接。由于人口数量增长趋势明显，欠发达国家人均收入增长水平不断提高，所以对未来农产品的需求也会大大增加。

农业可持续发展的社会持续性概念一般还包含公平的意思，这种公平包括代际公平和代内公平两个层面。代际公平是指为后代人保护农业资源基础，保护他们从农业资源利用中获得收益的权利和机会。而代内公平是指农业资源利用和农业经济活动的收益在国家之间、地区之间和社会群体之间能公正而平等地分配。导致农业生态环境退化而使将来农业生产成本或农业生态环境治理成本增加的农业经济系统，损害了其他国家、地区和社会群体利益的农业发展，都不是可持续的。在有些情况下，代际公平和代内公平问题可能互相交织。例如，有些地区还没有完全解决温饱问题，这属于代内不公平的问题。这就会直接导致当地农民为了保证生存而采取一些可获得暂时效益但是会破坏农业生态环境和资源基础的经营行为，从而损害甚至剥夺了后代人的发展权利和机会，也就留下了代际不公平的后患。

（三）生态持续性

农业可持续发展的生态持续性主要关注农业生态系统的自然过程以及生态系统的生态生产力和功能。长期的农业生态持续性要求维护农业发展的资源基础和质量，维护资源生产能力，特别注重维护土地的生产能力和肥力。农业可持续发展的生态持续性还要求保护农业发展的自然条件，特别是保护农业对自然的调节、基因资源、种质资源和生物多样性。农业不可持续的显著特点就是耕耘次数频繁，种植结构单一，能源、资源高密集投入，这已造成土壤养分流失、土壤板结、土壤污染和肥力下降等严重问题，损害着土地资源的可持续生产能力。这种农业模式显然是不能长久持续的。

第二节　农业可持续发展的实现模式

一、生态农业

为了摆脱逐渐恶化的农村农业生产困境，早在改革开放初期我国就积极探索农业可持续发展的新途径，提出了发展生态农业的基本构想和具体思路。生态农业是依据生态学基本原理，因地制宜地在某个区域、某个领域或某个行业建立农业生态系统。生态农业与传统的封建庄园式农业不一样，与大规模集约化经营的"石油农业"也有区别。生态农业发展模式吸取了传统农业的精华，通过优化农业生产结构，保障农业经济活动与生态资源、环境的协调发展。在20世纪80年代，我国就开始实施生态农业工程，目前各种生态农业试点遍布全国，其规模由村、乡（镇），向县域扩张。我国生态农业的发展和实践，既保护了农业生态资源与环境，又增强了农业可持续发展的后劲。通常，生态农业发展模式可以实现农业种植、养殖并举，建立起生物种群多元、食物链结构较长、物质能量循环层级较多的农业生态系统，从而实现农业清洁生产，农产品无害化，农业社会效益、经济效益与生态效益的协调与统一，为农业的可持续发展奠定了坚实的基础。

二、循环农业

生态农业发展模式使农业实现了物质与能量的循环流动，我国的生态农业建设与实践也取得了巨大成绩。然而，应该看到，生态农业只是实现了低层次上的物质与能量循环，投入农业生态经济系统的物质尤其是产生的废弃物利用率较低。根据循环经济发展所提出的"减量、循环、再利用"的"3R"原则，在发展生态农业的同时，要推进实现农业清洁生产，开展农业废弃物的资源化利用。在农业物质、能量实现循环的基础上，依靠农业科学技术、农业政策体系等提高农业生产要素的利用率和产出率，削减农业化学品的投入量，对农副产品及生产过程中产生的废弃物进行深加工利用，挖掘其增值潜力，将因此而增加的经济效益留在农业体系内部，这样才能最终实现农业的可持续发展，促进生态农业向循环农业转变。

可以说，循环农业是生态农业的新形态。但与生态农业一样，我国循环农业的提出是作为一种农业发展模式，抑或作为一种生产模式提出来的，主要应对的是已经出现的下列问题：水资源短缺问题；农业自然资源要素污染严重；传统生态农业体系遭到破坏；农副产品等资源化利用率偏低等。这些问题集中到一点，就是生态农业发展还没有完全上升到整个产业的高度，难以从根本上解决农业生产与生态协调的问题，也没有兼顾规模化效应、对产量的要求日益提高和市场对经济效益的要求。实际上，在我国不少地方提出的立体农业，就是循环农业的具体实践形式。例如，在我国南方地区广泛推广和应用的"猪—沼—果"发展模式，以畜牧养殖业为龙头，以沼气池建设为中心，从而带动粮食、甘蔗、果业、渔业等产业发展，广泛开展农业内部资源的综合利用，利用人畜粪便等废弃物入池产生的沼气供应农村居民的生活燃料和照明，利用产生的沼渣和沼液种果、养鱼、喂猪、种菜，使农业自然资源得到立体化、多层次开发和利用。

三、低碳农业

低碳农业是在低碳经济发展背景下出现的，以"低能耗、低物耗、低排放和低污染"为基本特征，以提高农业的碳汇能力和减弱农业的碳源能力为突破口，统筹农业的经济功能、生态功能和社会功能等多种功能，在农产品整个生命周期内进行低碳化设计的资源节约型、环境友好型农业发展模式。①

低碳农业首先体现的是一种理念和意识，是转变农业生产方式的一个重要发展方向。就其本质而言，低碳就是节能降耗，是农业可持续发展的典型模式之一。通过旨在促进农业低碳发展的技术变革、制度创新、产业升级、新能源开发利用等多种手段，使农业发展尽可能地减少对能源的消耗，减少农业碳排放，进而实现在农业发展过程中保护生态环境，在保护生态环境过程中发展农业。低碳农业是指以减少农业碳排放、增加农业碳汇和适应气候变化技术为手段，通过加强农业基础设施建设、科学施用化肥和农药、增强土壤的固碳能力等实现农业发展方式从高碳型向低碳型转变，以达到发展资源节约型、环境友好型农业生产体系的目标，是一种高效率、低能耗、低排放、高碳汇能力型农业发展模式。②

低碳农业为健全我国农业生产体系，推进现代农业建设和农业可持续发展

---

① 许广月. 中国低碳农业发展研究［J］. 经济学家，2010，（10）：72-78.

② 翟书斌，翟小军，马瑞，白杨. 低碳农业内涵及其发展模式探讨——基于黄淮海平原主产区的百村调研［J］. 北京农业，2011（12）.

提供了具有可操作性的诠释，其基本特征表现在以下四个方面：（1）低耗性。低碳农业的发展体系是科学安排不同生物在农业生态经济系统内部多层次循环利用或再利用，最大限度地利用农业资源与环境条件，以尽可能少的农业投入得到更多更好的产品。（2）高效性。通过节水灌溉、测土配方、建设高标准农田等提高资源利用效率，降低损耗是提高农业生产效率的主要手段，也是低碳农业的重要表现形式。（3）持续性。发展低碳农业不仅意味着当前农业经济形态的彻底转变，更意味着农业领域一场深刻变革。它涉及农业资源利用与生态环境保护、农业生产方式转型，以及农村综合发展、农业提质增效和农民收入增加等多方面的现实问题。（4）高优性。低碳农业发展是生产绿色农产品的过程，既能收获优质农产品，又能保护农业生态环境，实现农业生产与农业生态双安全。①

四、绿色农业

绿色农业发展模式的提出具有坚实的理论基础和具体的客观背景。从农产品生产和生态经济学的角度对农业发展模式进行考察，即从协调农业生产（主要指农产品产量多寡）、生态（主要指农业生态环境和农业资源的保护与利用）和经济（主要指农业经济效益的高低）的关系角度来看，可以把农业发展模式归纳为五种主要类型：农业生产主导型、农业生态主导型、农业生产经济协调型、农业生态生产协调型、农业生态生产经济协调型。而农业生态生产经济协调型农业发展模式的代表就是绿色农业。

（1）农业生产主导型。生产主导型农业发展模式，以追求农产品的数量最大化为目标，采取高投入、高成本、高产出的"三高"方式，没有考虑或几乎不考虑在农业生产过程中对生态环境的保护，而且从农业投入与产出的直接结果来看，这种发展模式的经济效益也并不高，甚至呈负数。其目的主要是为了尽快解决人们对农产品的数量需求，也具有一定的历史意义和作用。比如，在第二次世界大战结束后，"石油农业"就是农业生产主导型发展模式的典型代表，主要是为了解决战争所造成的全球范围内的粮食短缺。

（2）农业生态主导型。生态主导型农业发展模式是在农业发展过程中，基本排除或尽量不使用化学投入物，以生产出在自然条件下的天然农产品，从而满足特定人群的较高层次的消费需求，这在客观上能起到对农业生态环境的

---

① 翟书斌，翟小军，马瑞，白杨.低碳农业内涵及其发展模式探讨——基于黄淮海平原主产区的百村调研［J］.北京农业，2011（12）.

很好的保护作用，但相应的农产品产量不高，经济效益也不明显。这种农业发展模式在经济发达国家和地区有一定推广和发展，其他发展中国家和地区为了抢占国际农产品市场，也会在一定区域和范围内发展生态主导型农业模式。有机农业就是生态主导型农业发展模式的典型代表。

（3）农业生产经济协调型。农业生产经济协调型发展模式以追求农产品产出数量和农业经济效益"双目标"为要求，对在农业生产过程中的外部物质投入、农业技术措施对生态资源与环境的破坏没有应有的关注。这类农业发展模式提出的背景是，世界范围内的粮食供给紧张得到一定程度的缓解，但是粮食的数量安全并没有得到根本解决，一些发展中国家和地区又急于需要从农业发展中获取一定的经济效益，因此，这种类型的农业发展模式存在时间不长。例如，高效农业模式就是通过各种技术措施和手段，实现农产品数量供给和农业经济效益的最大化，属于农业生产经济协调型发展模式。

（4）农业生态生产协调型。农业生态生产协调型发展模式是遵循可持续发展原则，追求农产品数量供给最大化，但并不将农业的经济效益作为主要追求目标，即使考虑了农业的经济效益也没有得到充分体现，或者农业的经济效益受到该发展模式本身的限制。生态农业模式就是农业生产生态型发展模式的代表类型。

（5）农业生态生产经济协调型。到目前为止，农业生态生产经济协调型发展模式是人们在农业发展模式方面的最高追求。这种发展模式也坚持可持续发展基本原则，利用先进农业科学技术等各种有效措施和手段，实现农产品数量的极大丰富，通过提升农产品品质和提高农产品质量，最终实现农业经济效益、生态效益和社会效益的统一。这种发展模式的代表类型就是绿色农业。绿色农业能充分反映和满足农业生产发展、农业生态安全和农业经济效益三者的要求，是未来农业可持续发展的必然趋势。

第三节　绿色农业的可持续发展

一、绿色农业在农业可持续发展中的整合功能

未来农业可持续发展的基本模式，应该是能充分运用先进农业科学技术、先进物质装备和先进管理理念，形成完整的农业产业链条和体系，以促进农产品数量和质量安全、农业生态安全、农业资源安全和提高农业综合效益的协调统一为目标，以倡导农产品标准化生产为手段，推动农业发展与社会、经济全

面、协调、可持续的农业发展模式。因此，可以通俗地讲，绿色农业就是在"绿色产地"，采用"绿色技术"、生产绿色产品的新型农业可持续发展模式的统称。

从实践层面来看，我国大力倡导发展生态农业、循环农业、低碳农业等可持续农业发展模式，这当然不错，而且取得的显著成效也是有目共睹的。尽管如此，随着我国农业及经济社会发展进入新世纪、新阶段、新常态，面临许多新形势和新问题，原有发展模式的局限性或不足之处也在农业发展实践中逐步显露出来。例如，近年来我国频频出现的一系列食品安全事故，引起社会广泛关注和严重担忧。虽然引发食品安全事故的原因是多方面的，但与推行不合理、不可持续的农业发展模式不能说完全没有关系，对农产品质量标准监管不严，或者说缺少行之有效的农产品生产和加工标准是导致食品安全事故易发、频发的重要原因之一。从这个角度讲，绿色农业是对生态农业、循环农业等可持续农业模式的进一步发展。绿色农业概念的提出及绿色农业发展模式在生产实践中的推广和实施，将对今后我国农业生产的标准化体系建设起到促进作用，也将在一定程度上避免或减少食品安全事故的发生。或者说，推广绿色农业发展模式，强化农产品的标准化生产和加工，有利于提高食品的安全性，对确保人们的身体健康和生命安全，具有十分重要的现实意义。从当前全面建成小康社会、推进"四化同步"发展来说，发展绿色农业、生产绿色农产品，对于提高农业综合效益、促进广大农民持续增收具有重要作用。从当前国际经济和贸易的新趋势来看，通过绿色农业发展模式"标准化"生产出来的绿色农产品，更符合国际农产品贸易发展的新需要，受到世界各国消费者的广泛欢迎和青睐，这对我国农业和农产品有效参与国际竞争，促进中国农业"走出去"，并在国际农产品市场中占有一席之地具有很强的现实和长远意义。

通过发展绿色农业，切实整合生态农业、循环农业、自然农业、有机农业等农业发展模式的功能，逐渐形成"三位一体，整体推进"的格局。一是各级政府进行规划引领。绿色农产品生产基地建设、生产条件改善、绿色农产品认证、绿色农业经营组织与管理创新、绿色农产品市场建设，都因地制宜进行合理布局与规划，制订本地区绿色农业长远发展计划。优化绿色农业生态系统与结构，使农、林、牧、副、渔各业协调发展，实现立体种养与加工，调整农业产业结构，形成融种植、养殖、加工、生产、供给、流通、销售、贸易为一体的绿色农业产业化经营体系。二是先进农业科学技术的大力支持。从良种培育与选育、高效生物有机肥研制、农田基本建设与改造、病虫害绿色防治、绿色农产品保鲜与加工、产业化龙头企业发展等方面都予以大力支持与扶持。三是政府相关职能部门提供专门指导与服务。各级财政安排相应资金，对职能部门人员、认证机构及龙头企业管理人员、新型农业经营主体、农民、基层干部等进行专门教育和培训，普及农产品安全基本知识，全面提高绿色农业经营水平。四是建立健全农业法律法规和农产品认证体系。制定各项专门标准并形成完整的标准体系，使农产品安全管理有法可依，有章可循。

二、绿色农业在农业可持续发展中的引领作用

绿色农业是一种有利于环境保护，有利于农产品数量与质量安全，有利于可持续发展的现代农业可持续发展形态与模式。作为一种新的农业可持续发展模式，更加强调系统地解决我国农业面临的诸多问题。农产品质量安全、农业生态安全、农业资源安全和农业综合效益的提高是一个不可分割的整体。绿色农业模式更加强调农业发展的可持续性，从根本上解决农业生态基础比较脆弱和综合生产能力偏低的问题；更加强调农业各行业之间建立起有机联系，彼此和谐发展；更加强调农业发展对先进科学技术的集成创新，充分发挥先进科学技术在保证农产品数量和质量方面的重要作用；注重遵循自然规律来配置农业资源，科学合理地使用农业资源，不断提高农业资源产出率。这与落实科学发展观，建设资源节约型、环境友好型社会的发展目标是一致的。

（一）绿色农业是农业可持续发展的最新模式

在世界现代农业演进过程中，一般依靠采用现代化的农业设施设备及物质装备，依赖外部投入大量的化学投入品，用高投入换取农业的高产出，使农产品产出率、农业劳动生产率、农业资源利用率、农产品市场占有率都有很大程度的提高。这种现代农业发展模式很少注重农业生态环境保护和农产品质量安全管理，即使涉及了也不一定全面。现在所倡导的绿色农业发展模式是用绿色发展、循环发展、低碳发展等可持续发展的核心理念来发展现代农业，赋予了农业生态和可持续、人与自然相亲、经济与社会和谐的科学内涵，它是现代农业可持续发展的最新模式。之所以这样说，因为它具有"三先进、三确保、一提高"的鲜明特征，并且充分强调人与自然、人与社会、经济与社会之间和谐发展。"三先进"是指绿色农业发展模式强调用先进的农业物质装备、先进的农业科学技术、先进的现代经营管理理念武装农业和农业经营者；"三确保"就是绿色农业发展模式特别注重确保农产品数量和质量安全、确保农业生态安全、确保农业资源安全；"一提高"就是通过发展绿色农业来增加农业经营者的收入和地方财政收入，进而发挥农业的

综合效用。这些集成的概念和思想充分运用了创新、协调、绿色、共享、开放的发展理念，以及人与自然、经济与社会和谐的观点，集中体现了绿色农业发展模式的本质特征。绿色农业发展模式的提出，丰富了农业可持续发展的内涵，使现代农业与传统农业实现有机结合，给现代农业可持续发展目标注入了新的活力与动力。将绿色农业发展模式作为农业可持续发展的最新模式，是促进现代农业健康、协调、全面发展的需要，符合农业生产发展、农业生态安全和农业经济效益的综合要求。

（二）绿色农业模式是农业可持续发展的最高层次

农业可持续发展具有鲜明的时代特征，尽管它的要求和标准是随着时代的发展而与时俱进的，但是绝不能突破自然规律的约束，超越生产力的发展阶段。我国绿色农业的概念和发展模式是在充分总结国内外生态农业、循环农业、自然农业和有机农业等模式，以及借鉴绿色食品和有机食品产业发展的实践经验的基础上提出的，因此，其内涵较为全面、科学和丰富。之所以说绿色农业是农业可持续发展的最高层次，是因为绿色农业是对绿色食品产业的提升，能形成完整的产业链条和体系，特别注重人与自然、农业经济与农业生态之间的和谐、可持续发展。

（1）绿色农业是对我国绿色食品产业的提炼与升华。从发展时间与进程来看，有机农业在国外发展得较早。早在 1931 年，英国农业专家霍沃德就提出了 Organic Agriculture（即有机农业）的概念；1972 年 11 月，在法国成立了国际有机农业运动联盟，中国绿色食品发展中心于 1993 年 5 月被正式接纳为该组织的会员。"国际农业运动" 2003 年发布的年度报告宣布：采用有机农业方式的农地面积已经达到 2300 万公顷，有机食品的销售额为 23 亿~25 亿美元。从 20 世纪 90 年代开始，我国就发展绿色食品，经过多年的努力已经取得了巨大成就和较为成熟的推广经验。由于绿色食品是绿色农业的终端产品，与有机食品一样，没有形成独立的理论框架和模式，只有绿色农业才能涵盖绿色食品和有机食品。从消费的对象来看，绿色农业发展的目标是满足广大消费者对高品质农产品不断增加的需求。有机食品起源于发达国家和地区，但由于种植面积小、产量不高，销售额占农产品总销售额的比例很低，且消费群体集中在富人阶层。而绿色农业起源于亚洲太平洋地区的广大发展中国家和地区，定位于广大农村居民和普通消费者。发展现代绿色农业的主要目的是生产无公害农产品和绿色食品，从而给农业发展创造良好的生态、资源空间，不断增加绿色农产品供给总量，提高农产品质量，确保人们 "舌尖上的安全"。

（2）绿色农业倡导产业化经营，形成完整的产业链条体系。按关联度大小，绿色农业发展模式将农产品生产的各个环节拓展为一个链条，并将农业种植、养殖、加工、流通等环节实行统筹考虑和一体化经营。在发展过程中，绿色农业既注重农业产前的产地环境建设、监测与补偿，又强调产中农业外部投入品的标准化生产和供给，还强调产后的绿色农产品精深加工、顺畅流通与绿色消费。与一般意义上的农业产业化的不同之处在于，绿色农业产业化经营既强调种养过程严格执行各项环境标准和生产标准，又特别注重在加工、包装、贮藏、运输等过程中遵循相应的标准，通过产业化龙头企业带动绿色农产品生产示范基地建设，从而保证绿色农产品加工原料的质量能够达标。

（3）绿色农业特别注重正确处理人与自然、农业经济与农业生态之间的关系。和谐是社会文明进步的标志，是经济可持续发展的重要保障。我国提出构建和谐社会的重大战略部署，符合自然规律、经济规律和社会规律的客观要求，包含持续发展、科学发展和包容发展等诸多方面。在构建和谐社会过程中，当然涵盖了"三农"问题的解决和社会主义新农村建设等内容。将绿色农业定位为现代农业可持续发展的最高层次，不仅是从中国实际出发的考虑，也是站在世界农业发展的前沿进行理性思考的结果。

（4）绿色农业特别强调可持续发展。绿色农业倡导以保护优良的农业生态环境为基础和前提，以生产安全优质农产品为目的，坚持合理开发、利用农业生态资源，尊重自然、顺应自然、保护自然，协调人与自然的关系，通过提高农业资源产出率和农业劳动生产率，保障人们对农产品数量和质量日益增长的需要，努力实现农业生态经济复合系统的良性互动而不是恶性循环。

（三）绿色农业是农业可持续发展的最佳选择

现行的生态农业、循环农业、低碳农业等各种农业模式都有各自的特征，但都是从某个方面、某个角度或某个技术层面提出的，存在各自的局限性。绿色农业发展模式则是站在现代大农业和农业现代化的高度，展望世界农业发展趋势，将绿色发展理念与相互和谐的思想贯穿于绿色农业的各个环节和全过程，是符合中国甚至其他广大发展中国家国情的农业可持续发展的有效模式，也是发展中国家和地区农业可持续发展的最佳选择。如果走高投入、高产出的农业发展道路，对农业资源的浪费极大；如果走低投入、低产出的农业发展道路，又难以满足人们对粮食和其他农产品的消费需求。只有选择可持续的绿色农业发展模式，才能做到"三个结合"，即将传统农业与现代农业有机结合、农业生产与农业生态保护有机结合、农业资源合理开发与利用有机结合。发展绿色农业是 21 世纪我国农业发展的新趋势。

三、绿色农业可持续发展的保障措施

(一) 绿色农业可持续发展的组织创新

（1）农业行政管理体系的创新。农业行政管理体系的创新集中体现在以下三个方面：①建立健全绿色农业生产和农村生态环境保护体系。②建立健全农产品质量安全控制体系。这一体系至少应包括建立与国际质量标准接轨的农产品质量标准体系、农产品质量监督检验检测体系、农产品质量认证评价体系、农产品质量监管体系等。③构建职业农民教育培训体系。农民是发展绿色农业的直接主体，因此，农民素质的高低和绿色理念的树立是绿色农业能否得到健康发展的关键因素。

（2）农业生产组织的创新。实际上，农业生产组织形式的创新决定着绿色农业的生产成本和最终效果。目前，我国农业生产组织的基本形式还是家庭经营。这种形式能够极大地调动广大农民发展农村经济的积极性和主动性，也表现出农民具有较强的创造性。但由于我国人多地少的基本国情，加上农村土地承包时考虑到不同农户距离农地的远近和土质优劣等因素，分配到每家每户的土地面积小且地块相当分散，使之很难适应绿色农业发展和适度规模经营的需要。因此，可通过农业产业化经营中的"公司+农户"、"公司+基地+农户"、"公司+农民专业合作组织+农户"、"农民专业合作组织+农户"等多种实践模式，实现绿色农业规模化布局、专业化生产和组织化管理。

(二) 绿色农业可持续发展的技术支撑

绿色农业技术创新是指符合可持续发展需要的一种农业技术创新，建立在绿色技术发明基础之上。它不仅追求农业技术创新的工具效率，而且还将农业技术创新活动自觉地融入自然生态循环过程中。绿色农业技术创新既能改善农业生态环境的生态效益，提高人们生活质量的社会效益，又能获得农业潜在利润的经济效益；既是一项使绿色农业技术成果商品化的经济活动，又是使绿色农业技术创新的成果得到公益化推广的社会活动。要促进常规农业向绿色农业转变，必须大力提倡绿色农业技术创新，使技术创新与集成成为绿色农业发展的重要支撑。从当前的情况来看，促进绿色农业技术创新的关键是要围绕农业生态环境治理、农村经济协调发展、农民持续增收等目标来展开。概括而言，一是要创新农业生态资源适度开发与农业生态资本节约技术体系，二是要创新耕地土壤修复技术体系，三是要创新农业生态经济一体化发展技术集成体系。

(三) 绿色农业可持续发展的基地建设

根据其在区域中所处的区位，绿色农业生产示范基地可分为城市郊区绿色

农业生产基地、农村腹地绿色农业生产基地和偏远地区绿色农业生产基地三个类型。

（1）城市郊区绿色农业生产基地建设。第一，要充分考虑城市郊区绿色农业发展对城市绿色农产品的自给性，根据城市规模大小和人口数量，面向城市居民的消费需求，确定绿色农产品品种和绿色农业发展的合理规模。第二，严格控制城市废水、废气、废渣等污染物的排放量，完善城市环境污染治理体系，确保城市环境质量不对城郊绿色农业发展造成负面影响。第三，合理利用城郊农业生态资源和环境，杜绝绿色农业生产过程中废弃物的随意排放，坚决避免农业生产本身可能对环境产生的不利因素。第四，利用临近中心城市的有利条件，特别是资金、技术和信息等方面的优势，切实加强绿色农业发展所需新技术的研究、实验和推广应用，使之成为区域绿色农业生产的示范基地和区域绿色经济发展的增长极。

（2）农村腹地绿色农业生产基地建设。第一，应深入分析区域自然和经济社会条件，充分考虑本区域在全国农业发展中所处的位置和功能定位，选择能够彰显本地特色和地方优势，以及商品率高的绿色农产品品种进行布局和生产。第二，逐步推广和应用现代生物工程技术成果，把现代生物技术的研究成果逐步应用到稀有动植物保护、农田土壤改良、绿色农产品加工和流通等各个方面，逐渐提高绿色农业生态环境质量和绿色农产品品质。第三，逐步扩大绿色农业的发展规模，建立健全绿色农业生产的产业化体系，从而实现绿色农业生产"高产、优质、高效、生态、安全"的综合目标。

（3）偏远地区绿色农业生产基地建设。一般来说，偏远地区的经济发展水平相对较低，市场发育程度有待提升。因此，绿色农业生产基地建设应首先满足大区域市场的消费需求，选择商品率高的名、优、稀、土特绿色农产品。在加强农业生态环境保护、保持良好的农业环境质量的基础上，积极引进资金投入和可持续农业技术，运用可持续发展理念和现代农业科学技术改造传统农业，促进天然的绿色农业发展逐步转变为现代意义上的绿色农业发展。同时，要加强区域交通、通信等基础设施建设，促进偏远地区与中心城市的良好沟通。

（四）绿色农业可持续发展的政策支持

推进绿色农业发展需要政府有相应的政策体系对市场进行新的调控。比如，倡导和推进绿色农业责任制、设置绿色食品准入制度与召回制、为绿色产品开辟绿色通道等。这并不是说政府是绿色农业发展的直接主体，农户或涉农企业仍然是绿色农业发展的行动主体，市场机制仍然在绿色农业发展中对资源配置起决定性作用，政府只是通过新的有效政策手段对绿色农产品市场进行宏观调控，从而引导和支持绿色农产品市场的科学运行和发展。围绕发展绿色农业所进行的制度创新，政府应主要从以下几个方面着手：一是要建立和完善支持绿色农业健康发展的法律法规。二是建立和完善推动绿色农业发展的经济政策，尤其要加大财政对绿色农业发展的扶持力度，形成绿色农业发展的长效投入机制。三是建立合理的支持绿色农业发展的决策机制。绿色农业的发展就是谋求农业经济与农业生态环境的双赢效果。因此，要建立合理而完善的支持决策机制，尤其是要注重决策责任制度的建立，这是确保绿色农业健康发展必不可少的重要条件。

第四节　农业可持续发展战略

一、农业可持续发展战略目标

到 2020 年，农业可持续发展取得初步成效，经济、社会、生态效益明显。农业发展方式转变取得积极进展，农业综合生产能力稳步提升，农业结构更加优化，农产品质量安全水平不断提高，农业资源保护水平与利用效率显著提高，农业环境突出问题治理取得阶段性成效，森林、草原、湖泊、湿地等生态系统功能得到有效恢复和增强，生物多样性衰减速度逐步减缓。

到 2030 年，农业可持续发展取得显著成效。供给保障有力、资源利用高效、产地环境良好、生态系统稳定、农民生活富裕、田园风光优美的农业可持续发展新格局基本确立。

二、农业可持续发展战略原则

（一）坚持农业发展与资源环境承载力相匹配

坚守耕地红线、水资源红线和生态保护红线，优化农业生产力布局，提高农业经营的规模化、集约化发展水平，确保主要农产品有效供给。根据各地实际，因地制宜，分区施策，妥善处理好农业生产发展与农业生态环境管理、农业生态修复的关系，适度、有序地开展农业资源休养生息，不断加强农业生态保护与建设，促进农业资源永续利用，增强农业综合生产能力和防灾减灾能力，提升与农业资源承载能力和农业生态环境容量的匹配度。

（二）坚持资源利用与环境治理相结合

设置必要的区域农业资源开发利用准入条件，把转变发展方式作为农业可持续发展的主要途径。充分考虑农业经济活动对农业生态系统的影响，积极发挥农业的生态、景观和间隔等多种功能，严禁有损农业生态系统的开荒行为以及侵占湿地、湖泊、林地、草地等农业开发活动，加强对农业环境治理和农业生态建设的政策支持，大力发展绿色农业、循环农业和低碳农业，不断提高农业资源再利用水平。

（三）坚持当前利益与长期利益相统一

既要立足当前，也要着眼长远；既要立足农业，又要跳出农业看农业；既要立足省内，也要放眼全国。牢固树立绿水青山就是金山银山、保护生态环境就是保护生产力、改善生态环境就是发展生产力的理念，把农业生态建设与管理放在更加突出的位置。从当前农业可持续发展的突出问题入手，统筹利用自然资源和经济社会资源，兼顾农业内源外源污染控制，加大保护治理力度，推动构建农业可持续发展长效机制，促进农业资源永续利用，农业环境保护水平持续提高，农业生态系统自我修复能力持续提升。

（四）坚持体制创新与科技进步相衔接

一方面，稳定和完善农村基本经营制度，不断深化农村改革，推进农村土地经营权合理流转，创新农业经营模式，培养壮大新型农业经营主体，大力发展种养大户、家庭农场和专业合作社，增强农业发展活力。另一方面，强化农业可持续发展的科技创新，完善农技推广体系，加强农村科技人才培养，造就一批懂科技、会管理、善经营的新型职业农民，提升农业可持续发展的技术整合集成和转化推广应用水平，促进农业发展向主要依靠科技进步、劳动者素质提高和管理创新转变。

（五）坚持统筹城乡与农村发展相协调

正确处理资源保护与开发利用、结构调整与环境承载、粮食增产与农民增收、政府主导与农民参与等关系，建立城乡统一的环境治理体系，统筹城乡发展，统筹农业与农村、人与自然协调发展，强化农业病虫害综合防治，保护农业生态环境，促进农业和农村经济全面、协调、可持续发展。

（六）坚持政府引导与市场机制相促进

政府通过规划、政策和监管等调控手段，不断强化农业的基础性、民生性、安全性和可持续性。通过市场对农业资源的有效配置，调动农业生产经营主体的积极性、主动性和创造性，不断提升农业优质高产水平。

三、农业可持续发展战略措施

发展可持续农业，已形成全球共识和潮流，也是关系子孙后代和体现社会公平的大事。由于我国人口众多，生态资源匮乏，生态环境恶化，农业生产力水平整体较低，资源利用率有待提高，21世纪中国农业可持续发展模式应当是以生态资源、生态环境良性循环为基础的高效率可持续农业发展模式。主要措施有以下几点：

（1）走生态发展之路，合理利用农业资源和保护农业生态环境。生态农业之路是我国农业可持续发展的必然选择，所谓生态农业就是在经济和环境协调的指导下，按生态学的原理，应用系统工程方法建立和发展起来的农业体系。首先，要强化全民的农业生态环境意识，把保护环境化作全民的自觉行动，综合运用法律、经济和行政手段保护、治理、管理环境，合理开发利用农业自然资源。其次，要建立可靠、稳定的促进农业可持续发展的投入体系，使农业在相对稳定和充裕的投入环境下，有效发挥其生态、经济和社会效益。再次，建立健全农业可持续发展的技术体系，倡导增施有机肥，推广测土配方施肥和化肥深耕技术，积极研制和推广高效、经济、安全、低残留的生物农药，推广以生物防治、物理防治为重点的农业病虫草害综合防治技术，加速废旧薄膜回收，减轻白色污染对农作物和土壤的影响。最后，建立完善的农业可持续发展政策支持体系，如农业资源和环境保护政策、农产品价格政策等。

（2）完善农村教育培训体系，提高农业经营者的综合素质。要大力发展农业职业技术教育，省、地（市）两级要积极建设农业技术培训基地，县、乡（镇）要举办各种农业实用技术培训，办好农民文化学校，大力发展农业科技示范户，提高农村基层干部和广大农业经营者的科学文化水平。只有通过大力提高农民的综合素质，才能使他们具备农业可持续发展观念，掌握高科技农业技术，促使农业走上注重综合效益的可持续发展之路。

（3）发展以市场为导向、以产业化经营为途径、以农业科技进步为支撑的集约化可持续农业。实现农业可持续发展，就必须实现从传统密集型农业向集约化综合农业的转变。第一，要以市场为导向，在注重农业生态功能的前提下追求农产品产量，通过发展高产、优质、高效农业模式，使农业生产结构适应消费趋势的新变化。第二，构建农业产业化经营体系。根据区域农业资源优势、基础条件和产品市场需求，培育和发展相应的农业支柱产业，兴办具有较好带动作用的农业产业化龙头企业；各级政府应增加对农业可持续发展的投入，促进农工贸一体化经营；建立一批具有鲜明的地方特色和良好的示范带动作用的农产品生产基地，使基地农民能从产业化经营中获取其他环节的收益；完善相应的农业社会化服务体系。第三，农业集约化经营的关键是农业科技的进步与推广。为此，必须对农民进行农业可持续发展方面的科学技术培训，提高农民的科学文化素养；尽量吸取传统农业中的技术精华，并与现代农业科学技术有机结合，加强农业科学研究，努力提高科研成果的应用转化率；发展农业高新科学技术，促进农业产业升级，进一步提高农产品的科技含量和附加值，以适应新形势对农业发展的客观需要。

（4）优化政府对农业可持续发展的宏观调控机制和手段。总体而言，我国农业可持续发展的基础还比较薄弱，对自然环境的依赖性较强，农业的自我适应和改造能力偏弱，农民的综合素质有待提升，农业科技应用与推广尚存在一定困难。因此，在农业可持续发展过程中，就需要政府采取科学手段，合理地对农业进行宏观调控。第一，加大财政对农业可持续发展的支持力度，发挥国家投资在促进农业可持续发展中的引领作用，强化农业可持续发展的基础设施建设。第二，建立健全农产品价格调控机制，完善农产品最低保护价政策，促进农产品流通和农村市场体系建设。第三，用优惠措施支持涉农企业、第三产业、农村小城镇的科学发展，使之成为农业剩余劳动力就地就业和就地市民化的重要渠道。第四，大力推广农业科技成果的应用，推进农业科技革命的进程。

小　结

1. 我国农业发展所面临的内外部生态环境问题，迫使我们不得不转变农业经济增长方式和发展模式，破解投入产出比下降、农业环境污染和生态破坏、农业自然资源日益减少等一系列困境。

2. 将可持续发展理念注入农业发展过程中，做到生态可持续性、社会可持续性、经济可持续性的有机结合。

3. 农业可持续发展模式包括生态农业、循环农业、低碳农业和绿色农业等多种实践模式。作为时代的产物，绿色农业是农业可持续发展的主导模式，完全符合农业可持续发展追求农业和环境协调发展的要求，是我国农业健康可持续发展的重要趋势和方向。

4. 农业可持续发展要因地制宜、分步实施，全面贯彻可持续发展的基本原则，采取综合措施协调推进。

关　键　词

可持续发展　农业可持续发展　生态可持续　经济可持续　社会可持续

绿色农业　生态农业　循环农业　低碳农业

复习思考题

1. 农业可持续发展的内涵与基本特征分别是什么？
2. 简述我国农业可持续发展的典型模式。
3. 阐述绿色农业在农业可持续发展中的地位与作用。
4. 结合我国实际，试述农业可持续发展战略。

主要参考文献

[1] 周苏娅. 我国农业可持续发展的制约因素、动力机制及路径选择 [J]. 学术交流，2015（4）.

[2] 田嘉. 以绿色农产品营销推进农业可持续发展的构想 [J]. 农业经济，2015（6）.

[3] 戴青兰. 靳涛政府行为、城镇化与农业可持续发展——基于中国经济转型背景下城乡收入差距的视角 [J]. 桂海论丛，2015（1）.

[4] 李秉龙，薛兴利. 农业经济学 [M]. 中国农业大学出版社，2009.

[5] 宋晓芹. 中国农业可持续发展的制约因素与对策分析 [J]. 黑龙江农业科学，2005（1）.

[6] 严立冬，等. 绿色农业导论 [M]. 人民出版社，2008.

[7] 严立冬，刘新勇，孟慧君，罗昆. 绿色农业生态发展论 [M]. 人民出版社，2008.

[8] 卢良恕. 绿色农业是当前现代农业发展的主导模式 [J]. 甘肃农业，2007（6）.

[9] 黄季焜，等. 制度变迁和可持续发展：30 年中国农业与农村 [M]. 格致出版社，2008.

[10] 黄鹂. 绿色农业发展简论 [M]. 湖北人民出版社，2013.

[11] 王龙昌. 农业可持续发展理论与实践 [M]. 科学出版社，2015.

[12] 高尚宾，张克强，方放，等. 农业可持续发展与生态补偿 [M]. 中国农业出版社，2011.

[13] 钟雨亭. 绿色农业是发展现代农业的主导模式 [J]. 中国报道，2007（5）.

［14］刘连馥．绿色农业的由来［J］．中国报道，2007（3）．

［15］李吉进．环境友好型农业模式与技术［M］．化学工业出版社，2009.

［16］徐柏园．新农村建设与市场热点研究［M］．中国商业出版社，2012.

［17］邓远建．农业生态保护与食品安全学［M］．湖北人民出版社，2014.

［18］杜萍，何康，李茂生，等．绿色农业：现代农业发展的必由之路——著名农业专家谈"绿色农业"［J］．中国报道，2006（3）．

［19］邓远建，肖锐，严立冬．绿色农业产地环境的生态补偿政策绩效评价［J］．中国人口·资源与环境，2015，25（1）．

［20］卢良恕，孙君茂．创新现代农业模式，推动绿色农业发展［J］．中国报道，2007（5）．